居延汉简通论

JUYAN
HANJIAN
TONGLUN

薛英群 著

甘肃教育出版社

图书在版编目（CIP）数据

居延汉简通论 / 薛英群著. -- 2版. -- 兰州：甘
肃教育出版社，2023.5

ISBN 978-7-5423-5336-8

Ⅰ．①居… Ⅱ．①薛… Ⅲ．①居延汉简－研究 Ⅳ．
①K877.54

中国版本图书馆CIP数据核字(2022)第033413号

居延汉简通论

薛英群　著

责任编辑　白　鑫
助理编辑　张福英　王　飞
封面设计　纸尚天成文化

出　　版　甘肃教育出版社
社　　址　兰州市读者大道 568 号　　730030
网　　址　www.gseph.cn　　　E-mail　gseph@duzhe.cn
电　　话　0931-8436489(编辑部)　0931-8773056(发行部)
传　　真　0931-8435009
淘宝官方旗舰店　http://shop111038270.taobao.com

发　　行　甘肃教育出版社　　印　刷　兰州人民印刷厂
开　　本　880 毫米×1230 毫米　1/32　印 张 16.75　插 页 2　字 数 445 千
版　　次　1991 年 5 月第 1 版　2023 年 5 月第 2 版
印　　次　2023 年 5 月第 2 次印刷
书　　号　ISBN 978-7-5423-5336-8　　定　价　86.00 元

凡 例

1.本书因具教学性质,所以包括引用简文在内,全部使用简化字,对个别容易引起误解的简化字,仍用繁体。

2.书中所有引用的简文,凡括号内为数字者均引自中国社会科学院考古研究所编《居延汉简甲乙编》,凡以英文字母编号者,均为居延汉简的原始编号。

3.凡原简文的重文号、分段号、提行号仍予保留,以利于更好地理解文意。

4.书中▨号,表示原简文漫漶或残缺而看不清字数者;□号,表示一字不清或不识者。

5.根据论述需要,一枚简的简文未全引用者,不再另加删节号。

自　序

截至目前,已发现的三万余枚居延汉简是国内简牍出土的最大宗,即使在全世界范围内,也是首屈一指、无与伦比的。这不仅因为其数量最多,更重要的是它的内容包括了当时社会的政治、经济、军事、科技、文化等方方面面,具有极高的科学、历史与文物价值。

居延汉简,是国宝,是中华传统文化的优秀结晶。两千年的风雨沧桑,更增加了它作为一代历史见证的身价;历史上的天灾人祸更增添了它难得、可贵的绚彩。一支简、一枚牍都闪现着先辈们的聪明才智和勤劳无畏的光环,作为祖国大地的儿孙们,怎能不为祖先们的开拓、创造精神而受到激励和鼓舞。

首先,简牍具有极高的史料价值,表现在它们全部为原始记录和文书档案,是当时当事人的亲笔,或为部属记述经主吏过目,或为原文书的抄本。在时空的焦点上,有很高的准确性,不少文书档案,详述了基层社会的具体情况,人物、事件,明明白白,使不少不见经传的小人物跃然简上。

其次,简牍多是经科学发掘而获得,或出土于遗址,或出土于灰层,这就为我们提供了层位与地点的准确位置,从而可以较为无误地判明其时代、地点与机构性质之间的必然坐标,这一点正是中华人民共和国成立前考古挖掘中所缺乏的。而当时的发掘方法导致了一些无纪年简的断代失误,甚至引出了某些南辕北辙的结论。

再次,科学发掘保留了进行综合研究的必要资料,如发掘记录、摄影、测量、绘图以及等高线测定等,为简牍研究提供了准确的数据和依据。简牍研究正是依据了这些必备条件,进行全面的综合分析，俾使结论更接近于史实原貌。

就简牍所记述的内容而言，除广为人知的正史、补史作用外，它还使一些历史上长期悬而未决的问题、某些似是而非的历史定论以及部分文献史料的断句、解释等，得到了澄清与纠正，为史学、考古学研究开拓出一条宽广的道路。

先后两次居延汉简的大批量出土，已引起国内外有关学者的极大关注，经常探询简牍的整理、研究情况，使我们备感从事这项工作的光荣与使命感。然而，从全国总的情况来看，从事简牍研究的专业人员还为数过少，至今还没有一个供发表研究成果的专业园地，这就更增加了我们的紧迫感，我们殷切希望能有更多有志于简牍研究的青年朋友参加到这个行列里来，为弘扬民族文化、探讨社会历史发展规律、建立具有中国特色的简牍学体系共同努力。

简牍学是一门新兴学科，形成于20世纪三四十年代，可算是一个十分年轻的学术领域。此前，如金石学、乾嘉学派的考据学等，均与我们所说的"简牍学"并无什么必然的因袭关系。因而，可以说简牍学是基于科学考古发掘之上的全新学科，具有强大的生命力和广阔的学术研究前景。愿国内外学术界的同仁们携起手来，为丰富和发展中国简牍学而共同奋斗。

《居延汉简通论》是广泛吸收了前辈学者与同辈专家的研究成果撰写而成的，如重点参阅、引用了王国维《简牍检署考》、劳榦《居延汉简考释·考证之部》、陈梦家《汉简缀述》年历问题等，这里谨表谢意并予说明。本书能够出版是与各级党、政领导的支持与鼓励分不开的，尤其是学术界的师友们，谨再致衷心的感谢。当《通论》出版之际，诚恳地希望学者、专家和读者不吝指教，批评、指正。

薛英群

1990 年 8 月 5 日

再版说明

居延汉简与甲骨文、明清内阁大库档案和敦煌文献并称为20世纪中国学术界的"四大发现"。其内容异常丰富，涉及军事、法律、教育、经济、信仰以及军民日常生活等诸多方面，具有很高的史料价值和学术价值。

1991年，我社出版了薛英群先生的《居延汉简通论》一书。该书在广泛吸收已有相关研究成果的基础上，较为系统、全面地阐述了居延地区的自然环境、历史变迁、遗址分布、简牍出土概况、居延简制、文书学价值和史料价值等，内容相当丰富。尤其是其对汉代地方性文书、西北边郡屯田管理系统以及窦融经营河西事迹的考证研究，具有开创性意义。

该书出版后，受到学界和读者的欢迎和好评，于1993年和1996年分别获得"甘肃省社会科学优秀图书奖二等奖""甘肃省第三届优秀图书奖"。

近些年来，不断有读者向出版社索求该书，但初版图书早已售罄。为满足广大读者的需求，我社决定再版该书。本次再版，内容无变动，只是解决了初版遗留的编校问题，并对版式等重新作了设计。

借此机会，我们要向薛英群先生家属表达最诚挚的谢意！向使用本书的广大读者以及一直以来给予我们支持、关心、鼓励和帮助的专家学者表示衷心的感谢！

甘肃教育出版社

2023 年 3 月

目　录

第一章 绪 论

如果说简牍是我国优秀的古文化中难以估价的丰富宝藏,那么,甘肃地区出土的简牍就是这些宝藏中璀璨夺目的颗颗明珠,其中尤以居延汉简光彩普照为最,明古亮今的史线纵横交织,钩沉发微,堪称明珠之冠。因而,多年来引起国内外学术界的轰动与关注,这是中华民族的自豪和骄傲。

历年来全国各地出土的简牍,既是珍贵的历史文物,又是研究我国古代史十分重要的资料。甘肃出土的汉简,在已经发现的简牍中占有重要的地位,这不仅因其数量多、内容丰富,而且还因它包括大量的屯戍简而闻名于世。20 世纪以来,先后在甘肃的敦煌、酒泉、武威、甘谷、天水以及嘉峪关等地的汉代遗址和墓葬中获得了大量的汉简,现以出土时间为序,记述如次:

1906 年至 1908 年,英籍匈牙利人斯坦因,在敦煌西北汉代烽燧遗址掘获汉简 705 枚,其中有纪年者 166 枚,最早的是西汉武帝天汉三年(公元前 98 年),最晚的是东汉顺帝永和二年(公元 137 年)①。

1913 年至 1915 年,斯坦因又在敦煌汉代烽燧遗址中采获汉简 84 枚②。

1930 年,前西北科学考察团团员、瑞典人贝格曼在额济纳河流域的大湾、地湾、破城子等汉代烽燧遗址中掘得汉代简牍 1 万余枚,其中除少量竹简外,大部分是木质简牍,纪年简最早者是武帝太初三年(公元前 102 年),最晚者是东汉建武六年(公元 30 年)③。

1959 年 7 月,甘肃省博物馆在武威城南 15 千米处的磨嘴子第六号汉墓中,发现汉代《仪礼》木、竹简 469 枚④。

1959 年秋,甘肃省博物馆在武威磨嘴子第十八号汉墓中,发现王杖木简 10 枚,这是研究汉代养老制度的一份实物例证⑤。

1971 年,甘肃省博物馆在甘谷汉墓中发现了一部完整的简册,计简 23 枚,编缀而成。这是一份东汉桓帝延熹年间重申维护宗室权益的诏令抄本,简文列举了当时各地宗室的政治地位日趋衰弱、土地遭兼并、财产被侵夺、豪强地主横行不法的事例,生动地反映了东汉后期中央集权削弱与豪强地主势力加强的史实⑥。

1972 年冬,甘肃省博物馆与武威县文化馆合作,在离武威城 10 千米处的旱滩坡东汉墓葬中,发现了一批医药简牍,包括简 78 枚,牍 14 枚,共计 92 枚⑦。

1972 年至 1976 年,甘肃省博物馆、酒泉地区文化主管部门和当地驻军等单位联合组成居延考古队,对破城子、肩水金关和甲渠塞第四燧进行了调查和发掘,获得汉简 2 万余枚,其最早的纪年简为武帝天汉二年(公元前 99 年),最迟的为建武八年(公元 32 年),以宣帝时期的较多。更为可贵的是,其中包括完整的和比较完整的簿册 70 多个,这无疑是一次重大的发现⑧。

1975 年,甘肃省博物馆在敦煌县文化馆的协助下,对小方盘城以西 11 千米处之马圈湾汉代烽燧进行了考察和发掘,出土汉简 1200 余枚⑨。

1986 年 3 月,甘肃省文物考古研究所在天水市北道区放马滩汉墓中,共发现西汉初期竹简 480 余枚,属两部较完整的《日书》写本。

在嘉峪关、敦煌县、金塔县、额济纳旗等地还陆续搜集散简零牍数百枚,因这些简牍分别保存于当地文化馆、博物馆,其具体数量和内容,目前还不尽知。综上所列,甘肃的汉简总数近 35000 枚。

第一节　居延旧简的史料和学术价值

甘肃地区出土的汉简中，绝大部分属居延汉简。居延汉简有新旧两部分简牍组成，人们习惯上将 1930 年出土的称旧简，1972 至 1976 年出土的叫新简。

居延旧简自 1930 年发现后，次年在北京由劳榦、贺昌群、马衡、余逊等先生分别对汉简作了部分整理、考释工作，1936 年由前西北科学考察团首先将劳、余二先生的部分释文利用晒蓝图纸晒印成册，世称《晒蓝本》，这是最早的居延汉简释文本。抗日战争期间由沈仲章、徐森玉等人在香港经手摄制照片，交商务印书馆影印，制版中香港为日军占领，书版全部毁佚。当时劳榦还保存一部分反体照片，据此劳氏写成了《居延汉简考释·释文之部》，于 1943 年在四川省南溪以石印版问世，次年，继之以石印版出了《居延汉简考释·考证之部》。这是有关居延汉简较早的释文和考证。1949 年劳氏对南溪石印本略加修订，由商务印书馆在上海出版了铅印本。这两种版本各收简号约 9360 多个，当然这并非实际简数。劳氏考证以性质和用途分简牍为：书檄(1296)⑩、封检(584)、刑讼(58)、符券(24)、烽燧(528)，戍役(151)、病亡(35)、钱谷(1292)、器物(702)、车马(129)、酒食(50)、名籍(721)、资绩(46)、簿检(230)、计簿(8)、杂簿(157)、信札(338)、历谱(28)、律令(15)、小学(26)、诸子(7)、医方(4)、术数(10)、年号简(121)以及无简号者 2809 枚。1960 年，劳氏据简文照片又对《考释》一书进行了较大的修订。这次修订表明了他多年来的研究心得，体现了简海耕耘的新成果，重分简牍为 7 大类计 66 项，为便于与原来简牍分类进行比较，兹不赘录述新条目如下：甲、简牍之制；乙、公文形式与一般制度：诏书、玺印、小官印、刚卯、赀算、殿最、别火官、养老、抚恤、捕亡、刺史、都吏、司马、大司空属、地方属佐、文吏与武吏、期会、都亭部、传舍、车马、行程;丙、有关史事文件举例:汉武诏书、王路堂、王莽诏书用月令文、西域、羌人;丁、有关四郡问题:四郡建置、禄福县、武威县、居延城、居延地望;戊、边塞制度:边郡制度、烽燧、亭障、坞堡、邸阁、兵器、屯田、将屯、农都尉、罪人徙边、内郡人与戍卒、边塞吏卒之家属、雇佣与"客";己、边郡生活:粮食、谷类、牛犁、服御器、酒与酒价、塞上衣著、缣帛、襜褕、社、古代计时之法、五夜;庚、书牍与文字:书牍、"七"字的繁写、苍颉篇与急就篇。共包括释文简10156枚,图版605幅。

1956年,中国科学院考古研究所出版了《居延汉简甲编》,图版较好,较劳氏释文有较大改进,给学者提供了不少方便,但可惜只收入2596简,约占全部简牍的四分之一,难以窥其全貌,这是比较遗憾的。1980年底中国科学院考古研究所出版了《居延汉简甲乙编》,发表了照片和经重新修订的释文,同时注明了简的出土地点,使国内外考古、史学工作者得以广泛利用居延汉简资料,这无疑有助于研究工作的进一步开展。

综览居延旧简,内容涉及面很广,现略分为政治、经济、军事和科学文化四部分举例概述如下:

一、政治方面

　　▱酒一石,丞致,朕且时使人问存　(5·13)⑪

　　月存视其家,赐肉卅斤,酒二石,甚尊宠,郡太守、诸侯相、内史所明智也。不奉诏当以不敬论,不智　(126·41,332·23)

刘邦称帝不久,即下诏令:"举民年五十以上,有修行,能帅众为善,置以为三老,乡一人。择乡三老一人为县三老,与县令丞尉以事相教,复勿繇戍。以十月赐酒肉。"⑫这就是汉代的养老制度,或曰养老令。这项制度执行不久,已略显弊端,所以文帝元年(公元前179年)三月又重申此令:"老者非帛不暖,非肉不饱。今岁首,不时使人存问长老，又无布帛酒肉之赐，将何以佐天下子孙老养其亲？今闻吏禀当受鬻者，或以陈粟，岂称养老之意哉！具为令。"并责成"有司请令县道，年八十以上，赐米人月一石，肉二十斤，酒五斗。其九十已上，又赐帛人二匹，絮三斤。赐物及当禀鬻米者，长吏阅视，丞若尉致。不满九十，啬夫、令史致。二千石遣都吏循行，不称者督之。刑者及有罪耐以上，不用此令。"⑬并对受养者作了具体的规定。此后，汉武帝于元狩元年、元狩五年、元封元年又多次重申此令。甘肃武威出土的王杖十简系东汉明帝永平十五年之物，可知养老制度到东汉时仍在执行。

过去曾有人怀疑汉代养老制度为"一纸空文"，现有简书为证，记述了具体执行的细节，足可解疑。简文载有"内史"，这是指王国内主政事者。《汉书·百官公卿表》："诸侯王，高帝初置，金玺盩绶，掌治其国。有太傅辅王，内史治国民。""成帝绥和元年省内史，更令相治民，如郡太守。"这里有两点需加说明：其一，此简文中之"内史"，当与"周官，秦因之，掌治京师"之"内史"相区别，这已为简文职官次第所证实；其二，该简当是成帝以前之文书。

与养老制度有关的是抚恤制度，简文曰：

各持下吏为羌人所杀者，赐葬钱三万，即印绶吏五万，又上子一人，召□□卒长▨，奴婢二千，赐伤者各半之，皆以郡见钱给，长吏临致，以安百姓也。早取以见钱▨。　　（297·19）

汉制规定："取从军死事之子孙养羽林，官教以五兵，号曰羽林孤儿。"⑭元始二年六月策曰："其上子若孙若同产、同产子一人。……所上子男皆除为郎。"⑮这些抚恤规定不仅鼓励了前线将士，而且也安定了军属，为守边、屯戍、战斗等一切军事行动的顺利开展，提供了保障。宣帝时平羌之战约有两次，一次发生在神爵元年，所谓"西羌反"，平之；另一次发生在赵充国、许延寿"击西羌"的次年，也就是神爵二年夏五月，此后，才置金城属国，以处降羌。直至西汉末年再没有发生过羌变。因而，简文所载诏书也应是这一时期之物。

上面，我们举例说明了政治方面的两项具体制度，下面涉及两个与吏制相关的史实问题。

汉代刺史有无"定镇"，历来史家说法不一。刘昭认为："孝武之末，始置刺史，监纠非法，不过六条，传车周流，匪有定镇。"⑯明确指出刺史没有固定的治所。这一观点，沈约又加以重申："前汉世刺史周行郡国，无适所治，后汉世所治始有定处，八月行部，不复奏事京师。"⑰与此相反的意见，如颜师古就针锋相对地指出：《汉旧仪》云：初分十三州，假刺史印绶，有常治所。常以秋分行部，御史为驾四封乘传。"⑱实际上班固早已于《朱博传》中写道："使从事明敕告吏民：欲言县丞尉者刺史不察黄绶，各自诣郡。欲言二千石墨绶长吏者，使者行部还，诣治所。"西汉刺史有治所，今亦为汉简所证实：

> 刺史治所，且断冬狱　　（428·19）

至于刺史的职权，详见蔡质注引《汉仪》六条⑲。今试以简文为例：

> 坐从良家子自给车马，为私事论疑也□檄书到，相、二千石以下戍吏毋过品，刺史禁督，且察毋状，各如律令。　　（40·6）

权为佐证。简文所云"冬狱"，乃指汉制：死囚处决，均在冬季，一旦立春，不再行刑。《汉书·灌夫传》载："故以十二月晦论弃市渭城。"张晏注曰："著日月者，见春垂至，恐遇赦赎之。"此即谓"冬狱"。

再谈谈与吏制有关的汉代秩奉问题。吏秩奉是巩固政权，培养、使用人才,促进社会安定、发展的重要制度。这里讲的仅限于以简补史,并非对两汉吏秩俸的全面论述。我们知道,两汉时期支俸形式,大体上说,西汉多用钱,新莽多用谷,而东汉多为半钱半谷。史书中没有以布帛充俸的记载,虽说元帝时贡禹曾主张以帛代钱,所谓"铸钱采铜,一岁十万人不耕,民坐盗铸陷刑者多。富人藏钱满室,犹无厌足。民心动摇,弃本逐末,耕者不能半,奸邪不可禁,原起于钱。疾其末者绝其本,宜罢采珠玉金银铸钱之官,毋复以为币,除其贩卖租铢之律,租税禄赐皆以布帛及谷,使百姓壹意农桑"[20]。贡禹这个建议并非全无道理,但当时社会经济发展的状况,已使这个意见难以执行,结果以"议者以为交易待钱,布帛不可尺寸分裂"为理由,否决了这个建议。也就是说并未以布帛充俸。然而,居延汉简中却载有以布帛充俸的实例,自昭帝至新莽,时有记述,这不能不认为是对史书的一个重要补充。简文中记载以帛充俸,多称"俸帛""禄帛""禄用帛"或简略为"用帛"。现摘录简例如下:

　　始元三年九月四日,以从受物给长中帛若干匹,直若干,以给始元三年正月尽八月积八月奉。　（509·19）

　　出河内廿两帛八匹一丈三尺四寸大半寸,直二千九百七十八,给佐史一人,元凤三年正月尽九月积八月少半日奉。

（303·5）

　　凡吏十人,用帛廿二匹。　（137·21）

　　候史靳望,正月奉帛二匹,直九百。　（89·12）

　　☐禄用帛十八匹一☐　（480·11）

　　四月禄帛一匹,直四☐钱四百一十☐。　（39·30）

　　右庶士、士吏、候长十三人,禄用帛十八匹二尺少半寸,直万四千四百四十三。　（210·27）

　　☐越就,正月禄帛一匹,二月癸巳自取。　（394·1）

　　入布一匹直四百,佳絮二斤八两直四百,凡直八百,给始

元四年三月、四月奉。始元四☐   (308·7)

　　已得五月廿日奉一匹三丈三尺三寸,直七百☐   (187·22)

　　☐年四月尽六月积三月奉用钱□第廿六两帛五匹二尺,直
千☐   (522·2)

　　　出广汉八稯布十九匹八寸大半寸,直四千三百廿,给吏秩
百一人,元凤三年正月尽六月积六月☐   (90·56,303·30)

　　从上例诸简可知,以布帛充俸确实存在,当然,也有可能仅是
边塞地区的一种变通形式,关于这个问题,还需要做进一步探讨。
现知居延汉简中以布帛充俸的只有始元三年、四年以及元凤三年
等年号,至于新莽时以布帛充俸,似应另当别论。从简文中可以清
楚看出以布帛折价现钱,所折合的现钱应是月俸数额,所以在布帛
分裂折合时就出现了零数。或有人会产生这样的疑问,边郡官吏的
月俸钱因来自内郡的赋钱,或因内郡财政上一时支付困难,赋钱不
到,临时以布帛充俸。然而,这种推测似难成立,因在边郡凡因俸钱
不到,都有记载,如:"元始五年九月支奉赋钱不到,未得五年十一
月廿六日以来奉"(53·19)。简文中屡有"未得"某"月奉",这只是欠
发薪俸,并不是以布帛代俸,而且据简载统计,赋钱未到最多的是
始元六年(公元前81年)五月至十一月。相反,凡以布帛充俸各简,
并无赋俸未到的记载,所以,还不能说以布帛充俸与赋俸未到之间
有什么必然联系。新莽时以布帛充俸较易理解,因王莽于天凤三年
五月曾下吏禄制说,当时"国用不足,民人骚动,自公卿以下,一月
之禄,十布二匹或帛一匹"[20],明文以布帛代俸钱,同年,开始制定以
谷为月俸。值得注意的是,新莽以布帛充俸,都是整数,如公卿以下
月禄为布二匹或帛一匹,无若干尺若干寸之规定,因而,与西汉时
以布帛充俸的情况还有区别。这是一。

二、经济方面

　　关于农垦屯田的记载,在居延汉简中占有较大比例。其学术史

料价值是不言而喻的。概括地讲其,内容涉及屯田组织、农事系统、屯垦劳力、田仓就运、田卒生活、剥削形式和剥削量以及农具、籽种、水利、耕耘、管理、收藏、内销、外运、粮价、廪给、定量等等。后文还将分别述论,这里仅以简文所载当时西北边郡农作物为例,略于说明。

农作物名称	原简文摘录	简号
胡麻	会卒刈胡麻	无号
粱米	出粱米五石二升	(226·1)
黄谷	黄谷系一斤直三百五十	(206·3)
土麦	土麦二石	(13·3)
磅穅	余谷磅穅大石六十一石	(206·7)
白米	出白米八升	(335·48)
穬麦	出穬麦二石六斗	(387·23)
黍米	黍米一斗	(10·39)
黄米	黄米一石以付从官舍	(126·23)
白粟	白粟十石	(496·5)
胡豆	胡豆四石七斗	(310·2)
秫	余秫四石	(6·6)
糜	糜一小石三斗三升	(57·20)
耗	廪耗石九斗三升少	(57·26)
荞	出荞六斗	(46·7)
葵	入葵廿石	(19·8)
秫	谨移秫粟黍	(269·1)
谷	出谷百卅三石	(303·20)
菽	以食士卒菽	(41·9)
麦	出麦廿七石五斗二升	(303·2)
鞠	布鞠六斗	(237·5)

糒	布纬糒三斗	(181·8)
米	米一石九斗三升少	(177·20)
糜	出糜百廿四斛	(498·3)
姜	置佐迁市姜二斤	(300·8)

上列 25 种农作物是见于居延汉简者。当然,当时西北边郡地区的农作物种类绝不止此数,如武威汉墓中就曾发现小豆、黑豆、黑枣和麻籽等。各种农作物虽因地制宜,各有差异,但简文所记的品种,无疑应是西北地区所常见者。在我国,对农作物向以"五谷"概括,而对"五谷"所指历来说法不一,尤其是历代注释家对文献的不同注解,就更增加了对各种农作物确指的困难。《周礼》云:"以五味五谷五荣养其病",郑玄注曰:"五谷,麻黍稷麦豆也"[22]。而与此不同的解释,则认为"五谷"应"指麻菽麦稷黍"[23],或指"黍菽稷麦稻"[24],总之意见是有分歧的。至于对其他一些农作物的考释,更是莫衷一是,难识是非了。只好留待农史学家去研究。

我们简要地谈谈与农作物有关的大小石问题。居延简中常有大石、小石的记载,这是汉代物种不同的量值,也就是两种不同的计量法,并不是两种量器,更不是大石指米,小石指粟(原粮)[25]。兹摘录简文为例,予以说明。

入糜小石十二石为大石七石二斗。　(148·41)
凡出谷小石十五石为大石九石。　(148·15)
出糜小石三石为大石一石八斗。　(275·2)
入糜小石十四石五斗为大石八石七斗。　(278·9)

大石与小石间的比值为 5:3,小石为大石的六斗。可知所谓大石、小石,仅仅是计量上的差别,这无疑有助于我们对汉代计量方法的理解。

关于汉代的经济制度,简文中颇多记述,今择其中两项,略如下述:

> 隧得广昌里公乘礼忠年卅。小奴二人直三万,大婢一人二万;轺车二乘直万,用马五匹直二万,牛车二两直四千,服牛二,六千,宅一区万,田五项五万。凡赀值十五万。　　(37·35)

赀算,是汉代一项重要经济制度。《汉书·高帝纪》四年"八月,初为算赋。"如淳注曰:"《汉仪注》民年十五以上至五十六出赋钱,人百二十为一算,为治库兵车马。"惠帝时进一步规定:"女子年十五以上至三十不嫁,五算","贾人与奴婢倍算"②。两汉算赋,经文、武、宣、元、成,时有修改,总的看来,大同小异。但这期间,赀算增加了一个新的内容,即将赀算这种财产税数额与当官为吏联系起来,规定"今赀算十以上乃得官"②,应劭曰:"十算,十万也。"一算万钱,十万之数在汉代属中户人家,所以,也就成了汉代划分家庭经济状况的标准线,《汉书·哀帝纪》绥和二年"其令水所伤县邑及他郡国灾害什四以上,民赀不满十万,皆无出今年租赋。"《汉书·平帝纪》元始二年"天下民赀不满二万,及被灾之郡不满十万,勿租税。"按汉制,为官吏者得有资产保证,其标准就是十万,所以韩信就因"家贫无行,不得推择为吏,又不能治生为商贾"②,就是说他不具备为官吏者的经济条件。十万只是个基本条件,随着官级不同,赀值要求似乎也就不同,《汉书·张释之传》云:"以赀为骑郎。"如淳注曰:"《汉仪》赀五百万得为常侍郎。"虽然董仲舒认为:"选郎吏又以富赀未必贤也。"②指出了其间的弊病,但它仍然是选官择吏不可缺少的条件。

赀包括哪些方面,史无详载,礼忠简可为例证,计包括动产和不动产两部分,不动产指土地、宅第等,动产指奴婢、牛马、车辆等,其他衣物用具则不在赀的范畴。计赀以后,便要依赀值向政府交纳算赋,算钱多少。据《汉书·景帝纪》后二年服虔注:"赀万钱算百二十七",那么,礼忠当为十五算,每算以百二十钱计,礼忠年出算赋千八百钱。

概述一下另一项经济制度"上计",这是汉代各级官署资产的年报制度。简文曰:

> 卅井言,谨核校二年十月以来计最,未能会,会日谒言解。 （430·1,430·4）
>
> 阳朔三年九月癸亥朔壬午,甲渠鄣守侯塞尉顺敢言之,府书移赋钱出入簿与计偕,谨移应书一编敢言之。尉史昌。 （35·8）

从上录简例可知,汉代资产上报不仅限于一般官府,就是边郡亭燧也不例外。"上计"之制,并不始于汉代,早在战国初期的三晋既已有之,魏国解扁"为东封,上计入两三倍,有司请赏之。"⑩到汉代明确规定"郡守岁尽遣上计,掾史各一人,条上郡国众事,谓之计簿"③①。所以上计时间应在年终,而简文为"九月""十月",这是沿用秦以十月为岁首之例。所谓"计最",《汉书·严助传》云:"上书……愿奉三年计最,昭许,因留侍中。"如淳注曰:"旧法当使丞奉岁计,今助自欲入奉也。"晋灼注:"最,凡要也。"《汉书·卫青传》云:"最大将军青,凡七出击匈奴。"师古曰:"最亦凡也。""最""凡"互训。"计最"也就是凡计、共计、总计之意。至于东汉时有所谓"三年计最"③②,这和严助"拜为会稽太守,数年不闻闻",因遭诘责的情况近似,可以说是属于特殊事例。汉代规定,郡国上计于丞相府,有时可直接上计于天子,这样的例子很多,如《汉书·武帝纪》元封五年、太初元年、天汉三年、太始四年,《汉书·宣帝纪》黄龙元年以及京房、张苍、匡衡各传均有记载,这里不再赘述。

三、军事方面

居延汉简多是西北边塞烽燧亭障的文书档案,所以与军事有关的简牍可以说比比皆是,或者可以这样说,居延汉简中的任何一枚,都可以与军事防御联系起来。这里我们只能先做一些综合性概述。

汉代的居延地区,为了军事防御需要设有两都尉,即居延都尉和肩水都尉。都尉有都尉府,都尉府属官有都尉丞、侯、千人、司马及其他僚属,都尉驻地称城,侯官所在称郭,城有城尉,其下属有司马、千人、仓长等。都尉府直接的下属军事机构称侯官,其首长是侯,因侯居郭,所以简文中多称郭侯,侯官的属吏有侯丞、掾令史、士吏、尉史等。侯官的下一级军事机关是部,部之长称侯长。部的下一级即燧,燧有燧长,管辖戍卒,少则三四人,多则三十余人不等,这是最基层的瞭望防御组织,与今日的哨卡职能近似,当然,也是一个战斗单位。过去一些学者认为,塞是侯官的下一级组织,其首长是塞尉,这实际上是一种误解,塞尉应是侯官中掌武职者,即侯的副贰,并非一级组织机构。

边塞的戍卒来源比较复杂,除依律服役戍边者外,还有"良家子""应募士"以及"徒""弛刑士""谪卒"等,对他们统称为戍卒,然后按其服役的性质再分为燧卒、郭卒、田卒、河渠卒、守谷卒、亭卒等。其军事训练方面每年有定期秋射。所谓秋射,史籍文献多称"都试",即指每年秋天进行一次骑射演习,《汉书·燕刺王刘旦传》载:"将军都试羽林";《汉书·韩延寿传》云:"都试讲武";《汉书·翟方进传》附《翟义传》有"九月都试",均称"都试",然而简文则多写"秋射",如:

> 秋射二千石赐劳名籍及令""☐凤二年秋,以令射发十二矢,中帤六,当 (202·18)
> 右秋射二千石以令夺劳名籍及令 (206·21)
> ☐以令秋射,发矢十二,中帤矢五 (217·27)
> ☐长安世自言,常以令秋射署功劳☐ (227·15)

右以令秋射，二千石赐劳名籍及令 （267·11）

汉代秋射属大典，规定"立秋之日，自郊礼毕，始扬威武，斩牲于郊东门。以荐陵庙……武官肄兵，习战阵之仪，斩牲之礼，名曰貙刘。"[33]貙刘是在京城的礼仪，在边郡则为秋射。貙刘亦曰貙膢，或可称"膢"，《后汉书·光武纪》注引《古今注》云："永平元年六月乙卯，初令百官"，或曰："尝新始杀也，食新曰貙膢"[34]，"立秋貙刘"[35]。如淳认为："太守、都尉、令、长丞、尉会都试，课殿最。"[36]也就是说，郡、县两级主要官员都得参与其事，而不仅仅是郡守、武官的事情[37]。据《续汉书·百官志》载："建武六年，省诸郡都尉，并职太守，都试遂废。"然而，"永建元年复五月丁丑，幽、并、凉州刺史……立秋之后，简习戎马"[38]，边塞地区又恢复了秋射制度。秋射会试，射有定程，六中为及格，超过六的要署功劳，简文中所谓"赐劳矢十五日"，即劳绩，每年吏卒之劳迹登记在薄，以利考察。简文中还有"秋射爰书"，这是指署试未允、记矢有误、劳绩有差、因公误期等，试者可以"爰书自证"。

戍卒日常除进行军事训练、守望烽燧之外，还要从事治圃、种菜、伐茭、制绳、伐木、造垒、修亭、养马、喂狗、制简牍等劳役，工作情况要记入《日迹簿》《侯望薄》等，以资考核。但是，他们的生活待遇却很艰苦，生病不能得到应有的治疗，经常发生"无医治，故不起病"（84·3）的情况，就是死了也只是草草埋葬了事。"甲渠侯官五凤四年，戍卒病不幸死，用藁椟君枭致"（267·4），其生活之悲惨可想而知。

简文中所记载的武器，名目繁多，最常见者为弩，计算弩的射程及强度的单位叫"石"，简文中有一、三、四、五、六、七、八、十石等八级，以六石弩最为常见。边塞地区弩的损坏情况较为严重，"不任用"记载到处可见，这就需要经常用麻、绳、胶来修理，简文中称盛矢的袋子为"服""兰"，称盛弩的袋子为"幡"，矢又分为藁矢、茝矢，

乃长短之别,镞大部分为三棱形。其他兵刃如刀、剑,多系中原制
造,从简文看,以河南南阳地区造的较多。

四、科技文化方面

数学方面有九九表:

> 九九八十一　　四九卅六　　　八八六十四
>
> 八九七十二　　三九二十七　　七八五十六
>
> 七九六十三　　二九十八　　　六八卌八
>
> 六九五十四　　四八卅二
>
> 五九卌五　　　三八廿四　　　(75·19)
>
> 九九八十一　　八九七十二　　七九六十三
>
> 六九五十四　　　　　　　　　(36·5)

从一一如一到九九八十一,共四十五句,上两表均残缺。九九
之术起源较早,《孙子算经》已全载四十五句,《说苑·尊贤》载齐桓
公设庭燎为士之欲造见者,“期年而士不至, 于是东野鄙人有以九
九之术见者。”以此推之,九九之术最迟应不晚于春秋时代,后又见
载于《管子·地员》《淮南子·天文训》等早期文献,《汉书·梅福传》
云:“臣闻齐桓公之时有以九九见者,桓公不逆,欲以致大也。”师古
注曰:“九九,算术,若今九章,五曹之辈。”

居延纪年简,多载年月日,这对核定、研究两汉朔闰之排列无
疑是第一手资料。陈垣先生《二十史朔闰表》吸收了前人长术研究
成果[39]并有修正,纠正了错误,重予推算,无疑是有价值的。然而陈
氏与前人各表均是以历术推导出来的,这就还要经过实践的检验。

《汉书》中除《五行志》于日食记朔晦外,其余均不记朔旦,《后
汉书》大体也是如此,而汉简多在月名与日序之间注明朔旦,为后
世研究提供了极大方便,可资我们核定百年之内的日序及每年之
闰月。朔闰表是史学研究中不可缺少的工具书,如所据之表有误,

显然会给研究带来困难,今依纪年简为根据校订各表之长短,是有价值的。试举数例如下:

太始元年(公元前96年)陈氏各表置闰月于头年十二月丁丑朔。简文曰:"大始元年十二月辛丑朔。"⑩则是年闰十二月辛朔。闰月在岁末,仍沿用汉初古四分历(即殷历或称颛顼历,此已在太初之后。)

始元七年(公元前80年)陈氏各表闰月皆为三月壬申朔,而简文有"始元七年闰月甲辰",壬申朔不会有甲辰。所以这年实际上应闰二月癸卯朔或四月壬寅朔。

神爵元年(公元前61年)陈氏诸表闰四月壬午朔,汉简有"神爵元年四月壬午朔",所以知道这年事实上不闰四月,而是闰三月壬子朔。另据简载,元康五年(即神爵元年)二月至五月下达之诏书,其闰月丁巳、庚申皆属于闰三月壬子朔,因而可以完全确定,这年确是闰三月壬子朔无疑。

鸿嘉三年(公元前18年)陈氏诸表都是闰九月庚子朔,汉简有"鸿嘉三年闰月庚午朔",庚午朔应是闰八月而不应闰九月。

元寿元年(公元前2年)陈氏诸表闰十一月丙寅朔,十二月乙未朔,只有刘羲叟表为闰十月壬辰朔。简文有"建平五年(即元寿元年)十二月丙寅朔",刘氏表不误。

始建国二年(公元10年)汪曰桢表闰丑正十月癸亥朔,陈、张其翽表闰寅正九月癸亥朔,刘表闰丑正十一月壬辰朔。简文"始建国二年十一月丙子下",可证十一月不是闰月,应如刘表闰十一月壬辰朔。

元兴元年(公元105年)陈氏诸表闰九月辛巳朔,刘氏表闰十月庚戌朔。据《续汉书·天文志》"闰月辛亥",辛亥应是十月,同刘表,按汉简推算也应是闰十月。

以上七例是对闰月之订正,朔且陈氏诸表也有不符简文者。

始元元年(公元前86年)陈氏各表作正月戊寅朔,而汉简为

"己卯朔"。

元兴元年(公元 105 年)陈氏诸表为七月壬子朔,九月辛亥朔,十月庚戌朔;而汉简作七月癸丑朔,九月壬子朔,十月(闰)辛亥朔。

此二例之朔旦虽只相差一天,但仍是一个小小的差误。

史书文献所载,凡改元之年,一般用新改年号记述,这不仅与当时实际不符,也给确定何月改元带来一定困难。汉简系当时实用文书,所以改元之年新旧年号并存,这就为确定何月改元提供了可靠依据。如史载河平四年六月改元阳朔㊶,而简文有"河平五年五月"与"阳朔元年五月",显然,史书记载有误,为此,以简文为依据,推定改元之月如下:

地节五年四月与元康元年五月　　　　改元当在四月

神爵五年正月与五凤元年三月　　　　改元当在二月

五凤五年四月与甘露元年五月(闰)　　改元当在五月

阳朔五年四月与鸿嘉元年六月　　　　改元当在四、五月

鸿嘉五年三月与永始元年三月　　　　改元当在二月

元延五年四月与绥和元年六月　　　　改元当在五月

建平元年正月　　　　　　　　　　　改元当在上年末

建平五年十二月　　　　　　　　　　改元元寿当在十二月
　　　　　　　　　　　　　　　　　或闰十二月

然而,在核定改元之月时,也发现了一些令人费解的现象,如本始五年改元地节,何月改元,与史无征。但汉简不仅有本始五年十二月,而且还有本始六年正月,甚至本始六年三月,直迟至六月才见地节年号。

此外,在汉简中还有一些"二年""三年"纪年简,前面未冠年号,查其月朔,是征和四年以后的两年,"二年"即公元前 87 年,"三年"即公元前 86 年,即始元元年。这是因为武帝最后两年改元后未

立新年号,一般史书称"后元",这并非当时实用之年号,而是后来史家所追记。如《汉书·地理志》敦煌郡下、《诸侯年表》济北王宽下、《霍光传》等均称"后元年"。《汉书·昭帝纪》始元四年"赦天下,辞讼在后二年前皆勿听治",孟康注曰:"武帝后二年",是当时诏书称"后二年",而不以"后元"为年号。这种情况与文、景之际未立年号,史家以"前元""后元"相称,是一个道理。

第二节 居延新简的整理与研究

居延新简的数量据发掘简报称:"甲渠侯官、第四燧、金关三地共出简一万九千六百三十七枚"⑫,"除在地面和拢土中采集少数木简外,其余都有出土方位或层位"。现在已经整理编号的计 17211 枚,绝大多数是木简,竹简极少。其形制可分为简、两行、牍、检、符、觚、签、册、封检以及削衣等。

这些简册,有的还是当时正在使用的文书、簿籍,因此,成册的较多,"有的与杂草、畜粪混合堆成积薪,有的垫在圈底,或当作垃圾抛在各处"。

共整理出完整的和较为完整的 70 多个册子,"有的出土时就联缀成册,有的编绳虽朽但保持册形,有的散落近处可合为一册"。这些简多数有纪年,内容连贯。"其中也有因不易区分,暂归一册的。"如元凤五年、六年"通道厩粮谷出入属"共 72 枚,包括两年的 5 个月簿。各册的编缀从简册上所留痕迹看,以两道较多,也有三道的,新莽时还有用红绳编缀的。

简册文书有对来文的复文,有的是文书的底稿,其中一些还保留着标签,如诏书、律令、科别、品约、牒书、爰书、劾状、推辟书等,这些文书的格式、形制、收发程序都有统一规定,对研究古代文书档案制度有重要的参考价值。

简册的内容非常丰富,它不仅记述了居延地区屯戍活动的兴衰,而且保存了西汉中期到东汉初年的重要文献资料,这些文书涉及当时的政治、经济、军事以及文化、科技、哲学、民族等领域。目前这些简牍还在整理中,拟先出版破城子、第四燧、次东燧三部分。

居延新简中纪年简约 1200 枚,最早者为天汉二年(公元前 99 年),最迟者为建武七年(公元 31 年),以宣帝时期为多。新获简册《塞上烽火品约》共 17 枚[43],释文与考述文章已有发表。该册对研究汉代的烽燧制度以及边塞防御系统,是十分重要的资料。这个册子是居延都尉辖下的甲渠、卅井、殄北三塞临敌报警、燔举烽火、进守呼应、请求驰援的联防条例。条例规定,在匈奴人入侵的不同部位、人数、时间、意图、动向以及天气变化异常等各种情况下,各塞燧燔举烽火的类别、数量、方式,如何传递应和,发生失误时又如何纠正等。烽燧守备情况要经常进行检查,不合临战要求的将受到处罚。居延新出《侯史广德坐罪不循行部檄》[44],是对侯史广德处罚的通报。檄文列举其所属十三至十八燧戍务败弊的事实,斥责广德管理部燧不善,军粮不齐,未按命令如期汇报等问题,给予广德打 50 杖的处分。

《守御器簿》是边塞基层军事单位守御器具的清单(簿)。综观两军对峙,无非攻、守二事。《六韬·军用》:"攻守之具,各有科品",军事装备的优劣、数量、完损情况等,在战斗中往往起着极为重要的作用,因而,历来受到军事指挥家的重视。所以《墨子·备城门》指出:"城池修,寸器具,樵粟足……此所以持也",是取得胜利的物质保证,边塞烽燧都有按规定配备的设备、器械、用物乃至生活用具,均有一定的标准,每件装备、设施都一一记录在案,不得损坏,更不得缺失,否则要追查责任。像广德这样的戍边吏员,由于玩忽职守而致使当地防御能力丧失殆尽的情况,是严重的渎职行为。

西汉的司法程序、刑讼方式,史书记载不详,难以深入考察,居延旧简中虽有残简断牍可资参阅,但因分散零乱,很难做系统研究。居延新出建武三年《侯粟君所责寇恩事》[45]册,计 36 枚,是一份完整的诉讼档案。记述了客民寇恩因甲渠侯粟君无理扣押了他的车器，并抵赖他为粟君买米肉所出的钱，告发了粟君。可是粟君却致书居延县庭，反诬寇恩卖掉借他的牛不赔而欠他的钱。居延县庭将粟君的劾书转寇恩所在的乡，由专管刑讼的乡啬夫验治寇恩，写下口供。不久，粟君又上书居延都尉府告劾，认为寇恩的供词与事实不符。府令县重新验问寇恩，乡啬夫第二次复验寇恩并记下口供。最后，乡啬夫根据寇恩的申诉，上报县庭，坚持寇恩不欠粟君债的裁决。于是居延县将乡啬夫的报告及寇恩的第二次口供一并批转甲渠侯官，议决粟君为政不直。该册不仅阐明了汉代治狱鞠讯制度的具体内容与诉讼辞的格式以及诉讼程序等，更重要的是初步解决了过去存在争论的汉代边郡地区民政与军事两大系统的职权关系问题，也就是说，行政官吏如郡守、县令（长）、乡吏等，有无权力处理军民之间的各种纠纷。《侯粟君所责寇恩事》册表明，在建武六年前军事系统一般不理民事，凡涉及民事纠纷，即使与军事部门的官兵有关，也得由县庭、乡秩一类民政系统的官吏来进行审理判案。

《甘露二年御史书》[⑧]是居延新出土的另一重要简册，它是西汉宣帝时追查武帝之子广陵王刘胥集团阴谋篡权活动的御史书。内容主要是通缉叛逆逃犯向全国发布的文件。西汉中期统治阶级内部矛盾重重，武帝时虽号称鼎盛，然而，由于连年战争，耗资巨大，致使黎民困扰，社会矛盾加剧，这种社会矛盾必然反映到统治阶级内部，则表现为争权夺利之斗。武帝晚年，王位继承问题非常突出，在择嗣问题上更显困惑。加之社会上长期以来崇信巫术，轻信谗言，统治阶级内部由于权力分配的需要，一手制造了"巫蛊"事件，自相戕害，打乱了最高统治集团的既定部署，大大削弱了中央集权的力量，使政局动荡不安，终于导致了昭、宣时期盖主、燕王、广陵王、上官桀、桑弘羊等的相继变乱。《甘露二年御史书》册所反映的史实，正是这一政治危机的写照。

居延新简中关于窦融治理河西时期的资料不少，特别是破城子甲渠侯官档案室(F22)中出土的一批简册，尤为珍贵。经综合分析可知，窦融在任河西五郡大将军期间，在整顿治理、加强五郡经济建设与防务的同时，在居延地区重点地保持和加强了西汉以来的各种军事设施，从而保持了河西地区的稳定与安全。为了保证各项政策、法令的贯彻执行，对五郡郡守、都尉等主要人员进行了必要的调整，省减冗员，精练机构，清除空额积弊。窦融在加强军事、澄清吏治的同时，还大力发展经济，继续屯田，禁杀牛马耕畜，保护少数民族安心生产。所以窦融不同于当时的其他割据者，更重要的是他北抗匈奴，东拒隗嚣，南击公孙述，始终以大局为重，力排众议，全力支持东汉中央政权，维护了国家统一，对葱岭以东地区迅速回到祖国怀抱作出了功绩⑰。

《永始三年诏书》册，1973 年夏出土于金关烽台南侧之堡屋，计简 16 枚，下端经火焚烧，因之，最长者 22.5 厘米，最短者仅剩 9.2 厘米，简书两行。出土时由于编绳朽断，简已散乱，目前有几种排列，文意无大变。一般诏书多由三部分组成，而《永始三年诏书》则由五部分构成。《诏书》上奏后，于"永始三年七月戊申朔戊辰""制可"，即七月二十一日正式批准执行，"七月庚午"诏书开始下移，从批准到下移其间仅隔两天。经一月之后，即"八月戊戌"(八月二十二日)，由于"长安男子自言"等情，遍及各郡国，令全国"吏民皆知之"，于是决定"重令"，扩大下达范围。要求"遍悬亭显处"，传达到一般黎庶。自戊戌重令决定将文书下达到乡亭，其间又过两月有余，"十月己亥"(十月二十四日)达张掖太守府，"十一月己酉"(十一月四日)到肩水都尉府，"十一月辛亥"(十一月六日)，达肩水侯官。从诏书批准执行，到传达到一般老百姓"皆知"，其间经过了近 4 个月的时间。

《建武三年居延都尉吏奉》册，该册发现于居延破城子遗址第二十二号房内，全册计木简 16 枚，完整无损。简长 23 厘米，其中除两枚"两行"宽为 2.6 厘米外, 其余 8 枚均为 1.3 厘米。建武初年, 窦融领有河西, 称河西五郡大将军。此册即大将军府颁发的官吏俸禄例文书。为便于说明问题, 兹录释文如下:

> 建武三年四月丁巳朔辛巳, 领河西五郡大将军、张掖属国都尉融, 移张掖、居延都尉, 今为都尉以下, 奉各如差, 司马、千人、侯、仓长、丞、塞尉职间, 都尉以便宜财予, 从史、田吏, 如律令
>
> 居延都尉　　　奉谷月六十石
>
> 居延都尉丞　　奉谷月卅石
>
> 居延令　　　　奉谷月卅石
>
> 居延丞　　　　奉谷月十五石
>
> 居延左右尉　　奉谷月十五石
>
> ·右以祖脱谷给, 岁竟一移计
>
> 居延城司马、千人、侯、仓长、丞、塞尉
>
> ·右职间, 都尉以便宜予, 从史令田
>
> 六月壬申, 守张掖居延都尉旷、丞崇, 告司马、千人官, 谓官县写移书到, 如大将军莫府书律令掾阳、守属恭、书佐丰已雠

《汉书·百官公卿表》: 都尉"秩比二千石", 丞, "秩皆六百石", 县令"万户以上为令, 秩千石至六百石。减万户为长, 秩五百石至三百石"。丞尉"秩四百石至二百石"。《后汉书·百官志》云: "每属国置都尉一人, 比二千石, 丞一人", "每县、邑、道, 大者置令一人, 千石; 其次置长, 四百石; 小者置长, 三百石", "丞各一人, 尉大县二人, 小县一人"。《汉官》曰: "大县丞、左右尉, 所谓命卿三人。小县一尉一丞, 命卿二人。"又曰: "雒阳令秩千石, 丞三人四百石, 孝廉左尉四百石, 孝廉右尉四百石。员吏七百九十六人, 十三人四百石, 乡有秩, 狱吏五十六人, 佐史、乡佐七十七人, 斗食、令史、啬夫、假五十人, 官掾史、幹小史二百五十人, 书佐九十人, 循行二百六十人。"

　　两汉秩俸变化不大,都尉均为比 2000 石,县令皆千石(大县计)。事实上往往实际得到的俸禄数和明确规定的秩俸之间有较大差额,这种差额指除扣去所需用物的"责"还"赏"外,还要按律扣去秋赋钱,即简文中所记明的"已赋毕",表示已经交纳,这种赋钱的交纳方式多在发"吏俸"时扣除,因之多记载于吏俸名籍之后。册记都尉月俸为 60 石,全年合计是 720 石,县令月俸为 30 石,全年合计是 360 石。这种明显差别是令文规定的。《汉书·百官表》师古注曰:"汉制,三公号称万石,其俸月各三百五十斛谷,其称中二千石者月各百八十斛,二千石者百二十斛,比二千石者百斛,千石者九十斛,比千石者八十斛,六百石者七十斛,比六百石者六十斛,四百石者五十斛,比四百石者四十五斛,三百石者四十斛,比三百石者三十七斛,二百石者三十斛,比二百石者二十七斛,一百石者十六斛。"大体上比 2000 石是个分界线,秩俸越高实际得到的差额越大,比千石以下,秩俸越低,实际得到的数额较多,600 石以下实际收入超过明俸数。东汉时吏秩俸基本没有大的变化,据《后汉书·百官志》载,大体沿用西汉俸额,唯"千石"以下之中、下级吏员略有减少。凡诸受俸者,皆半钱半谷,这是建武二十六年四月戊戌增吏俸以后的俸额规定。延平中又重新规定:"中二千石俸钱九千,米七十二斛,真二千石月钱六千五百,米三十六斛,比二千石月钱五千,米三十四斛,一千石月钱四千,米三十斛,六百石月钱三千五百,米二十一斛,四百石月钱二千五百,米十五斛,三百石月钱二千,米十二斛,二百石月钱一千,米九斛,百石月钱八百,米四斛八斗。㉝这显然是一个不稳定的俸制,特别在货币贬值的情况下,更是月俸菲薄了,尤其下级官吏,受害更大。

　　册记居延吏秩俸,是窦融时期的临时性措施,它较两汉正式俸制所规定的数额都低,但较殇帝以后规定的实际收入略高,反映出当时河西所执行的各种政策、法令的过渡性。

　　关于居延新简的整理工作目前还在进行中,研究工作也仅限于整理工作的需要,也就是与整理工作有关而进行的。因此,不但研究的项目有限,而且也是初步的,更深入的全面研究工作,只能等待正式报告发表之后。新简整理的第二阶段任务,目前还未正式列入日程,这是指金关汉简,它的总数超过破城子。以前只是完成了初释工作,拍照还未全部完成,其他各项工作也未开始,所以这部分汉简的正式报告,那将是以后几年的事了。

注释:

①斯坦因《中亚与西域考古记》《中国沙漠考古记》。

②斯坦因《亚洲腹部考古记》。

③索麦斯特罗《内蒙古额济纳河流域的考古研究》、陈梦家《汉简考述》(《考古学报》1963 年第一期)、劳榦《居延汉简考释》。

④甘肃省博物馆《甘肃武威磨嘴子六号汉墓》(《考古》1960 年第五期)。

⑤甘肃省博物馆《甘肃武威磨嘴子汉墓发掘》(《考古》1960 年第九期)。

⑥《汉简研究文集》,甘肃人民出版社,1984 年 9 月,第 86 页。

⑦甘肃省博物馆、武威县文化馆《武威汉代医简》。

⑧甘肃居延考古队《居延汉代遗址的发掘和新出土的简册文物》(《文物》1978 年第一期)。

⑨甘肃省博物馆、敦煌县文化馆《敦煌马圈湾汉代烽燧遗址发掘简报》(《文物》1981 年第十期)。

⑩括号内的数字,是指该类统计的简号数目。

⑪凡文中所引此种简号,均见中国社会科学院考古研究所编《居延汉简甲乙编》,中华书局,1980 年 12 月。

⑫《汉书·高帝纪》三年春正月。

⑬《汉书·文帝纪》元年三月。

⑭《汉书·百官公卿表》上。

⑮《汉书·龚胜传》。

⑯《续汉书·百官志》五刘昭补注。

⑰《宋书·百官志》。

⑱《汉书·武帝纪》元封五年"初置刺史部十三州"颜注。

⑲《续汉书·百官志》五蔡注引。

⑳《汉书·食货志》下。

㉑《汉书·王莽传》。

㉒《周礼·天官·疾医》郑注。

㉓《庄子·逍遥游》疏。

㉔《周礼·夏官·职方氏》注。

㉕杨联升《汉代丁中、廪给、米粟、大小石之制》(《国学季刊》第 7 卷第 1 号,1950 年 7 月)。

㉖应劭注,见《汉书·惠帝纪》。

㉗《汉书·景帝纪》后元二年五月诏。

㉘《史记·淮阴侯列传》。

㉙《汉书·董仲舒传》。

㉚《淮南子·人间》。

㉛《通典》。

㉜《后汉书·西南夷传》。

㉝《续汉书·礼仪》中。

㉞《风俗通》。

㉟《汉仪注》。

㊱《文献通考·兵部》。

㊲《汉官解诂》都尉条下。

㊳《汉书·翟方进传》附《翟义传》注。

㊴指司马光《资治通鉴目录》所载宋刘羲叟《长历》、汪曰桢《历代长术辑要》、张其翱《两汉朔闰表》等。

㊵这里所引之简,仅用纪年,故不再赘引简号。

㊶《汉书·成帝纪》。

㊷《文物》1978 年第一期。

㊸甘肃居延考古队简册整理小组《塞上烽火品约》释文;薛英群《居延塞上烽火品约册》(《考古》1979 年第四期)。

㊹徐元邦、曹延尊《居延出土的"侯史广德坐不循行部"檄》(《考古》1979 年第二期)。

㊺甘肃居延考古队简册整理小组《建武三年侯粟君所责寇恩事》释文(《文物》1978 年第一期)。

㊻《居延新简官文书选释·上》(《社会科学》(甘肃)1986 年第四期)。

㊼薛英群《新获居延简所见窦融》(《社会科学》(甘肃)1979 年第一期)。

㊽荀绰《晋书·百官表》注,《寇恩册》所记之物价等。

第二章 居　延

　　居延地区即今额济纳河流域的泛称,行政区划,上游属甘肃省酒泉地区,中下游属内蒙古自治区额济纳旗管辖,大体上位于酒泉地区的东北部,西连肃北蒙古族自治县,南接玉门市、金塔县,东邻宁夏回族自治区, 北与蒙古国相界。额济纳旗面积约 8 万平方千米,人口 11000 余人,每平方千米只有 0.1 人。居民有蒙、汉、回、藏等民族。

第三节　居延地区的自然环境

　　我国内蒙古高原的西部地区,地理上称为阿拉善高原。居延地区正处于阿拉善高原和马鬃山地的交接地带。北、西、南三面都有大致呈西北—东南走向的中山、沙丘,属马鬃山地的一部分。西北部山地最高峰大红山海拔 1834 米, 北部的洪果尔吉山海拔 1256 米,南北山地最高为 1646 米,一般为 1500 米左右。南北山地之间戈壁分布较广,东部为巴丹吉林沙漠的组成部分,海拔一般为 1100~1200米,中部的黑河(弱水)下游谷地和居延海盆地海拔较低。弱水的尽头,嘎顺诺尔(即居延海)和索果诺尔湖岸海拔只有 800 多米。

　　弱水,上游称黑河,下游称弱水。黑河发源于祁连山走廊南山的南麓,也就是陶勒山的北坡分水梁地带,海拔为 4145 米。水向东南流,至青海省祁连县境之黄藏寺与八宝河相汇,穿越鹰咀峡而东北流,这段亦称张掖河,于张掖的乌江乡与山丹河合流,东北折至临泽,经高台,出正义峡而北流,到金塔县之天仓与北大河汇流,再转向东北,至凯旋村一带又分为东、西两河,东河亦称纳林河,西河也叫木(穆)林河,东河之东有一并行支流称为伊肯河,分别注入嘎顺诺尔和索果诺尔,东西两河每年4~10月因上、中游水渠灌溉而长期断流,只有冬、春两季属于下游的东西两河才有河水用于草场灌溉。

居延地区属温带干旱性气候,冬季干冷,夏季炎热,降水量小,蒸发多,日照长,多狂风。以达兰库布为例,年平均气温为7.9℃,元月为-13.4℃,7月为26.4℃,年降水量为39毫米,而蒸发量则高达3700多毫米,是降水量的92倍。全年日照3400多小时,整个地区大风不断,全年八级以上的大风日数有30多天。

弱水两岸自然植被好,东、西两河滩有胡杨、沙枣等天然次生林,牧草也较茂盛,很适宜畜牧和农垦。戈壁与沙漠地带有梭梭、红柳、毛柳等灌木,耐风、旱,生命力强。草类较为稀疏,多系沙生与碱生植物。

第四节　居延地区的历史变迁

居延地区处于沙漠与戈壁之间,一般史书文献多称为"瀚海""大幕(漠)""流沙""弱水流沙"等。《尚书·禹贡》记载:雍州"弱水既西","导弱水至于合黎,余波入于流沙"。这里的流沙,就其广义而言,似应指巴丹吉林沙漠以及居延泽周围地区。《淮南子·地形篇》指出:"弱水出自穷石,至于合黎,余波入于流沙,绝流沙南至南海。"《史记·夏本纪》也作了相同的记述:"弱水至于合黎,余波入于流沙。"集解引郑玄所引《地记》曰:"弱水西流入合黎山腹,余波入于流沙,通于南海。"所谓"南海",当指居延海,位于"大山(今北山)之南也"。

《尚书》所谓："流沙者,形如月生五日也。"流沙为何会"如月生五日"呢?《水经·禹贡山水泽地所在篇》:"流沙地在张掖居延县东北。"注云:"居延泽在其县东北,《尚书》所谓流沙者也,形如月生五日也。弱水入流沙,流沙,沙与水流行也。"沙水流行,水为沙所浸,故而"形如新月"。即"形如月生五日",此非指沙形,而是描述居延海之状也。

所谓"弱水",《山海经·大荒西经》载:昆仑之丘"其下有弱水之渊环之。"这似指弱水上游诸河流。郭璞注曰:"其水不胜鸿毛"。《十洲记》云:"鸿毛不浮,不可越也。"《玄中记》也说:指其"鸿毛不能载"。然而,有人认为:"弱,实为音译,早期译为弱,汉代译作婼。"也有人认为:"弱水"乃指流小而急湍,多旋涡,难行舟,故称弱水。至于程大昌《禹贡论·上》所云:"弱水、黑水,诸家皆谓在甘、沙数州,则当南流入河而东注",显然不确。《碣石经》顾于弱水曰:"既西于黑水,曰入于南海,汉之在经,但有一源,而后世分之,以为东、西两派。"这里所说的"两派"当指伊肯河与木(穆)林河,而额济纳河(弱水)主流入索果淖尔,此即居延海,至于其支流木(穆)林河注入嘎顺淖尔,单独不宜称为居延泽或居延海,如与索果淖尔并称,这只是泛指,那当然是可以的,这里有主流、支流之分,也有主泽、附泽之别,不可相混同。陈宗器《变迁的湖泊》一文中,第六十一附图标明:故泽西端在瓦因托尼(A10,北纬42°北),南端在博罗松治(P9,北纬41°30′北),南、北两端在东经101°30′之西,泽体大部分在东经101°30′至102°、北纬41°30′至42°之间①。

居延地区据考古调查、发掘,早在新石器时代这里已有人类在活动,东起阴山,中经居延地区,西至天山中段均发现有细石器、陶片、骨器等,可以大体看出最早活动在这一地区的人们,可能是一些从事畜牧业、半农业的氏族部落。据《史记》《汉书》所载,阴山两麓有林胡、楼烦等部,祁连山北麓有月氏,天山北麓有乌孙,南麓则是定居的"城郭诸国",北面直至蒙古国境内,是著名的匈奴。

早在战国时代,约公元前 3 世纪,匈奴在我国大漠南北逐渐兴起。铁器的使用,加快了匈奴内部的社会分工,私有制建立。到公元前 2 世纪,这块土地上终于完成了原始社会的解体。原始社会的解体过程,是一个双向过程,对内强化奴隶制机构,壮大实力,逐渐统一,形成了"龙庭"的权力中心;对外掠夺、扩张,不断蚕食周围地区,尤其乘秦末大乱,侵入到黄河以南的今鄂尔多斯地区,直接威胁到长安的安全,西南威慑天山南北各族,向南越过大漠,击走月氏,夺占了河西走廊。匈奴为了控制这片土地,以白羊、楼烦二王部驻牧于今鄂尔多斯地区,以休屠王所部驻河西走廊东段,并在谷水(今石羊河)中游西岸修建了休屠城,据杨守敬《水经注疏》卷四十"都野泽"条下:休屠城"在今武威县北六十里";《元和郡县图志》卷四十"武威郡凉州":"休屠城在(姑臧)县北六十里"。按此,休屠城故址应在今石羊河中游某地。以䚡得王部驻河西走廊中段,在弱水上游修建了得䚡城。据《元和郡县图志》卷四十"甘州":"今甘州辖下张掖县,本匈奴䚡得县。"《西河旧事》云:"此地本匈奴䚡得王所居,因此名之。"浑邪王驻守西段,以今酒泉为其中心。在西域以尉犁为中心,设僮仆都尉,控制各地并征收赋税、财物。当时位于塔里木盆地东口上的楼兰国也役服于匈奴。在开河西、通西域之前,居延及其外围地区的政治格局综如上述。

公元前 127 年(武帝元朔二年)卫青指挥汉军,自云中(今内蒙古黄河西北隅的托克托)渡河进入鄂尔多斯地区,破白羊、楼烦两部,驱逐了匈奴势力,收复了秦时故地,史书中称为"河南地""新秦中",汉王朝修复了秦时所筑城塞,派兵戍守,移民设郡县,巩固收复土地,解除了长安的威胁。公元前 121 年春,霍去病率骑兵自陇西郡(今临洮县)出发,向西北进军,跨黄河、湟水,越焉耆山(今乌鞘岭一带),袭击驻守在武威地区的休屠王所部,取得了很大胜利。关于这次战役,《汉书·卫霍列传》亦有较详的记述,并指出行军路线:"元狩二年(公元前 121 年)春,将万骑出陇西,有功。上曰:骠骑将军率戎士隃乌盭、讨遬濮,涉狐奴,历五王国,辎重人众摄讋者弗取,几获单于子,转战六日,过焉支山千有余里,合短兵,鏖皋兰下,杀折兰王,斩盧侯王,铢锐悍者,全甲获醜,执浑邪王子,及相国、都尉,捷首房八千九百六十级,收休屠祭天金人,师率减什七。"这次战役敲开了河西走廊的东部大门。据《史记·卫将军骠骑传》载:同年卫将军青出兵陇东,矛头北指,与霍去病军成南北夹击之态势,"元狩二年(公元前 121 年)……而骠骑将军出北地……天子曰:骠骑将军踰居延,遂过小月氏,攻祁连山"。《史记·匈奴传》亦云:"其夏,骠骑将军复与合骑侯数万骑出陇西、北地二千里击匈奴,过居延,攻祁连山。"《汉书·卫霍列传》亦记述曰:"其夏,去病与合骑侯敖俱出北地,异道。……上曰:骠骑将军涉钧耆、济居延、遂臻小月氏,攻祁连山,扬武乎觻得。"这是汉军第二次大规模反击匈奴,兵分两路,一路由合骑侯公孙敖指挥,一路仍由霍去病率领,可惜公孙敖因失路未能与霍去病相配合,然而,霍部仍取得了很大胜利,河西走廊的中、西部已全部为汉军所占领。

汉得河西以后,先后建立了酒泉、武威、张掖、敦煌四郡。武帝太初元年(公元前 104 年),汉军经西域征大宛(即今苏联中亚地区的费尔干纳),《汉书·李广利传》载:"张掖北置居延、休屠以卫酒泉。"保卫酒泉就是要保证去西域的道路畅通,也就是保证西征军的后勤供应线无阻。而"置居延、休屠"也当在太初元年,与伐大宛是同一年,这应是修建居延之始。

第五节　居延与居延城塞

一、居延

《史记·卫将军骠骑传》可能是史册中有关居延之名的最早记载。元狩二年(前 121)汉军两"踰(过)居延",这是居延地区正式归汉政权管辖的开始。很显然,居延之名要早于居延城、塞之建置,也就是说,在汉领居延地区之前已早有居延之名。

《汉书·地理志》张掖郡下有居延县。《史记·匈奴传》索隐引:"韦昭曰:居延,张掖县。"非是。所以《汉书·武帝纪》颜师古注云:"居延,匈奴中地名也,韦昭以为张掖县,失之。张掖所置居延县者,以安置所获居延人而置此县。"《后汉书·明帝纪》永平十六年李贤注:"居延,本匈奴地名也,武帝因以名县,属张掖郡,在今甘州张掖县东北。"据此,居延本匈奴地名,看来没有太大问题。至于师古提出的"居延人"之说,确应引起注意,虽还不知所本,当有其据,如"龟兹""骊靬"故事,这不是不可能的。《汉书·霍去病传》张宴注曰:"钧耆、居延,皆水名也。"或可理解为最初是指居住在居延水两岸的人们。如果居延人确因居延水而得名,显然,居延水之名当为匈奴语。

陈梦家先生认为:"居延作为水名,可有两种解释,一为泽名,一为河流名。"弱水,元代以后,名为额济纳河,亦作亦集乃、额济勒(内、讷、馁),或厄金绥。所谓"额济讷",蒙古语意为"幽隐也"[②]。清代初年,归土尔扈特部以此为牧地,这一带称额济纳果尔,果尔犹蒙古语中之都伦,所以名河水。"额济讷归土扈尔特旗在居延海,无居川,唯坤都伦河自甘肃肃州北流,经额济讷旗,分二道汇为泽,俱曰居延海。"[③]陈先生又引《水道提纲》卷五"滔来必拉"(讨来河)条下所述昆都仑水,即坤都仑河,指出:昆都仑即昆河,"昆"有可能是"居延"二字的对音并以《蒙古游牧记》卷五"乌拉特族"原注引为旁证,说明"昆"或"昆都仑"可能即是"居延"或"居延水"的另一个对音。我们知道,《水道提纲》乃清代齐昭南所撰,齐氏虽取郦道元《水经注》与黄宗羲《今水经》之所长,但终因成书太晚,时隔两千余年,沧桑变换,人种流徙,语言变化较大,以此为据,似难信服。

关于居延之名的起源,近来还有一种说法,认为:《山海经》中有居繇之国的记载;而《匈奴列传》又有"胸衍之戎",在《汉书·地理志》则记述曰,秦北地郡有胸衍县,汉因之。总上各家记载认为:"战国时一部分胸衍之戎进入河西,被译写为居緫。"后移居于居延海一带,因之,汉时称其地为"居延","居延"乃"居緫"的一音之转④。此说问题较多,如世居陇东"粮区"的胸衍之戎,为何舍去原居地较好的生活环境条件,而千里迢迢远赴生产、生活、自然环境等各种条件极差的额济纳河流域定居?"战国"时进入河西,有何根据?"移居延海一带"有何依据?为什么说"居延"乃"居緫"的一音之转?它与"胸衍"又是如何转音?这些问题,都还需提出令人信服的依据与具体的回答。

关于居延建城、设防的记载,《史记·大宛传》中"于酒泉、张掖北,置居延、休屠以卫酒泉"与《李广利传》所记述的时间大体相同,如以此计算,居延城防的最早开发时间距今已有2100余年了。接着在太初三年(前102)开始了较有规划的全面修建,并取得了初步规模。自元狩二年至太初三年为20年,可算是居延地区筑城、建郡的序幕,同时建全行政、军事机构,设都尉并置县,任用侯官、县以下吏员人事等。

武帝首先起用前伏波将军路博德有计划、大规模地修筑居延防御线以及府、县防御设施,《史记·匈奴传》:"(太初三年)使强弩都尉路博德筑居延泽上",《武帝纪》作"筑居延"。这都是泛指,不论"居延泽",或者"居延",并非指居延城一地,而是包括了居延地区的整体防御体系。《汉书·地理志》注引阚骃十三州志云,"武帝使伏波将军路博德筑遮虏鄣于居延城",所以很清楚,路博德最初修建的主要是战略防御性设施,如烽燧、亭鄣、坞壁等一些具有边防哨卡职能的永久性建筑。今天所能见到的汉代塞墙,在鼎新东北沿河而上,至布肯托尼时一支仍沿伊肯河北上至居延故泽西岸之西,这一支分属于居延侯官与肩水侯官;另一条则在弱水旧道之南的沙砾地带建筑坞鄣至居延海的东南,此属珍北侯官。《史记·大宛传》在讲到修建居延、休屠以卫酒泉时,集解云:"如淳曰:立二县以卫边也,或曰置二部都尉以卫酒泉。"这里所说的"二部都尉",当指居延都尉与肩水都尉。居延都尉的设置在太初三年,这时已有屯兵,这是"强弩都尉,屯居延"之前的留兵。据《汉书·景武昭宣元成功臣表》:路博德"坐法失侯"的时间在太初元年。《史记·卫将军骠骑传》载:太初三年来到居延,其间仅隔两年,即赴边筑塞,确有戴罪立功的意思,因之,筑塞墙的速度是较快的。

二、居延城

关于修建居延县城,《汉书·地理志》居延县条下、《史记·匈奴传》均曾涉及。《括地志》云:"汉居延县故城在甘州张掖县东北一千五百三十里。有汉遮虏鄣,强弩都尉路博德之所筑。李陵败,与士众期至遮虏鄣,即此也。《长老传》云:鄣北百八十里,直居延之西北,是李陵之战地也。"

既需讨论居延城的具体位置,我们就有必要先了解"李陵之战地"的具体方位。《汉书·武帝纪》:天汉二年,夏五月,"又遣因杅将军出西河,骑都尉李陵将步兵五千人出居延北,与单于战,斩首虏万余级。陵兵败,降匈奴"。李陵出兵居延北而败绩。《史记·李将军传》:"而使陵将其射士步兵五千人出居延北可千余里……还未到居延百余里,匈奴遮狭绝道……遂降匈奴。"对居延地区早期所发生的这一重大战役,竟导致李陵降匈奴之事,《汉书·李陵传》有较为详尽的记载:天汉二年(公元前99年),陵愿以少击众,自请领步兵五千人涉单于庭,"上壮而许之,因诏强弩都尉路博德将兵半道迎陵军",路博德羞为陵后距,奏言:愿留陵至春,俱将酒泉、张掖骑各五千人并击东西浚稽,上怒,疑陵不欲出征,阴使博德奏闻,因下诏曰:令陵"引兵走西河,遮钩营之道","以九月发,出遮虏鄣","陵于是将其步卒五千人出居延,北行三十日,至浚稽山止营,举图所过山川地形,使麾下骑陈步乐还以闻"。"李陵至浚稽山,与单于相直,骑可三万围陵军","陵且战且引,南行数日,抵山谷中",明日又引兵东南,"循故龙城道行,四五日,抵大泽葭苇中",又"南行至山下,单于在南山上",复力战山谷间,"汉军南行,未至鞮汗山","抵山入狭谷",败绩,"令军士人持二升糒,一半冰,期至遮虏鄣者相待。"遂降,"陵败处去塞百余里,边塞以闻。"《读史方舆纪要》曰山"在遮虏鄣西北百八十里",而《长老传》则说在鄣北百八十里,直居延之西北,所以遮虏鄣与居延城应是两地。所谓"九月发,出遮虏鄣",似指从防御线以南出发,向东北进军。而《史记》称"出居延者",或为指居延县境内,或指居延都尉辖区,不可能是说居延县城。试想,以五千将士之众驻于居延城内,按当时城址的规模来看,这是难以想象的,遮虏鄣似应在居延防区内。

所谓"遮虏鄣",颜师古于《汉书·李陵传》注曰:"鄣者,塞上险要之处,往往修筑,别置候望之人,所以自鄣蔽而伺敌也。""遮虏,鄣名也。"甚是。这里的"别置候望"是指烽燧候望系统,它与具"野战部队"性质的部骑是两回事。"候望"吏卒虽为定期常驻役戍,但不负责军事战役,凡有较大规模的战斗、战役一般均由如李陵所统帅的这类部队去完成,这类部队有较大的灵活性和流动性,其军事行动主要根据战争目标的需要来定,非常守一地。所以其行止是视战略、战役的具体布置决定驻地,这是与"候望"部队的明显区别,当然,从人数、武器、供应等方面看,也不能与"野战部队"相提并论。

关于居延城的具体位置,居延简载:居延县距太守府"千六十三里"(74·E·P·T50:10)。《史记·匈奴传》正义引《括地志》云:"汉居延故城在甘州张掖县东北一千五百三十里",而《史记·李将军传》正义引《括地志》曰:"居延海在甘州张掖县东北六十四里",显然这里脱写"一千五百"四字,应为一千五百六十四里。据《史记·夏本纪》正义曰:"今按合黎水出临松县临松山东而北流,历张掖故城下,又北流经张掖县二(应为三,则合六十四减三十,余三十四里之数)十三里,又北流经合黎山折而北流,经流沙碛之西入居延海,行千五百里。"即是说合黎水北流经唐代张掖县 33 里再 1500 百里至居延海。所以,自张掖县至居延海当为 1533 里。这个距离正如《太平寰宇记》卷一五二所云：居延县距居延海"数十里"，"居延城，汉为县。废城在今县东北，即匈奴中地名也，亦曰居延塞"。大致符合唐人所记载的距张掖里数，也就是说居延故城在唐代张掖县东北1530里（唐里），而汉代稍远，应为1533里，与当前地图所标里数均不完全相符。甘肃省考古工作者曾多次对居延地区的汉代烽燧遗址做过调查发掘，认为：K710地点城址，有可能是汉代居延县故址。

如果说大湾城是肩水都尉府驻地，那么K688地点故城址，也可能就是居延都尉府的治所，其理由如下：

首先，大湾城的东、西各有一条南北走向的烽燧线所拱卫，北有天仓，南有双城子两个军事据点前后呼应，对大湾城形成外围环卫态势，这正是汉代军事布防的特点。而K688城所处的军事防卫部署正好与大湾城十分近似，东、西各有一条南北走向的烽燧线拱卫，分属于甲渠侯官与珍北侯官的示警烽塞系统对K688城形成外围夹角护卫态势，北有A1宗间阿玛、A10瓦因托尼，南有A8破城子两大军事据点群，其间又有F84、K749城排列于南北烽燧线上，对K688城形成南北呼应之势，处于进退有据的有利位置。因之，大湾与K688城的布防构思与防御设施有很大的近似之处，这不是偶然的。

其次，K688城与居延县城（K710）相比较，更具设置居延都尉府的条件，K688城位于K710城之西北，接近烽燧线，便于指挥、调遣，且城的面积略大于居延县城。居延县城（K710）位于北纬42°之南，东经101°30′之西，城址长度为：南127米、西122米、北126米、东131米，墙基厚4米、残高1.7米，版筑。而K688城，虽部分为沙所侵，但城址规模仍较清晰，四周长度为(133~139)×128米，城残高5~6米，厚4米，版筑。位于A13之南3千米，近查兰河，当时城中水源充足，又有南、北向水渠穿流垣郊。然而，K710城不仅远离烽燧线，且四周为草原，地势平坦，周围未见军事防御设施，但交通条件较好,城外易开垦殖谷,是理想的农业区,这恰好符合县治的要求。

再次,在 K688 城址汉代灰层中发现了一些箭头、陶片、麻绳等遗物,为可能是居延都尉府所在地提供了旁证。居延县城在当时不仅是额济纳河流域的一个重要的政治、经济、文化中心,而且也是自然条件较好的主要屯田区之一。这一点可以从居延所出土的汉简记载中得到证实,尤其是瓦因托尼所出的汉简,记述更为具体,说明居延城附近实行了代田法,有代田亭和代田仓,如:148·47、273·24、275·19、275·23、557·5、273·14、534·3、557·6 各简,都对居延城郊区的屯田状况,有较具体的记述。据简载,这里的屯田约始于昭帝始元二年(公元前 85 年),于东汉建武八年(公元 32 年)以后逐渐废弛,这与整个居延地区的汉代屯戍史是基本一致的。例如:

  诣居延为田,谨移故吏孝里大夫   (511·30)[5]
  徐自禹自言,家居延西第五辟,用田作为事(河平年)

(401·7)

  田舍再宿,又七月中私归遮虏田舍一宿   (127·7)

可知居延城郊为屯田区,城外、城内有"里",这一点与内郡无异,是乡、里之制在边郡地区的贯彻实施。据汉简所载,试将居延县的里举例如下:

平明里:

  戍卒,张掖郡居延平明里,上造高自当,年廿三   (55·6)
  甲渠□□燧戍卒,居延平明里   (74·E·P·T7:38)[6]
  居延平明里公乘徐强,年廿三,今除为甲渠□☑

(74·E·P·T56:284)

☑受平明里刘亲,就人☑　(74·E·P·T57:25)

居延平明里王放,就人昌里曹阳,车一两,粟大石廿五石

(74·E·P·T49:53A)

☑亥,甲渠掾谭,受訾家平明里高护就☑　(154·5)

□□□☑平明里□衰、就人赵永　(74·E·P·T65:376)

□□平明里人女子充,上书一封,居延丞印,上公车司马。

建平五年二月辛未夜漏上水十刻,起居延廷,左长昌行,直廿。

二月甲戌夜食时,驿马卒良受沙头卒同,夜过半时,良付不今

卒丰　(506·5)

平里:

居延计掾卫丰,子男,居延平里卫良,年十三,轺车一乘,

马一匹,十二月戊子北出　(505·13)

脩行,平里李丘,今〔除为〕甲渠晨南燧长代成黄头

(74·E·P·T58:18)

居延平里男子唐子平,所　(206·28)

阳里:

第廿三侯长赵备,责居延阳里常池马钱九千五百　(35·4)

吞北燧卒,居延阳里士伍苏政,年廿八,□复为庸

(74·E·P·T40:41)

居延阳里,家去官八十里,属延城部　(74·E·P·T59:104)

甲渠侯史,居延阳里公乘氾汉,年廿七　(74·E·P·T50:78)

市阳里:

从者,居延市阳里张侯,年廿一岁 （62·54）

卅井常寇燧长,间田市阳里上造齐当,年廿一

（74·E·P·T48:21）

孤山里:

居延甲渠候史,居延孤山里 （74·E·P·T51:9A）

居延击胡燧长,孤山里公乘乐悥,年卅,徙补甲渠候史

（3·19）

戍卒,张掖郡居延孤山里上造孙盛已,年廿二 （188·32）

累山里:

止北燧长,居延累山里公乘徐殷,年卅二

（35·16,137·13）

止北燧长,居延累山里公乘叶道,年卅八 （52·19）

▨居延累山里上造庄立,年▨ （74·E·P·T13:7）

利上里:

当曲燧长,居延利上里公乘徐延寿,年卅

（74·E·P·T56:24）

第十六燧长,居延利上里上造郑阳,年卅七 （231·106）

始至里:

居延甲渠第廿五燧长,居延始至里张□□,年卅六,元康

四年七月 （38·21）

居延都尉给事佐,居延始至里万赏善,年卅四岁

（43·2,77·81）

居延传舍啬夫,始至里公乘薛☑ （77·16）

鞮汗里:

诏狱所遣居延鞮汗里彭贤等 （334·9）

居延城仓佐王禹,鞮汗里,年廿七 （62·55）

西道里:

张掖郡居延西道里☑ （241·14）

居延西道里张图,年十七 （77·33）

广都里:

居延甲渠第二燧长,居延广都里公乘陈安国,年六十三

（74·E·P·T51:4）

千人令史,居延广都里公乘屈并 （75·23）

肩水里:居延肩水里,家去官八十里 （74·E·P·T3:3）

居延肩水里苏庆,年四十六 （74·E·P·T40:178）

当遂里:

戍卒,张掖郡居延当遂里大夫淳于竟☑ （188·15）

张掖郡居延当遂里公士张褒,年卌 （194·18）

昌里:

毋伤燧戍卒,居延昌里公乘李乐,年卅 (132·3)
戍卒,张掖郡居延昌里簪袅司马骏,年廿二 (286·14)

临仁里:

劾状:辞曰:公乘,居延临仁里,年卅一岁 (45·12)
居延临仁里耐长卿,赍买上党潞县直里常寿

(74·E·P·T57:72)

鸣沙里:

居延鸣沙里,家去太守府千六十三里 (74·E·P·T50:10)
辞曰:士伍,居延鸣沙里,年卅岁,姓衣氏 (74·E·P·T59:1)

三泉里:

☑侯长,居延三泉里徐恽☑ (74·E·P·T65:372)
☑延三泉里,公乘召偷,年卅三 (74·E·P·T51:520)

万岁里:

第十三燧长,居延万岁里上造冯强,年二十五

(74·E·P·F22:439)

居成甲沟第三隧长,间里万岁里上造冯建,年廿一

(225·11)

安国里:

戍卒,张掖郡居延安国里公▨　(224·28)

故吏,居延安国里公乘龙世,年廿五　(74·E·P·T2:7)

关都里:

第卅三燧长,居延关都里狐生　(74·E·P·T51:356)

居延关都里,年卅八岁,姓郑氏,为甲渠　(74·E·P·T48:5)

沙阴里:

第二十一燧长,居延沙阴里上造周扬,年二十八

(74·E·P·T7:5)

万岁候长,居延沙阴里上造郭期　(74·E·P·T59:162)

中宿里:

居延中宿里,家去官七十五里,属居延部　(89·24)

□□▨居延中宿里郑子茝▨　(74·E·P·T2:40)

富里:

从假佐,居延富里孙直,年卅一　(74·E·P·T65:148)

脩行,富里公乘霍利亲,年卅八　(174·5)

金积里:

居延金积里,家去官十里　(136·2)

右前骑士,金稽(积)里李成　（74·E·P·T14:13）

宋里:

居延宋里大夫王甲,年若干　（61·2）
戍卒,宋里卜惠衣装橐　（74·E·P·T59:368A）

安平里:

居延安平里公乘徐为,年卅三▨　（74·E·P·T56:155）

安故里:

居延安故里上造臧护▨　（74·E·P·T65:347）

收降里:

居延收降里公乘孙勋,年卅　（173·22）

遮虏里:

居延遮虏里范少倩所　（74·E·P·T65:462）

通泽里:

张掖郡居延通泽里大夫忠强,年三十▨　（74·E·P·T17:27）

造昌里:

居成间田造昌里上造王☐　（482·11）

长乐里：

从者,居延长乐里吴多,年十三　（甲附:29）

金富里：

居延金富里张☐☐,年卅五　（74·E·P·T57:83）

如里：

居延如里孙游君所　（74·E·P·T59:555）

长成里：

居延长成里公乘逢毋泽　（74·E·P·T51:518）

上列居延县之里名计 35 个,这并非居延简记载的全部,更非居延当时实有里名,但应该说已包括了绝大部分。《汉书·百官表》曰："凡县、道、国、邑千五百八十七,乡六千六百二十二,亭二万九千六百三十五","大率十里一亭,亭有长。十亭一乡,乡有三老,有秩、啬夫、游徼"。乡、里、什、伍是汉代社会最基层的行政组织,也是户籍的基础。据汉简记述,当时"户籍藏乡",国家的一切赋税徭役都是通过乡一级机构征发的。

《三辅黄图》云："长安闾里一百六十",可以看出大县的闾里规模。《汉书·平帝纪》："(元始二年)起五里在长安城中,宅二百区,以居贫民。"这是利用城中空地新建的贫民居住区,所以闾里的建置也是按实际需要而不断发展。至于郊外之里与城内之里是否有统一规划、统一要求,当时还不可能,实际上多是因地制宜,从具体情况出发设置闾里。劳榦先生《居延汉简考证》中写道:"盖里之本意,以距离论,则十里为一亭,设于道路,以司监察奸盗;以面积论,则一方里,亦为一里,大率居住百家,是道路之里;以郊野为准,而居住之里,则以城市为准也。"不仅城、乡有别,即使城中各里亦有差异。这就是"里有大致的规划,却无划一的制度"。自秦汉以后,城市中的居民住宅区与市场区各有划分。李剑农《先秦两汉经济史稿》中指出:"住宅区称里或闾里,商业区称市。各里各市四面皆有墙,里中之居宅,市中之商肆,皆设于各区围墙之内,各区四面,皆有出入之总门,除总门外,各家不得当街破墙辟门。"其排列形式如《三辅黄图·闾里》所说:"室居栉比,门巷修直。"《汉书·路温舒传》记述之"里监门",即里之总门,往往有人看守。《汉书·张敞传》云:"置酒,小偷悉来贺,且饮醉,偷长以赭污其衣裙。吏坐里闾阅出者,污赭辄收缚之,一日捕得数百人。"师古注曰:"闾,谓里之门也。"班固《西都赋》"内则街衢洞达,闾阎且千",注引《字林》曰:"闾,里门也;阎,里中门也。"城中里制略如上述。

第六节　汉代烽燧遗址

额济纳河流域南北长约 300 千米,人们称为居延绿洲或额济纳绿洲。居延古道从阴山山脉南北两麓向西,穿越戈壁、沙漠,趋向天山南北麓,其路线大致有两条,所经之地略如下述:

包头—五原—杭锦后旗—哈日敖尔布格—卜勒其尔—雅干—好来古恩—额旗—建国营—路井—石板井—公婆泉—马莲井—哈密;另一条支线也是从包头出发—白云鄂博—准索伦—乌力吉图—巴卜戛毛德—哈日敖尔布格,以下路线同上述路线,东西横贯居延绿洲。第二条路线是沿额济纳河南北走向,这条路也正是武帝太初三年(公元前 102 年)匈奴南下袭击酒泉所走的路线。在我们了解路线的前提下,就不难理解烽燧线的排列形式了。

鼎新以南的甘州河与北大河至鼎新地区恰好形成了一个交叉形,沿这两条河排列的烽燧线,是居延地区较南端者,自鼎新(毛目)沿弱水(额济纳河)北上至凯旋村附近(查科尔帖),再继续延伸北上,在河的东岸分布的烽燧线,这是居延地区的中段,再向北沿东河排列,从布肯托尼东北伸向博罗松治,达居延泽的边沿,另一条从布肯托尼北伸至索果淖尔,而在这个三角地区内,烽燧亭鄣也屡见不鲜。综上所述,居延烽燧线的排列,大体上是"乂"形,有人也称为"工"字形。

这里我们先概要地讲讲烽燧系统的管辖体系,以便于理解烽燧线的排列。上面我们讲了居延地区由两都尉分管,都尉有都尉府,居延都尉驻 K688 城,肩水都尉驻大湾城。都尉府属官有都尉丞、侯、千人、司马及其他僚属等,都尉下辖若干侯官,侯官管若干部,部之下即燧,这是烽燧系统的骨干,即主要的瞭望、观察、通讯系统;在太守领导下与都尉管辖的另一平行系统,是由农都尉管理的屯田系统,亦如烽燧管理层次,也是四级;仓库、邸阁、后勤系统。现将都尉属系简表示如下:

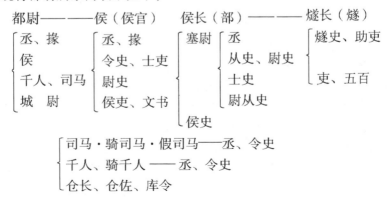

都尉————侯(侯官)　　侯长(部)————燧长(燧)

丞、掾　　　　丞、掾　　　　　塞尉　　丞　　　　　燧史、助史
侯　　　　　　令史、士吏　　　　　　　从史、尉史
千人、司马　　尉史　　　　　　　　　　士史　　　　吏、五百
城　尉　　　　侯吏、文书　　　　　　　尉从史
　　　　　　　　　　　　　　侯史

司马·骑司马·假司马————丞、令史
千人、骑千人————丞、令史
仓长、仓佐、库令

我们依据居延地区的地形，从北向南对烽燧的分布与位置再略为考察：

1.殄北塞

这是居延都尉辖下较北面的烽燧群,地处额济纳河下游,在索果淖尔之南,故居延泽之西,北纬42°以北,略呈弧形布局,由一鄣与一定数量的烽台组成。

2.居延中心区

大体是殄北塞之南,甲渠塞之东,故居延泽以西,卅井塞以北这样一个范围。古弱水从布肯托尼附近的布都布鲁克东北过黑城流向居延泽。当时的部分屯田区、居延属国、居延县城、遮虏鄣和居延侯官,似都应在这个范围之内。这个中心区的亭鄣分布可略分为四部分：

①伊肯河东岸(北部)有城三座,鄣一处,烽台六个,成一直线排列,与甲渠塞北部相平行。

②居延城,即K710(后文还将详为介绍)。

③伊肯河东岸(南部),共发现鄣一处,烽台五座,环布成一弧线,略与甲渠塞南部平行。

④黑城东南,有小堡一处,房子一处,烽台两座。

3.甲渠塞

从登达河与阿波因河交汇处,到布都布鲁克西南约40千米,介于纳林河东岸与伊肯河西岸之间砾石地上,分布着26个烽台与一处鄣,比较密集而整齐地排列着,这一段的烽台之间相距约为1300米,在这一条烽燧线上有一段塞墙遗址保存完好,这些塞墙的基址宽3米左右。

4.卅井塞

从伊肯河东岸的布肯托尼到故居延泽南端下的博罗松治,有一条从河东东北方斜向砂碛中伸展出的塞墙,约长60千米,共有烽台33个,烽台之间相距2000米左右。东段从博罗松治至牟斯山约 40 千米,在北纬 41°31′之北,成一弧形线,其间有一段塞墙残垣仍然保存。西段自牟斯西南斜行至布肯托尼约 20 千米,在北纬 41°41′之南,塞墙保存较好。另有两组烽台,似亦应包括在内:

①卅井塞西北,六座烽台成一线排列。

②布都布鲁克以东,另外还有两座孤立的烽台。

5.广地塞

从布肯托尼南沿额济纳河中游的东岸,一线排列,长约 60 千米长,计有烽台 17 座和鄣一处,也就是小方城。小方城以北约 43 千米,残存烽台很少,其南边有 14 个烽台,相距大约 1500 米,这一条线上没有塞墙遗迹。1930 年于查科尔帖出土的《永元器物簿》的烽台,是较为重要的一座。

6.橐他塞

在广地塞之南,仍沿额济纳河中游东岸,约 50 千米之内,分布着 18 个烽台和一处鄣,它与广地塞一样,未发现塞墙的遗址。

7.肩水塞

此塞以北,烽燧连绵约 110 千米,全无塞墙,在额济纳河上游两岸,又可看到塞墙的遗迹。从金关到甘州河、北大河的交汇处鼎新约长 50 千米,河两岸可复原出两条大约平行的塞墙,北交于金关。东部塞墙比较完整,向西北伸展的一段支墙略显痕迹,鼎新以南,甘州河东岸也还残存三小段塞墙,沿此三条塞墙,共有城两座、鄣 4 处、烽台 39 个。大致可以分为四组:

①东部塞:鄣 1 处,烽台 19 个,地湾在此塞上。

②西部塞:有烽台 11 座。

③两塞间:计城两座,鄣 3 处,烽台 4 个,大湾城、两城子在此范围内。

④鼎新南:共有烽台 6 个。

8.北大河塞

共有鄣 1 处,烽台 1 个。北大河塞是疏勒河岸汉代塞墙的东端,与肩水塞相交。这条东西行的塞墙不属于张掖郡而属于酒泉郡东部都尉的东部塞。

　　上述除北大河塞外,其余 7 个侯官塞均属张掖郡,由两个都尉分领。在居延汉简中上述 7 个侯官塞经常出现外,还有仓石、庾等侯官。所不同的是,前 7 塞有侯官塞,有侯,有塞尉,其余则没有。在这 7 个塞中只有居延塞还未能完全确定其具体位置⑦。

注释:

①参阅陈梦家《汉简缀述》。

②《蒙古游牧记》卷一六补注引徐松语。

③《会典图说》何秋涛补注引。

④王宗维《秦汉之际河西地区的民族及其分布》(《兰州大学学报》1985 年第三期)。

⑤文中凡此种符号,均引自中国社会科学院考古研究所编《居延汉简甲乙编》。

⑥文中凡此种符号,均为新出土居延汉简的原始编号。

⑦参阅索莫斯特罗《内蒙古额济纳河流域的考古研究》。

第三章　调查与发掘

第七节　1930 年的试掘[①]

1930 年,前西北科学考察团在今内蒙古自治区的额济纳河(弱水)流域曾做过考古调查和试掘。沿弱水两岸,北起宗间阿玛,南至毛目(今鼎新)250 千米之间以及在布肯托尼与博罗松治 60 千米之间, 发现有汉代的塞墙和郭堡亭燧,并在其遗址中获得 10000~10200 枚汉简。其经过详载于《内蒙古额济纳河流域考古报告》一书。其中除简略地介绍这一地区的地理环境和历史外,主要是记述了汉代和汉以后的遗址及其出土物。《报告》根据地理区域分为七部分叙述:

A.伊肯河三角洲。

B.伊肯河以西和翁赞河沿岸到葱都儿塞、穆林河亭燧、翁赞河沿岸古遗址(瓦因托尼,阿特松治)。

C.伊肯河以东的黑城地区至额济纳绿洲、黑城。

D.戈壁高原(Mesa)区域至博罗松治。

E.额济纳河中部沿岸至大方城。

F.毛目地区至塞门、地湾、大湾。

G.额济纳河上游西岸至毛目、镇夷间的塞与台、北大河塞。

《报告》中有关汉代遗址部分,对复原汉代塞墙和城堡亭燧的分布有参考价值。叙述的次序,仍然是自北而南,以侯官塞为单位,删去汉以后的部分。定为汉代遗址,主要是依据建筑结构形制、出土汉简、实物,以及在汉塞排列的位次。《报告》中凡遗址编号前冠以 A 或 P 的,表示为汉代的;冠以 K 的表示为汉以后的,如宋、元时期或所谓"黑城时代"的,凡此,皆照录不改。《报告》中在编号前冠以下类别者,稍加改变:Watch-towor 烽台,改用 T;Fort 小堡,改用 F;House 房子,改用 H。《报告》中属于 T、F、H 而未标明年代的和属于 K 的,有些可以暂时认为是属于汉代的,有些是在汉代遗址的基础上经过后代增修的,这里也酌情予以转述。

根据《报告》第一卷末所附图二《额济纳河流域的古代遗址》,今将其改编为《额济纳河流域汉代亭障分布图》。

《报告》是索莫斯特罗姆(B.Sommarströn)根据贝格曼(Folks-Bergman)的原始田野记录整理而成。严格地说,发掘者和整理者在遗址的时代和出土物的层位关系上有很多地方是含混不清的,因之,他们的意见仅能作为参考。如关于破城子、金关等地的情况,还是应以我们发掘的结果为准。此外,这里所转述的亭鄣情况,乃 60 年前的考察,与现在保存的状况或有出入。

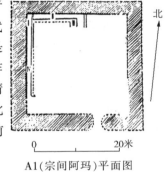

北

0   20米

A1(宗间阿玛)平面图

一、珍北塞

(含 A1,A10,A11,K681,T28,T295;《报告》第 28~32 页,87~98 页;《蒙新考古纪行》第 117~119 页,第 153 页等)

这 5 个烽台和一个鄣,处于额济纳河下游,在索果淖尔之南,故居延泽之西,北纬 40°以北,形成一个弧形屏障。但亭鄣之间,A1(宗间阿玛)平面图距离甚远,最西北的 A1 与最东北的 T29,相距约 27 千米。根据出土汉简表明,它们属于珍北侯官的燧至少有 10 个,因此,这 6 个遗址只能是珍北侯官的一部分。据《报告》所述,A10、A11 和 T28 三个烽台之间似有塞墙的残迹,但不甚清晰,难以肯定。

①A1：鄣，名宗间阿玛(Tsonchien-ama)，在登达河(Dunda-gol)与翁赞河(Ontsien-gol)之间，位于登达河支流的干涸河床上，是居延都尉最北的一个鄣。南距 A2 约为 13 千米。鄣近正方形(31×32 米)，土坯筑，大致为南北向，门在南墙靠东部。墙厚 3.7 米，残高 7 米；西北部保存较好。鄣内西部有一长方形房子，西壁、北壁和鄣墙之间空出 1 米左右的夹道，如图。墙涂白灰，落下的一片上有"羊头石五百"字样。在北夹道内的第二地点掘获汉简约 50 枚，其中有五凤二年(公元前 56 年)简。同出的有铁锅、陶器、木橛、封检、绢帛、绳索、砺石和骨镞等。

可以认为，此鄣可能是珍北侯官所在，因为此地所出汉简有"〔珍〕北侯薄"(561·29)和"居延珍北塞"(561·2)；其次，鄣南 15 千米的瓦因托尼所获简，多属于珍北侯官的，这个鄣较之瓦因托尼更适合于作为侯官治所；还因为侯名珍北，与此鄣地望相当。由于鄣内试掘出来的汉简不多，它是否属于侯官所在，还需作进一步研究。

②A10：亭，在瓦因托尼(Wayen-torei)之南，位于翁赞河支流的干河床上一群沙丘的北部，其建筑不同于一般亭鄣，作正方形(6.5×6.5 米)，用大土坯砌于方石基座之上。东、北墙及屋顶俱已倒塌，墙厚 1.5 米，残高 3 米。四墙之内的堆积层中出土了许多木器和少数的竹器、铜器、铁器、革物和织物，还有一把有鞘的削刀，可能是书刀。

《报告》失载该地出简，只提到原始记录中以为"上下层的出土遗物没有时代上的差别，根据出土的木文书做判断，两层出土物皆属汉代。"《纪行》两次提到此地的试掘，1930 年 5 月在金斯特小山之西的一个烽台(即 A10)中发现了"47 枚有字简和残简"(第 117 页)；1931 年 3 月在同一地点作了较长时间的逗留，"在木文书中间发现了一张纸文书，它也许是世间最古的一张纸""此纸后来遗失了……我已记不清楚纸文书的年代"(第 153 页)。

根据《标记册》出土于瓦因托尼的简约有 270 枚，大部分应是

A10两次试掘所出。此地出土汉简有两个特色:第一,大部分简属
于通泽第二亭的月食簿,小部分属于烽燧
的记录;第二,大部分简集中于武帝末和
昭帝时代(公元前90—前77年),是居延
汉简中时代最早的。武帝末、昭帝时正是
居延试行赵过代田法的时代,而通泽第二
亭的月食簿正反映了这个史实。瓦因托尼
在汉代应属于居延屯田区的边沿,而A10
应是通泽第二亭的遗址。

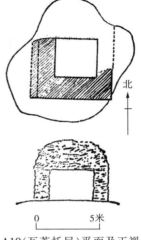

A10(瓦英托尼)平面及正视

③A11:烽台,在A10之东,位于小圆
山名金斯特(Ginst蒙古语意为穹顶纽扣)
之上。台高3米,基座4.75×4.40米;系用
石片围砌,其中心是夯土和树根、树枝间
筑而成。这个烽台是石砌的,因此,破城
子出土简"殄北石燧"(157·5),可能指这个烽台,也可能指T29。

④K681:介于A10与A11之间,可能是烽台或房子的废基,地
表上采获到一件汉代铜镞。

⑤T28:烽台,今高2米,周围为4米的一个石堆,为废弃的烽
台,位于"塞"上。

⑥T29:是最东的一个烽台,位于古泽边沿上的小平顶岗上。台
系用沙石板砌成,和卅井塞上所见者相同。

二、居延区域

居延区域,相当于《报告》所附"地图三"称为"额济纳绿洲"的
范围,它在甲渠塞之东、殄北塞之南、卅井塞之北、居延泽之西。古
代的弱水在布肯托尼附近的布都不鲁克(Butu-burukh)东北,从黑
城西南绕过黑城东北流向居延泽。这条河迟至公元1270年左右,
马可波罗经过黑城时还存在,它的枯竭当在元代以后,现在还保存
着古河床的痕迹。利用这条河,古代屯田者挖了若干沟渠以灌溉,

它们的遗迹犹存。在这个区域内,保存着至少200处古代田舍的遗域(《报告》第101页)和其他农垦的遗迹。这一地区应是汉代泛称之为"居延"的地方,当时是主要屯田区之一,而居延属国、居延城、遮虏鄣以及居延侯官治所,皆在这个区域内。这里除黑城外,没有进行更多的试掘,而且亭、鄣分散,很难加以联系。以下分四组叙述,有些虽可暂定为汉代遗存,但有些可能时代较晚。

1.伊肯河东岸(北部)(含F30,A12,A13,K688,K749,K778,K789,A15;《报告》第99、102、140、159、171、183等页)

这8个遗址点组成南北行的一条直线,西与甲渠塞的北部平行,相距约12千米。此线北端在K710西,南端在黑城西,正当居延屯田区的中心。8处的间距不一,少则2千米,多则6千米,而且城、鄣、燧相杂,由于它与K710相邻接,似属居延侯官所辖的范围。

①F30:鄣,正方形(36×36米),方向正南北。塞高2米,厚2米,版筑而成,鄣内有积沙。

②A12:烽台,在F30西南2千米,位于沙丘上。高5~7米,基座为5×5米。土坯筑,土坯特别大,中间不见芦苇或草层,可能是汉代始建而经后代重修的,保存非常好。地面上采获一些石器、陶器的残片。

③A13:烽台,名阿特松治(At-tsunch),在A12西南2.5千米处。土坯筑,上部每四层之间有一层草。

④K688:城,在A13之南3千米,近查兰河(Challain-gol)。城近四方形(133~139×128米),墙高5米,厚3.5米,版筑。城内都是沙丘。

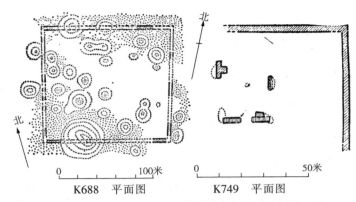

K688　平面图　　　　　　K749　平面图

⑤K749：城，名 Dzun–khure（蒙古语意为东城圈），在 K688 西南 6 千米处。今存北墙和东墙，最长者为 59 米，原来似长于此。墙高 5.7 米，版筑。城内残存三堵建筑物之墙，亦高 5.7 米，一座为版筑，两座为土坯筑。出土五铢钱和铜残片、陶片、料器等。

⑥K778：烽台二，在 K749 西南 2 千米（如图之 C）处。一在北（旁似有房子），土坯筑；一在南，短土坯筑，高 2 米，基座 5×5 米（见图 A），在南台之北有一个似坞门的遗迹，高 2 米，土坯与短土坯所作（见图之 B）。

⑦K789：城，名 Adune–khure（蒙古语意为西城圈），在 K749 西南 8 千米，K778 西南 6 千米，涸河床南 1 千米，黑城西北 4 千米处。此城与东城圈成对应，西距破城子 10 千米。外城圈（208×173 米）已倾圮，东城门高 9 米，西城亦有门。城内有一方形郭（86×86 米），门朝南，版筑；郭内有一座砖屋的残迹。城东与东南也有房屋残迹。地表上采集到唐、宋钱和五铢钱。此处显然为汉代以后所增建。

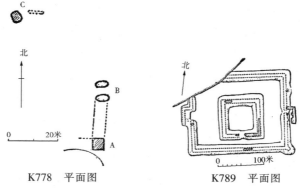

K778 平面图　　　　K789 平面图

⑧A15：烽台，在黑城西 6 千米处。已倾圮，为大土坯所筑。地表采集到汉代的铜镞。

2.居延城（含 K710，《报告》第 112~113 页；《纪行》第 145~146 页）

这个城位于弱水下游涸河床西岸，在北纬 42°之南，东经 101° 30′之西。此城形状近似前述的 K688，而四边更不规则；其四边长度，南 127 米、西 122 米、北 126 米、东 131 米。墙基厚 4 米，残高 1.7 米，版筑，也有可能是土坯所作。门在南墙的中部，四角各有伸出之墩台。方向大致为南北向，城内有房屋的残迹，如图。土坯似属于汉代的，但厚些。城内外采集到的有五铢钱 15 枚，城外出"大泉五十"1 枚。出土器

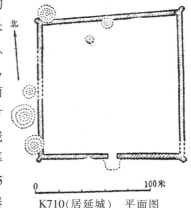

K710（居延城） 平面图

物有铜镞、铁器、陶器等，有一件鄂尔多斯式铜刀。此处出土器物虽多属于汉代，但不像《报告》所说没有汉代以后的。

《纪行》中曾拟议此城可能是汉代的居延城。并说黑城也有可

能是建立于汉代城址之上的,但黑城出土器物完全缺乏汉代形制。K710之所以有可能为汉居延城,有以下几点线索:第一,居延泽在其东北,《汉书·地理志》居延县下本注云:"居延泽在东北";第二,位于张掖县东北,《史记·匈奴传》正义引《括地志》云:"汉居延县故城在甘州张掖县东北一千五百三十里";第三,距甲渠侯官所在的破城子约为25千米,破城子出土汉简云:"〔甲渠〕侯官罢虏燧长簪裹单立——应令居延中宿里,家去官七十五里,属居延部"(89·24),甲渠侯官去居延为75汉里,约为25千米。

3. 伊肯河东岸 (南部)(含F84,A14,T85,T88,T105,T106;《报告》第178~182、252等页)

这5个烽台和一个鄣,南北形成一弧形线,距离甲渠塞的南部4~6千米,较之伊肯河东岸北部一线,更接近于河。

①F84:鄣,名Ulan-durbeljin,与南方地湾的A33同名,意为红城子。南距河岸2.5千米。鄣形近正方(22×23米),保存良好。墙高7米,基厚4米,上厚2.8米,土坯作,每隔三层加一层芦苇。有矮城堞,门在南墙靠东部。根据倾塌的土坯形制来看,和毛目附近汉塞的烽台一样,故可以断定它是汉代的。

②A14:烽台,在F84西南1千米处,现成一圆形堆,高2米,底20米。台东和南面有相邻的小屋,有通往台上的台阶。墙上刷白,并用红、黑两色绘饰。试掘中采获汉简7枚,并封泥残片、漆碗、漆箭杆、蓑衣、织物和绳子等。出土汉简有本始元年(公元前73年)(91·1)及地节二年(公元前68年)(111·7)年号。

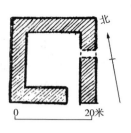

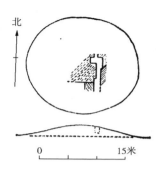

F84　平面图　　　　　　　　A14　平面、剖面图

③T85：烽台，形与 A14 相同，均已倾圮。在 A14 南 1250 米，F84 西南 2200 米处。

④T88：烽台，在 K797（Mamin-tsaghane-baishing）之东数百米，涸河床之北。现残高 2 米，基座 3×3 米。

⑤T105：烽台，在 T88 西南 3.5 千米。现已倾圮，尚存土坯于堆上，堆高 2 米，台西南有相连的房子残迹。台西 200 米处有明显的沟渠遗迹。

⑥T106：烽台，在 K105 西南 2.5 千米处，台高 4 米，基座 4×4 米，土坯筑，夹有芦苇层和柴枝层。附近有汉代的陶片。

4.黑城东南（含 A16 至 18，F99；《报告》第 244、251~252 页）：

①A16：房子，在马民乌苏（Mamin-usu）井东北 1.5 千米的一个小平顶高岗上。墙残高 1 米，厚 1 米，土坯作，面积 3.5×5.5 米，屋门朝东，在东北角。西北角有炉灶，贴近墙角。此地出土汉简 7 枚和一些木构件，织物等。P7 即马民乌苏井，在黑城东南 7.5 千米处，地西上采集到汉代的铜镞。

②A17：烽台，名库仁松治（Kuren-tsunch），在 A16 东 6 千米，黑城东南 9.5 千米处。它位于高于地面 18 米的岗地上。台系用沙石板砌成，中间夹芦苇层，保存完好，唯东南部坍去。台高 6 米，基座 9.4×9.4 米。台南数米处有一长方形房子，用河卵石为基础，门朝南。

此处出土一些木件,虽无汉简,显然是汉代建筑。

③A18:烽台,名摩罗松治(Moro-tsonch),在 A17 西南 6 千米处,台系土坯筑,间以草层。此地出土汉简 6 枚和一些木件、织物、陶片等都是汉代的。出土简(114·17,20)有建昭二年(公元前 37 年)年号,又称"灭寇燧"或"亭"(11·418,20),所以此处可能是灭寇燧所在。

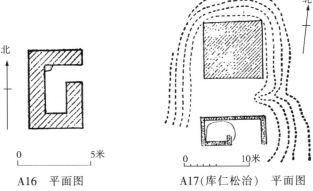

A16　平面图

A17(库仁松治)　平面图

④F99:小堡,在 A18 东北 3 千米处,它位于一小平顶高岗上。堡形正方(8×8 米),墙高 4 米,厚 1.3 米,版筑。方向正南北,门朝东,如图。其年代待考。

三、甲渠塞(含 A2~9,T3~21;《报告》34 页,第 37~49 页, 第 84 页,《纪行》第 118 页,第 146~147 页)

从登达河和阿波因河(Oboin-gol)交汇处的 T3 到布都布鲁克西南的 T21 (古代弱水自此东北流向居延泽),大约 40 千米长,介于纳林河(Narinköl)东岸与伊肯河西岸之间的砾石地上,有一条较整齐而密集的亭燧,共 26 个烽台和 1 个部(A8)。烽台之间的距离约为 1300 米,相当于汉里 3~4 里。除 T4–5、T10–12、T12–A7、T15–T16、A9–T18、T18–21 等,在此

F99　平面图

线上曾有一半还保存着塞墙的残迹。现在可见的,是一些很矮的突出的用两道砾石堆起的塞墙基址。有些地方保存较好,如 T14 附近的一段塞墙,宽 3 米,高出粗砾石地面 10 厘米,塞墙的内外两面都有 5~5.5 米宽的浅壕,壕沟面不见一般地面所有的粗砾石。根据甘肃境内的汉塞残迹来看,此处的塞墙原先应是用砾石掺杂了树枝、芦苇而筑成的。

这一条断续的塞墙和稍有残缺的亭燧,都是汉代的,它的大部分或全部均在甲渠塞辖下。根据 A2 和 A6 所出简,表明它们分别是甲渠侯官的第三十四燧和第十六燧,因此可以根据距离恢复从 A2 到 T21 的燧名。以下按自北而南的顺序叙述。

在布都布鲁克之北与南,靠近伊肯河东岸,尚有 T107-109 三个烽台。《报告》以为这三个版筑的烽台是汉以后的。因此,从布都布鲁克西南至布肯托尼以北之间 30 千米中,河的两岸已无汉代烽台。这一带如果曾有烽台,可能已被河水冲去。

①A2:烽台,在宗间阿玛之南,瓦因托尼之西,名察汗松治(Tsaghan-tsonch),蒙古语意为白墩,同名的烽台有好几个,台筑于一椭长形(12×18 米)的墩上,台及其旁的房子筑于砾石地面 1.6 米之上。遗址剥蚀已甚,大致有一长方形围墙,在南角上为一烽台,连着一个房子。台与房子都是汉式土坯所作,每隔三层间以芦苇层。有一处墙上涂白,绘有红道。在此屋内掘到汉简 6 枚与 1 枚有字封检,同出土的有木件(其中的一个木钩上有字)、砾石、绢帛、绳索和陶片等。根据出土简(393·5,393·8,393·9),判明此处是甲渠侯官所属第三十五燧,已接近甲渠塞的北端。此地出土简(393·9)有元延二年(公元前 11 年)的年号。

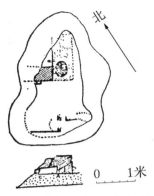

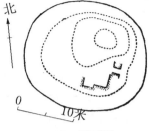

A2(察汗松治) 平面、剖面图   A3 平面图

②T3-5：这三个烽台俱已倒塌，T3 残高 1.7 米，T4 和 T5 残高各为 3 米。

③A3：烽台，已倒塌成为一直径 20 米的圆墩，最高处离地面 4 米，在其东南部试掘一座房子，土坯筑，墙残高 1 米，厚 1.3~1.8 米，门宽 1 米，朝东。白灰墙上绘黑、红道。此地出土汉简 4 枚。同出土的有一些木件、残铁工具和一柄毛刷。毛刷的柄系用四木围成一柱形，中间夹毛，制法和破城子出土的毛笔相似，唯圆柱直径为 1.3 厘米。

④A4：烽台，与其南相连的一屋已倾圮成高 2.5 米的圆墩，采获小带钩和五铢钱各一枚。

⑤T6-9：这四个烽台，T6 和 T7 为圆墩，T6 高 3 米，T7 高 2.5 米。T8 和 T9 近于方墩，T8 高 3~4 米，T9 高 3.5 米。试掘了 T9，台系土坯筑，每两层之间夹以草层，台旁应有房子。

⑥A5：烽台，倾塌成为一不规则形墩，高 3 米，其东 5 千米为"葱都儿"，后者位于东经 101°之东，北纬 42°之南，台旁采得五铢钱一枚。

⑦T10：烽台，倾倒成一圆墩，高 3 米，地表有陶片。

⑧T11：烽台，方形（12×12 米），高 4.5 米。

⑨A6：烽台，高4米，一边削直，一边圆，台南似有一屋或坞。此地采汉简6枚与一有字封检。其中3简(166·1,166·6,166·7)可知此地属甲渠侯官第十六燧。出土历谱残简(166·8)可推断为延平元年(公元106年)的，是居延最晚简之一。此地出土的还有"徐严私印"封泥一块，以及甲衣上的铁片与织物等。

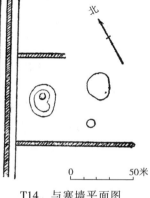

T14　与塞墙平面图

⑩A7：烽台，不规则圆墩，高3.5米，上有沙石条。台南有一屋，有三级通上台的土坯台阶。台下获汉简9枚，有字封检2枚及其他木件。出土简(16·2)有始建国五年（公元13年）年号，封检上(16·6,16·8,16·5)有"甲渠官"和"甲渠鄣侯"字样。

⑪A8：鄣，即破城子(略，详见后述)。

⑫T14：烽台，残高3.5米，基21×23米。此台紧靠其西的塞墙，台的南北有二道平行坞壁，相距60米，北壁残长45米，南壁残长100米，都是3米宽。二壁与塞墙成直角相交，如图。

⑬T15：烽台，倾塌成椭圆形墩，高4米，地表有汉代陶片。

⑭T16：烽台，高4~4.5米，土坯作，间以草层。

⑮P1：烽台，即第四燧(详见后述)。

⑯A9：烽台，高3米，今为圆墩。有经火焚的残迹，在一薄壁小屋内获汉简1枚以及铁器、木器、红帛。地表有"汉代陶片"。

⑰T17：烽台，方形墩，高5米，土坯间杂草层而成。

⑱T18：烽台，残高2.5米，为圆墩状，其上满布黑砾石。

⑲T19：烽台，今为椭圆墩，高3米。

⑳T20：烽台，圆墩状，其上布满砾石，高3.5米，位于布都布鲁克附近，近伊肯河。

㉑T21：烽台，残高1.5米圆墩，底径16米，满布黑砾石。位于布

都布鲁克西南 4 千米之伊肯河西岸,可能是甲渠侯官第十二燧。甲渠侯官至此告一段落,古弱水至此东北流向居延泽,该处南至 A22 为 30 千米,不见塞墙、烽台遗迹。

四、三十井塞(含 P9–11,T117–141,A19–22,《报告》第 255~289 页;《纪行》第 114~115 等页)

1.主要部分

从布肯托尼(A22)到博罗松治(P9),有一条从河岸向东北斜进沙碛中的塞墙,约长 60 千米,32 个烽台,各台相距 2000 米,较甲渠塞为大。现可分为两段,东段从博罗松治至牟斯(Mouth)小山(T135),约 40 千米,在北纬 41°31′之北形成一微弧形防线,其间如 T126 还可略见塞墙的残迹。西段自牟斯西 T136 斜向布肯托尼,约 20 千米,在北纬 40°41′之南,还保存着较好的塞墙,其东部分烽台也有塞墙残迹。这条 60 千米长的防线由土坯或石条砌成。

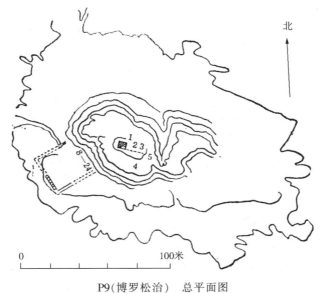

P9(博罗松治) 总平面图

①P9:烽台,名博罗松治(Boro–tsonch),蒙古语意为灰墩,是最

东的一个防御设施,位于孤立小岗上,岗高 20 米。这里是 1930 年 4 月底最先试掘的地方。岗上烽台高 4 米,基座 5×5 米,土坯筑,间以 芦苇。台东有两屋,其一屋很小(1.7×3 米),南墙有通台之阶。与另 一屋间有门道相通。再东还有一些房子的残迹。台之西南坡,较岗 顶低 6 米之处,有一道方形坞壁(30×30 米),似障,土坯筑。坞东壁 与台下山坡之间有一列房子,至少五六间,每间面积约为 3×(2~2.5 米),筑于高低不平地表上,最多相差 1.16 米。坞北也有一间房子。 在一些地点发现少数汉简。据《标记册》和已著录者计,约有 350 枚。同时出土的有木器、竹器、石器、陶器、铜器、铁器、皮革、织物和 五铢钱、大泉五十等,还发现一个高 58 厘米可以复原的鼓。简的年 代从公元前 72 年至公元 27 年,即昭帝至建武初。该地所出封检均 属"卅井官""卅井侯官",故可知 P9 当属三十井侯官治所。

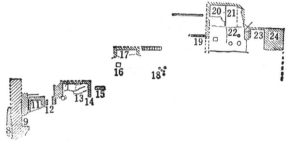

P9(博罗松治) 坞东居住遗址(8~24)平面图

②T117、T118、P10:这三个烽台分别在 P9 西南 2.5 千米、4.5 千米、4 千米,与 P9 构成一条线,长 5.5 千米。它们皆位于小山岗 上,以石条砌成。在 P10 采集到汉代铜镞。

③T119-121:这三个烽台,东西成列。

④T122:烽台,在 T119-121 之西,位于小岗的边沿上,石条砌, 高 4 米。台东有房子残迹,地表有汉代陶片。

⑤T123:烽台,它与 T124 以及较远的 T115、T116 组成一条防 线,都筑于小高岗上。

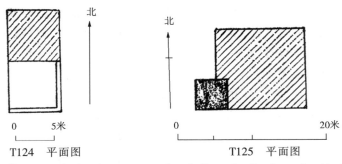

T124 平面图   T125 平面图

⑥T124:烽台,在 T124 西南,台作正方形,高 6 米,基座 7×7 米,石条砌。台南有一方形房子,台旁有汉代陶片。

⑦T125:烽台,在 T124 之西,高 4 米,基座 4×4 米,石条砌,每隔三四层加一层芦苇,位于一高 1~2 米、基座 11×11 米土台的西南角上,地表有汉代陶片。

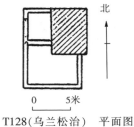

T128(乌兰松治) 平面图

⑧T126:烽台,结构同 T125。台东至少有两间房子,5~6 堆石头,近台处有塞墙遗迹。

⑨T127:烽台,在 T126 西南,距 T128 与 T129 皆为 4 千米。台高 1 米,基座 6×6 米;下半石条砌,上半土坯作,间有小枝层。台旁有石围墙,地表有汉代陶片。

⑩T128:烽台,名乌兰松治,台高 4 米,基座 5×6 米,下层石条砌,上层似为土坯筑,其西面与南面各有房 1 间,墙壁内有柱子。

⑪T129:烽台,在 T128 西南 2.5 千米。

⑫T130:烽台,在 T129 西南,位于一台地边沿,高 5.5 米,土坯

66

筑,每隔 2~3 层间以芦苇,台西北有一间房子。

⑬T131:烽台,已倾,石条砌。

⑭T132:烽台,高 4.5 米,土坯筑,每隔 2~3 层间以芦苇,其东北有一房子残迹。

⑮T133:烽台,高 4 米,基座 4.5×4.5 米,土坯筑,最低三层间以芦苇。

⑯T134:烽台,基座 7×7 米,土坯筑。台位于牟斯山东南 1 千米处,在峭壁之上。其东有一相当大的石砌墙(12×14 米)。

⑰T135:烽台,立于牟斯山上,已倾。

⑱T136:烽台,高 5.5 米,土坯筑,间以芦苇。台东有一房子,墙壁内有柱子。四周有坞的残迹。台东有塞墙残迹,向西的塞墙经过 9 个烽台,消失于 T141 与 A21 之间近河岸处。

⑲T137:烽台,高 5 米以上,大土坯筑,每层间以芦苇层,台南有一房子,内有渣堆,其北一小圈,似井,四周有坞,也是土坯所筑。

⑳T138:烽台,高 4 米,土坯筑,每隔三层间以芦苇,已倾。台东北角有一方形小屋,西北角有土坯或石条所铺的十字形地面,四周有方形坞壁。

㉑T139:烽台,已倾成一高 2.5 米的砾石堆,原有方形坞壁,坞内有汉代陶片。

㉒P11:烽台,高 5 米,土坯筑,每隔 4 层间以芦苇,台西有一坞,该地采获汉简 4 枚和少许木件杂物。

㉓A19:烽台,残高 1.5 米,土坯筑,每隔三层间以芦苇,台西有建筑的残迹,采集到少许木件。

㉔T140:烽台,高 4 米,土坯筑,每隔三层间以芦苇,台西南有一房子残迹,台西与北数米处为十字形路面。

㉕A20:烽台,高 4 米,土坯筑,每隔三层间以芦苇,台西北有一房子,台东南有一方形坞,采集到铁锄一件。

㉖T141:烽台,高 5 米,几乎毁残,土坯筑,每层加以芦苇,台北

是一长方形房子或坞,近台处有四堆渣,塞墙在此台之西消失,其塞墙与甲渠塞相似。

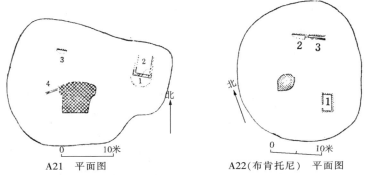

A21 平面图　　　　　　A22(布肯托尼) 平面图

㉗A21:烽台,在布肯托尼(A22)之东北,它位于一略呈圆形墩之上(25×32 米),台已倾,基座为 7×7 米,方向正南北,台东北 8 米处有两间相连的房子,南面一间已毁,北面一间墙厚 0.4 米,面积为 5×3.5 米,东南角有炉灶,与南屋之门相通。此地出汉简 125 枚,据《标记册》,此处出简应为 250 枚左右。它们的年号,早的是公元前 11 年,晚的是公元 11 年,同出土的有木、陶、铜器及织物残片与一枚五铢钱。

㉘A22:烽台,在伊肯河东岸,地名布肯托尼(Bukhan-to-rej),遗址在椭圆形墩之上,台已毁,高 4 米,台东南有一间长方形房子(3.3×1.8 米),门在西边,台东北有两段墙,西段(厚 0.5 米)和东段都是土坯筑。台和房子也是土坯所筑。此地出土汉简 50 枚,大部分出于第一地点。据《标记册》,此处出简 83 枚,时代同 A21,同出土的还有木、竹、石、陶、铁器和织物等。它是三十井塞最西的一个烽台,自此向北至布都布鲁克 30 千米长,伊肯河两岸俱无烽台。

2.附属部分

以下两组可能属于三十井塞,一组可能是三十井塞东端的开始,或者是从 T120 向北伸延的一支。

(1)三十井官西北(含 T112-116,P8;《报告》第 253~254 等页):这 6 个烽台,在三十井侯官所在的博罗松治西北,T116 最北,依次为 T114,T113,T112,T115;在 T114 之西,成一线排列,《报告》仅记了其中的两个。

①T115:烽台,高 3.5 米,基座 6×6 米,台西北角有一房子的残迹,台用沙石板砌成,它与 T116 皆建于小高岗上。

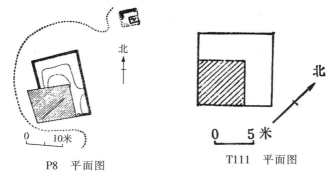

P8　平面图　　　　　　　T111　平面图

②P8:烽台,介于 P9 与 A18 之间,近察勉库都克,台形较大,高 6 米,基座 11×9 米;大土坯筑,每隔数层间以芦苇。台顶露出两段绳索,可能是绳梯残迹。在台之东和北以及西方有一道坞壁(13 米×18 米),只有西北角是正角。东北角外数米处有四块用石板铺成的方形地面。该地出土汉简 3 枚,有字封检和一些木件、残丝。其中一简(438·1)有绥和元年(公元前 8 年)的年号,而封检(438·1)有却胡亭的名称。

(2)布都布鲁克东(含 T110,T111;《报告》第 253 页):这两个烽台孤立于布都布鲁克之东,三十井塞在其南。都用沙石板砌成。T110 残高 3.5 米,台南有小屋残迹,地表有汉代陶片。T111 残高 4 米,基座 6×6 米;在台的两边有坞(10×10 米)。

五、广地塞(含 A23-27,T142-153,K823;《报告》第 288~298 页;《纪行》第 125 页,第 140~141 页)

从布肯托尼南,沿额济纳河中游东岸,大约长 60 千米,有 17

个烽台和一个鄣(A24),可分为南北两段,北段在 A24 以北仅存几个烽台,共约 43 千米;南端自 A24 以南有 14 个烽台,共约 17 千米,烽台之间的距离大致为 1500 米,这一条线上,已不见塞墙痕迹。

由 A22 出土简表明,它是三十井塞最西的一个烽燧。假如其以南属另一侯官;由 A27 出土简表明它是广地侯官所属,因之假定广地塞起自 A22 以南至 A27。但是,A22 以南一段,仍可能属于三十井侯官。A27 以南一段也有可能属于广地侯官。

①T142:烽台,在 A22 西南 9.5 千米,它们之间原应有 4~5 个烽燧,但台倾,残高 2 米。

②T143:烽台,在 T142 西南 2.5 千米,亦名察汗松治,台位于高 1.5 米、径 18 米圆丘上,台高 5 米,基座 3×2.5 米,保存良好。台为版筑,是否为汉或汉以后改筑的,待考。

③A23:烽台,在 T143 西南 10 千米、大方城(K822)西南 2 千米处,残高 2 米,台东有屋。

④K823:烽台, 在 A23 西南 8.5 千米, 名叫 Shara-kuren-tsonch,台高 4 米,基座 4×5 米,土坯筑,每隔两三层间以芦苇,上部中心是板筑,最高三层是小型土坯,可能经后代培修。

⑤A24:鄣,在 K823 西南 12 千米处,名小方城,离伯颜博格多山北甚近。鄣为方形(19×20 米),方向正南北,门在南,鄣部的基部是版筑的,基部以上为土坯所筑,间以柴草层。壁高 7 米,基部厚 3 米。鄣东、西及南为一坞壁或城(86×53 米),所包围此坞用隔墙平分为东西两半,隔墙靠南处有一门。隔墙的北端和鄣的东壁相接。坞壁厚 6 米,坞东南角外 10 余米处有一圆堆,内有炭末和汉代陶片。此地近河,地洼潮湿,出土一些木件、陶片、织物等。

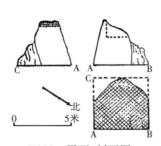

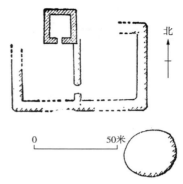

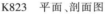

K823 平面、剖面图　　　　　A24(小方城) 平面图

⑥K822：是这条烽燧线上规模较大的鄣,结构与A8相同,名为大方城,位于河东1400米处,面积为40×44米,比的A24鄣大一倍,比A24的坞要小,高4米,基部厚4米,门朝东。在墙内有一烽台,高6米,基座6.5×6.5米,沙石条砌。

⑦T144：烽台,在A24西南2.5千米处,已倾为一高3米的圆墩,其上布满砾石。

⑧A25：烽台,在库库乌苏,今残存一方墩,其两边有一长方形坞包围,此地出土汉简8枚和一些木件杂物。

⑨T145~147：三烽台排列相近,T147在A25西南3.5千米处,土坯筑,每隔三层间以草层。

⑩A26：烽台,在T147西南。《报告》记采集木件等4件。

⑪T148：烽台,在A26西南,台高4米,基座5×5米,土坯筑,每隔三层间以柴木层, 台为长方形坞所包围, 坞东壁与台东壁相结合。坞北壁靠西处有一缺口,应是门址。此坞之外,又围了与之平行的三面壕沟,南北各长50米,东边长40米,西边通河。坞距壕及河各10米左右。台、坞、壕都是平行的,方向皆为正南北。这是很特殊的形制。

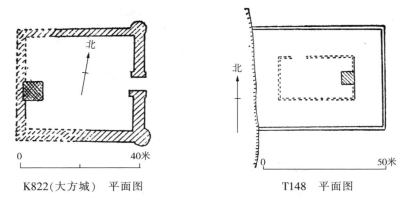

K822（大方城）　平面图　　　　　　　　　　　T148　平面图

⑫T149：烽台，T148 西南 1.5 千米，台高 4~5 米，基座 4.5×4.5 米，版筑，间以柴木层。

⑬T150–153：该四烽台，在 T148 与 A27 之间，T150 当在博颜伯格多，意为"富者之祠"。

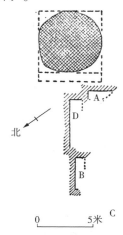

A27（查科尔帖）　平面图

⑭A27：烽台，地名查科尔帖，蒙古语意为燧石。离河仅数米，台高 8 米，基座宽约 5.5 米，与河平行。下半部版筑，上半部土坯筑，紧接台西北有几间相连的房子，地面分别在地平面 0.4~1.65 米以下。

B 室壁上涂白,有朱绘横道,此处出土永元器物薄。出简 90 枚左右。同出器物有木、角、陶器、织物和大泉五十等。1942 年秋,在永元器物簿出土处之下又获纸一张,系东汉墨迹。

六、橐他塞(含 A28–31,T154–158,T160–168,F159;《报告》第 298~304 页)

这一地区是上述广地塞的延续,沿额济纳河中游东岸约 50 千米,共有 18 个烽台和一个鄣(F159),未见塞墙痕迹,从 A22 之南到 A32 之北共长 110 千米的额济纳河中游东岸的烽台防线中,不见塞墙,而在这条线之北、之南,都是有塞墙的。

这条防线,就其现存状况来说,可分为南北两段,各烽之间距离较大,为 4~7 千米;南段自 T160 以下,每隔 1500~2500 米有一烽台,其排列也不像甲渠、三十井、肩水塞略呈一条直线,它们是随河流的弯曲而排列的。

据南、北邮书记载的路线,一般是依广地—橐他—肩水的次序,因之橐他侯官应在广地之南,肩水之北。由 A27 出土简表明它属于广地侯官,而 A32 出土简表明它是肩水金关,因之橐他侯官诸燧应在 A27 与 A32 之间,但南、北两端难以确定,此线北端的 T154–156 中的一些可能属广地侯官,此线南端 T166–168 中一些可能属肩水侯官。

①T154:烽台,在 A27 之南 1 千米处,台倾,地表有汉代陶片,河自此转弯。

②T155:烽台,高 20 英尺,基 16×16 英尺,土坯所筑见(《亚洲腹地》第 430 页记述)。

③T156:烽台,位于 Bukh-tokhoi。

④A28:烽台,名查汗多可,位于河南岸台地边上,台倾,有高 2 米圆墩,其上布满砾石。台南有一房子,获汉简 2 枚,《急救篇》木觚 2 枚(9·2),同出有木件、钻火具、织物等,河对岸稍北处有古代渠道。

⑤T157：烽台，在 A28 西南，高 4 米。

⑥T158：烽台，名塞尔松治，即西湾墩。台高 8~9 米，基座 7×7 米（见《亚洲腹地》第 430 页）。

⑦F159：鄣，正方形（25×26 米），版筑。墙厚 7 米，残高 1~1.5 米，其北有一烽台，残高 1.75 米，基座 8×8 米。

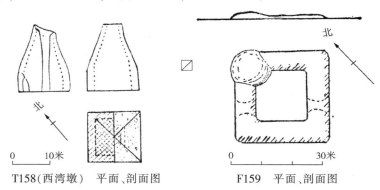

T158（西湾墩）　平面、剖面图　　　　F159　平面、剖面图

⑧T160：烽台，即白墩子，蒙古语为查汗松治，台高 9 米，基座 6×6 米，版筑。每三层平铺一木棍层，保存较好。

⑨A29：烽台，在 T160 之南，残高 3 米，台南有一长方形房子，出简 30 枚左右，其中一简（551·32）有永康三年年号，当属于灵帝建宁二年（公元 169 年），是居延最晚的一简。

⑩T161：烽台，墩上残立 4~根柱子。

⑪T162：烽台，高 5.5 米，基座 6×6 米，大土坯筑，内夹砾石，每三层间以芦苇或柴木层，有两层中残留绳索。

⑫T163：烽台，版筑，全毁。

⑬T164：烽台，残高 2 米，直径 18 米圆墩，有坞壁残迹。

⑭T165：烽台，残高 2.5 米，土坯间以柴木筑，被河水冲去其半。

⑮A30：烽台，残高 2 米，土坯筑，紧接台东有房或坞残迹。

⑯A31：烽台，残成 2 米圆墩，有一方形房或坞残迹，出土一简及封检。

⑰T166：烽台，高 4.5 米，基座 4×4 米，大土坯间以柴木层，有一长方形坞(15×28 米)厚 4 米，方向正南北，门朝南，台在此坞西北角上，其东似有房子残迹。

⑱T167：烽台，高 4 米，土坯筑，有房残迹。

⑲T168：烽台，残高 3.5 米，呈一圆锥形砾石墩，台之一角尚可辨认，每隔三层间以柴木层。

七、肩水塞

在毛目(鼎新)、甘州河与北大河汇合处至金关(A32)一带称额济纳河上游，从金关至毛目约 50 千米，塞墙可联系起来，在 T192 处向西北伸展出一段塞墙。西部塞仅存 T171–172，T178 和 T185 等处，以下无存。另外，在毛目南，甘州河东岸 T202 至 T205 也有三段塞墙。沿着这三段塞墙以及东西两部塞之间，共有 39 个烽台、2 个城和 4 个鄣，可分为四组：1.东部塞：19 个烽台，1 个鄣；2.西部塞：10 个烽台；3.两塞间：4 个烽台，2 个城，3 个鄣；4.毛目南：6 个烽台。

以上四组，A33 出土简"肩水候官塞"(239·82)和同地所出简"东部、北部塞"(232·19)的"东部塞"，应指河东岸完整的一段塞，同地所出简"河西亭燧界"(565·12)当指西部塞亭燧，或即"北部塞"，因西岸之塞在肩水都尉府(A35)之东北，据邮书载，肩水都尉和候官均在金关以南，其北应是橐他候官。然而东、西两部塞和两塞间许多亭鄣，还可分别出属于肩水候官以外的，A33 出土简又有"仓石候官"和"庚候官"(236·13)，它们应在此区域以内。

1.东部塞(含 A32–33，T174–176，T180–182，T186–188，T191–195，T197–200；《报告》第 305~341 页，第 358~360 页，第 364~365 页；《纪行》第 126 页，第 139~140 页)

①A32：烽台，在地湾之北数百米、河东 100 米处，处东部塞与西部塞交会之豁口以内。烽台与塞墙之间，有一道垣壁围于台东、北两面。今残长 40 米，塞墙豁口西距河岸约 150 米，西塞墙与河成直角，与北垣壁平行。烽台系土坯间以柴草，已倾成残高 3.5 米，有

绳索残段,可能是绳梯残迹。台南出汉简较多。在一小屋南有一较大房子,为正方形(10×10 米),用柴草枝竖成薄墙,今高 7 米,出汉简数枚, 此屋之南堆积中出汉简 50 枚。屋角东南 10 米处出汉简 400 枚。与此相邻处砾石层下有 10 厘米厚炭烬,出汉简 400 余枚,共出简 850 枚以上,年号集中于公元前 82 年至公元 4 年,同时出土的还有木、竹、角、陶、铁、芦苇、葫芦等器以及皮革、货币、织物。

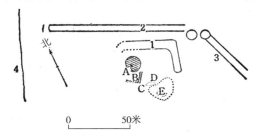

A32(金关)　平面图

1.垣壁　2.西塞墙　3.东塞墙　4.额济纳河东岸

金关遗址见后文,这里从略。

②A33:鄣,即地湾。见后文,这里从略。

③T174:烽台,在 A33 东南,残高 5 米,土坯筑。台旁有三堆石板,排列成行,旁还有一堆。

④T175:锋台,残高 3.5 米,土坯筑,每两层间以柴木,台旁有三堆石板,塞自此开始向南伸展,形成双重不明显塞墙。

⑤T176:烽台,在 T175 南 2 千米。

⑥T180:烽台,在 T176 西南 4.5 千米。

⑦T181:烽台,高 405 米,基座 5×5 米,土坯筑,每四层间以柴木,有方形房子与坞壁残迹,台旁有三堆石板,南北成行。

⑧T182:烽台,已倾,残高 2 米,土坯间以柴木层,此处塞墙为双重,呈正方形环抱烽台,其中有三堆石板。

⑨T186:烽台,残成高 2 米圆锥,土坯筑,可见双重塞墙遗迹。

⑩T187:烽台,残,在 T186 南 2 千米,台在方形坞(60×60 米)北

壁之内。

⑪T188:烽台,在 T187 南 2 千米,高 2 米,土坯筑,地表有石板与汉代陶片。

⑫T191:烽台,在 A38 蒙汉城东北 7 千米,东北距 T188 亦如此远。塞墙之内相距 1.5 千米,有一条干涸的古代直渠与塞墙成钝角而向南,渠道两旁有着不明显的堤,这条如塞墙一样直的渠道,靠塞墙南行,到毛目 6.5 千米处,两者并行,渠道在平原上消失。在 T191 与 T192 之间,此直渠及其北流的一支支渠,皆被从 T192 向北伸展的一道塞墙的支垣所跨越,塞墙长约 3.5 千米,止于一片水泽前。

⑬T192:烽台,位于塞墙及其支垣相交处之内,台毁,残高 2 米,径为 20 米的平墩。

⑭T193:烽台,西北距 T192 约 1 千米,在支渠西岸。

⑮T194:烽台,在双城子绿洲万金渠南侧,有一小渠越过古代直渠。台已毁,成一高 2 米,直径 8~9 米的圆墩,土坯筑。

⑯T195:烽台,在 T194 南 1.5 千米。

⑰T197-200 四烽台,均倾。除 T199 在直渠西岸外,其他三台介于塞墙与直渠之间, 此处塞墙与直渠几乎是平行的, 相距 100 米。西南 12.5 千米处,在甘州河东岸又有塞墙和烽台(T202)它们可能是东部塞的延续。

2.西部塞(含 T169-172、T178、183、185、190、196,P12;《报告》第 340、341、357、359、364 页,第 365 页等)

①T169:烽台,与 A33 相对。残高 3.5 米。

②T170:烽台,在 T169 西南 2 千米处,台与相连的房舍均倾圮。

③T171:烽台,在 T170 西南 1.5 千米处,位于小山脊上,台高 7 米,基座 6×6 米,土坯筑,台经后代增修,台顶有一小屋,土坯筑。T170 与 T171 之间,有塞墙痕迹。

④T172:烽台,在 T171 之南。

⑤P12:烽台,在 A35 西北(天仓附近)出土汉简 2 枚和有字楬

1 枚(93·7)。

⑥T178：烽台，在 A35 西南 5 千米处，土坯筑，间以柴木，台顶有一小屋，有塞墙，其南端向西，以屏障两塞之间的 F179，T178 则在塞的直段外边，直段墙与河平行。

⑦T183：烽台，即斯氏 T84b，靠近河之西岸，据《亚洲腹地》所述，台高 8 米，基座 6.5×6.5 米，版筑。此处露出一段塞墙，凸起地面，塞墙从台旁转向与河岸相接。

⑧T185：即斯氏 T84a，烽台，在 T183 西南，据《亚洲腹地》所述，台高 3 米，基 8 米，土坯筑。台旁有一段塞墙筑于山岗上。

⑨T190：烽台，在蒙汉城西南 5.5 千米处。

⑩T196：即斯氏 T46m，烽台，在毛目北，甘州河与北大河交汇点东北 2.5 千米处。

3.两塞间的东西岸(含 T173，F179，A34-38，F177，T189，《报告》第 341~358 页，第 360~362 页；《纪行》第 135~137 页)

①T173：烽台，河西 1 千米，与 A34 隔河相望，台高 7~9 米，中心版筑，有直立柱孔，应为汉代所筑，外面为汉以后薄而小的土坯所补修。

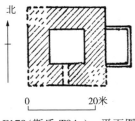

F179(斯氏 T84c) 平面图

②F179：即斯氏 T84c，鄣在 A35 西南 3.5 千米处，地名大湾。鄣作正方形(21×21 米)，版筑，高 9.5 米，基厚 5.6 米。门在南，上有横梁。鄣东墙接一长方形坞(10.5×6.5 米)。

③A34：烽台，已毁，介于 A33 与 A35 之间。

④F177：鄣，在 A35 西北 200 米处，二者为古渠分开，鄣作正方

形(18×18 米),残高 1 米,版筑。

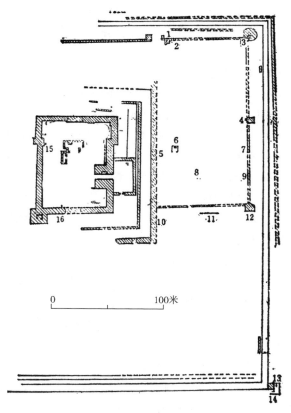

A35(斯氏 T48d 大湾城)　平面图

⑤A35:即斯氏 T48d,城,在地湾之南,F179 在其西南 3.5 千米,位于河东岸数百米处,蒙古语称为大拉林近,意为靠近农业地区的城子。附近有古代灌溉遗迹 F179、A35 在大湾之东北,因称A35 为大湾城。

该遗址范围为 350×250 米,大于地湾范围,外城、内城和郭是三个主要部分,其时代有先后。内城在外城的东北角,面积为 140×

190 米,东西方向,它和外城一样,皆基宽 2 米,版筑。高 1.65×2 米,西墙和南墙的西段,均已不存。南墙残长 100 米,北、东墙与外城平行,相距约 10 米。北墙中有一门,在西南角和东墙中间,各有一望楼,高 4.5 米,基座 5×5 米。东北角有一烽台,残高 7 米,台南小屋高 1.8 米,深 0.75 米,内城内外有许多不明显的房基遗迹。此城区及其边沿出土 500 多枚汉简,介于两望楼的墙下出汉简数枚。内外城的建筑形制是相同的,汉代遗址的内城为中心。

外城大于内城,东墙长 350 米,它与内城的东北角都是直角。墙内有一道宽 5 米的浅壕,南段较宽,其上又有一条窄沟。外城东南角有一后期补修的烽台,高 10 米,基座 5×5 米,版筑。离地 2.5 米以上有一小屋,门朝南;它也许是台顶瞭望小屋,自此向上的台是中空的。台之东与南各有一屋,已倾。东屋出土大批汉简,约 900 枚,各长 23 厘米。

鄣在内城的西南部分,面积为 90×70 米,南北方向,在西南角和西墙北端各有一望楼,墙系版筑,高 8.5 米,厚 4~6 米。门口内有两堵短墙,有一土阶通往北端短墙。鄣墙有椽柱孔,墙上有矮堞,南墙有一小坛,出土西夏文的印板文书和西夏文的丝绸各一件。鄣四周又有两道平行的土墙,今存东南各一段,它们与鄣东墙之间有一道宽 7 米的壕,此应为宋、元时期的建筑。

A35 范围内共出汉简 1500 枚,其中 500 枚出于内城,外城东南角出土 900 枚左右,另外少数出于内城区域。简集中于公元前 86 年至 2 年,最晚的是公元 11 年,属昭帝至王莽时期。出土物约 350 件。

据邮程记录,地湾是肩水侯官,而这里是肩水都尉府。大湾出土有很多"驿马田官"的记载、田卒名籍、牛籍以及衣物簿等。附近有古代田渠遗迹,这应是一个屯田区。

⑥A36:即斯氏 T48g,烽台,东部塞与河之间,西距塞 1.5 千米,在近代驿站阿德克察汗草原的尽头,东 2 千米处,台位于干涸河床东岸上,台高 4.5 米,基座 6.5×6.5 米,土坯三层间芦苇和柴木,台东

似有一屋,东南有三堆石板,相距 70 米。该处出汉简 5 枚及木件。

⑦T189:烽台,位于东部塞 T188 西南 2.5 千米处,介于东部塞与河之间,在塞墙西一条双重支垣的交角上,此支垣长的一条与塞墙平行。台倾。

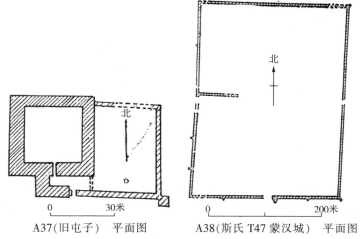

A37(旧屯子) 平面图　　　　A38(斯氏 T47 蒙汉城) 平面图

⑧A37:郭,在 A38 蒙汉城东北 500 米处,名旧屯子。因与 A38 两城并立,故合称为"双城子"。郭作方形(43×40 米),墙高 8 米,基厚 7 米,版筑。门在南,高 2.5 米,穹形,宽 2 米。门外有矩尺形护墙。郭为汉代,而基上之堞为后代所增。墙内有 5~6 行椓孔迹。郭内东北角有通郭墙土阶,紧接东墙有一长方形坞壁,它的南壁与郭门外护墙相交处是一穹形门。坞东南角有一方形望楼。

⑨A38:即斯氏 T47,城,在 A37 西南 500 米处,名蒙汉城。城面积为 354×266 米,只有东北角为正角。城系版筑,墙厚 3~3.4 米,残高 4 米。东南、东北角有角楼,西垣、南垣有马面。城平分为南、北西部分,隔以版筑薄墙,现存西段,从形制看,显然是宋、元以后的建筑。

双城子位于双城子绿洲和毛目绿洲伸延的北端,在河之东岸,与河之间隔一通条毛目的旧渠道。

4.毛目南(含 T202–207,《报告》第 367~693 页)

在毛目以南的甘州河东岸有烽台、塞墙残迹。它们可能是肩水东部塞南端的延续。

①T202:烽台,东北距肩水东部塞约 12.5 千米,近台之南端有一段塞墙。

②T203:烽台,在 T202 西南。

③T204:烽台,残高 2 米,版筑。此台与 T203 之间有一段塞墙。

④T205:烽台,在既济渠绿洲之南,该台与绿洲之间有段塞墙残迹,北距毛目不足 25 千米,台系版筑,基座 8×8 米。

⑤T206:烽台,在 T205 南 800 米处,已倾。

⑥T207:烽台,在 T206 南 10 千米处,位于河岸台地上。台系版筑,基座 7×7 米,外敷土坯。

八、北大河塞(含 A39–43;T213–215;斯氏 T46l、T46g。《报告》第 369~375 页;《纪行》第 127~128 页,第 132~134 页;《亚洲腹地》第 404~408 页)

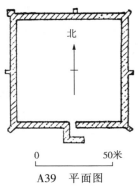

北

0   50米

A39 平面图

甘州河与北大河交汇以西的北岸上,有段塞墙和旁立的烽台。塞墙起于该处以东的 A40,自 A40 向西延续约 25 千米,在 A40 以东至两水交汇处约 12 千米,无塞墙可寻。

①A39:鄣,两水交会西 5 千米北大河北岸,鄣作正方形(78×78

米),版筑间以芦苇和柴木层;墙高 4~5 米,基厚 4 米。门朝南,门外有矩尺形护墙。四角有角楼,东、西、北三墙中间各有一马面,经后代增修。

②T46l(斯氏):烽台,名红沙墩。高 8~10 米,基座 15×15 米,版筑。台南有一长方形坞或房基(16×11 米),厚 2 米,土坯筑。

③T213、214:二峰台相近,在 A39 之西南。

④A40:即斯氏 T46k,烽台,名红墩子,位于一小山上,自此始见塞墙。高 9 米,基座 15×15 米。台南有一长方形房子,高 3 米,厚 1 米。外部为版筑。现见到的为后期扩建。

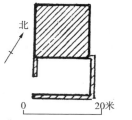

A40(斯氏 T46k 红墩子) 平面图

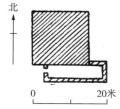

斯氏 T46l(红沙墩) 平面图

⑤A41:即斯氏 T46j,烽台,在营盘西 3 公里处,已残,获一木楬(345·4)。

⑥T215:烽台,已毁。

⑦A42:即斯氏 T46i,烽台,名沙墩子,在营盘西 4 千米处,台高 3 米,土坯间以芦苇、柴木层。台南有屋,获简 4 枚及木件、织物等。

⑧A43:即斯氏 T46h,在营盘西 4.5 千米处,该地获汉简 14 枚,其中有永元十二年(公元 69 年)年号及其他记屯成烽火之简。

⑨斯氏 T46g:烽台,残高 3 米。

以上 1 个部与 9 个烽台,详见《亚洲腹地》。

这段塞墙应是疏勒河塞墙的东端,它与肩水塞相交,A40 以东不见。这条东西行之塞墙,可能不属于张掖郡,而属酒泉郡东部都尉的东部塞。

第八节　1972—1976 年的调查与发掘

1972 年秋,甘肃居延考古队沿额济纳河,南起金塔县双城子,北至居延海进行了考古勘察;在调查、踏勘的基础上,于 1973 年和 1974 年夏秋季,对破城子、金关、第四燧三处遗址进行了科学发掘,共获得汉简 20000 余枚。1976 年夏秋又在布肯托尼以北地区进行了调查,使勘察工作更趋全面,基本上掌握了额济纳河流域汉代烽燧亭鄣的分布情况与目前的保存现状。

北部地区的甲渠侯官遗址,位于破城子,发掘代号为 EP;甲渠塞第四燧遗址,发掘代号为 EPS4;南部的肩水金关遗址,发掘代号为 E·j。这三处遗址是分别属于不同类型而面积又较小的遗存,因之,决定对这三处遗址进行发掘,其总发掘面积为 4500 平方米。

一、甲渠侯官遗址

该遗址所在地名,俗称破城子,位于额济纳旗南 24 千米处,正在纳林、伊肯河之间的戈壁滩上,这是居延都尉辖区负责西部烽燧线的甲渠侯官的治所。在发掘之前,遗址大部分为沙砾淹没。从该遗址向西 300 米,有一条南北走向的烽燧线,其间有烽台和双重"塞墙"遗迹。

前西北科学考察团于 1931 年初在此地考察时,将该处遗址编号为 A8,试掘了四个地点,共获汉简 5000 余枚。这次发掘了鄣、坞、烽台和坞东灰堆等三部分,大体上包括了 1931 年试掘的地点,而所涉面积较那时要大得多(见下页图)。

1.鄣、坞

鄣、坞部分,也就是侯官这是一座构筑坚固的军事性防御小城。这里共开探方 49 个,即 T1–44 以及 T48、T49、T61、T65、T68。

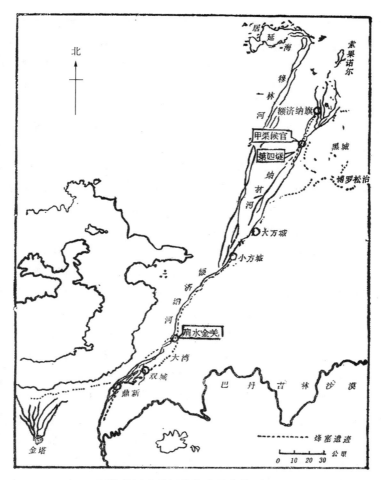

额济纳河流域汉代烽塞分布简图

郭（T61），是一座土坯方堡，基方为 23.3 米，厚 4~4.5 米，墙垣残高 4.6 米，收分明显。砌法是内外壁皆三层夹一层芨芨草。郭内堆积近顶，下层西侧的两间房屋，即 F18、F19，已毁于大火，其地面略低于郭院，门虽然已毁，但可看出当位于东墙的踏步处，高出地面 0.7~0.9 米。在房屋基地上 1 米的上层，又垫土一层另筑小屋，编号为 F18.1，系晚期建筑。附近发现有柴草、烧灰和 13 枚残简。早期鄣门在东南角，现已毁坏，被土坯堵死，另外在门顶开一豁户，内外用夯土和土坯建成斜坡，以便上下出入。鄣门内西侧有登鄣顶的早期阶梯马道，也被垫土和斜坡覆盖，下部残，共 13~15 级。其尽头处的顶部较为宽阔，南侧鄣墙下发现烧毁坠落的木柱、木斗等，可知这里原有一木物建筑。鄣顶东北角外沿残存窄土楞，似为女墙。鄣门内东侧下层储存一堆垒叠整齐的河卵石，这可能是当情况紧急时作武器用的，以石块为武器在我国起源很早，除原始社会的先民们以石块作为武器，狩猎、对敌外，直到封建社会后期仍有以蔺石、垒石或羊头石为武器御敌者。

坞的北面连接鄣墙，方 47.5×45.5 米。土坯墙厚 1.8~2 米，残高 0.9 米左右，稍有收分，可明显看出曾经过修补。墙面抹有草泥白灰，有的地方最多达 14 层。坞门已被焚毁，仅残存有排叉柱、地栿和门枢的臼窠；门外有一曲壁，入口处已残，与瓮城的形制颇为相似。坞四周 3 米以内的地面埋设四排尖木柱桩，完整者高为 33 厘米，其间距 70 厘米左右，呈三角形排列，这就是史册与汉简中所说的"虎落"或"强落"。虎落上部堆积中，出土有木器多件，据出土现象和特征分析，也许就是简文中常见的"转射"或"深目"，是嵌在坞顶女墙或雉堞上的一种射击、观察装置。坞内经编号的房屋共 37 间，均为夯土墙，草泥地面。因残毁严重，有的门道已无法判明。坞内西侧的一组房屋，其编号为 F13-17，下面均有台基，高为 0.9 米，台下叠压着早期建筑痕迹，应是晚期重建。其中最大的一间，即编号 F16 者，内有火墙，根据屋内外所出土的《塞上烽火品约》《相利善剑刀》《甲渠侯请罪》和建武初年弹劾违法士吏的《劾状》等简册来看，可能是后期甲渠侯的住室，这是因为侯早期多住于鄣内。坞内东侧的一组房屋，包括 F20 以及 F21 至 F31，都是堵死鄣门以后修建，其中的吏卒住屋、灶屋（即 F26）和文书档案屋（F22）是其主要建筑。在不足 6 平方米的文书档案室中发现了近 900 枚木简，经过整理，其中包括从王莽天凤到建武初年40余部完整的或较为完整的文书简册。其余房屋多为早期建筑。坞东北角的房子，即F32，原为一牲畜圈，其东侧的石块和垫土，可能是登坞顶的马道残基，废弃后堆满杂物垃圾。此处即1931年试掘的第Ⅲ地点，已被扰乱。编号F1的房子可能是守门卒的住处，曾经多次修葺。F34是晚期改建的。

在鄣和坞内出土木简3434枚，大多数集中在坞的北部，其中属于昭、宣时期的册简很少。

2.烽台

即编号为T60者，在坞南50米处，原为一圆形灰土丘。1931年试掘时这里曾被挖掘，并认为无建筑遗迹。该处夯土台呈方形，残高0.7米，基方为4.8×5米，此台不在烽燧线上，应是侯官的专用瞭望台。附近有备燃的柴堆，也就是积薪，还有作为示警信号用的烽火遗迹以及烧灰等，但在这里没有发现简牍。

3.坞东灰堆

其编号为T50-59，距坞门约有30米。在70×40米的范围内，到处是含有柴草、粪便、烧灰以及废弃物的堆积。灰堆范围内共开探方10个，8个在北灰区。在该区内的北、东、南部出土的简牍主要是昭、宣时期的；西北部以元、成时期的较多；西部则以新莽时期为主，且多在上层。此外，在西南部底层发现有三段早期的土坯墙基。南灰区北部开探方两个，编号分别为T50和T51，没有发现建筑物，木简绝大多数是属于元、成时期的。坞东灰堆中共出简3222枚，实物739件。

甲渠侯官遗址发掘出土的简牍，初步编号的计有6865枚，尚未编号的近千枚，还有一些散简也未编号，这只是当时所能做的工作。实物总计881件，其中重要的有弓箭、铜镞、转射、铁甲、辘轳、货币、工具、木芯、网坠、猎具、仓印、铁农具、木柱斗、木板画和竹笛等。

据遗址层位和出土简册的综合分析，侯官的创建至迟不晚于武帝末年。昭、宣时期屯戍活动兴盛，曾大量修筑鄣塞，据简文记载,有时"用徒积四万四千"(74·E·P·T56:185),可见其规模之大,这时已奠定了现存的布局。鄣的焚毁,约在王莽末年,后来改成供瞭望、燃烽的处所。不断的屯戍活动,直到东汉建武八年(公元32年)以后,才逐渐近于尾声。章、和时期虽还有零星活动,但可以说大规模的烽燧体系修建已基本结束。

二、甲渠塞第四燧遗址

第四燧,编号为E·P·S4,位于甲渠侯官南5.3千米处,也就是伊肯河西岸,蒙古语称为保都格的地方,与侯官间相距三座烽台。1930—1931年,前西北科学考察团试掘时曾编号为P1,并出土木简1枚。

这次发掘分两处进行,西区即烽台和坞,东区为一处21×16米的椭圆形灰堆,开方两个,其编号为T1与T2。

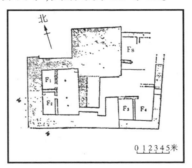

甲渠塞第四燧遗址平面图

烽台较大,残高为3.4米,方形夯土建成,基座为7.7×8米。西南角有一灶膛,上方发现烟囱,可能是发布信号升"烟"的装置,也有可能为炊烟之囱。台南有坞,东西长21米,南北最宽处为15.2米,被隔墙分成东西两个院落。西坞建筑较早,墙残高0.7米,最厚处为2.35米,下层清理出两间房屋,编号为F1与F2。门道很窄,当门有一堵护墙,这一部分很像敦煌西部的大烽燧,如斯坦因《中国沙漠考古记》一书中所描述的式样。东坞是后来增建的,残壁高约

1.15 米,厚为 1.1 米。有三间房屋,其编号分别为 F3、F4、F5,门向东。坞外三面也发现残毁的木转射和虎落尖桩,桩距比甲渠侯官大30 厘米。

此处共获木简 195 枚,实物 105 件。坞中没有发现简牍;下层堆积中有网坠、箭镞、木梳和砺石等;上层坞院主要是烽火燃后的烧灰层,出土 2 枚类似封检器物。坞东的堆积层,主要是长期燔烧积薪余烬形成的。含草楷,树枝和马粪的灰堆中,木简较多,但大多断残,重要的简有诏书、囚律、爰书、历书和有关天文的内容。重要实物有苣、转射、猎具和铁工具木芯。

这里的封检、簿检、文书中,多有第四燧、第四侯长某某治所、侯长某某的简,其他燧名简较少,证明此处原名第四燧,即甲渠塞西段由南而北按数序命名的一列烽台的第四座, 同时又是第四部侯长的治所。因发掘面积较小,获简不多,最早的纪年简为昭帝始元三年(公元前 84 年),止于更始三年(公元 25 年),暂时还难以对遗址历史作出确切结论。不过,按甲渠侯官出土的"请罪册"说:"虏复从塞攻坏燔节柴燧(即侯官以南第一座烽台)以南尽昏寘烟火不绝"(E·P·F16:45),可见建武八年(公元 32 年)时,该处附近曾发生过激烈战斗,这一史实应该是清楚的。

三、肩水金关遗址

肩水金关,编号为 E·j,是一座烽塞关城,位于金塔县天仓北 25千米处的额济纳河上游谷地北口的东岸。作为进出河西腹地,北通居延县和居延都尉府的咽喉门户,拱卫着南面不远的肩水都尉府,即大湾地区。位于地湾的肩水侯官所在地等屯戍重地,因而取名金关,或许含有"固若金汤"之意。

1930 年, 前西北科学考察团在这里掘过 5 个 "坑位",编号A32,计出土简 850 余枚。

这次在金关遗址范围内,共开探方 37 个,出土简牍 11577 枚,其中尚未编号者 1426 枚,实物 1311 件。

1.关门

其编号为 T36、T37,这是一个主体建筑,由两座对峙如阙的长方形夯土楼橹构成,分别编号为 F2 和 F3,各为 6.5×5 米,残壁最高处 1.12 米,最厚处为 1.2 米,收分很不明显,基部砌一层大土坯,为 49×24×14 厘米。楼橹中间的门道宽约 5 米,前口东侧发现烧残的大门部件,计有地栿、垫木、门枢以及门臼等。门道两侧壁脚,各残存四根半嵌在墙内的方、圆形排叉柱,下垫石块,最粗的方柱每边为 21 厘米,根据以上迹象,可知立柱顶部即门道上面,曾有过桥或门楼等建筑。房屋 F2 内有一通橹顶的土坯台阶,现仅余三阶。屋内堆积层次自上而下,先为碎土坯、泥块、草泥;次为烧焦的树干、芦草和炭渣,这可能是坍陷的橹顶棚或建筑的屋顶;最下层是碎草,草中发现的残简最晚年号是新莽地皇三年(公元 22 年)。房子 F3 内无阶梯,但多一隔墙,墙东的窄间里出简 636 枚。

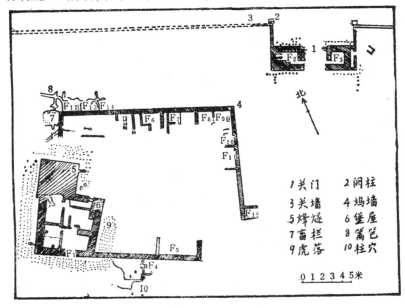

肩水金关遗址平面图

楼橹外两侧向北筑的关墙都是土坯的,到达"阙柱"的地方便分别折向东、西。向西的一段直抵河边;向东的只发现 26 米长的一段,其他消失在戈壁层中了。

关门内外和阙柱两侧,也发现与破城子相似的虎落尖桩,所不同的是,排列成正方形,有的桩埋在方形坑中,有的在下部刻一缺槽,再横贯一根短木。

塞墙,没有进行整段发掘,只在距房屋 F3 南 100 米处掘开三条剖面探沟,发现戈壁层上的墙基宽 2.8 米,结构较松软,其中的草末、砂砾略成水平状。

2.坞和烽燧

编号为 T1–35。坞在关门内西南侧,坞墙北长 36.5 米,南长 35.5 米,东残长 24 米。东南角敞开,也许就是坞门所在的地方。残墙最高处为 70 厘米,厚 70~80 厘米,夯筑,夯层 5~8 厘米。从发掘来看,这个坞址曾经重修过。坞墙和房屋,即编号为 F6 至 F9,马厩(F4、F5、F10 至 F13)是同时期的,其下叠压着较早的坞墙(在西北角)、灰层、房屋(F14)的土坯墙、积粪层。F12、F13 之下发现有更早的灶炕、桔槔、篱笆墙。

坞西南角还残存有烽台和方堡,南北相邻。台方为 7.7×7.8 米,经过重修,外壁贴砌土坯,内部为早期夯土基,土中斜插许多小木棒。编号为 F1 的夯土方堡为 13×12.5 米,壁厚 1.2~1.3 米,门较窄小,内有曲折迂回的夹道,两侧分布住室、灶房、仓库和院落。堡内发现灶台及印章、砚台、木刻偶像和成帝《永始三年诏书》等简册。台、堡周围的虎落木桩与关城的一样,木桩打破了台北和堡东各一段坞墙。堡门附近发现一枚残破的转射,整个建筑有被火烧过的痕迹。

3.出土器物

1930 年前西北科学考察团挖的 D、E 二坑在南坞墙外侧,这一区域灰层厚达 1 米,其西、南面还有大片灰层未清理。D 坑挖在上层,该层的简主要是元、成时期的。E坑打破属于昭、宣时期的下层。1972 年在该处地表拢灰中发现一枚书写"元朔元年"的残简（72E·j:77）。

金关出土的实物很多,有货币、残刀剑、箭、镞、表、转射、积薪、铁工具、铁农具、竹木器械、各类陶器、木器、竹器、漆器、丝麻、毛、衣服、鞋、帽、渔网、网坠、网梭以及小麦、大麦、糜、谷、青稞、麻籽等,还有棨、印章、封泥、笔、砚、尺、木板画和麻纸等。

金关地区早在武帝中期已开始屯戍经营,昭帝时,称为金关或金关燧,又名"通道厩"（见 73E·j·T10,元凤四年至六年通道厩"财物出入""谷出入"等简册）。这是原《简报》作者的看法。还有一种观点,认为"通道厩"并不能等同于金关或金关燧,所谓"通道厩",可能只是金关的一部分,也就是说是金关"啬夫"辖下专门负责邮驿差事的小部门;公元前 83 年至前 81 年,时当河西建政不久,"通道厩"是最初的建置,而后随着交通咽喉地理地位的日渐重要,在此基础上发展成建关、置燧,规模日大,地位遂显,始称金关。而"通道厩"既不可能废除,旧名依然沿用,这也是一家之言,值得考虑。金关地处交通要道,现在仍存有大量厩圈遗迹。这里在当时至少有三个单位,兼有关卡、斥候、驿厩等多种职能。屯戍的衰落约在王莽末年,至建武时已相当冷落。

从金关向北 2 千米处的第一座烽燧,出土简文表明,该处为橐他塞莫当燧,也是该塞南部侯长治所,也是肩水、橐他二塞的分界线。

四、重点文物

对以上所述三处遗址的发掘共获各类遗物 2300 余件。大部分是由低下级官吏和戍卒亲手制作并长期使用后抛弃的,制作虽然简陋,加工十分粗糙,但很实用,真实地展现出当年屯戍活动的情景。下面,选择几件文物略加介绍:

1.弓（E·P·T31:05）

一件,为缺弦的反弓,长 130 厘米,外侧骨为扁平长木,中部夹辅二木片;内侧骨由几块牛角锉磨、拼接、黏结而成。两稍渐细,各凿系弦的小孔,或为装弭处。表面缠丝髹漆,外黑内红,其时代当在新莽末或建武初。

2.箭（E·D·T57:011、012）

二件,竹竿,三棱铜镞,全长 67 厘米,首尾缠丝髹漆,尾羽三条。其中一枚的杆上阴刻"雎阳六年□"五字。出于下层,属昭、宣时期。另外,金关一枚残箭杆上用针刻"元凤三年,执金吾护工卒史喜、考工令通、令史俸省……",系由中央政府监造。

3.转射

三地都有,属于遗址晚期器物。高宽 41 厘米左右,中心有圆柱,上开一内高外低的斜孔,下按小柅,能控制左右转角 120 度。此器与居延汉简记载的"转射"形制颇吻合,砌在坞顶的堞上,可承托弓弩向坞外左右移动发射,而不为外来箭镞所伤,此外,还可透过斜孔向外观察敌情。

4.苣（E·P·S4:047、048）

二件,为长 82 厘米、径 8 厘米的芨芨草把,中间横插 2~3 根短木棍,其中一根燃烧过。

5.尺

二件。竹尺（E·j·T10:04）,长 23.6 厘米,边缘刻十等分,属昭、宣时期。木尺（E·j·T37:01）长 23.2 厘米,墨线界格,属西汉晚期。

6.木柱、斗（E·P·T48:020）

八角柱,残高 85 厘米,径 15.5 厘米。上端圆榫上插一栌斗,斗口弧形,约属于西汉中期,这是现存较早的木建筑斗拱构件。

7.棨信（E·j·T21:01）

为一件 21×16 厘米见方的红色织物,上方正中缀系,正面墨笔篆书"张掖都都尉棨信"六字。按张掖都尉,应指张掖郡都尉。棨,

《集韵》曰:"形如载,有幡书之,吏执为信",悬于一木制"载"上的特殊信物,以为出行之前导。前述第四燧的封检,可能就是悬荣用的,很像载形。这件荣信,文字简明,显然属于实用幡信用物,出巡时用以证明都尉身份的信凭,或者也可不悬于载而单独使用,实质上是一种威仪礼杖之类的东西。当然,它既是通行关梁的证件,又是高级官吏的一种标志,与居延、敦煌地区所出土的木符、木传、过所等,有明显的区别。

8.麻纸二种

纸1(E·j·T1:011)出土时揉成一团,经修复展平,最大一块长宽为 21×19 厘米,色泽白净,薄而匀称,一面平整,一面稍起毛糙,质地细密坚韧,含微量细麻线头,显微观察和化学鉴定,只含有大麻纤维,与纸同一处出土的木简最晚年代是宣帝甘露二年,似可作为判断该纸年代的重要依据。纸2(E·j·T30:03),长宽 11.5×9 厘米,色暗黄,状似粗草纸,含麻筋、线头和碎麻布块,质地较为稀松,其出土地层属于平帝建平以前。

9.木板画(E·P·T51:06)

长宽为 9×6.6 厘米。墨线勾出一只带翼的虎,线条富于变化,作于王莽时或建武初期。另一块画(E·j·T28:01)长宽为 25×20 厘米,出于下层,属昭、宣时期,画虽不精,显系成卒或下级吏员手笔,但作风古朴,体现了时代特征和风格。

由于这次居延发掘的正式《报告》至今还未出版,所以本节主要依据《居延汉代遗址的发掘和新出土的简册文物》简报略加修改写成,并采用了《简报》中的附图,特予说明。

第九节　1986 年对地湾的发掘

地湾,1930 年编号为 A33, 有鄣。蒙古语称此地 Ulan-durbeljin,意思为红城子。这里的鄣呈正方形,22.5×22.5 米,残高

8.4米,厚5米,郭墙为版筑,方向为正南正北。西墙上的穹顶门大约是后期所开,汉代时门也许是开在东墙上。东北角上有一个高为1米的小屋,其面积为3×2.5米,这可能是后期修建的。在北墙离地4米和东南墙角离地2米处,都有成排的木棍洞。郭外共有三道坞。第一道坞在郭西,东壁与郭西墙相接,面积为55×48米,壁残高约3米,基厚1.3米;坞内东北角,有一长方形房子,坞门朝南开;坞中心有两个小堆。第二道坞从郭东南角起,其结构与第一道坞相同。此坞沿郭东墙向正南伸展30余米又折而向正西,与第一道坞的南壁平行。在此坞内的郭南部分,1930年曾发现若干房子的基址。这些房子大致皆版筑,厚0.7米。郭东南角有一堆垃圾,第一道坞西北角上亦曾试掘过。在第一道坞北20米又有第三道坞壁,版筑,长约100米,厚2米,与郭及其他二坞平行。它的北壁与河成直角,在第一道坞西30米处有两小堆残土,这也许是西壁的残迹,这个遗址的范围应为100×100米。

1930年试掘的结果,除器物外,共出土汉简约2000枚。在过道西部和过道南屋各出土了许多简;在房子(4.5×3米)内出土地湾全部简2000枚的大部分和1件帛书(353·1),在另外一房内(9×3米)出土数简和帛书2件(A33:6·70·20,21),此外还出汉简15枚和写有大字的纸一张。又在17、18地点出简数枚,这些简的年号集中于公元前84年至公元24年,属昭帝至王莽、更始时期。同时出土的器物很多,有木器、竹器、苇草器、角器、料器、陶器、铁器、铜器、皮革和织物等。还发现残笔一枚。根据这里出土的函检与簿检,可以认为此处乃为肩水候官所在。

1986年由甘肃省文物考古研究所派专业人员对地湾进行了发掘。地湾遗址靠近河岸,部分遗迹已被水冲去,可以看到灰层顺流而下,远漂千余米之外。因这里地势低洼,地表潮湿,部分简牍已成灰末,无法收拾,加之近年来这里进行基本建设工程,遗址大部分为推土机压过,因而,这次发掘获得残断之简牍甚多,共获得汉简千余枚,绝大多数已残破不全,十分遗憾。

这次发掘计开探方 20 多个,除获得汉简外,还采到不少其他文物,详情可参见正式发掘报告。

注释:

①本节主要依据索莫斯特罗的《内蒙古额济纳河流域考古报告》《居延汉简甲乙编、烽燧亭障》以及《亚洲腹地》等编写而成,很多部分直接转述了《居延汉简甲乙编》有关汉代烽燧亭障遗址的内容,并采用了原图,谨表谢意。

第四章　简牍制度

第十节　简牍的源流

　　《晋书·束皙传》云:"(晋)初,太康二年,汲郡人不准盗发魏襄王墓,或言安厘王冢,得竹书数十车。"这是我国历史上第一次大批简牍出土的记载,世称"竹书"。据记载当时在嵩高山得简一枚,"时有人于嵩高山得竹简一枚,上两行科斗书,传以相示,莫有知者,司空张华以问皙,皙曰:此汉明帝显节陵中策文也。检验果然"①。这应该是第一次发现的"汉简",虽属东汉时期之物,但毕竟显示了汉代简牍的形制与特色。齐建元元年"襄阳有盗发古塚者,相传云是楚王塚,大获宝物玉屐、玉屏风、竹简书青丝篇……后人有得十余简,以示抚军王僧虔,僧虔云是古科斗书考工记,《周官》所阙文也"②。当文惠太子镇守雍州时,也曾盗发古塚③,疑亦有简牍之发现。南齐时之雍州,就是襄阳。南方楚地多出竹简,这不仅因南方盛竹,取材方便,易于加工,而且体小较轻,便于携带。

　　所谓"简"者,"间也,编之篇,篇有间也"④。王先谦曰:"间,谓间断也。"《汉书·艺文志》刘向以中古文校欧阳、大小夏侯三家经文,《酒诰》脱简一,《召诰》脱简二。率简二十五字者,脱亦二十五字;简二十二字者,脱亦二十二字。《左传》服虔注古文篆书一简八字,《正义》简之所容一行字耳。每简仅容字一行,故编之篇,篇有间也。苏舆曰:《御览》文部,三引作简,书编也。为言间也。

居延汉简的最早发现,当在唐代后期。据载:宋代崇宁初年和政和中在天都山亦发现有汉代简牍,同时在陕西关中地区也出土了汉代讨羌符:"近岁关右人发现,得古瓮,中有东汉时竹简甚多,往往散乱不可考,独永初二年讨羌符,文字尚完,皆章草书,书迹古雅可喜。"⑤这段记述见于黄伯思《东观余论》、赵彦卫《云梦漫钞》以及王应麟《困学纪闻》,他们都认为简发现于"宣和中",容肇祖在其《简书发现考》一文中认为应发现于政和时,政和与宣和虽只相差十年左右,但总有先后之别。容氏认为:按李纲所撰黄伯思墓志铭,黄卒于政和八年二月二十六日,在宣和之前,无疑当为政和。

直到近代,公元1900年左右,有瑞典人斯文赫定(Sven Hedin)在古楼兰遗址获汉晋木简120枚,不久英国人斯坦因(Aurel Stein)三次东来,在和阗、尼亚一带故址又获汉晋简牍40枚左右。此后二年,据《观堂集林·流沙坠简序》记述:"光绪戊申,英人斯坦因博士访古于我新疆、甘肃,得汉晋木简千余以归。"1913年斯坦因又得简牍219枚,多出土于敦煌、酒泉、楼兰一带。此后还有日本大谷探险队等陆续发掘简牍。

1930年瑞典人贝格曼(F.Bergman)参加前西北科学考察团时,在额济纳河流域获汉简万余枚,世称"居延旧简",与20世纪70年代所出居延汉简相区别。

简牍所用的材料,大体上分为竹、木两大类。"简"的用料,本来专指竹子,因有竹简木牍之别。但实际上不论竹、木均可称为简,所以《急就篇》师古注:"牍,木简也。"事实上,即使以玉、石质的原料,制成简形,书之以文,亦可称曰简。《旧唐书·礼仪志》云:"造玉册三枚,皆以金绳连编玉简为之,每简长一尺二寸,广寸二分,厚三分。"此虽唐制,但仍为汉简之沿袭无疑。《续汉书·祭祀志》曰:"尚书令俸玉牒检,皇帝以寸二分玺亲封之,讫,太常命人发坛上石,尚书令藏玉牒已。"汉用玉牒,唐用玉简。牒、简本无大异,汉时唯用途不同而已。竹简与木简之别,主要是取材之难易,如南方多竹,多用竹简,而北方树多,故木简较多。竹简保存不易,当发现时多置水中,脱水之法就成了一大难题;而北方所出土的木简,因出土地点多属少雨多风,日照时间较长,气候温度偏高的地区,因而,多保存完好,即使残断,木质仍多不朽,易于长期保存。如武威所出土的《仪礼》木简,虽然已发现 30 余年,至今保存完好如初。

木简用材以柳、杨树为多,经鉴定,敦煌汉简除毛白杨之外,还有红柳、垂柳(即水柳)、杆儿松、白松等。是否有枣木,还未能确定,但居延汉简中有一些简牍木质坚硬,如同新木。

对于简牍的分类,似不宜以质地区别,而应依其用途、形制划分为是。一般来说竹木质地的简是绝大多数,由简连编而成“册”,“册”亦可写为“策”。“符”有其专门用途,即仅限于用于与军事有关的人和事,且形制与简不同,或以“牍”形宽木为之,或上有三角形契口,用以合符,内书“齿百”字样,这不应是符的编数,而似为“合符”成字的证明。此外,还有巡迹之“梼”,上有穿孔以便悬挂,其种类多式多样,按需定形。规则的木板书文,称为牍,无定式,但一般要宽于简,写多行。还有札,即信函,封函的上面题字一般称为检,“检”也用于“标题”。凡用于“标题”的检还可称为签,但“签”不等于检。凡用长木、树段而呈三面或四面的书写文字用物,均称为觚。凡用小刀削下的木皮称为柿、柿;由于写错字或误写需要重新书写,削下原错书部分的亦称削衣。形如木橛,上画以图、像,其用途可能是钉帐篷或支系用物,这种器物称为“杙”或者“橛”。一般简材通称为“朴”。至于札、牒、檄、椠,可略如后述。

《汉书·朱博传》曰:“三尺律令。”《汉书·杜周传》云:“不循三尺法。”孟康注:“以三尺竹简书法律也。”而《盐铁论》之诏圣篇却说:“二尺四寸之律。”这一相互矛盾的看法,王国维予以统一,谓所说“三尺”乃指周尺,“二尺四寸”实指汉尺,就是说汉代记载律文的简长为二尺四寸,折合周尺为三尺,因有“三尺法”“三尺律令”之说。但事实上正如下文之叙述,汉代用简记事、录文、奏报,只有简式之不同,而无长短严格之规定。例如居延汉简(甲编 2551)之"诏令目录",其长度恰为汉制三尺,超过"经书长度",此为后王之诏令超过先王经书之"妄举",实属大逆不道,在当时是大是大非的原则问题。作为封建社会之帝王,乃至宫廷大臣,不可能不知,为何明知故犯,只有一个解释,那就是在当时并无严格的明确规定。再如河南信阳长台关之战国墓北室中出土之竹简,共计 29 枚,其中 7 枚长68.6 厘米,相当于汉制三尺,另一枚长 58.8 厘米,相当于汉尺之2.56 尺。总之,到目前为止,出土的正规简牍,其长度还没有超过三尺的,这可能是因为"椠"长只有三尺之故,所谓"椠","断木为椠,析之为板,力加刮削,乃成奏牍"⑥。"椠,板之长三尺者也。"⑦如果认为汉代用简并无定制,那当然不是,如"二尺四寸,圣人文语"⑧、"编二尺四寸简,写尧典一篇"⑨等,我们这里要讲清楚的是,当时一无严格规定,二未认真执行,三是民间多从习惯。

　　长期以来,不少史家不知简牍"笔""削"竟指何物,因而,误会迭出,困扰着唐代以来的先辈史家,贾公彦以为:"古者未有纸笔,则以削刻字"⑩,认为字是用削刻上去的。宋代王应麟说:"古未有笔,以书刀刻字于方策,谓之削。"⑪直到清代王煦还误认为"古人以笔点漆而书,误则以刀削去之,非谓笔即削也"⑫,不仅否认"误则以刀削去之"的正确看法,而且错误地认为"笔即削",将笔、削混为一谈。更为误解的是吾邱衍,他认为"上古无笔墨,以竹挺点漆书竹上"⑬。更有意思的是以汉学家闻名于世的沙畹,他认为"秦以前笔以竹为之,用以书竹简木板",又说"至蒙恬乃用兽毛耳","以为帛书似始于秦始皇时"。经考古发掘证实,我国以毛为笔起源很早,距今已有七千年左右的早期彩陶,即是用笔彩绘的,笔杆用竹木制成,尖端缚以毛或麻,用以描画,这应是最原始的笔,绘画颜料中黑色的是二氧化锰(MnO_2),红色的是三氧化二铁(Fe_2O_3),另外还用钴化物、铜等,绘出各种鲜艳夺目的绚丽色彩图案。汉代不仅已有如现在的毛笔,而且已有墨,其制作的工艺水平,都有了很高的造诣。

第十一节　简牍的形制与分类

一、基础资料分析

自 1930 年居延汉简问世以来,国内外一些学者对其文书分类与形制作了不少研究工作, 取得了一定的成绩, 这无疑对简牍制度、时代判定、内容分析、史料应用等方面都起到了积极作用,应当充分肯定。居延汉简的分类, 始于劳榦先生 1943 年 6 月在四川省南溪以石印本出版的《居延汉简考释·释文之部》一书。劳氏的分类方法基本上沿袭了王国维《流沙坠简》中以文籍内容归类的方法。1960 年,劳氏在台湾据简文影片对《居延汉简考释·释文之部》一书进行了较大的修订, 这次修订本的出版表明了他多年来的研究心得,重分简牍为 7 大类,计 66 项,为便于与原来简牍分类进行比较,以察其研究趋势,兹不赘列述,录新分类条目如次:

甲、简牍之制:封检形式、检署、露布、版书、符券、契据、编简之制;

乙、公文形式与一般制度:诏书、玺印、小官印、刚卯、赀算、殿最、别火官、养老、抚恤、捕亡、刺史、都史、司马、大司空属、地方属佐、文史与武吏、期会、都亭部、传舍、车马、行程;

丙、有关史事文件举例:汉武诏书、五路堂、王莽诏书用月令文、西域、羌人;

丁、有关四郡问题:四郡建置、禄福县、武威县、居延城、居延地望;

戊、边塞制度:边郡制度、烽燧、亭鄣、坞堡、邸阁、兵器、屯田、将屯、农都尉、罪人徙边、内郡人与戍卒、边塞吏卒之家属、雇佣与"客";

己、边郡生活:粮食各类、牛犁、服御器、酒与酒价、塞上衣著、缣帛、襜褕、社、古代计时之法、五夜;

庚、书牍与文字：书牍、"七"字的繁写、苍颉篇与急救篇，计包括释文简 10156 枚。

显然修订本与南溪本相比较，条目分类有明显差异，如对简牍之制、公文形式等给予一定的重视。然而，就总体而论，仍然是以内容为分类的主要标准，也就是说还没有脱离王国维简牍分类体系。国外对居延汉简分类的研究起步较晚，如日本约始于 1951 年以后，自 1958 年才正式进入专题研究，森鹿三、大庭脩、永田英正等，都先后提出了自己的分类方法和见解，如永田英正在罗维（Michael Loewe）分类法的基础上提出了定期文书和不定期文书的简牍文书分类法，这种方法具有一定的代表性，它反映了当代国际学术界对居延汉简分类的新观点。

居延新简的大量出土，为我们进行简牍的科学分类奠定了更为坚实的基础，为文书的形制研究提供了更多的珍贵标本，使我们有可能运用现代考古学理论，对大量资料进行对比、归纳、规律化工作，从而引导出一种较为全面、合理而科学的分类法。简牍学或有人称为古文书学，无论其采用何种简牍分类形式，说到底它是一定历史阶段的史实纪录，是当时社会历史的真实写照。因而，如将简牍学研究与其所载述的内容完全割裂开来，这既不利于在了解内容的基础上加深对简牍形制的研究，也不利于在掌握简牍制度形式的前提下促进对内容的进一步分析，所以，孤立的、分离的研究方法似不宜采取。简牍文书分类，既要依据其出土地点、形制和书式，也要分析考辨其内容、题楬，进行综合比较、研究，才有可能在多因素的全面考虑下，优选出合理的、科学的分类法。

基于对简牍的出土地点、书式形制、内容的综合比较和主次关系，我们将简牍文书分为四类，即中央文书、地方文书、律令与规章制度、经史子集。这样分类，主要是根据以下几点认识：

第一，破城子汉代遗址，是甲渠侯的官邸所在地，由于"侯"在边塞防御系统中的地位，有可能保留下较多的文书档案，如 F22 的甲渠侯官文书档案室,就发现简牍近 900 枚,完整的或基本完整的简册 40 多部,在其郭、坞部分(T1–44、48、49、61、65、68)出土简3434 枚,坞东灰堆(T50–59)出土简 3222 枚,加上试掘时出土的木简,共获简 7923 枚,几乎占这次居延发掘所获全部简牍的半数。通过对破城子所出大量简牍的综合分析,我们了解到甲渠侯官遗址的兴衰变化。侯官约创建于武帝末年,昭、宣时期大规模修郭筑塞,使用了大量劳动力,"用徒积四万四千"(E·P·T56:185),屯戍活动之兴盛不言而喻,那时可能已形成了现存遗址的规模。新莽末年动乱及边、郭的焚毁约在此时,后因地制宜,改设为供瞭望、燃烽的处所,一直延续到东汉建武八年末,此后虽还有零星屯戍活动,如东汉章、和时期,但已是激浪余波。

破城子作为侯官治所长达百余年,发现的大量文书档案反映了"侯"在不同时期与上下级、同级之间的文书往还,上级文书是指郡守府、都尉府下达的文书以及由其转发的中央文书,下级则指塞尉、侯长、燧长等,对侯官本身而言,除日常使用的簿籍外,就是侯官间往来的同级文书了,当然其中还包括一些其他文书。经对破城子所出全部籍牍以出土地点排队、分析,可划为三大类,即中央文书、地方文书和日用簿籍。日常使用的各簿籍实质上也属地方文书之一种,可予合并,故略分为两大类。

第二,王国维《简牍检署考》分简牍为名称、长度、形式、行数、字数、书写用具、编缀方法、书写书体等项目,详加考述,成一家之说,多为时人引证,有很大影响。然而,正如王国维所说,只是由于罗振玉的关系,才看到了敦煌地区所出的部分简牍释文,因未看到简牍原件,所见照片有限,这就从客观条件上限制了他对简牍形制的深入研究。《简牍检署考》的研究,基本上仍是以史书文献记载为据,这就给研究工作带来不少疑问和矛盾,一些模棱两可的观点渗透于字里行间,自然为其辛勤的研究成果蒙上了一层模糊不清的不透明色。

第三,我国自战国时代进入封建社会以来,封建地主所有制虽与国有土地、自耕农土地所有制并存,但地主所有制始终占着主导地位。与欧洲封建领主制不同的是,它不仅没有世袭领地,也没有世袭的劳动者农奴,当然也没有行使行政权、司法权、军权的机构,更没有固定的高贵等级身份。地主土地所有制下的土地,可以自由买卖,或者说可以兼并,因此,土地所有权的转换频繁,难以与政治权力集团紧密地结合起来,于是采取了租佃制的剥削形式。封建地主阶级鉴于自身经济控制力的软弱与政治权力的分散,为了有效地剥削农民,镇压反抗和起义,就需要一个凌驾于社会之上,代表地主阶级利益的权力中心,应运而生的权力中心就是专制主义的中央集权制度。秦汉时期,为适应大一统封建帝国统治的需要,扩大、健全了国家行政机构,这套庞大的行政机构分中央和地方两级,正是这两级机构,不断地发出和制定了各类文书、档案、指示、规定,从而推动着封建帝国向前运转。

破城子和第四燧(含次东燧)共发现简牍8358枚,其中破城子为7923枚,第四燧为262枚,次东燧为173枚。三处所出完整的简计为1586枚,占总简数的13.26%。属中央文书者63枚,为总数的0.53%,其余则是地方文书、簿籍、律令、科技文献等。

简牍的长度与形制,在一定程度上反映了所书文书的性质、等级、内容的重要性及其用途等。《盐铁论·诏圣》:"二尺四寸之律,古今一也。"《汉书·杜周传》:"客有谓周曰:君为天下决平,不循三尺之法,专以人主意指为狱,狱者固如是乎?周曰:三尺安出哉?"三尺律令是指法律文书。经书为时人所崇敬,亦多用二尺四寸简,《论衡·量知》:"截竹为简,破以为牒,加笔墨之迹,乃成文字,大者为经,小者为传记。"《谢短篇》云:"二尺四寸,圣人文语,朝夕讲习。"《郑注论语序》引《钩命决》曰:"《诗》《书》《礼》《易》《乐》《春秋》,皆长尺二寸"(误,按《通典》五四,许敬宗等奏案:《孝经·钩命决》云,六经尺长二尺四寸,《孝经》尺长一尺二寸)。这里尺二寸应为二尺四寸。《后汉书·周磐传》:"编二尺四寸简,写《尧典》一篇,以置棺前。"赐封仪礼,国之大典,用策。《尚书·书序》疏引曰:"二尺四寸为策。"《后汉书·曹褒传》:"(褒)撰次天子至庶人冠婚吉凶终始制度五十篇,写以二尺四寸简。"诸子书用一尺简,《论衡·书解》:"秦虽无道,不燔诸子,诸子尺书,文篇具在可观。"但《论语》用八寸简,王充对此加以解释:"说《论》者皆知说文解语而已,不知《论语》本几何篇,但周以八寸为尺,不知《论语》所独一尺之意。夫《论语》者,弟子共纪孔子之言行,敕记之时甚多,数十百篇,以八寸为尺,纪之约省,怀持之便也。以其遗非经,传文纪识恐忘,故以但八寸尺,不二尺四寸也。"(《语衡·正说》)

现将破城子、第四燧、次东燧出土的全部完整简牍列表于解,注明其长度、形制、出土探方、时间、性质及其主要内容,以便进一步考察两汉时期,特别是武帝至建武初期这一历史阶段简册制度之演变,从对实物例证的排列对比中,揭示出秦汉时期简册制度发展的规律,期望对我国古代简册制度研究提供可靠的科学资料和数据。

长度 (厘米)	数量 (枚)	探 方	时 代	性质与主要内容
3.8	1	T51	元康至绥和	签。
4.5	1	T57	地节至天凤	签。
4.8	2	T59	元康至建武	楬。
5.2	1	T48	永光至元和	守御器簿。
5.4	1	T51	元康至绥和吏	受府记簿。
6	2	T51　T56	元康至建武	刺史奏事簿。
6.2	1	T48	永光至元和	守御器簿。
6.5	3	T55　T56	元康至建武	封签。
6.6	1	T59	元康至建武	衣装橐签。
6.8	2	T50　T59	元康至建武	诸物出入簿;吏卒廪致籍。
6.9	1	T59	始建国	诸物出入簿。
7	3	T52　T65	神爵、永光	牛车出入簿;罢卒归部记。
7.1	1	T51	建始	吏除名籍。
7.2	2	T5　T51	元康至地皇	守御器簿。
7.3	2	T51　F22	元康至建武	戍卒名籍;四时簿。
7.5	6	T59　T52 T56　F22	元康至建武	徙补牒;器物簿; 签。
7.6	1	T59	元康至建武	戍卒衣装橐签。
7.7	3	T43　T50　F22	建昭至建世	廪粮吏卒刺;守御器簿。
7.8	3	T50　T53　T59	元康至建武	吏卒被兵簿;吏卒被兵名 籍;谷出入簿。

续表 1

长　度 （厘米）	数　量 （枚）	探　方	时　代	性质与主要内容
8	5	T48　T52 T53　T59	地节至始建国	守御器簿；邮签；贯卖衣物名籍；侯尉上书副。
8.2	2	T5　T52	神爵至地皇	侯长签；吏受奉簿。
8.3	2	T50　T56	元康至建武	燧卒名籍；传。
8.4	1	T50	建　始	吏除遣及调书。
8.5	3	T56　T59	神爵、天凤	卒不贯卖爱书签；吏四时名籍；四时算。
8.8	2	T50　T52	鸿嘉、阳朔	吏遣符算，大司农部掾条。
8.9	1	T50	建昭至绥和	札。
9	6	T26　T50 T56	建始、建武	计簿算；刺史书；诏书签；签；簿。
9.3	2	T5　F22	天　凤	戍卒完签。
9.5	4	T50 T56 F22	绥和、建武、地皇	卒责卷；签；府往来书卷题签；四时簿。
9.6	4	T51　T59 F22　S4　T2	元康至建武	衣物簿；衣囊签；吏卒格斗卷；签。
9.7	2	T51　T58	竟宁、甘露	吏妻子出入关致籍；奉籍。
9.8	2	T52　F25	天　凤	廪衣物簿；邮书驿马课。
9.9	1	T51	元康至绥和	缴钱簿。
10	5	T43　T48 T50　T52	元康至建武	邮签；行塞举；吏对会入官刺；奉钱簿；罢卒吏名籍。

长 度 (厘米)	数 量 (枚)	探 方	时 代	性质与主要内容
10.1	4	T6　T9　T51 F22	建昭、绥和、 地皇	四时簿;粮仓出入簿;签。
10.2	1	F22	建 武	告部檄记算卷。
10.4	1	T51	建 始	驿马茭调簿。
10.5	2	T52　F22	始建国	邮签。
10.6	2	T51	元康至绥和	车父名簿;库吏名籍。
10.7	3	T51　T59	建始、始建国	府下礼算书签;器物簿; 奏事簿签。
10.8	1	T59	元康至建武	札。
10.9	1	T51	元康至绥和	什器校卷名籍。
11	4	T52　T55　F22	神爵至始建国	邮书签;茭值簿;楬;假 弩簿。
11.4	3	T26　T51	元康至建武	诏书签;守御器簿。
11.5	4	T51　T52　T58	元康至始建国	衣橐签;守御器簿;驿马 籍;粮簿。
11.8	1	T49	鸿嘉至永元	守御器簿。
11.9	1	T51	元康至绥和	札。
12	5	T52　T56 T59　T57	元康至建武	戍卒禀衣物簿;邮签;御 史刺史条楬。
12.1	1	T56	元康至建武	札。
12.3	1	T51	元康至绥和	魏郡戍卒名籍。
12.5	4	T49　T51 S4 T1 S4 T2	元康至建武	签;札;燧长名籍。
12.8	1	T51	元康至绥和	验问文书。

续表 3

长 度 （厘米）	数 量 （枚）	探 方	时 代	性质与主要内容
13	3	T27 S4 T1 S4 T2	建昭至建世	建世文楬;衣物簿;小学。
13.2	1	T51	元康至绥和	名籍。
13.4	2	T40 T53	地节至元始	札;吏名籍。
13.5	2	T57 F22	地节至建世	都尉余谷便廪文书;签。
13.6	2	T57 F22	地节至建世	记奏;烽火橛。
13.7	5	T50 T56 T57 T59 T65	元康至建武	书奏;关致籍;囊物传;守御器簿;签。
13.8	1	T51	元康至绥和	邮签。
13.9	2	T40 F22	建始至建世	奏记;守御器簿。
14	2	T50 T52	神爵至始建国	吏民自言书楬;奉簿。
14.1	3	T50 T51 S4 T2	元康至绥和	橛;邮签;札。
14.3	6	T4 T40 T50 T51 T25 S4	元康至建武	签;札;栝箧楬;邮签;奉钱簿。
14.4	4	T1 T43 T51	元康至绥和	邮签;题签。
14.5	18	T27 T50 T51 T59 T52 T53 T54 T56	太初至建武	札;验问牒;邮签;受偿牒;物簿。符;廪粮名籍;签;定行;吏卒被兵留兵簿;衣赏物簿。
14.6	2	T56 T59	元康至建武	签;邮签。
14.7	4	T40 T43 T51 S4 T2	元康至绥和	书奏;年历;签;候长充题签。

长 度 （厘米）	数 量 （枚）	探 方	时 代	性质与主要内容
14.8	1	T51	元康至绥和	邮签。
14.9	3	T51	元康至绥和	邮签；题签。
15	15	T50 T51 T52 T56 T59 调 33	元康至建武	邮签；尉史签；器物簿； 卒贳卖名籍。
15.1	1	S4 T2 T50	建昭至绥和	邮签。
15.2	3	T26 T51 S4 T2	元康至绥和	邮签；候长题签。
15.3	4	T51 T59	元康至始建国	邮签；过所。
15.4	5	T50 T51 T56	元康至绥和	题签；在所名籍；邮签。
15.5	9	T50 T51 T56 T57 S4 T2	地节至建武	邮签；札；戍卒衣橐签；贳 卖文书；诣官檄；车父名 籍；燧卒签。
15.6	2	T51 T58	元康至绥和	邮签。
15.7	4	T51 T65 S4 T2	元康至建武	邮签；衣橐签；题签；札。
15.8	2	T44 T52	神爵至建武	邮签；遣书。
15.9	4	T51 T65 T59	元康至建武	致书；邮签。
16	15	T50 T52 T53 T56 T57 T59 T65 S4 T1 S4 T2	元康至建武	邮签；守御器簿；年历；谷 出入簿；题签；进记书；物 簿。
16.1	2	T51	元康至绥和	邮签。

续表 5

长　度 （厘米）	数　量 （枚）	探　方	时　代	性质与主要内容
16.2	1	T53	地节至元始	题签。
16.3	1	T58	地节至甘露	题签。
16.4	4	T4　T51　T53	地节至绥和	题签；邮签。
16.5	6	T20 T40　T51 T52　T56	地节至建武	题签；卒离戍举书；邮签。
16.7	1	T53	地节至元始	题签。
16.9	2	T51　T53	地节至元始	题签；邮签。
17	6	T53　T56 T59 S4　T2	地节至建武	题签；部签；传；邮签；侯长充题签。
17.1	4	T40 T56 F22 S4　T2	元康至建武	邮签；题签；钱簿。
17.2	1	T53	地节至元始	题签。
17.4	3	T51　T59 S4　T1	元康至绥和	邮签；帛籍。
17.5	1	T56	元康至建武	邮签。
17.6	1	T26	地皇至建武	符。
17.7	1	T65	甘露至永元	居延令题签。
17.9	1	S4　T2	建昭至河平	士吏治所签。
18	3	T57　F22	地节至建武	官书；题签；行塞劳救吏卒记。
18.2	3	T17　F22 S4　T2	建始至建武	邮签；更始二年正月纪年题签。
18.5	6	T51　T52 T53 T57　S4　T2	元康至建武	爰书；戍卒御器簿；戍卒名籍；廉吏荐书。
18.6	1	T56	元康至建武	《苍颉篇》。

长　度 （厘米）	数　量 （枚）	探　方	时　代	性质与主要内容
18.7	1	T50	建昭至绥和	居延都尉府题签。
18.8	4	T56　T58　T59	元康至建武	入粟簿；鄣卒廪粮簿。
19	3	T49　T52　F22	建始至建武	邮签；除遣书。
19.2	2	T53　T59	地节至建武	廪粮簿；邮签。
19.5	3	T56　T59 S4　T2	建昭至河平	病牒。
19.7	2	F22	建始至建武	案验劾状文书。
19.8	3	T51　T59　F22	元康至建武	器物簿；劾状。
20	3	T56　T59	地节至建武	邮签。
20.2	1	T50	建昭至绥和	入器簿。
20.4	2	T56　F22	元康至建武	劾状文书。
20.5	5	T51　T52 T59　F22	地节至建武	自言书；部卒名籍；奉簿。
20.7	1	T65	甘露至永元	劾状。
20.8	2	T51　T56	元康至建武	戍卒名籍；诏书。
20.9	1	T56	元康至建武	戍卒名籍。
21	11	T2　T50　T51 T52　T59　F22	地节至建武	爰书；验向文书；卒兵簿；九九乘法；罢卒还食名籍。
21.1	1	W	本始至建武	签。
21.2	4	T4　T59　F22	地节至建武	省卒廪籍；邮签；奉簿；遣书。
21.3	6	T5　T48　T59 T68　F22	元康至建武	卒名籍；直符行仓奏；奉簿；去署劾状；督烽橡行塞举。
21.5	6	T49　T50　T59 T65　F22	地节至建武	隧奏书；札；奉簿；卒定作簿；檄。

续表 7

长度 (厘米)	数量 (枚)	探　方	时　代	性质与主要内容
21.6	4	T6　T65　F22	甘露至建武	伐阅簿;符致籍;入关檄;不中程劾。
21.7	6	T59　T65　F16 F22　S4　T2	元康至建武	移间田文书;燧卒妻子居署;御器簿;烽火无状举;卒迹簿。
21.8	8	T2　T51　T59 T68　F22	地节至建武	输官卷墨牒;部茭出入簿;侯长奏;假居田舍;验伤书;矢簿;之官食讫书;完兵出入簿。
21.9	7	T51　T59 T68　F22	元康至建武	授燧长牒;奉禄簿;行库事文书;捕亡;验问;斥免书;诏书下移文书。
22	62	T3　T10　T31 T40　T43　T48 T50　T51　T52 T53　T56　T57 T59　T65　T68 F22	太始至建武	囚律;诣官受布;奉簿;廪名籍;辞状;不为卒状;器物簿;荐吏书;御器簿;免书;报书邮签;验问;卒日迹簿;廪粟簿;居署簿;府书;仓卒名籍;札;珍胡檄;劾状;檄;直符书;劾状;侯官斗食令史备盗贼为职;捕亡;诣狱;烽火檄;辞状官病视事书;官种簿;居延农;巡迹簿;受腊簿;录诏书;督烽掾奏。

长 度 （厘米）	数 量 （枚）	探 方	时 代	性质与主要内容
22.1	31	T4　T6　T20 T26　T27　T40 T43　T48　T51 T59　T68　F22 F25	地节至建武	题作母状；修治社稷牒；辞状；居延狱；劾状；廪粮簿；出谷簿；望随失亡状辞；毋状举；签；邮书牒；器物出入簿。
22.2	46	T6　T44　T51 T59　T65　T68 T57　F22　F25 W84　　调34	元康至建武	平等"；卒食不足名籍；自证；禄帛簿；侯望；尉史持卷诣府；律例；记烽火；年历；王博不得食推辟牒；入关檄留迟；验问；腊钱；食乏奏；记札；未得奉奏；廪粮名籍；奉泉簿；贳卖；盗臧书；日书；负粟簿；诣官簿；斥免书；律例；验问；举烽火；亡天田举；燧长除书；寇恩册；徙署校阅兵簿；修社稷；腊籍；天子劳边辞；病书；私去署；除遣书；盗兵簿；秋射；戍卒名籍。

长　度 （厘米）	数　量 （枚）	探　　方	时　　代	性质与主要内容
22.3	74	T4　T6　T7 T50　T51　T57 T65　T68　T56 F16　F22	元康至建武	劳案；病札；遣籍；验问；廪迹；奉职毋状；伐薪立强状；验问；盗兵验问劾状；烽火劾；候行书；格射；粮簿；邮签；捕亡檄；病不落；鸡祭酒；诣官簿；病养；题签；衣物簿；俸禄簿；劾府记；推辟当坐入关檄；渡水失符；弦矢出入簿；行警檄；借马坐臧；借腊；燧长并居；校兵簿；载大农芡、领职毋状；去署毋状；官调吏卒食；部吏毋上书言变事者。
22.4	75	T4　　T6　　T17 T27　T40　T48 T51　T50　T65 T68　T56　F16 F22　F25	地节至建武	出马食簿；矢鍭簿；俸禄簿；伐阅赀直累重官簿；札；名籍；率道毋状，诘责案；徙缺；哀怜全命；出泉籍；廪粮簿；弩弦簿；逐捕验问；居延狱；诣社稷；计簿钱牒；孝书；督烽奴；校兵物簿。

续表 10

长度 （厘米）	数量 （枚）	探　方			时　代	性质与主要内容
22.5	150	T2	T4	T6	太初至建武	部记；出粟簿；吏未到名籍；戍卒廪粮橛；遣官；行部；胡虏持弩箭去；书府；乏侯望；调官部；辞状；烽火橛；寇恩册爰书；四时牒；病书牒；修簿；令史谭奏；出粟簿；竹长；郭卒归取妇；受乐成侯国亭长；燧卒劳作簿；欲言变事奏；竟宁元年吏员簿；籴粮簿；赍卖名籍；吏奉簿；责钱；邮书课；燧卒劳作负算；吏缺除补牒；燧卒去署验问；俱开小仓；保卒取帛；平贾文书；未得粟；信札；妻女居署廪；兵弩簿；年历；马籍；交茭簿；休假劾状；居延狱；遣之官；秋射；府书；城旦舂；衣物簿；赎完遣为斗食；诏书；名籍；戍卒被兵名籍；毋状当诛；烽火橛；寇恩册；吏奉；矢弦籍；腊钱；斩虏购赏科别；督烽掾奏；验问爰书；应书；过所；责鼓；全兵簿；马籍。
		T10	T26	T27		
		T31	T40	T43		
		T48	T50	T51		
		T59	T65	T68		
		T52	T53	T56		
		T57	T58	F16		
		F22	F25	C2		
		S4	T2			

长　度 （厘米）	数　量 （枚）	探　方			时　代	性质与主要内容
22.6	82	T20	T27	T40	地节至建武	守御器簿；廪粮簿；戍卒劳作簿；善利剑簿；斥免；邮书；私去署之民间；除吏牒；府书；未得奉；诣官廪；诊病爰书；车人粟；部吏廪；系弦未备；俸禄；市买衣物名籍；劾状；居延狱；辞状；诏书；骑士名籍；天格；奉职毋状；札；寇恩册；出入簿；马籍登记簿。
		T48	T49	T50		
		T51	T59	T65		
		T68	T54	T56		
		T58	F16	F22		
		F25	C1			
22.7	93	T4	T5	T6	太初至建武	大小月朔；自占功劳墨将名籍；吏奉册；入关檄；督盗贼；斥免；验问；律文；折伤兵田出入迹；大司农奏；衣物簿；射伤弩名籍；卒作橐廪粮簿；弩簿；燧长名籍；赦令；贳袋；廪物；侯文书；铨袭簿；邮书印签；斥免谒言；絮价；府书；信札；俸禄簿；都尉入奉；日书；自起田作；戍卒食；历书；新占民；除补牒；卒被兵名籍；直符奏；功劳案；买牛；分工作垣簿；烽火檄；孤单卒乏食；将军哀贳袋；铸钱四时言；赦罪诏；将兵；劾缺养马；食谷牒；吏出俸钱。
		T10	T27	T40		
		T43	T48	T49		
		T50	T51	T59		
		T65	T68	T52		
		T53	T56	T57		
		F16	F22	F25		
		S4	T1	S4		
		T2				

长 度 (厘米)	数 量 (枚)	探 方			时 代	性质与主要内容
22.8	120	T2	T4	T6	太初至建武	田官、失会言解；为病卒封符；妻子居死爰书；秋射；邮签；都吏行塞举；马籍；奉不可得；庸卒；廪粮簿；粮价；名籍；债爰书；札；燧卒入梧；卒治坏亭；车籍；折弩；将军行塞举；责验问；驿马运荚；算书；用大黄布；燧长诣官；裨将军谓卒未得；鱼责；府记；遣补燧长；为母治；贾木；谢罪书；劾状；当食者案；出戍卒减积；自证爰书；廪钱物簿，射算；吏赐劳；守御器簿；戍田卒廪食；燧卒定作簿；施刑名籍；日迹簿；吏有瘳视事书；寇恩册；部吏四时禁；遣补牒；赦罪诏；烽火爰书；腊钱；阁卒；召不诣官；燧长贫寒罢休；吏名月言簿；辞状；逐捕；谷出入簿。
		T27	T40	T43		
		T48	T50	T51		
		T59	T65	T68		
		T52	T53	T56		
		T58	F61	F22		

续表 13

长度 （厘米）	数量 （枚）	探 方	时 代	性质与主要内容
22.9	54	T4　T40　T50 T51　T59　T65 T68　T56　F22 S4　T2	元康至建武	收粮簿；札；守御器簿；卒 廪粮簿；衣物簿；私归田 舍；辟兵以来；米糒簿；里 程简；廪粮簿；札；日迹 簿；觚；府书；寇恩册；毋 作钱发冢；四时禁（毋伐 树木）；莫府书；秋祠社 稷；诏休；矢鍭簿；候行塞 起居；器物簿。
23	162	T6　T8　T16 T17　T20　T40 T43　T48　T49 T50　T51　T59 T65　T52　T53 T56　T57　F22 W采1　C60 S4　T2	始元至建武	米糒少簿；吏奉赋名籍；诣 官；辞状；府记；辞状；验问 书；府告明烽火；斥免令； 毋作使秦胡；除书；书毋应 书；行警檄；廪帛簿；吏死 不验；燧长贫寒罢尉檄受 赐金银；吏日迹簿；侯长兵 器簿；城仓入谷；建除书饮 药；俸钱；责钱；除书；邮 书；鱼价；会计；钱支出簿； 负责奉赏；验问爰书；病未 视事；病札；吏奉簿；牛肉 价；脂价；《晏子》、诏赏不 报；戍卒物故衣名籍；诏 书；《年历》；主官掾记；卒 作簿；过书刺；私衣物橐； 都尉行塞；宿田舍；贳书； 奏请；戍卒病爰书；夫衣物

长 度 (厘米)	数 量 (枚)	探 方	时 代	性质与主要内容
				部吏作使秦胡卢水士民；毋屠马牛；四时禁：举白；人干饭簿计；吏除书；寇恩册；吏民毋铸钱；发冢；买卖衣物；诣官不迹；诣官验毋以解；自证爰书；府下诏遣补牒；诏书；府下吏奉书；廪粮簿；赦令；应书；举白；捕斩匈奴反羌购赏如旧制律令；真代守；人吏格斗；谷出入四时簿；制檄；买官畜吏名；斩羌不应法令；莫府书；未得奉；律。
23.1	29	T17　T40　T49 T51　T59　T65 T52　T53　T56 T58　F22　S4 T2	地节至建武	还自官兵物；宜农辟取肉名籍；当得奉衣；以粮抵责；剑价；燧卒名籍；燧长奉；燧卒廪粮名籍；骑士出谷牒书；入关檄；鼓一。
23.2	36	T6　T20　T40 T49　T50　T51 T59　T65　T52 T56　F16　F22 S4　T2	元康至建武	使育收责；府记主官毋状斥免；札；食寒吏；受致廪饭肉直钱；札；嫁娶毋过；诏书；祠祭；吏卒日迹簿；不宜其官；验问爰书；侯长诣官谒；卒子廪粮；驿卒受书；边吏署所；右农后长；毋邮书；札；书；以奉充袍袭钱；布直钱计；烽堠望；府书吏民毋伐树；定行邮书；除补牒；赐爵；擅移狱律。

长 度 （厘米）	数 量 （枚）	探 方	时 代	性质与主要内容
23.3	15	T6 T40 T49 T50 T51 T65 T56 T58 F22 S4 T2	元康至建武	府记米糒少；颇知律令文；负钱移籍当去；吏奉籍；札；燧卒兵器簿；吏不居亭；卒毋失期律；行道物故；府移檄重追；斩捕赏赐如诏。
23.4	12	T48 T49 T51 T59 T52 T56 F22 S4 T2	元康至建武	烽火檄（觚）；札；贳卖皁胯；衣物簿；坐发卒失期毋状；诏书；毋令细民贩铁器；除补燧长；邮书当行。
23.5	18	T2 T48 T49 T51 T59 T65 T52 T56 F22 S4 T2	元康至建武	罢卒簿；田一顷二十亩租二十四石；檄；责布二匹直千五百；毋犯四时禁者；卒廪名籍；吏卒射房用㝡矢；负茭钱以奉抵取臬；责钱札；候望札；部吏嫁娶毋过令；除补。
23.6	7	T51 T59 T52 T56	元康至建武	戍卒兵器簿；少衣物人名牒；责不得验问；责布一匹直七百五十；诏书；卖布。

长 度 （厘米）	数 量 （枚）	探 方	时 代	性质与主要内容
23.7	2	T20　T52	神爵至建武	邮书课；失火燔钱物牒。
23.8	3	T52　T56　T65	元康至建武	受左农左长宗入粟；年历谱。
24	4	T50　T52　T56	元康至建武	账籍；入粮籍。
24.1	1	F22	建始至建武	烽火。
24.2	4	T51　T58 T65　F22	元康至建武	贳卖；燧长廪粮簿；戍卒名籍；之官课言。
24.3	4	T26　T50 T58　T59	元康至建武	过所；余钱簿；仓丞。
24.7	1	T51	元康至绥和	俸簿。
25	2	T50　T51	元康至绥和	颇知律令文；觚。
25.1	1	T51	元康至绥和	侯奏书。
25.2	1	T51	元康至绥和	（六种符号）。
25.7	1	T51	元康至绥和	俸钱。
27	3	T50　T65　T57	地节至永元	燧长日迹符以夜半起行诣官（觚）；贳卖。
27.8	1	F22	建始至建武	年历。
31	2	T49	鸿嘉至永元	为吏卒载食；侯拘迫不得如意。
31.3	2	T49　F22	鸿嘉至建武	第六迹柿；举书（爰）。
32.1	1	T48	永光至元和	井符。
38	2	T49	鸿嘉至永元	第六日中柿。
38.5	17	F16	建　武	烽火品约册。
42	1	F16	建　武	烽火橛（觚）。
54.8	1	F22	建始至建武	入关橛（觚）。
57	1	F22	建始至建武	侯长敢告甲渠。
88.2	1	T57	地节至天凤	侯史坐不循行橛（觚）。

二、形制

居延简牍就其质地而言,大别之,可分为竹、木两类,唯竹质所占比例甚微,约为全部简札总数的 0.3%。居延地区出土的竹简,一般来说保存情况不好,不仅字迹多处漫漶不清,而且绝大部分为残简断牍,这可能与当地的自然条件、环境有关,如:干旱、大风、少雨、温差大、地处沙漠丘陵地带等。相反,木札保存的情况就较好,正因为这里特殊的自然条件、环境,反而有利于木札的保存。据1949 年敦煌出土木札的木材鉴定,有青杆(别名杆儿松、云杉一类)、毛白杨、水柳(别名垂柳)、柽柳(别名红柳)等,都是当地所产。

破城子、第四燧和次东燧所出土之简册,其中尺寸最长者是第22 号房屋遗址中的 152 号简。该简长 57 厘米,如以 23.3 厘米当一汉尺,则为汉尺二尺四寸略强,由于当时制简不可能十分规范,此应属二尺四寸简。文为"甲渠官▣建武五年四月十二日甲渠守侯长永敢言之燧长……立和受敢言之"。其内容既非"圣人文语",也不是"经典大册",而只是一般的官文书而已。其简牍中最短的是出土于探方 51 的 166 号简,长仅 3.8 厘米,系题签简。而在全部木简中所占比例最大的是属于汉制尺牍的简册,从长 22.5 厘米到 23.5 厘米这样一个范围内,共有简牍 781 枚,几乎占全部完整简牍的一半。

居延木简制作和"治书绳",是作为专业戍卒的一项日常任务而小批量加工的,这一点在燧卒日作簿中多有记载。此外,对于编简的麻缕也是如此,"▢其三缪付厩啬夫章,治马羁绊,一缪治书绳"(74·E·P·T57:44),由戍卒按月按定额完成。制作木札的木材原料,不论是戍卒自己砍伐的或是购买的,都要按质论价,付款取材。如:"出钱二百买木一,长八尺五寸,大四韦,以治罢卒籍。令史护买"(74·E·P·T52:277)。编简书绳同样得现钱交易,"出书绳百斤,泉九百三十,始建国天凤一年十一月庚▢"(74·E·P·T5:38)。木札、书绳制成后,多存于邸阁,如有需要,可登记领取,"两行部百,书绳部十丈,卒封阁材□"(74·E·P·T65:60),"□□燧长法业书绳十丈,传诣□"(74·E·P·T20:29)。邸阁所存枲絮领用、出入,均有明细簿籍,"始建国天凤一年六月以来,所受枲蒲及適絮诸物出入簿"(74·E·P·T59:229),详为记录在案。如一时难以完全满足所需用品,也要清楚述记问题是如何解决的:"谨有数材得二千八百二十,数屯少百八十,除丑恶五十,凡少二百三十。为致百橛,今致二十六,少桼十三,致检材五当橛十,凡少六十三,请令良以絮备教并"(74·E·P·F22:456)。若库存确已无物可付,或付数不足,也要记载得清清楚楚,"甲沟橛少七枚"(74·E·P·T59:342)以备后查或补足。

居延简牍,若按其本身书写名称区别,有絮、板(牒)、牒、检、橛、札、册、符、传、柿以及瓠等。制作的一般程序和方法,是先将原材剖为絮木片,然后解为札条,"力加刮削"。居延出土木札,因其时间、用途、内容的不同而形制略异。一般说,其上下两端锯齐后又略为磨平,如锯得不齐再用刀刮削,削痕清晰可见,木简两面,光滑平整,棱角分明,木简横剖面为正角长方形。所用木质较好,极少腐蛀,不见木结,虽经两千年左右,重量较轻,但木简仍坚,除残断者外,极少朽烂。正因为木简是分散到烽燧中让有专业特长的戍卒制作,所以,长短、宽窄、厚薄各异。如上表所列简长就十分清楚,板、橛、检有宽达 6.5 厘米者,其厚度,最大者达 0.4 厘米。而符最长者为 18.1 厘米,宽 4.6 厘米;最短者为 10.4 厘米,宽 2.8 厘米,齿的斜长为 1.8 厘米。木简表面未见有"特殊液体涂染手续"。但对错字的刮削修改痕迹,则十分明显,尤其从侧面观察,更为显著。

木札修整完毕之后,编联之前,还有一道手续。如"为吏三岁六月二十八日,五月戊午受遣,六月壬午积二十三日到府,故官"(74·E·P·T48:4),这枚简距顶端 7.2 厘米处之左侧,刻有极小的楔口,"燧长代樊志册二日,当得俸衣、数诣县自言讫不可得,记到正处言状,会月十五日,有"(74·E·P·T49:47),这枚简距顶端 6.5 厘米之右下侧,有一小楔口,这种极小的三角形楔口,仅刻于简的一侧,以固定编绳,使之不易脱落或上下移动。居延木简中刻有这种小楔口的简,多为尺牍,其为数也不算太多。另一类是用直径为 1~1.5 厘米的细木条,从顶端一劈为二,略加修整,正面剖光,磨平,于端尖 0.7~1.6 厘米处左右两侧刻以三角形楔口,拴以麻绳,结以活扣,便于悬挂。如"第六迹梼"、"第六日中迹梼"(73·E·P·T49∶24)、"第六迹梼"(73·E·P·T49∶21)还有一种是在顶端向下 1~3 厘米处中间穿一小孔,再拴上麻绳,便于悬挂,象"第六日中迹梼"(74·E·P·T49∶25)、"第六迹梼"(73·E·P·T49∶23) 皆是。"甲渠鄣皮督革鞪各一"(74·E·P·T48∶129)木牌,长 7 厘米、宽 7 厘米,近正方形,顶端两角成弧形,正中有一小孔,书写正面平整;沿检四周涂一黑圈,正中间有一黑色竖线,将"甲渠鄣"三字与"皮督革鞪各一"六字分为两行。再如封检:74·E·P·T48∶118 中间大字隶书:"甲渠官亭次急行",右边小字一行:"张掖甲渠塞尉",左边小字一行:"十月癸巳燧长高以来"。此封检从顶端向下 10 厘米处,突起长方形木梁一道,左右长与检同宽,高 0.6 厘米,宽 0.8 厘米,显然此木梁是为绑绳子免于滑动而精心制作的。再如封泥框,以 74·E·P·T48∶122 为例,牍宽 25 厘米,顶端残,封泥框宽 2.3 厘长,长 2.9 厘米,高 0.5 厘米,正中为凹状正方形,凹状左右两边各有三道等距离小槽。另一种,只一边有三道槽(74·E·P·T49∶67),为封泥结绳头处,制作得极为精致、规矩,牍下端正面仅残留"候官"二字,背面残留"者起居得"数字。还有一种粮仓中用的计量木牌,如 74·F·P·T49∶71,在木牌右边中间写有"八月十九日黄晦计得石四斗"一竖行小字,该木牌长 17.4 厘米,上宽 5.1 厘米,下宽 4.2 厘米,呈梯形;上端厚 1.7 厘米,下端厚 1.1 厘米,侧面亦为梯形,牌的顶端左右两角为弧形,距顶端 1.8 厘米处之中央,有一小孔,显然是拴绳子的,目的应是便于悬挂。

　　居延出土木简依其自书名称,约有下列数类:

1.牒

　　告乃问尊,对曰:乃四月庚子夜失火,延燔尊钱财衣物,各如牒证　(74·E·P·T52:207)

　　■右居延十六牒,直☑　(74·E·P·T51:678)

　　六人少衣物,别名,牒书一编敢言之　(74·E·P·T51:114)

　　建武五年五月乙亥朔壬午,甲渠守侯博谓第二燧长临,书到,听书牒署从事,如律令　(74·E·P·F22:247A)

　　居延所出土之牒书,从长14.5厘米(验问牒、受偿牒)起至长23.7厘米(失火燔钱物牒),可认为西汉时期的牒书其长度并无严格规定。

2.检

　　回甲渠侯官候回发回(该检上、中、下三处印匣)

(74·E·P·T51:440)

　　·甲渠侯官五凤二年五月戍卒物故衣名籍

(74·E·P·T59:12)

　　▨新始建国地皇上戊二年闰月尽十二月三时簿

(73·E·P·T6:35A·B)

　　居延出土之检, 最长者为38.5厘米(《·右塞上烽火品约》题检),最短者长3.8厘米(《▨六石具弩一完》守御器题检)。如将检加以详分,还可分为加封泥印钤者为检,不加封泥印钤而仅为器物文书标题的签,或可称为题签。由于检作为书署的特殊用途,因此其长宽尺度随文书的尺度而定,难有统一规范,这就是为什么同是检而尺度悬殊甚大的主要原因。

　　检,《说文》:"书署也,从木金声。"段注:"书署,谓表署书函也。"《广韵》曰:"书检者,印窠封题也,则通谓印封为检矣!"《说文通训定声》:"藏之而幖题之谓之检,今字作签。"汉代,不论文书标题或衣物标识,一律称检,似无检、签之分。《后汉书·公孙瓒传》:"袁绍矫刻金玉以为印玺,每有所下,辄皂囊施检。"李贤注:"检,如今言幖签。"这是唐人的说法。检,这种书署形式,似也有一个发展、演变的过程。《周礼》注:"玺节、印章、如今斗检封矣。"《后汉书·祭祀》:"尚书令俸玉牒检,皇帝以寸二分玺亲封之,讫,大常命人发坛上石,尚书令藏玉牒已,覆石覆讫,尚书令以五寸印封石检,事毕,皇帝再拜,群臣称万岁。"所谓玉牒检者,即玉牒之玉函。《封禅仪》曰:"以金为绳,以石为检,东方西方各三检。检中石泥及坛土,色赤白黑,各依如其方色。"章怀称:唐代俗称检为排,就是幖签。

3.板

　　北板橄张掖都尉章□▨　　(74·E·P·T51:285)

　　禹所假板十四枚,第十三燧所假板十五板·凡得板七十枚,谨遣第十一　(74·E·P·T57:51)

　　南书一封板橄一　第十二　一封居延都□　板橄一居延
□　(74·E·P·T52:169)

　　居延出土之板,除朴板外,多作合板橄,或称板橄。所谓合板,即上下两板相合,便于保密封检,在居延地区所发现的多是合板橄,这应属于重要的紧急文书。如:"北板合橄四十七合橄二章皆破,摩灭不可知,其一诣刺史赵掾□合橄一,张掖肩侯印,诣刺史赵掾在所。合橄一□"(74·E·P·T52:39)。似这种板合橄的简牍不少,兹不再赘录。板的长度多为汉代之尺牍,绝大多数长23厘米左右,最宽者为4.5厘米(74·E·D·T48:130),最厚者为0.5厘米。

　　板,《说文》作"版",片状木头。《广韵》:"版同板。"即木之析为片者。《管子·宙合》:"故退身不舍端,修业不息版。"《世说新语·方

127

正》："太极殿始成,王子敬时为谢公长史,谢送版使王书之。"再如《后汉书·杨震传》附《杨赐上疏》："宜绝慢惰之戏,念官人之重,割用板之恩,慎贯鱼之次。"都指板(版)是一种如简札的书写用品。一尺见方的板曰"方"。《仪礼·聘礼》："百名以上书于册,不及百名书于方。"板,或谓之牍。《说文》："牍,书版也。"《汉书·昌邑王传》："簪笔持牍趋谒,臣敞与坐语中庭,阅妻子奴婢。"师古注:"牍,木简也。"牍,作为邮书使用,如合板檄、合檄等占有一定的数量,这可能与《庄子·列御寇》所云:"小夫之知,不离苞苴竿牍,"不无关系,故以尺牍指函信是有其渊源的,也可证《通训定声》:"牍,长一尺,既书曰牍,未书曰椠。"居延所出土木板,多长23厘米左右,恰为汉代一尺,朱骏声之论断不误。

4.檄

　　史冯白,吞远侯长章,檄言:遣卒范诩、丁放、张况诣官,今皆到,奏发书檄

　　皆见　　(74·E·P·T59:36)

　　不到,解何,甚毋状,檄到趋遣忠□□☑　　(74·E·P·T52:22)

　　移檄书,居延守尉移檄移部亭吏,以迹逐捕,□卒王□□女□发唯官输□敢言之　　(74·E·P·T56:128)

居延破城子出土的檄,概言之,略可分为两类,一类是木简,一类用觚,均属檄书,木简檄最短为22厘米,最长者为23.3厘米。

　　三十井关守丞匡檄一封诣府,十一月乙未言:男子郭长入关檄,丁酉食时到府,留迟。　　(74·E·P·T22:139)

　　福、禹、赏、遂昌、炘、袁等,府移檄重追,乘燧戍卒泰

　　　　　　　　　　(74·E·P·T58:25)

可知檄用木札长度相近，似均属尺简范围。另一类以觚写檄文，如：侯史广德坐不循行檄（长 88.2 厘米）、入关檄长（54.8 厘米）、烽火檄（42 厘米）等。当然，也有用短觚者，如仅有 23.4 厘米的烽火檄（觚）。居延出土之檄，除觚之长短相差甚远外，凡木札檄书之长短差之很微，均约为汉制一尺上下。再则，就居延木札檄书的形式而言，可分为板檄、合檄与觚书檄文。重要的檄书，还有封泥印钤，为的是传递保密和引起重视。

5.札

　　札长尺二寸，当三编　　（74·E·P·T4:58）

　　两行百、札二百，绳十枚

　　建昭二年二月癸酉，尉史□付第廿三燧

　　　　　　　　　　　　　　（74·E·P·T59:154A、B）

　　☑□如牒书到，壹以广大札，明书与燧

　　　　　　　　　　　　　　（74·E·P·T59:132）

　　"札长尺二寸，当三编"，可以认为札的长度为尺二寸，应当三编；也可理解为尺二寸长的札，应当三编，那么，较尺二寸长或短的札也应有二编或四编。以上列简牍长度表可知，札以尺牍长度为大量，而在 28 厘米左右的就为数甚微了。

　　札，同简。《说文》："札，牒也。"段注："片部曰：牒，札也，二字互训。长大者曰椠，薄小者曰札、曰牒。"刘熙《释名》曰："札，栉也。编之如栉齿相比也。"毕沅曰："说文册象其札，一长一短，中有二编之形，故曰：编之如栉齿相比。"《汉书·司马相如传》："相如曰：请为天子游猎之赋，上令尚书给笔札。"师古注曰："札，木简之薄小者也。时未多用纸，故给札以书。"据段成式《酉阳杂俎·盗侠》所载，札，木片也。也就是未经书写的素简或素册。如此论不误，那么，牒与札还是小有区别的，可以说牒书用札，但札并不是全部用于牒书。《后汉书·范滂传》："滂对曰：臣之所举，自非叨秽奸暴，深为民害，岂以汙简札哉。"此举书显然不是牒。再如《论衡·自纪》："犹吾文未集于简札之上，藏于胸臆之中，犹玉隐珠匿也。"文集于简札，自与牒不同。至于《文选·古诗》所咏："客从远方来，遗我一笔札"，与牒相去就更远了。

6.椠

> 甲沟　椠少秦枚　　（74·E·P·T59：342）
>
> 尉史并白
>
> 教问木大小，贾谨问木大四韦。长三丈，韦七十，长二丈五尺，韦五十五。三韦木长三丈，枚百六十，橡木长三丈，救百，长二丈五尺，枚八十，毋楪椠。　　（74·E·P·T65：120）
>
> ▨始建国天凤一年六月以来，所受枭蒲及適椠诸物出入簿　　（74·E·P·T59：229）

椠、板、牍，易于混淆。《说文》段注："椠，牍朴也。然则，粗者为椠，精者为牍。"师古曰："（椠）形若今之木笏，但不挫其角耳。"粗，精之论，略难区分。段玉裁说："朴，素也，犹坏也；牍，书版也；椠，谓书板之素未书者也。"可以认为，牍，是专用于书籍的版，后引申为尺牍。板，已略如前述，但还另有一层意思。《周礼·小宰》注："版，户籍也。"宫正注曰："版，其人之名籍也。"然而，王充对椠、板、牍之区别，讲得较为清楚。《论衡·量知》："断木为椠，析之为板，力加刮削，乃成奏牍。"若以此标准加以区分，就比较容易鉴别了。椠有多长，据《释名·释书契》载："椠，板之长三尺者也。椠渐也，言其渐渐然长也。"椠，是否均为三尺，还可参阅另一记载。《西京杂记》："杨子云（雄）好事，常怀铅提椠，从诸计吏，访殊方绝域四方之语，以为裨补《輶轩》所载。"三尺之椠，长70厘米有余，常提游历，恐与常理难通。铅粉改错，始于西汉末，见《古文苑》杨雄答刘歆书。然而，当时流行的改错字手段仍以刀削为主，刀削改错，有其难以弥补的缺陷，使简面不平整，因之，在上流社会中，始有以铅粉改错的方法，到帛书时期，铅摘之法，就广为流传了。

7.简

苍颉作书，以教后嗣，幼子承昭，谨慎敬式，勉力风诵，昼夜勿置，苟务成史，计会辨治、超等轶群，出尤别异

(74·E·P·T50:1A)

初虽劳苦，卒必有意，愨愿忠信，微密佼立，言赏赏

(74·E·P·T50:1B)

张掖居延甲渠塞，有秩侯长，公乘淳于湖，中功二，劳一岁四月十三日，能书会计，治官民，颇知律令文，年卅六岁，长七尺五寸，觿得□□里，☑ (74·E·P·T50:14)

财物者，非上书及计事者耶，何为不 (74·E·P·T52:87)

上录四条简文均书于竹简，破城子、第四燧和次东燧共出土竹简 14 枚，除上录《苍颉篇》一简完整外，余皆残断。《苍颉篇》长 23 厘米，宽 1.1 厘米，略为汉之尺简。

简，《说文》段注："按简，竹为之；牍，木为之；牒札其通语也。《释器》曰：简谓之毕。《学记》云：呻其占毕是也。等者齐简也，编者次简也。"按简字本义，从竹，以竹为之；札，从木，以木为之，各有不同。这也正如杜预《春秋序》吕向注云："大竹曰策，小竹为简，木板为牒。"然而，在社会实际应用中，这种严格的区别并不明显，这也正是段玉裁所讲的"牒札其通语也"的意思。刘熙《释名》对简另有解释，认为"简，间也，编之篇，篇有间也"。王先慎同意此说："简，间也。间为间断也。"

《苍颉篇》这枚完整竹简，共容字 40 个，大大超过一般尺简仅容字二十有余的字数，且书写规整，字迹秀逸，堪称简书之佳作。武

威出土的《仪礼》简,甲本平均长度在 55.5~56 厘米之间,"其中大多数以六十字为常例",乙本略短,长约 50.5 厘米,因字形较小,故每简容字在 100 零几字,甲、乙本均可称为二尺四寸简。而《苍颉篇》仅长 23 厘米,其容字数量超过常简。《汉书·艺文志》:"刘向以中古文校欧阳、大小夏侯三家经文,《酒诰》脱简一,《召诰》脱简二,率简二十五字者,脱亦二十五字,简二十二字者,脱亦二十二字,文字异者七百有余,脱字数十。"《左传》服虔注:"古文篆书一简八字。"《仪礼·聘礼》疏引:"郑注《尚书》三十字一简之文。"《穆天子传序》记述:汲冢竹书"一简四十字"。这些战国时期或汉代初年的简书所容字数,与《苍颉篇》之字数也有差异,略可看出每简容字由少到多的演变过程。

8.两行

　　　　两行部百,书绳部十丈,卒封阁财☑　　(74·E·P·T65:60)
　　　　告上遣卒武,取两行,来毋留　　(74·E·P·T51·337)

"两行"一词见于简牍自书,而为其他历史文献绝少记载,可能是当时人们对板、牍的一种俗称。居延出土的"两行",其长度为 22.2~23.2 厘米,宽度则 2.5 厘米左右。当然,这不排除个别较长或较宽者的特殊情况。所谓"两行",即指其板牍较宽,可书写两行字,实际上是较宽的板。即说是板,自然是未经书写者。

经对出土的已书写过的"两行"进行排列、比较、统计,大体可以看出以下三点情况:

第一,"两行"就其书写内容而论,绝大部分用于书写官文书。而私责、信函、一般簿籍、个人私事等很少使用"两行"。

第二,"两行"板面虽然稍宽,但如一册数枚,也用编绳。如《建武三年侯粟君所责寇恩事》册,多达 36 板,用二编。所以陈梦家先生在《武威汉简》中所说的"凡编简为册的,因编册可以成卷,所以简必狭长,只能容一行,唯历谱为例外",实际上并不尽然。

第三,书写虽用"两行",但事实上所书写并不限于两行,有写三行者,甚至写四行。如 74·E·P·T48、14·74·E·P·T49:62、74·E·P·T48:18 等各板皆是。

9.觚

破城子共出土木觚 36 枚,其内容涉及诣官封符、遣补令史、俸遣诣官、疑有房人、烽火传报、迹符出入、买车钱少、侯官行走、吏卒食簿、病悲哭死、坐不循行、转射皆完、往来信札以及烽火不如品诣官验问等。

发现最长的觚为 88.2 厘米,此觚即《侯史广德坐不循行部檄》,全部檄文分写于觚的两面,字迹清晰,文意完整。此外较长者如《都田啬夫丁宫入官檄留迟》(74·E·P·F22:151)长 54.8 厘米。

木觚,本作柧,《说文》:"柧,棱也。从木瓜声。又柧棱。殿堂上最高之处也。"《玉篇》:"柧,棱木也。"段玉裁曰:"柧与棱二字互训,受以积竹八觚,觚当作柧,觚行而柧废矣!"《史记·酷吏传》:"汉兴,破觚而为圜。"应劭曰:"觚八棱,有隅者"。《通俗文》曰:"木四方为棱,八棱为柧。按通俗文析言之,若浑言之,则急就奇觚,谓四方版也。"又殿堂上转角处之瓦脊也。即最高处用棱木,亦称觚。《文选·西都赋》:"设壁门之凤阙,上觚棱而栖金爵。"《后汉书·班固传》则改正为柧棱,李贤注引同意是说。

10.册

居延地区新出土之册,完整而保持原貌者首推《劳边使者过境中费》册,该册出土于金关遗址第 21 探方内,全册计简 9 枚,保留有原册编绳二道,简长 22.9 厘米,宽 10.9 厘米。如《建武三年居延都尉吏俸》册,全册木简 10 枚,完整无损,清晰可见留有编痕两道,简长 23 厘米,其中除两枚"两行"宽为 2.6 厘米外,其余 8 枚均为 1.3 厘米;《相宝剑刀》册,出土于破城子遗址第 40 探方,全册 6 简,长 22.6 厘米,宽 1.2 厘米,木质,每简书一行,原简三编,痕迹清晰可见;《塞上烽火品约》册,出土于破城子遗址第 16 号房内,计木简 17 枚,三编成册,保存完整,字迹清楚。简长 38.5 厘米,宽 1.5 厘米,单行书写,上段有黑点为段,段落清晰、合理以及《建武三年侯粟君所责寇恩事》册等 50 多个完整的或基本完整的册子。

　　册,同策、筴。《仪礼·士冠礼》:"筮人执筴抽上韇,兼执之,进受命于主人。"卜筮所揲之蓍为策,所以《礼记·曲礼上》也说:"龟为卜,筴为筮。"筴即策。因之,或计策可书为计,《史记·留侯世家》:"留侯善画计。"再如《国语·鲁语上》:"季子(展禽)之言,不可不法也,使书以为三。"《独断》曰:"策,简也。其制:长者一尺,短者半之,其次一长一短,两编下附。札,牒也,亦曰简。编,次简也。次简者,竹简长短相间排比之,以绳横联之,上下各一道。一简容字无多,故必比次编之,乃容多字。"《礼记》郑注:"册字五直,象一长一短,象意而已,其简之若干未可臆定也。"《孝经·钩命决》云:"易、诗、书、礼、乐、春秋策皆长二尺四寸,孝经谦半之,一尺二寸。论语策八寸,尺二寸者三分居二,又谦焉,此古制也。"此论与《仪礼·聘礼》《左传·序》正义所言略有不同。郑注《尚书》谓:一简三十字;服注《左传》曰:古文篆书一简八字。各家所云字数相差较大,册书各简容字亦然。

　　《尚书·金縢》载:"史乃册祝。"疏曰:"史乃为策书,执以祝之。"《文选》汉班叔皮《王命论》:"全宗祀于无穷,垂册书于春秋。"张晏曰:"册书,史记也。"《书·顾命》:"太史秉书,由宾阶隮,御王册命。"孔颖达疏引郑玄注:"太史东面,于殡西南而读策书,以命王嗣位之事。"策命,并不限于"命王嗣位"。《周礼·春官·内史》:"凡命诸侯及孤卿大夫,则策命之。"这是册书的两种职能。

　　西汉时期始将策书列为天子定制,以补前制、诏之不足。据《汉制度》所载,这时天子独揽大权,文书繁多,因而,明确规定天子之言,以四书布告。《后汉书·光武帝纪》注引:"帝之下书有四:一曰策书,二曰制书,三曰诏书,四曰诫敕。策书者,编简也,其制长二尺,短者半之,篆书,起年月日,称皇帝,以命诸侯王。三公以罪免亦赐策,而以隶书,用尺一木,两行,唯此为异也。"

11.符

甲渠八月廿六日庚午,遣燧长斡况,徒☐覆众迹,虏到,故
侯官知虏,所出符,符左留官 (74·E·P·T26:6)

☐月六日乙卯,封符,载吏卒七月食☐ (74·E·P·T27:63)

鉼庭,月廿三日,燧长日迹符,以半夜起行诣官 回
(74·E·P·T65:159)

始建二年十月乙卯朔丙子,令史弘敢言之,廼乙亥夜直
符,仓库户封皆完,毋盗贼发者,敢言之 (74·E·P·T52:100)

辝:今月四日食时受府符,诣侯官,行到遮虏,河水盛,浴
渡,失亡符水中,案隆丙寅受符,丁卯到官,敢言之
(74·E·P·F22:171-172)

居延新出土的符,除以觚书写的"燧长日迹符,以夜半起行诣
官"长27厘米外,较长者则为22.8厘米的"为病卒封符"、22.7厘米
的"直符"等,最短者为14.5厘米的符。

符,《说文》:"信也。" 汉代的木质符可能是周代牙璋的发展,
《周礼·春官·典瑞》:"牙璋以起军旅,以治兵守。"郑司农注:"牙璋
琢以为牙。牙齿,兵象。故以牙璋发兵,若今时以铜虎符发兵。"牙
璋与圭璋略有不同,"圭璋"亦称"珍圭","珍圭以征守",杜子春曰:
"珍当为镇,书亦或为镇,以征守者,以征召守国诸侯,若今时征郡
守以竹使符也。镇者,国之镇,诸侯亦一国之镇,故以镇圭征之也。"
以往发现的秦兵符有新郪、阳陵、杜符等,均为错金书4行,左右各
12字,共计24字,文曰:"甲兵之符,右才(在)王,左才(在)新郪";
阳陵符则为:"右在皇帝,左在阳陵"。

《汉书·汲黯传》臣瓒注:"无符传出入为阑也。"师古曰:"古者
或用棨,或用缯帛。棨者,刻木为合符也。"《汉书·终军传》张晏注:

"繻,符也。书帛裂而分之,若券契矣!"颜师古注引苏林说:"繻,帛边也。旧关出入皆以传,传烦,因裂繻头合以为符信也。"各注释家所说歧异。近人陈直《汉书新证》中也对符作了诠释。

符,许慎《说文》:"汉制以竹,长六寸,分而相合。"六寸之制与居延旧简所载:"金关为出入六寸符"(65·10)相符合。秦汉兵符都有编数,居延木质符亦有编数,唯编数有了惊人的发展,多达千数者,如"从第一至千"等。居延木符有无没有编数的呢?有,这种无编数的符仅限于发给与军事不甚相干的人、事或行动,似"隶军籍"者家属出入官符等。所谓符合从事,仍属"左上右下""左内右外"之制,"合符"多是哀帝以前遗物,此后渐少。

日迹符,这是烽燧卒吏巡察有无敌人混入的凭证。有的亦分左右,如"第廿三侯长迹符左""第廿三侯长迹符右"(74·E·P·T44:21–22),这是侯长巡部,或遣吏巡迹,需合符。主要巡视壕沟、天田迹。当时各烽燧都有自己的巡视地区和范围。两燧结合部以"桪"为界,所谓"桪",《说文》:"断木也。"也就是半截木桩,以此为巡迹的终点标志,如"第六日中迹桪"(74·E·P·T·49:24),即吏卒日中时巡察到烽界处,与临燧巡迹之吏卒会界上,还要刻券,以证明按时巡视到界。据敦煌酥油土所出汉简记载:"十二月戊戌朔,博望隧卒旦橄迹,西与青堆隧卒会界上刻券 ᒐ"(81·D38:38A)、"十二月戊戌朔,青堆隧卒旦橄迹,东与博望隧卒会界上刻券显明"(81·D38:3813)。负责巡迹的士卒,还要将巡迹情况记录在案,如"临木隧卒三人:卒陈卢癸未日迹尽壬辰,积十日,毋人马兰越,塞、天田出入迹;卒记□癸巳日迹尽壬寅,积十日,毋人马兰越,塞、天田出入迹;卒苏汉癸卯日迹尽壬子,积十日,毋人马兰越,塞、天田出入迹。"(74·E·P·T43:32)。以备后查。

直符,这种符多为仓库、邸阁值勤的凭证。如:"☑敢言之,乃丁巳直符一日一夜,谨行视钱财□"(74·E·P·T65:221)、"建平三年七月己酉朔甲戌,尉史宗敢言之,乃癸酉直符一日一夜,谨行视钱财、物臧,内户封皆完,毋盗贼发者,即日平旦付令史宗,敢言之"(74·E·P·T65:398)等皆是。"直"通"值",当也。这里是担当值勤之责任,此外,还有"府符""行警符""闭门出入符"以及"葆宫""出入符"等,都是证明持符人身份、事由的通行证。

12.传

　　乙卯卒十一人:其一人作卒养;一人徐严门稍;三人;五人涂;一人治传中　(74·E·P·T40:3)

　　·封传移过所毋前留　(74·E·P·T50:39)

　　羊韦五件　中舍囊一传完封

　　回直六百

　　交钱六百　内·不侵候长晏传　(74·E·P·T65:118)

　　居延所发现的传,以 74·E·P·T65:118 为例,长 13.7 厘米,底宽 4.3 厘米,上宽 4.6 厘米,呈梯形,上端中间有一孔,似为拴绳子的,可用以悬挂。

　　传,《说文》:"递也。传递者,乘传奔走之信使也。"《周礼·秋官·行夫》:"行夫掌邦国传遽之小事,媺恶而无礼者。"《左传·成公五年》:"晋侯以传召伯宗。"《战国策·魏策四》:"令鼻之入秦之传舍。"初,传递乘传以为信使,传有传舍,或称传驿、驿舍。传就成了信使的代名词。秦汉时,引申为凭证,即民用通行证。《汉书·文帝纪》十二年,"除关无用传"。《汉书·景帝纪》元年诏曰:"孝文皇帝临天下,通关梁,不异远方。"张晏注:"孝文十二年,除关不用传,令远近若一,四年复置诸关用传出入。"为什么四年复置诸关用传出入,应劭说:"文帝十二年除关无用传,至此复置传,以七国新反,备非常也。"传,首先是作为维护社会治安、巩固国家政权、整顿社会秩序的重要措施而实行的规定。

　　崔豹《古今注·问答释义》对传的形制作了描述:"凡传皆以木

为之,长五寸,书符信于上,又以一板封之,皆封以御史印章,所以为信也。"这应是官传的标准形制,居延出土的木传既无"御史印章",其大小略无定制。庶民如需出行,一般先申请于乡啬夫。《汉书·百官公卿表》:乡啬夫者,"职听讼,收赋税",证明申请人无讼狱,欠税事,然后再上报县令(长),待批准后,由掾、令史具传交申请人,各关津验传放行。

13.过所

建武三年十月乙亥,甲渠侯君移过所,遣城北燧长

(74·E·P·T26:1)

元始元年九月丙辰朔乙丑,甲渠守侯政移过所,遣万岁燧长王迁,为燧载墼门亭坞辟,市里毋苛留止,如律令。/掾☐

(74·E·P·T50:171)

过所回 新始建国地皇上戊二年十二月壬戌,甲沟守侯长魏☐移过所☐部卒☐ (74·E·P·T59:677)

以74·E·P·T59:677之过所为例,长15.3厘米,宽3厘米。《释名》:"过所,至关津以示之也。"《古今注》:"传,如今之过所也。"崔豹晋代人,可知过所在晋时已普遍使用,至唐不衰。《汉书·文帝纪》师古注亦云:"传,若今过所也。"《周礼·地官·司关》贾疏曰:"过所文书,当载人年几及物多少,至关至门,皆别写一通,入关家门家,乃案勘而过,其自内出者,义亦然。"这是对过所内容和使用方法的描述。居延出土的过所,有纪年可查者,最早为元帝永光元年,可知过所的出现晚于传,如果说传之使用始于春秋时期,而流行于战国、秦和汉初,那么,过所的出现和使用,应是西汉中期以后的事了,直到唐代仍使用而不衰。

14.柿

柿同梻,俗称削衣。凡简书有错误之处,则以刀削之,削下之薄

片虽有错别字，但亦有一定的研究和参考价值。居延出土削衣较多，形状长短各异。

削改错书简需用书刀。《释名》："书刀，给书简札有所刊削之刀也。"《考工记》："筑氏为削长尺博寸，合六而成规。"郑注："今之书刀。"贾疏："古者未有纸笔，则以削刻字，至汉虽有纸笔，仍有书刀，是古之遗法也。"王应麟《困学纪闻》卷四："古未有笔，以书刀刻字于方策，谓之削。"此即削刀，并非刻字刀。《史记·张丞相传》："周昌笑曰:尧年少刀笔吏耳。"正义云："古用简牍，书有错谬，以刀削之，故曰刀笔吏。"毕沅引《后汉书·刘盆子传》曰："其中一人出刀笔书谒欲贺，其余不知书者起请之。"李贤注："古者记事，书于简册，谬误者以刀削而除之，故曰刀笔。"《汉书·萧何传》赞曰："萧何、曹参皆起秦刀笔吏。"师古注曰："刀所以削书也，古者用简牒，故吏皆以刀笔自随也。"

15.书绳

　　☐燧长法业，书绳十丈，传谐☐　（74·E·P·T20:29）

　　书绳部十丈　（74·E·P·T65:60）

从前引简文可知，书绳系用枲蒲编成，枲蒲即枲麻，据简文:枲以"缪"为单位计算。《说文》："枲，麻也。"《尔雅·释草》称"枲麻"。《诗·采苹》正义引孙炎曰："麻一名枲。"崔实《四民月令》以牡麻为枲麻。居延发现的书绳加工较粗，呈土黄色，粗细略如今日的细麻绳，多为两股合成，至今仍有一定的拉力。书绳除用于编简成册之外，还用于一切需悬挂的简版之用，凡简版上端有小孔的就是拴绳子的地方，如"第六日中迹椿"及其他一些符牌等；绳子还用于封泥的封口，封泥口一般都有三道小槽，正是置绳头的地方。

三、分类

中国简牍制度的主要特点之一，就是书写内容与形制的相对统一,也就是严格的封建等级制度在文牍形式上的具体反映。秦统一之前,各类文书似无定制,及秦并天下,中央一级始规定,凡以皇帝名义下达之文书,"命为制,令为诏"(见《史记·秦始皇本纪》)。集解注引蔡邕曰:"制书,帝者制度之命也,其文曰制。诏,诏书,诏,告也。"正义引张守节曰:"制诏三代无文,秦始有之。"这是正确的。《汉书·高帝纪》注:如淳说:"诏,告也,自秦汉以下,唯天子独称之。"当时,据《汉书·高后纪》师古注:"天子之言,一曰制书,二曰诏书。制书者,谓为制度之命也。"此后,如《后汉书·光武帝纪》注:"帝之下书有四,一曰策书,二曰制书,三曰诏书,四曰诫敕。策书者,编简也,其制长二尺,短者半之,篆书,起年月日,称皇帝,以命诸侯王。三公以罪免亦赐策,而以隶书,用尺一木,两行,唯此为异也。制书者,帝者制度之命,其文曰制诏三公,皆玺封,尚书令印重封,露布州郡也。诏书者,诏,告也,其文曰告某官云云,如故事。诫敕者,谓敕刺史、太守,其文曰有诏敕某官。它皆仿此。"

1.中央文书

①诏书

　　　　大师特进褒心侯臣匡,大傅就心公臣晏。国师歆☐
　　　　大司马利苗男臣诉、司徒章心公臣寻、大司空☐
　　　　　　　　　　　　　　　　　　　　(74·E·P·T13:4)
　　　　正月辛丑,御史大夫定国行丞相事,下小府,中二☐承书从事,下当用者,如诏书,书到言　/属实、令史元☐
　　　　　　　　　　　　　　　　　　　　(74·E·P·T53:66A)
　　　　发吏卒僰命,给珠崖军屯,有罪及亡命者,赦除其罪,诏书一到言,所下　(74·E·P·T56:38)
　　　　甘露三年三月甲申朔癸巳,甲渠鄣候汉强敢言之,府下诏书曰:徒、髡钳、钛左　(74·E·P·T56:280)
　　　　七月癸亥,宗正丹、都司空、大司农,承书从事,下当用者。

以道次传别书相报,不报者重追之,书到言　(74·E·P·T50:48)

　　除天下必贡所当出半岁之直,以为牛酒之资,民不赘聚,吏不得容奸,便臣、秩郎、从官及中人各一等,其傣共养宿卫,常乐宫者又加一等,郎、从官、秩下大夫以上,得食卿录员
　　　　　　　　　　　　　　　　　　　　(74·E·P·F22:63A)

　　新出土的诏书最长者为 23.6 厘米,较短者为 21.9 厘米,以探方 56、F22 出土较多。

　　②制书

　　　　制曰:下丞相、御史、臣谨案:令曰,发卒戍田,县、侯国财令史、将二千石官、令、长吏并将至戍田所。罢卒还,诸将罢卒不与起居,免削爵☐　(74·E·P·T51:15)

　　　　☐其减罪一等,当安世以重罪完为城旦。制曰:以赎论。神☐　(74·E·P·T52:280A)

　　　　制诏御史:秋,收敛之时也,其令郡,诸侯☐地节三年八月辛卯下　(74·E·P·T53:70A)

　　　　制诏纳言:其令百辽,屡省所典,修厥职务,顺时气。始建国天凤三年十一月戊寅下　(74·E·P·T59:61)

　　　　制诏纳言:农事有不收藏,积聚牛马畜兽,有之者,取之不诛。始建国天凤三年十一月戊寅下　(74·E·P·T59:62-63)

　　　　长秋官吏员、丞相,请许臣收罢官印,上御史,见罔自诇,臣诛死以闻

　　　　制曰可　(74·E·P·T59:536)

　　在上列制书中,完整简牍或复原后较为完整者仅 3 简,最长者为 23.8 厘米,较短者为 23 厘米。最宽者为 2.3 厘米,书两行,也有宽仅 1.8 厘米者,也书两行,余皆为一行。探方 59 发现稍多,得制书

3件。

《流沙坠简·屯戍丛残·簿书类》第一、二号简载:"制诏酒泉太守,敦煌郡到戍卒二千人,发酒泉郡……""此简云制诏酒泉太守,则赐酒泉太守书也。"(见王国维《观堂集林》)。就该简内容而言,似非属"制度之命",而实是告白之意,但用制书形式。

汉代诏书较多,汉简中所反映的中央文书的比例也比较多。诏书因奏报部门不同,视其内容、下达范围、级别也各异。

2.地方文书

汉简中属地方各级文书者,种类繁多,或因时、因地、因事而异其名目,或因文事、武备、军需分有轻重缓急,采用不同形式,有些是临时性的公文,有些还要存档以备复查,研究这些地方性文书的形制与分类,不仅能为全面探讨汉代文档制度提供新的可靠依据,而且为我们从概括的角度深化考察当时地方的政治、经济、军事、文化生活方面的具体情况提供了参考数据,对于了解郡、县及其以下管理系统、文书程序、文档格式、类别及形制都有一定的作用。今试分述如下:

①府书

　　☐言之,府书曰:甲渠言第☐　　(74·E·P·T50:69)

　　太守府书:塞吏、武官吏皆为短衣,去足一尺,告尉谓第四守侯长忠等,如府书,方察不变更者。七月庚辰,掾曾、佐严封

　　　　　　　　　　　　　　　　　　(74·E·P·T51:79)

　　五月丙寅,居延都尉德、库守丞常乐兼行丞事,谓甲渠塞侯写移书到,如太守府书律令/掾定、守卒史俸亲

　　　　　　　　　　　　　　　　　　(74·E·P·T51:190)

出土的10余枚府书简,绝大部分残断,仅两枚完整者,一枚长22.5厘米、宽1.1厘米(T56:7);另一枚长22.9厘米、宽1厘米

（T56：363）。残断简中有宽达 2.6 厘米者，为三行书，而多数则为一行或两行。

②应书

·甲渠言府下赦令。　　诏书·谨案册应书

（74·E·P·T22：162）

会月廿八日，谨案无应书，敢言之　（74·E·P·F22：165）

更始二年七月癸酉朔己卯，甲渠鄣守侯护敢言之，府书☒被兵簿具对府·谨移应书一编，敢言之　（74·E·P·F22：455）

谨案部吏卒，毋应书，敢言之　（74·E·P·F22：583）

出土的应书简全发现于第 22 号房屋之内，按完整简计，最长者 23 厘米，短者 22.5 厘米，最宽者 1.9 厘米，窄者 1.2 厘米，书写有一行、两行之分。

③爰书

见于汉简之"爰书"，分"爰书自证""自证爰书""验问爰书""秋射爰书""病诊爰书""卒病死爰书""戍卒病＝死告爰书" 及其他爰书等，试举数例如下：

远爰书自证＝知者李丹、孙诩，皆知状，它如爰书

（74·E·P·F22：556）

·右病死爰书　（74·E·P·T59：638）

建始元年四月甲午朔乙未，临木侯长宪敢言之，爰书杂与侯史辅验问燧长忠等七人，先以从所主及它部官卒买☒

三日而不更言请，书律辨告，乃验问燧长忠、卒赏等，辞皆曰：名、郡、县、爵、里、年、姓、官除各如牒，忠等毋从所主卒及它☒　（74·E·P·T51：228）

出土各类爱书40余件,大部分有残缺,按完整简牍计,较长者为23厘米、宽2.1厘米,短者仅16.5厘米、宽1厘米。书写有一行、两行、三行、四行之别,以一行、两行较多。

爱书,是一种专用文书,传统的看法是用于记录囚犯供词的文书。实际上,可以这样认为:一切文字证明材料,凡为法律所认可其合法性,在一定条件下,都可以称为爱书。

④举书

　　　☑敢言之,官移府举书曰:谓☑敢言之　　(74·E·P·T5:170)
　　　万岁部四月都吏行塞举　　(74·E·P·T50:44)
　　　☑拘檄出入,不应法者举白　　(74·E·P·T51:649)
　　　河平元年九月戊戌朔丙辰,不侵守候长,士吏猛敢言之,将军行塞举,驷望燧长杜未央,所带剑刃崖,狗少一,未央贫急辍弱,毋以塞,举请　　(74·E·P·T59:3)
　　　☑史忠,都吏戴卿行塞举　　(74·E·P·T59:410)
　　　▨假千人陈级等行塞举吏卒名　　(74·E·P·T48:158)

居延新出土之举书简,约10枚,除两楬与一简完整外,余皆残断,揭长10厘米、宽2.5厘米,一枚完整简长22.8厘米、宽2.3厘米。书写有一行、两行之分,其书写格式因级别、内容不同而略异。

举书,即举白书,或简称曰"举"。言对某事或某人行为需查实报告。

⑤吏除、遣、授及调书

　　　敢言之,谨移吏缺如牒,唯府令间田除补,敢言之
　　　　　　　　　　　　　　　　　(74·E·P·T59:39)
　　　建始五年正月尽十二月,吏除遣及调书
　　　　　　　　　　　　　　　　　(74·E·P·T50:180A·B)

甲渠当曲燧长□里公乘张札年卌七,能,不宜其官,授为

殄北宿苏第六燧长,代徐延寿 (74·E·P·T51:63)

　　吏除、遣、授及调书共发现约 20 枚,较长者 23 厘米、宽 0.9 厘米,短者 21.9 厘米、宽 1.1 厘米;题楬长 8.4 厘米、宽 2.3 厘米。书写以一行较多,而两行为少,题楬书写两行,上有网形画饰。

　　汉代除吏,在规格、仪式、程序上有高低繁简之分,文书用词上也有上下之别,高级文武官吏曰拜、曰为、曰使,低级的一般曰遣、曰除、曰授,这些都是动词,意均为任命。除、补、授与遣是指官吏任用中的两个程序,一是任命,二是赴任。

　　⑥变事书

粪土臣德,昧死再拜,上言变事书,印曰臣德,其丁丑合蒲

<u>藟</u>□ (74·E·P·T52:46)

　　·令相长丞尉,听受言变事者,毋□ (74·E·P·T52:48)

　　□曰昌言变事自书,所言一卷已覆而休言,未满半日

(74·E·P·T52:47)

　　变事书共发现残简 4 枚,宽 1.1 厘米,木简制作规整,唯 74·E·P·T52:46 这枚简背面另书"五百卅"字样,应是原简册之次第编号,可知"变事"书之数量不少。

　　⑦病书

田舍诈移病书,君□ (74·E·P·T52:281)

　　□曰旦入时,严归以戊申到郭东田舍,严病伤寒,即日移病书,使弟赦付覆胡亭卒,不审名字,己酉有□ (74·E·P·F·T59:2)

　　三月丁亥朔辛卯,城北守侯长匡敢言之,谨写移燧长党病书如牒,敢言之。 今言府请令就医。 (74·E·P·F22:82)

病书简有一行、两行之分,较长者为 22.8 厘米,短者 22.4 厘米,宽者 2.6 厘米,窄者仅 1 厘米。有的简文被削去一段,但未补白,似为异简。共发现病书简 6 枚。

⑧过书

　　吞远部建昭五年三月过书剌　(74·E·P·T52:72)

　　过书剌,正月乙亥人定七分,不侵卒武受万年卒盖,夜大半三分付当曲卒山,鸡鸣五分付居延收降亭卒世

(74·E·P·T52:83)

　　·不侵部建昭元年八月过书剌　(74·E·P·T52:166)

过书 4 枚,其中包括题揭 2 枚。题揭用窄简,宽仅 0.8~0.9 厘米。过书为两行,长 23 厘米,宽 1.5 厘米。因发现数量很少,难资比较。

⑨行塞书

　　永光四年闰月丙子朔戊戌甲渠鄣侯▱行塞书到,疆行侯事,真▱　(74·E·P·T11:2)

　　▱长充,侯行塞书▱　(74·E·P·T51:360A)

行塞书计两简,均残,其宽度分别为 2 厘米和 2.3 厘米,书写两行,系采用一般的"两行"简,木质略有朽痕,为白杨木。

⑩报书

　　▱五月以来,太守君▱□塞举及部报书

(74·E·P·T52:284)

该简残断,宽为 1.1 厘米,书写一行。有关报书简仅发现这一枚。

⑪捕亡书

　　☑不能傛言,毋以明书到,亟遣追捕,多吏卒

　　　　　　　　　　　　　　　　　　(74·E·P·T5:10)
　　檄到,侯尉分部廋索,毋令名捕过留部界中,不得,毕已言·谨　(74E·P·T51:95)

　　捕亡文书,如今之追捕令,有中央一级发出者,一般曰:诏书"名捕",所谓"名捕",即指名追捕;还有府具所发的捕亡文书以及都尉府所发的追捕逃亡吏卒文书等。捕亡文书简有一行和两行,一行长者为 22.3 厘米、宽 1 厘米,"两行"长为 21.3 厘米,宽 1.6 厘米,多数残断,可资比较者为数很少。

⑫赦书

　　翟义、刘宇、刘璜及亲属当坐者,盗贼证臧,它皆赦除之,书谨到,敢言之　(74·E·P·T59:42)

　　赦书为一行,长 22.2 厘米,宽 1.2 厘米。赦书或曰赦令,一般多由中央一级发出。赦,"一曰幼弱,二曰老眊,三曰蠢愚。"师古注同郑司农的解释。"赦者",本有罪,而予以免罪或减罪均称"赦"。

　　除上列各种文书外,在出土汉简中,仅一见的文书还有遝遣书(74·E·P·T59:314)、刺史书(74·E·P·T50:182)、吏民自言书(74·E·P·T50:199)、酒泉合水书(74·E·P·T51:458)、逮书(74·E·P·T51:470)、诸官往来书(74·E·P·T51:628)、官书(74·E·P·T52:90)、有瘳即日视事书(74·E·P·T58:22)、白书(74·E·P·F22:338)等。由于仅见一枚简,其中不少残断,较完整者也难以比较,亦难以

为据,故形制、尺寸从略。

3.簿籍

各类名目繁多的簿籍,在出土简牍中占有较大的比重,向来为学者们所关注、研究,出现过一些不同的分类、归纳、分析和排比方法,可引以为鉴。我们依据出土簿籍的内容和形制,分簿籍为政治、经济、军事、文化四大类,再根据实际情况予以小标题,分门别类,以期醒目,便于查阅。有一些簿籍,用途与涉及的方面较为广泛,在分类时首先考察其主要用途和范围,然后再决定归于哪一类较为恰当。当然,这绝不排斥在研究时可能涉及面更为广泛。凡一种簿籍而有数简的,仅选一简为限:

①政治类

奏事:

  刺史奏事簿录 (74·E·P·T51:418)

  奏事 簿 (74·E·P·T59:332)

功劳阀阅:

  功劳案 (74·E·P·T4:50)

  增劳名籍 (74·E·P·T5:32)

  吏赐劳簿 (74·E·P·T53:24)

  当劳赐簿 (74·E·P·T51:491)

  所自占书功劳墨将名籍 (74·E·P·T5:1)

  伐阅官簿 (74·E·P·T17:3)

吏卒人事:

  吏员簿 (74·E·P·T51:23)

吏名籍 （74·E·P·W:91）

吏四时名籍 （74·E·P·T56:193）

吏比六百石定簿 （74·E·P·T51:306）

吏卒名籍 （74·E·P·T5:113）

吏未到名籍 （74·E·P·T4:46）

案庚主者吏名月言簿 （74·E·P·F22:338）

以赦令免为庶人名籍 （74·E·P·T5:105）

罢卒省卒：

罢卒吏名及课 （74·E·P·T52:377）

省卒名籍 （74·E·P·T65:402）

出入：

卒出入簿 （74·E·P·T6:44）

吏妻子出入关致籍 （74·E·P·T51:136）

居署：

居署省名籍 （家属妻子） （74·E·P·T40:18）

戍卒家属居署名籍 （74·E·P·T65:134）

病与死亡：

卒假病姑臧名籍 （74·E·P·T52:399）

卒物故案 （74·E·P·T56:273）

戍卒物故余见簿 （74·E·P·T59:684）

戍卒物故衣名籍 （74·E·P·T59：12）

戍卒定罢物故名籍 （74·E·E·T54：37）

其他：

卒所费承名籍 （74·E·P·T57：65）

四时簿 （74·E·P·T50：183）

②经济类

廪给：

廪粮簿 （74·E·P·T2：6）

谷出入簿 （74·E·P·T53：222）

燧仓谷出入簿 （74·E·P·T43：63）

谷出入四时簿（74·E·P·F22：298）

廪吏卒名籍 （74·E·P·T52：262）

廪卒名籍 （74·E·P·T59：358）

部吏卒廪食名籍 （74·E·P·T43：6）

卒廪名籍 （74·E·P·T5：27）

廪卒刺 （74·E·P·T65：419）

吞远仓廪吏卒刺 （74·E·P·T43：30）

当食者案 （74·E·P·T68：194—195）

吏卒廪致（籍） （74·E·P·T59：330）

城仓卒名 （74·E·P·T65：66）

俸禄：

受禄钱名籍 （74·E·P·T25：14）

受俸名籍　（74·E·P·T40：137）

俸禄簿　（74·E·P·T27：10）

吏俸赋名籍　（74·E·P·T8：1）

禄帛　（74·E·P·T6：5）

吏三月俸秩别用钱簿　（74·E·P·T56：6）

物资钱财：

器物簿　（74·E·P·T5：15）

财物簿　（74·E·P·F22：626）

钱财物出入簿　（74·E·P·T50：35）

累重赀直官簿　（74·E·P·T43：73）

·右张忠钱财物直钱出入簿　（74·E·P·T51：88）

■什器校卷名籍　（74·E·P·T51：180）

折伤牛车出入簿　（74·E·P·T52：394）

铁器簿　（74·E·P·T52：488）

仓谷车辆名籍　（74·E·P·T52：548）

出席簿　（74·E·P·T59：74）

食品：

宜农辟取肉名籍　（74·E·P·T40：76）

胈出入簿　（74·E·P·F25：1）

茭盐出入簿　（74·E·P·P7：13）

卒始茭名籍　（74·E·P·T43：25）

□茭积别簿　（74·E·P·T5：9）

省卒茭日作簿　（74·E·P·T52：51）

茭出入簿　（74·E·P·T65：254）

省卒伐茇积作簿　（74·E·P·T50:138）

贳卖：

贳卖名籍　（74·E·P·T3:2）
戍卒行道贳卖衣财物名籍　（74·E·P·T56:253）
市买衣物名籍　（74·E·P·T65:56）
部卒贳卖衣物名簿　（74·E·P·T51:210）

算书：

右算书　（74·E·P·T59:90）
府所下礼算书　（74·E·P·T51:14A）
府所下分礼算书　（74·E·P·T51:14B）
告部檄记算卷　（74·E·P·F22:408）
计簿算　（74·E·P·T40:59）
吏遣符算　（74·E·P·T50:203）
四时算　（74·E·P·T59:331）

赋钱：

赋钱簿　（74·E·P·T59:584）
赋钱出入簿　（74·E·P·T4:79）

其他：

戍卒受庸钱名籍　（74·E·P·T59:573）
稍入钱出入簿　（74·E·P·T5:124）

责籍　（74·E·P·T56:134）

③军事类

吏卒名籍：

　　侯官吏名籍　（74·E·P·T50:31）

　　鄣卒十人省卒六人　（74·E·P·T65:422）

　　罢卒名籍　（74·E·P·T57:29）

　　罢卒簿　（74·E·P·T57:95）

　　病卒名籍　（74·E·P·T56:210）

　　罢卒留病名籍　（74·E·P·T57:94）

　　燧卒名籍　（74·E·P·T4:14）

　　吏卒格斗燧别名及刺卷　（74·E·P·F22:747）

兵械守御器：

　　兵簿　（74·E·P·T43:70）

　　兵名籍　（74·E·P·T59:547）

　　被兵簿　（74·E·P·F22:455）

　　吏卒被兵簿　（74·E·P·T50:175）

　　戍卒被兵名籍　（74·E·P·T53:209）

　　校兵物少不备簿　（74·E·P·T22:373）

　　完兵出入簿　（74·E·P·F22:460）

　　受全兵簿　（74·E·P·F25:5）

　　折伤兵簿　（74·E·P·T48:141）

　　折伤兵出入簿　（74·E·P·F25:2）

　　吏卒被兵簿及留兵簿　（74·E·P·T53:36）

　　守御器簿　（74·E·P·T5:17）

吏卒被兵燧别簿　（74·E·P·T53：189）

守衙器簿　（74·E·P·T55：5）

吏肄射伤弩名籍　（74·E·P·T58：32）

省兵物录　（74·E·P·F22：236）

日迹劳作：

日迹簿　（74·E·P·T58：76）

吏日迹簿　（74·E·P·T48：1）

吏卒日迹簿　（74·E·P·T51：42）

燧卒更日迹簿　（74·E·P·T56：31）

省卒日作簿　（74·E·P·T51：115）

邮驿：

邮书课　（74·E·P·T20：2）

邮书剌　（74·E·P·T51：39）

邮书驿马课　（74·E·P·F22：640）

其他：

军书课　（74·E·P·F22：391）

行塞劳敕吏卒记　（74·E·P·F22：242）

④文化、律令类

所受枲蒲及适槷诸物出入簿　（74·E·P·T59：229）

出土的简牍中有一些律令文书,兹择录如下,标明其长宽、形制,便于比较、参考。

　　囚律告劾毋轻重皆关属所二千石官　　(74·E·P·T10:12)
　　　　　　　　　　　　　　　　　(22×1.7厘米,略残)

　　▨▨诏书律变告乃讯问辞　　(74·E·P·T51:270)(13.6×1厘米,残)

　　▨市卷一先以证财物故不以实▨　　(74·E·P·T51:509)
　　　　　　　　　　　　　　　　　(6.5×1厘米,残)

　　▨先一证财物不以实律辨▨▨有敢不予何齐　(74·E·P·T53:181)(宽1.7厘米,残,两行)

　　▨贾而卖＝而不言证财物故不以实臧二百五▨　(74·E·P·T54:9)(宽1.1厘米,残)

　　　晦日平旦须集移府迫卒罢日促毋失期如律　(74·E·P·T56:115)(23.3×1.2厘米)

　　▨期会　皆坐辨其官事不辨论罚金各四两直二千五百(74·E·P·T57:1)(18.5×1厘米,残)

　　更始二年四月乙亥朔辛丑甲渠鄣守侯塞尉二人移池律曰▨▨▨史验问收责报不服移自证爰书如律令▨　(74·E·P·C:39)(14.5×0.8厘米,残,写两行)

　　而不更言诏书律辨告乃讯由辞曰公乘居延肩水里年五十五岁姓李氏乃永光四年八月丁丑　(74·E·P·S·T2:7)(22.9×1厘米,完整)

　　▨律变告乃爰书验▨　(74·E·P·S·T2:97)(宽0.9厘米,残)

　　以兵刃索绳它物可以自杀者予囚囚以自杀杀人若自伤伤人而以辜二旬中死予者髡为城旦舂及有　(74·E·P·S·T2:100)(23×1厘米,完整)

> 移人所在县道官县道官狱讯以报之勿徽逮徽逮者以擅移
> 律论　(74·E·P·S·T2:101)(23.2×1厘米,完整)

刘邦初入关,"约法三章",后由"相国萧何攈摭秦法,取其宜于时者,作律九章"。此即汉律。《汉书·朱博传》:"三尺律令",《汉书·杜周传》云:"不循三尺法。"孟康注曰:"以三尺竹简书法律也。"汉之二尺四寸,合周代三尺,《盐铁论·诏圣》:"二尺四寸之律。"从上列律令简牍来看,其长度为23厘米左右,恰为尺简,还有一些较短者,其长度不足一尺,这与史书之记载有较大出入,也可能多为抄件或地处边郡等原因,是不足"三尺"。

> 廐魅书家长以制曰疎魅名魅名为天牧鬼之精即灭亡有敢
> 苛者反受其央以除为之　(74·E·P·T49:3)
> 苍颉作书以教后嗣幼子承昭谨慎敬式勉力风诵昼夜勿置
> 务成史计会辨治超等轶群出尤别异　(74·E·P·T50:1A)
> 初虽劳苦辛必有意㥶愿忠信微密㑊立言尝尝
> 　　　　　　　　　　　　　　(74·E·P·T50:1B)
> 以教后嗣幼子承昭谨慎敬式勉　(74·E·P·T37A)

通过对以上居延汉简形制与分类的分析,认真地进行我对比,总的有下述几点认识:

第一,简牍形制与分类研究,存在着里与表的辩证关系,这就是内容与形式是分不开的,必须两者结合进行总体研究,任何单打一的构想都与实际情况难以吻合,所以形制研究的科学性与深度,首先是形体结合,综合观察。

第二,分类排列进行形制比较,做一些必要的计算与统计,是简牍形制与分类研究的重要方法之一,也是其结论具有较强科学性的关键所在。

第三，汉代简牍，以往似已有一些定论，如"三尺法""二尺四寸"之说。现在看来，用简长度虽有定制，但并未严格、认真执行，尤其民间或戍吏之辈，多就地取材，或囿于习惯，自有章程，难以一概而论。有一些说法，可能仅限于当时的规定文字，或为后人所臆测，确实与实际情况并不完全符合。

第四，关于文书、簿籍中"定期"与"不定期"之论，难以尽括，"定期"文书或可条列，"不定期"文书难免归类不易。

第五，盖古代典籍、簿册，不外政治、经济、军事、文化、科技之属，属分类、分科、分目，再与同层次之册、牍、檄、符、觚、板等进行横向结合、对比研究，不难看出其形制与内容的关系。历史的发展与演变，因袭的基因与时代特色，则构成了纵的发展系列，横、纵的焦点，这正是需要我们研究的课题，因而，注意力当集中在这个简牍形制所在的时代坐标上，这正是我们从事的方法。

第十二节　简牍中的符号、习惯语和常用词

一、符号

在居延汉简的简文中，经常可以看到一些符号，这些符号表示句读、提行、语气以及分节、分段等，它们是简文的重要组成部分。由字、词连接组成的句子，总是要表达作者的意思、情感和语气，为了使文章能够较为准确、全面地表达作者的意图，还要借助于一些除句子以外的符号，这就是汉简中符号的作用。

我国具有悠久的历史和文化传统，保留下了浩瀚无垠的古籍文献，它们都体现着不同的时代特色与地方风格，通过对这些文献的排比、分析和研究，不难看出我国特有的"符号"产生、演变、发展的过程。

早在新石器时代的一些陶器上，便出现了近百种不同形状的刻画符号，这些符号以其简单的结构、原始的手法表示着某种含

义,这可能概括地体现着作者的全部意图。尽管目前我们还未能破译这些符号,但它们似乎与后来的单字是有区别的,也许是某种、某个完整意思的表示。到殷商时期的甲骨文,可以较为清楚地看出线条隔离的用意。西周时期的金文多利用句型的排列组合,以表示其提行、分段的用意。到了秦汉时期书写材料多用简、帛,文中以符号表示分段、分节、句读等现象则逐渐普遍。随着简牍的陆续出土,一些学者早已注意到简牍符号对于了解文意、深化研究的重要性。例如 1947 年刊于《史语所集刊》第十六本的陈槃先生《汉晋遗简偶述》一文中,就曾做过研究,继之在《汉简滕义再续》⑪中又做了专门阐述。1959 年甘肃省武威县出土《仪礼》简甲乙本,陈梦家先生专程来到兰州,完成了《武威汉简》一书,较为详细地论述了《仪礼》中出现的 10 种符号,通过对比、考证,举例说明了各种符号的不同用法:

□　扁形方框;

●　大黑圆点;

•　中圆点,章句号;

○　大圆圈,章句号;

▲　黑三角,章句号;

·　小黑圆点,题目号;

━　平行二横,重文号;

「」　直角括号,删略号;

∟　钩形,钩识号;

、　顿点,顿号。

武威汉简出土至今几十年过去了,全国各地不断地发现简牍,多数从年代上讲早于《仪礼》,也有一些晚于武威汉简,这就使我们有可能在较多资料的基础上,对简牍中出现的各种符号做一些纵向排列与横向比较,期望作出准确、符合实际的解释。

1.空格

简文中常出现空字一格,这表示句读。因古文中无统一的标点符号,但有一些文章很难读,古人也有困难,于是空字一格,表示句读,也就是一句。汉代人沿袭了这种方法,所以在简牍中出现了空格。当然,表示句读的方法并不只此一种。《法苑珠林·咒术篇》所载咒语,每句都有一空格,这是因为自梵文传入中国,民族文化传统不同,诵读不易,于是空一格以利句读。再如沈约《宋书·乐志》铎舞曲圣人制礼乐篇,每句空一格,因此篇只有声而没有文意,恐人难读,所以采用此法,这种方式应该说是秦汉简文符号的继承与延续。

2.圆圈

这是表示一段或一节文章的开始,与现在写文章时另起一行是一个意思。东汉时安帝元初年的《太室石阙铭》前铭辞、后官名,其上均作一圆圈。宋儒注《四书》,每章之首皆以一圆圈为界,显然是汉文遗风。

3.圆点

多用于一篇、一段的开始。《云梦睡虎地秦墓》图版五〇至一六八之《为吏之道》的第一句,前面就是一个圆点,如"·凡为吏之道"。也用在各分句之间。如《语书》:"·凡良吏……恶吏……"另在表示需进一步说明或解释前面句子的意思时也用,如睡虎地秦简、武威汉简等。《仓律》:"为粟廿斗,舂为十斗,稟毁糯者,以十斗为石。""·凡不能衣者,公衣之。"第三种情况,凡在律名前,均用这种符号。如"·捕律禁吏毋夜入人庐舍捕人,犯者其室殴伤之,以毋故入人室从事"(395·11),"律曰:·赎以下,可檄,檄。勿征。与令史移官宪功臬维蒲封"(甲·917)等。第四种情况,也是较多见的,即作为小标题用,例如:"右视事书"(387·2),"右二月吏三人"(350·33),"右举"(345·5),"最凡三百廿四人"(341·18),"建昭二年八月右前侯长、侯史"(339·14)等之前均有这类黑圆点符号。这种小题标,有时置于文末最后一简之前,有小结性质。

4.√

陈梦家先生据武威汉简中"√"号之常见用法,归纳为三种情况:相当于句读、钩识号和作为平列重文号的间隔。然而,在居延汉简中更多的是作为标界号使用,也用以表示句读或段落,有的也表示与前文略断之意。如:"米糒少簿二百二十六升√至今不移。"

5./

标界号,多用于文书的末尾,尤其是人名的标界。如:"闰月丁巳,张掖肩水城尉谊以近次兼行都尉事,下侯、城尉,承书从事,下当用者,如诏书/守卒史义"(10·29),"杂予阁,谨以文理遇士卒,毋令冤失职,务称令意,且遣都吏循行廉察,不如护,太守府书致,案毋忽,如律令/掾熹,属寿,给事佐明"(10·40)。

6.＝

重文号:在居延汉简中,较常见者为重字或重复前面数字,使文义贯通。例如:"负二算＝百二十钱""臣光俸职无状,顿＝首＝死＝罪＝臣方进、臣光前对问上计,弘农太守丞立"(74·E·j·F16:3),"七月庚午,丞相方进下小府、卫将＝军＝二＝千＝石＝部刺史、郡太守"(74·E·j·F16:10)等。重文号的使用单字极为少见,较多的是数字连用,特别是长篇文书中经常使用。

7.■

黑方块号:这是表示并列条文的开始或小标题的开端。例如:"■右新阳第一车十人"(515·16),"■凡谷四百卌四石"(513·12),"■右歌人十九人"(511·23)以及"■右第卒二三人"(433·49)等。后面的用法,还具有小结、总计、合计的意思,这种符号在简文中比较常见。

8.▨

表示简端有花纹,多用于"楬"上,如:"▨右府书"(394·2),"▨兰冠一完"(565·18),"▨甘露二年十月尽三年九月吞远仓过□出入簿"(甲附 9A、B)以及"▨右视事书"等。

9.Ｐ、Ｖ

Ｐ:收讫、画押号。Ｖ:界标号。

> 十一月丙寅辛间丘护取Ｐ （479·4）
>
> 十二月甲子入Ｐ （340·54）
>
> 牛车一辆,弓一具,矢八十二枚Ｐ （334·30）
>
> 田卒昌邑国宜年公士丁俸德,年廿三袍一领枲履一两
>
> 单衣一领绔一两Ｐ （303·40）
>
> 尉史辅Ｖ常 （478·9）

10.し、△、ꞁ、⊙

这几种符号在简文中虽较少见,但在简文中也表示有句读、标界、提行等含义。

上面所讲的一些符号,全部是原简上所画有的,当对简文进行释读时,原简上的符号都是照画不误,便于读者、研究者全面地、如实地了解简牍原貌,裨益于深入理解简文含义。但是在我们现在所能见到的一些出版发行的简牍释文中, 还有一些符号是原简文中没有的,也就是说,是后来加上去的,为什么要加一些符号,目的是便于读者理解简况与阅读。这主要是因大多数读者、研究者不易见到简牍原件,难以了解简牍的实际情况。因之,加一些必要的符号。这些后加的符号,主要有如下几种:

□:表示不认识或看不清的字;

▨:表示数字漫漶不清,难以辨认,而又不明所缺多少字者;

回:表示封泥孔;

‖:表示一条简文未完而另起一行书写;

A、B、C、D:表示一简(多为觚)几面的文字,分行表述。

二、习惯语与常用词

阅读居延汉简简文, 即使在古汉语方面已经有了一定的基础

知识,但有时仍感到困难甚至困惑不解,其主要原因之一是除去一些专用名词、固定用语之外,如燧名、部名、仓名、地名、人名、职名、衔爵名等,以及"不具""完""敝""移""两"等,还有一些习惯称谓和常用词。这些词、语也散见于《史记》《汉书》中,可见这些语词在当时是通用的,并不一定属地方方言,有些系官方文书用词,一些是日常用语,试略举例说明:

1.不审日

过去旧《释文》多释为"不害日",所谓不审日,就是不能明确指出具体日子的意思,说不清是某月某日。这与常见的"毋害吏""不害吏"不同,完全是两种不同的含义。

2.爰书

爰书一词原用于律令文书,后来使用范围有所扩大,据居延汉简中记述的有关简文分析,其原意当有两层:一曰自辩书,二曰证书。《史记·酷吏列传》:"传爰书。"裴骃《集解》引苏林曰"爰,易也,以此书易其辞处。"张晏注曰:"爰书自证,不如此言,反受其罪。"司马贞《史记索隐》引韦昭曰:"爰,换也。古者重刑,嫌有爱恶,故移换狱书,使他官考实之,故曰传爰书也。"颜师古说:"爰,换也。以文书代换其口辞也。"王先谦补注;"刘俸世曰,爰书存,盖赵高作爰历,教字隶书,时狱吏书体盖用此,故从俗呼为爰书也。"王说不确。

3.功令

是考绩功劳之令的通称。《史记·儒林传》:"太史公曰:余读功令,至于广厉学官之路,未尝不废书而叹也。"索隐:"案:功令,课学者课功,著之于令,即今学令是也。"《汉书·儒林传》:"请著功令。"师古注曰:"新立此条,请以著于功令。功令,篇名,若今之选举令。"武帝时奖励学官、功令,就是奖励儒学之令。

4.秋射、都试

这两个词是一回事,即指每年秋天进行骑射会试。然而,史书中多称都试,少见秋射一词,但简文中又多用秋射。《汉书·燕刺王刘旦传》"将军都试羽林"，《韩延寿传》"都试讲武"，《翟方进传》附《翟义传》"九月都试"。均用都试一词，"都试"亦可写为"都肄"，《霍光传》"都肄郎羽林"。《燕刺王刘旦传》注："都，大也，谓大会试之。"《霍光传》注孟康曰："都，试也。"两汉时的秋射是大典。《续礼仪志》："立秋之日，自郊礼毕，始扬威武，斩牲于郊东门，以荐陵庙……武官肄兵，习战阵之仪，斩牲之礼，名曰貙刘。"刘这是在京城之礼，在边郡就叫秋射，实际上这是一回事。貙刘即，或省称膢，可参见《后汉书·光武帝纪》注。《周礼》云："射人射牲。"郑注："今立秋有刘。"《汉仪》注："立秋貙刘。"秋射的时间，汉武时是三月。《汉书·武帝纪》："太初二年春三月，令天下大酺五日，膢五日，比腊。"《文献通考·兵部》载：明帝永平元年以"六月，初令百官貙刘"。《后汉书·顺帝纪》顺帝"永建元年以十月"，《魏书》亦有十月之说。《续礼仪志》注引其文说："建安二十一年三月，曹公亲耕籍田，有司奏、四时讲武于农隙，汉承秦制，三时不讲，唯十月车驾幸长安小南门，会五营士，为八阵进退名曰乘之。会兵革末偃，士民索习，可无四时讲武，但以立秋择吉日，大朝东骑，号曰治兵，上合礼名，下承汉制也。"

　　由简文曰"秋射二千石赐劳名籍及令"，可知士吏亦有劳赐，两千石就是太守。《汉书·韩延寿传》："徙为东郡太守，及都试讲武，设斧钺旌旗，习射御之事。"胡广《汉官解诂》都尉下云："以八月都试。"都尉本"将兵，副佐太守"，因为是武职，主其事。《汉书·翟方进传》附《翟义传》如淳注曰："太守、都尉、令、长、丞、尉令都试。"看来郡、县两级文武主官都参与此事。据《续汉书·百官志》："建武六年，省诸郡都尉，并职太守，都试遂废。"然而，《顺帝纪》："永建元年，夏五月丁丑，幽、并、凉州刺史……立秋之后，简习戎马。"边塞各郡又恢复了秋射之制。

　　秋射会试，射有定程，也就是有一定的规定，中六的为及格，超过六的要署"功劳"。简文中有"赐劳矢十五日"，这就是按规定超过六的，每矢赐劳十五日。（边郡卒吏每年劳日都有考绩并予登记在簿)简文中还见"秋射爱书",这是指署试未允、记矢有误,试者可以"爱书自证"。

5.使男、未使男、使女、未使女

所谓"使"者,《荀子·解蔽》:"况于使者乎。"注:"使,役也。"《论语·学而》"使用以时"意相同。

汉制,男自七岁为"使男",六岁以下则曰"未使男";女子八岁以上为使女,七岁以下为未使女(简文中七岁待考)。《汉书·昭帝纪》元凤四年注:"氏年七岁至十五岁,年出二十三钱为口赋;民年十五至五十六,年出百二十钱为算赋。""使男""使女"者乃纳口赋之民,"大男""大女"者,乃纳算赋之民。这些都是当时户籍登记中的习惯用语。另据《周礼·秋官·司厉》:"其奴,男子入于罪隶,女子入于舂藁,凡有爵者,与七十者,与未龀者;皆不为奴。"郑注:"龀,音趁,儿童换齿。"见《列子·汤问》"毁齿也。男年八岁,女七岁而毁齿。"《汉书·贡禹传》:"宜令民七岁去齿乃出口钱,年二十乃算。"这两条可作参考。

6.死罪

简文中一般书启称死罪,这是臣下对皇帝、下级对上级,以及亲朋间的谦辞,并无什么特殊的含义。这一习俗见于董仲舒《诣丞相公孙弘记室书》(见《全汉文》)。东汉初年,冯衍《与阴就书》(见《全后汉文》)也有死罪的称谓。至于《野客丛书·四·晋帖》把死罪一词之使用,说成迟至晋宋,这显然是错误的。《墨客挥犀》说信函中多有吊丧问疾之书,故有死罪一词,则更不确。

7.木索

这是塞上较多用的一种刑具,并非用于"立木上之绳索"。司马迁《报任安书》有"其次关木索,被棰楚受辱"之句,又说"今交手足,受木索"。所以木索是一种刑具无疑。

8.如律令

两汉之诏令、书檄多有"如律令"一词,直释为按照律令办事、执行之意。后使用甚广,各种文书多无例外,逐渐变成一种例行公式。后为道家所袭用,常在其咒符中出现。

9.文毋害

此乃汉代择吏常辞,但各家解释历来不尽相同。毋通"无",简文中凡"毋"均作无解。文毋害,一般有两种解释:

①服虔说:"为人解通,无嫉害也。"(《史记·萧相国世家》:"以文无害,为沛主吏掾。"汉书本传同)

应劭说:"虽为文吏而不刻害也。"(《汉书·萧何传》注)

刘俸世说:"持法者或以己意私怨陷人谓之害,故贵于文毋害。毋害者,取其为人毋害于行,则可以为吏矣。文毋害者,盖其时择吏之二事也。"(王先谦《汉书补注》)

韦昭说:"有文理,不伤害。"(《史记·萧相国世家》索隐)

刘昭说:"律有无害都吏,犹今言公平吏。"(见《续汉书·百官志》注)

如淳说:"闲惠晓事,即为文无害都吏。"(见《汉书·文帝纪》注)

《汉书音义》认为:"文无害,有文无所枉害也。律有无害都吏,如今言公平吏。"(见《史记》裴骃集解)

这一类多从吏的品质、作风方面来解释。

②苏林说:"毋害若今言无比也, 一曰害, 胜也, 无能胜害之也。"(见《汉书·萧何传》注)

晋灼说:"酷吏传:赵禹为丞相亚夫史,府中皆称其廉平,然亚夫弗任,曰:极知禹无害,然文深,不可以居大府。苏说是也。"(同上)

颜师古说:"害,伤也,无人能伤害之者。苏、晋两说皆得其意,服应非也。"(同上)

又说:"无害,言其最胜也。"(见《汉书·张汤传》颜师古注)

王先谦说:"文毋害,犹言文吏之最能者耳。蜀中舟子长年三老号曰'最能',唐杜甫有《最能行》'最能'之称犹无害也。"(见《汉书

补注》)

以上说法偏重于才干、能力。实际上这两种说法大同小异,并无原则性区别。所谓"文毋害"应包括这两个方面,要求所择之吏,文才并茂、品行兼优,这本来是统一的。

注释:

①《晋书·束皙传》。

②《齐书·文惠太子传》。

③《南史·王僧虔传》。

④《释名·释书契》。

⑤《太平广记》卷三六八引李德裕《玄怪录》。

⑥《论衡·量知篇》。

⑦《释名》刘熙撰。

⑧《论衡·谢短篇》。

⑨《后汉书·周磐传》。

⑩《周礼·考工记》贾疏。

⑪《困学纪闻》卷四。

⑫《翁注困学纪闻》引。

⑬参见《学古编》。

⑭《"中央"研究院历史语言研究所集刊》第 43 本第 4 分册,1971 年。

第五章　政治制度

第十三节　官文书

"文书盈于几阁,典者不能编睹"①,汉武帝时仅刑律文书就如此之多,其他文书可想而知。文书,包括公文、案卷、契约、文献资料等。所谓官文书,是指历代官方使用的公文形式文书,这些文书在一定程度上都反映了当时政治、经济、军事和科学文化发展的具体情况。因而,官文书在当时人们政治生活中所处的重要地位是不言而喻的。对史学研究来说,无疑是十分重要的资料。半个多世纪以来,西北地区出土的汉简中,官文书占有一定比例,这些珍贵文物的发现,就为我们研究当时的文书制度、种类及其内容等提供了可靠的实物例证。

两汉时期,官文书种类繁多,总的看来,可略分为中央和地方两大类。属中央一级者,史籍中间有记述,然其性质、种类、格式等,又多语焉不详,加之后世注释家之歧见,犹增加了一定程度的疑难;属地方一级者,多数于史无征,难察其详。今以汉简记述之官文书资料为主,钩沉发微基层官文书之大要,分类试为考述,小补史书缺佚,略便方家查阅。

一、中央文书

秦统一之前,各类文书似无定制,多因事发文,按情而异。及秦并天下,中央一级始规定:凡以皇帝名义下达之文书"命为制,令为诏"②,所谓"制""诏",蔡邕认为:"制书,帝者制度之命也,其文曰制。诏,诏书。诏,告也。"③所云:"诏西皇使涉予"④"眠涤濯,洮玉邑,省牲镬,俸玉盎,诏大号,治其大礼,诏相王之大礼"⑤"夫为人父者,必能诏其子"⑥"多其数诏"⑦等,除含有以上告下之意外,还有教诲、训诫之潜意,"诏书"者,其意亦然。"诏",或曰"诏令"、"诏记"、"诏书",因时、因事而易名,并非一成不变。张守节指出:"制诏三代无文,秦始有之"⑧,这是正确的。如淳说:"诏,告也,自秦汉以下,唯天子独称之"⑨,也就是说秦汉以前并无严格的诏书制度,我们似可得出这样的结论:中国历史上正式的制诏之制起始于秦代,完善于两汉,后世承袭,沿用2000余年,其间虽有易名,但性质、作用未变。自秦汉以后"天子之言,一曰制书,二曰诏书。制书者,谓为制度之命也"⑩,诏书者,告白天下之令也,二者名称不同,用途略异。西汉中晚期,制、诏之制又有发展,据《汉制度》所载,这时天子大权独揽,文书繁多,其内容已非制、诏所能包括,因而,重为规定:"帝之下书有四:一曰策书,二曰制书,三曰诏书,四曰诫敕。策书者,编简也,其制长二尺,短者半之,篆书,起年月日,称皇帝,以命诸侯王。三公以罪免亦赐策,而以隶书,用尺一木,两行,唯此为异也。制书者,帝者制度之命,其文曰制诏三公,皆玺封,尚书令印重封,露布州郡也。诏书者,诏,告也,其文曰告某官云,如故事。诫敕者,谓敕刺史、太守,其文曰有诏敕某官。它皆仿此"⑪。考察史书文献,秦始皇统一六国后,制度多有改革,然自秦至西汉初年,中央文书未见"策""敕",仅见"制""诏",可证《汉制度》记载不误,是可信的。例如:"遵俸遗诏,永承重戒""而更诈为丞相斯受始皇遗诏沙丘,立子胡亥为太子""更为书赐长子扶苏曰:朕巡天下……封其书以皇帝玺,遣胡亥客俸书赐扶苏于上郡""二世使使令将闾曰:公子不臣,罪当死,吏致法焉""臣不得与谋,俸书从事"⑫等,按其内容,当用策、敕,但只云制、诏。

　　古代以"策"命官,并不始于秦汉,所谓"凡命诸侯及孤卿大夫则策命之"⑬"策命晋侯为侯伯"⑭,看来周代早已有之。然而,值得注意的是,西汉中期以后的"策"命,不仅已经完全正规化、制度化,且与周代"策"命略有不同。这主要是指策命的范围、对象、形式、规格等,都已发生了很大的变化。这里的"策"同简,是就其命官所采取的形式而言,与汉代所规定的中央文书之一的专称"策"不同,前者是符信凭证,而后者则属法定有效格式,两者之间的发展、变化关系是清楚的。

　　"敕",《说文》曰:"诫也。"这里不仅有训诫之意,更重要的是命令式。"诫敕",即诫命,所谓"君臣相敕,维是几安"⑮,正含此意,也就是"书所敕命于上,付使传行之也"⑯,传达上级命令的意思。而以"敕"作为中央正式文书之一种,其见于制度,应该说开始于西汉中晚期,此前未见这种文书形式。

　　查居延、敦煌汉简中,有"诏""制""敕"书,唯不见"策"书,这可能是由于"策"书本身的性质,用途特殊的原因所决定,似只要与边郡官吏无涉,就没有必要下文边郡的原因。今先将简文中的中央文书分类录述如次,以资比较、考察:

1.制书

　　卅六,廷尉受制曰:廷尉、中二千石、二千石、郡太守、诸侯相,俸汤　(20·9)⑰

　　制诏,纳言与□官,伐林木取竹箭,始建国天凤二年二月戊寅下　(95·5)

　　制曰可　(206·5)

　　制曰可　(311·22)

　　☑符令,制曰可,孝文皇帝三年十月庚辰下,凡六十六字

(332·9)

　　制曰可,伏地　(82·3)

2.诏书

二年丁卯,丞相相,下车骑将=军=中=二=千=石=郡太守,诸侯相,承书从事,下当用者,如诏书　(10·30)

元康五年二月,癸丑朔癸亥,御史大夫吉下丞相,承书从事,下当用者,如诏书　(10·33)

永光四年闰月,丙子朔乙酉,大医令遂、丞襃,下少府中常侍,承书从事,下当用者,如诏书。闰月戊子,少府余,狱丞从事

▨▨▨▨▨▨丞相府,承书从事,下当用者,如诏/掾未央·属顺·书佐临

▨▨▨▨▨▨▨骑将军、御史、中二千石、郡太守、诸侯相,承书从事,下当用者,书到言。/掾▨▨令史相　(18·5)

▨史大夫广明下丞相,承书从事,下当用者,如诏书到明白布告▨▨到令遣害郡县,以其行止,□如诏书律令,书到言/丞相史▨▨下领武校,居延属国部农都尉、县官,承书▨　(65·18)

月存视其家,赐肉卅斤,酒二石,甚尊宠,郡太守、诸侯相,内史所明智也,不俸诏,当以不敬论,不智　(126·41)

八月辛丑,大司徒宫,下小府安汉公,大傅、大司马、大师、大保、车骑▨

□□御史□主□中二千石、州牧、郡太守、诸侯相,承书从事,下当▨　(53·1)

□几成风,绍休圣绪,传不云乎,十室之邑,必有忠信,▨子雍于上闻也,二千石长官纲纪人伦　(126·30,332·16)

御史大夫吉昧死言,丞相相上大常昌书言,大史丞定言,元康五年五月二日壬子日夏至,宜寝兵,大官抒井,更水火,进鸣鸡,谒以闻,布当用者。臣谨案,比原泉御者、水衡、抒大官御井,中二=千=石=,令官各抒别火　(10·27)

3.敕书

　　所敕莫虏,因奏八书　（130·14）
　　始建国地皇上戊三年三月,敕吏卒名　（479·1）

　　上列制、诏、敕等,是中央一级官文书之实际使用简例,可比较、考察其差异。"伐木取箭",事涉军用物资;"符令",关系到官吏的身份凭证和使命,均属大事,当有定制,故用"制"。"制曰可",正式批准执行。而诏书中的"存视养老""谨慎敬戒""十室之邑,必有忠信""宜寝兵,大官抒井,更水火,进鸣鸡"等,重在教化,正如诏文所云:"明白布告",众所周知。至于敕书中之"所敕莫虏""敕吏卒名"等,其意甚明,差异是十分清楚的。然而,在一些文书中,"诏"、"制"区别并不明显,难以划分,甚至"诏""制"通用或同见于一件文书,这种情况也还不是个别的,凡此,事实上也不必硬性地加以分别。虽然如此,我们也能得出"制""诏"和"玺书"是相同的结论。
　　《流沙坠简·屯戍丛残·簿书类》第一、二号简云:

　　　　制诏酒泉太守,敦煌郡到戍卒二千人,发酒泉郡,其假
　　□如品,司马以下与将卒、长吏将屯要害处,属太守,察地刑
　　（形）,依阻险,坚辟垒,远候望,毋
　　　　☒陈邡适者赐黄金十斤
　　　　□□元年五月辛未下

　　王国维先生曾对此做过考释, 认为:"此宣帝神爵元年所赐酒泉太守制书。《独断》云:制书,其文曰制诏三公刺史太守相。又云:凡制书有印使符下远近皆玺封,尚书令重封,故汉人亦谓之玺书。《汉书·武五子传》元康二年,遣使者赐山阳太守玺书,曰制诏山阳

太守。《汉书·陈遵传》宣帝赐陈遂玺书,曰制诏太原太守。《赵充国传》上赐玺书曰:制诏后将军,下文目为进兵玺书,则玺书之首,例云制诏某官。此简云制诏酒泉太守,则赐酒泉太守书也。"⑱就该简内容而言,似非属"制度之命",而实是告白之意,但用制书形式。

至于玺书,并不专指制书,凡"有印使符下远近而玺封者"均可,称为玺书,如"诏书""符令""诏记"等,可以说玺书包括制书,但制书并不等于玺书。有人认为制书、诏书、玺书是一回事⑲,这还需要进一步讨论。静安先生所举三例,情况均较特殊,元康二年遣使者赐山阳太守张敞书,要求"毋下所赐书",事属机密。因而师古认为这是"密令警察,不欲宣露"⑳的事,故用"制诏""玺书";陈遵与宣帝乃是贫贱之交,恩深谊长,绝非一般同僚可比,虽说宣帝已贵为天子,但仍对陈遵不忘旧情,对他的特殊恩宠是可以理解的;赐书赵充国,仅指制书,并未玺封,似难以为例。

今天我们所阅读的文献史书,其中所引用之诏书、制书、敕书等,多数难窥其全貌,如《史记》《汉书》均删其全文的首尾,仅录其主要内容,这就使我们不易了解当时中央文书的完整格式和其下达程序。汉代诏书较多,这与汉简中所反映的中央文书数量比例是一致的,现以诏书为例,试述其全貌,以利于史书、文献之理解。

诏书因奏报部门、职官不同,视其内容、下达级别、范围也各异,但一般是由三部分内容构成。前一部分称为"奏",书奏下诏的部门及主要官吏姓名;第二部分为诏书本文,也就是该诏书的主要内容,一般史书仅摘录这一部分;第三部分是诏书下行于内外官署之例文,或曰下行文书。如《孔庙置百石卒史碑》,从"司徒臣雄、司空臣戒稽首言"至"臣雄臣戒愚戆诚惶诚恐顿首死罪死罪,臣稽首以闻"。这一段是"奏",诏书下达时奏文同时下达,以明其原委。从"制曰可"以下是诏书主要内容,也就是本文。"元嘉三年三月丙子朔廿七日壬子,司徒雄、司空戒下鲁相,承书从事,下当用者,选其年册以上,经通一艺,杂试通利,能俸弘先圣之礼,为宗所归者,如诏书,书到言。"这就是下行文书,或曰下行辞。

西北地区各地出土之汉简,多是当时人们实际使用之简牍,所以诏书除部分残断者外,多较完整,可复原诏书形式的全貌。例如:

> ☑史大夫广明下丞相,承书从事,下当用者,如诏书,书到言。☑□郡太守、诸侯相,承书从事,下当用者,如诏书到,明白布告☑到令遣害郡县以其行止□,如诏书律令,书到言/丞相史☑下领武校、居延属国部农都尉、县官,承书☑　(65·18)

很清楚,这枚简是诏书本文后面的下行之辞。"(御)史大夫广明",即田广明,据《汉书·百官公卿表》元平元年"九月戊戌,左冯翊田广明为御史大夫,三年为祁连将军"。所以这枚简当在昭帝元平元年至宣帝本始二年之间,据云:"宣帝初立,代蔡义为御史大夫,以前为冯翊,与议定策,封昌水侯。岁余,以祁连将军将兵击匈奴,出塞至受降城……引军空还。下太守杜延年簿责,广明自杀阙下。"㉑因而,此诏不会晚于本始二年(公元前 72 年)。现仅留下行文辞,可知诏书本文和奏文俱亡。

下行之辞还可见于《流沙坠简·屯戍丛残·簿书》:"四月庚子,丞吉下中═二═千郡太守、诸侯相,承书从事,下当用者。"这枚简缺字较多,疑为抄本。按其格式,这枚简应是"丞吉下中═二═千═石下郡太守、诸侯相。"再举下行文辞一例,可见一斑。"六年四月戊寅朔癸卯,御史大夫汤下丞相,丞相下中二千石、二千石、下郡太守、诸侯相,丞(误,应为承)书从事,下当用者,如律令。"㉒简、史相校,可知上简"丞"与"吉"字间缺一"相"字,"千"字以下缺"千石"两字。汉代丞相中名吉者仅丙吉一人,丙吉为相在神爵三年四月戊戌,死于五凤三年正月癸卯,其间只有四年,此诏书当属这四年中之事。

两汉时下达诏书,其下行系统没有严格规定,而以诏书的内容及所涉及的部门等具体情况而定。高帝十一年三月诏书,是由御史

大夫昌下相国,相国酂侯下诸侯王,御史中执法下郡守^㉒。元狩六年
诏,是由御史下丞相,丞相下中二千石、二千石,下郡太守、诸侯相。
《无极山碑》光和四年八月丁丑诏书,则由尚书令下太常,太常耽、
丞敏下常山相,各不相同。然而,较多的是,各郡守、诸侯相,由丞相
下达,不必经过九卿,汉代九卿不同于后来的六部衙门,在一般情
况下,是丞相总理一切,各武职则由丞相史下之,但高级将领亦有
由丞相直接下达者。如:

> 二月丁卯,丞相相下车骑将军、将军、中二千石、二千石、
> 郡太守、诸侯相,承书从事,下当用者,如诏书。少史庆、令史宜
> 王、始长。　(10•30)

"丞相相",即魏相。据《汉书•百官公卿表》载:魏相自地节三年
正月任丞相,到神爵三年三月薨,共计八年。地节三年四月戊申,车
骑将军张安世为大司马,七月戊戌更为大司马、卫将军,元康四年
张安世死,到神爵元年才任命原前将军韩增为大司马车骑将军。所
以这枚简之诏书应是地节三年与神爵元、二、三这四年中的。这
四年中,查《二十史朔闰表》,只有神爵元年二月癸丑朔,有丁卯,其
他三个年头中二月均无丁卯,因而,此诏书为神爵元年无疑,从而
可补史书缺佚。因《汉书•宣帝纪》《汉书•百官公卿表》《汉书•韩王
信传》等均无韩增任车骑将军的具体月份,据此简,可知应在二月
以前。该诏书仅称"下车骑将军",未冠韩增大司马之衔。《汉书•百
官公卿表》云:"太尉,秦官,金印紫绶,掌武事。武帝建元二年省。元
狩四年初置大司马,以冠将军之号。宣帝地节三年置大司马,不冠
将军,亦无印绶官属。"大司马在宣帝时只是虚衔,并无实际权力,
也无官属职守,充其量是一种荣誉而已。所以,诏文只称车骑将军
而不称大司马。此诏下行文例,并不经御史大夫,而是由丞相直接
下达。成帝时诏书:"绥和元年六月癸卯朔,大司空武下丞相,丞相

下当用者。"大司空即原御史大夫,这时虽已改名,但仍似武帝时诏的下达程序,与宣帝时稍有不同。

汉代除有御史大夫之外,还有尚书掌文书事。《汉书·灌夫传》记述:景帝时,窦婴受遗诏,嘱其事有不便,以便宜论上。及灌夫罪至族,事日急,婴上书言之:"书奏,案尚书,大行无遗诏。诏书独藏婴家,婴家丞封。乃劾婴矫先帝诏书,罪当弃市。"所以,臣下凡有奏请,先上尚书,尚书上于天子。凡有诏下,皆藏于尚书处,以备核查。元帝时尚书权力扩大,甚至"尚书为百官本"[29],属天子近臣,易得宠幸,轻获权柄,丞相之权相对旁落。西汉末年,王莽秉政,各种制度,多有变革,当然,制诏之制也不例外。试举例如下:

> 八月辛丑,大司徒宫下小府、安汉公、大傅、大司马、大师、
> 车骑☐ (53·1A)

"大司徒宫",即马宫,元寿二年九月"右将军马宫为大司徒",其间经过五年,于元始五年四月"大司徒宫为大司马,八月壬午免"。王莽是在元始元年正月被封为安汉公,当时孔光为太师,王舜为车骑将军,甄丰为少傅左将军光禄勋,与王莽同为四辅。可知辛丑诏书当在元始元年至三年之间。元始四年正月王莽加号宰衡,位在三公之上,三公言事称敢言之,显然与该诏书职官不合。诏书所云"小府",即"少府",因理天子私事,故由大司徒下之。九卿、郡国,则由安汉公并四辅下行,这一点,目前足以说明问题的资料还不多,需进一步加以证实。顺便谈一个阅读史书、文献时值得注意的问题,这就是史书的记载往往和简文所记有差异,对于这种差异究竟以何为准,不宜一概而论,我们认为,应当择善而从,所谓"善",就是科学的、可靠的记载,合理的分析,再认真地加以比较和研究。如:

☑几成风绍休圣绪传不云乎十室之邑必有忠信☑

(126·30)

☑子雍于上闻也二千石长官纲纪人伦 (332·16)

这两枚简是一个诏书的两段,应缀合,以利于参考研究。该诏是汉武帝元朔元年冬十一月诏书,因残损严重,缺文较多,一时难以辨认,经查《汉书·武帝纪》可复原其原文,俾于较其差异,现照录原文如下:

> 公卿大夫,所使总方略,壹统类,广教化,美风俗也,夫本仁祖义,褒德禄贤,劝善刑暴,五帝三王所由昌也。朕夙兴夜寐,嘉与宇内之士臻于斯路。故旅耆老,复孝敬,选豪俊,讲文学,稽参政事,祈进民心,深诏执事,兴廉举孝,庶几成风,绍休圣绪。夫十室之邑,必有忠信;三人并行,厥有我师。今或至郡而不荐一人,是化不下究,而积行之君子雍于上闻也。二千石官长纪纲人伦,将何以佐朕烛幽隐,劝元元,厉烝庶,崇乡党之训哉?且进贤受上赏,蔽贤蒙显戮,古之道也。其与中二千石、礼官、博士议不举者罪。

简、史相校,可以清楚看出,简文有"传不云乎",史载无,而作"夫十室之邑",多一"夫"字;简文载:"二千石长官纲纪人伦",史册为"二千石官长纪纲人伦",均有差异。该诏为察举荐贤事,这种举贤之制秦代已有,举不实,要获罪,范雎举王稽,王稽事败,雎请自免就是一例。汉高帝十一年已有察举荐贤之诏,广罗人才,但举贤之制,用法甚严,如有不实,也将获罪。山阳侯张当居,"元朔五年,坐为太常择博士弟子故不以实,完为城旦"[26];"护西域骑都尉韩玄子渊为执金吾,(阳朔)五年坐选举不实免"[27];"勃举汤,汤待迁,父死不奔丧,司隶奏汤无循行,勃选举故不以实,坐削二百户"[28];"御史大夫张谭坐选举不实免"[29]；"红阳侯立举咸对策，拜为光禄大夫给事中，方进复奏：咸前为九卿，坐为贪邪免，自知罪恶暴陈，依托红阳侯立徼幸，有司莫敢举奏，冒浊苟容，不顾耻辱，不当蒙方正举，备内朝臣。并劾红阳侯立选举故不以实，有诏免咸，勿劾立"[30]等皆是。自该诏书下达之后，"选举故不以实"自然要获罪，然而，知有贤能不举者、嫉贤妒能者，亦将坐法，防止了可能出现的两种偏向。

二、地方文书

详察汉简记述，属地方一级文书者，种类繁多，或因时、因地、因事而易其名目，或因文事、武备、军需分有轻重缓急，采用不同形式，有些是临时性的公文，有些还要存档以备复查，研究这些地方性文书，不仅可以使我们从概括的角度考察当时边郡的政治、经济、军事、文化、军民生活方面的具体情况，而且对于了解郡、县以下管理系统，文书程序、类别及其格式等都有一定的作用。今试分类考述如下：

1.府书

鸿嘉元年十一月壬午，甲渠士吏猛敢言之，官移府书，

自言☐ （507·5）

☐主☐隧如府书

获胡烧塞所失吏卒☐☐☐移姑藏库 （562·12）

☐☐☐敢言之，府书移☐ （187·23）

坐外吏窥府书，甚无状☐ （145·8）

写传如☐府书律令 （203·44）

☐毋又世以府书应，禹诣官，无以证，不 （133·12）

右府书 （394·2）

阳朔三年九月癸亥朔壬午，甲渠鄣守侯塞尉顺敢言之，府书移赋钱出入簿与计偕，谨移应书一编敢言之 （35·8）

府书是指太守府或都尉府下达的文书与批转的上级文书,其内容无一定限制,凡有必要均可以府书形式下达。或有人认为,府书系就发文书单位名称而言, 似非文书之专称。这个看法不无道理。初,也许仅指发文单位,久而久之,"府书"显然已成为固定文书名称,这一点,在有关府书文书中是清楚的。观阅府书有一定的限制,非与本部门有关及外任官员,不得参阅,所谓"坐外吏窥府书,甚无状",就是违犯这一规定而获罪,可知其文书管理制度也是十分严格的。

2.檄书

元康四年二月己未朔乙亥,使护鄯善以西校尉吉、副卫司马富昌、丞庆、都尉☑建都☑乃元康二年五月祭未,以使都护檄书,遣尉丞赦,将施刑士五十人送致将军☑发　(118·17)

☑☑山☑后檄书未敢☑　(481·3)

正月癸巳,甲渠鄣侯喜,告尉谓第七部士吏、侯长等写来檄到,士吏、侯长、侯史循行　(159·17,283·46)

书一封,檄三　(190·29)

☑之府檄曰,珍北守侯　(174·22)

元年十月以来,言府檄书☑　(210·28)

六月辛未,府告金关啬夫久,前移檄,逐辟橐他令史解事,所行蒲封一,至今不到,解何?记到久逐辟诣　(183·15A)

☑☑急以檄☑　(213·10)

☑写移檄到,侯长身首☑　(219·46)

宗廪卒,家在居延,请封檄去宗,便逐☑在今将私留不到请邮檄公状　(220·13A)

自临木侯长临檄言,临木燧卒忠穷☑乙卯,积五日未到,檄回令史,不到状殊☑　(220·13B)

☑写移檄到,谨侯☑　(485·25)

北书三封,合檄,板檄各一。其三封,板檄,张掖太守章诣府;合檄,牛骏印诣张掖太守府牛掾在所　　(157·14)

府檄—到,警备如律令　(271·8)

写移疑虏有大众不去,欲并入为寇,檄到循行部界中,严教吏卒:惊烽火、明天田、谨迹候=望,禁止往来行者,定烽火辈,送战斗便兵具,毋为虏所萃椟,已先闻知失亡,重事毋忽,如律令/十二月壬申殄北甲渠　(278·7A)

候长薄,未央候史茝,燧长畸等,疑虏有大众,欲并入为寇,檄到薄等各循行部界中,严教吏卒,定烽火辈,送便兵战斗具,毋为虏所萃椟,已先闻知失亡,重事毋忽,如律令　(278·7B)

檄,《说文》曰:"二尺书,从木敫声。"刘熙《释名》"檄,激也,下官所以激迎其上之书文也。"《汉书·申屠嘉传》曰:"罢朝坐府中,嘉为檄召通诣丞相府,不来,且斩通。"师古注云:"檄,木书也,长二尺。"司马迁记述:"诚听臣之计,可不攻而降城,不战而略地,传檄而千里定,可乎?"《晋书·慕容晞载记》亦云:"太傅总京都武旅,为二军后继,飞檄三辅。"或曰:檄,长尺二寸,是为短檄。檄作为官文书之一种,多用于征召、晓喻、申讨等,如事态紧急,则插上羽毛,称为羽檄。后来,檄的使用渐泛,如司马相如《喻巴蜀檄》、钟会《檄蜀文》以及骆宾王《为徐敬业讨武曌檄》等。

居延地区所发现的木檄,就其形式而言,可分为板檄、合檄和觚书檄文,更多的则是以普通木简写成。重要的檄书,要有印封,为的是引起重视和传递保密。就檄书的内容来看,并不仅限于上级对下级用檄书,事实上有不少的檄书是下级对上级的文书、请示、报告。如《塞上烽火品约》就规定,在其他通信讯号失效的情况下,要驰马以檄书报告上级及其他联防单位,很清楚,这是下级对上级的檄书。因而,我们不能认为,只有上级对下级才用檄书,实际上刘熙的说法是对一般情况而言。凡檄书似乎都有一个共同的特点,这就是"檄书"多用于紧急情况,作为特急文书下达,多用于军情急报、军务通讯。然而,"檄"的这一特点,随着社会的发展和时间的推移,也发生着变化,逐渐成为一种文体的格式。这种变化,到隋唐时期更为显著。

3.应书

☐朌部治所录曰:移财物出入簿,谨移应书如牒,敢言之
(169·18)

☐移应书一编,敢☐ (103·6)

却者县别课与计偕,谨移应书一编,敢言之 (47·6A)

阳朔三年九月,癸亥朔壬午,甲渠鄣守侯塞尉顺敢言之,府书移赋钱出入簿与计偕,谨移应书一编,敢言之 (35·8A)

《汉书·沟洫志》云:"下丞相孔光、大司空何武奏请部刺史、三辅、三河、弘农太守举吏民能者,莫有应书。""莫有应书",历来注释家意见纷纭。王先谦《汉书补正》说:"言无应诏书者。"在此,这样的解释是可行的,但不能一概而论,不能认为"应书"都是"应诏书",这在居延汉简中可得到清楚的例证。我们认为:所谓"应书",就是下级对上级垂询的回文,一般称"敢言之",也可以说,是下级对上级所下指示执行情况、询问的事情、索取的资料、责成处理的问题等的报告,故称"应书"。据此,将"应书"解释为仅指"应诏书",显然是缩小了它的范围,事实上,"应书"包括"应诏书"。因之,也不能认为王先谦的注释"不妥当""勉强"。"应诏书"一语还可见于《汉书·召信臣传》:"元始四年,诏书祀百辟卿士有益于民者。蜀郡以文翁,九江以召父应诏书。"此外,曹植有《应诏诗》、范晔有《乐游应诏诗》、上官昭容有《驾幸三会诗应制诗》、欧阳修有《应制赏花钓鱼诗》、苏轼有《应制举上两制书》等,这里"制""诏"同义,均可属"应书"之列。"应书"一词,沿用时间较长,晋代张悛《为吴令谢询求为

诸孙置守冢人表》云："伏见吴平之初,明诏追录先贤,欲封其墓,愚谓二君并宜应书。"㊳南宋杨万里《朝请大夫将作少监赵公行状》云："孝宋诏侍从举宗室文学政事可为中外之用者各二人,吏部尚书萧公燧首以公应书。"总之,"应书"是答应上级之询令,而"应诏书"是回应帝王之命,乃河溪之分,《汉书·艺文志》载:"论语者,孔子应答弟子时人及弟子相与言而接闻于夫子之语也。"其意略同于"应答"。

4.牒书

　　九月乙亥,鰈得令延年,丞置敢言之,肩水都尉府移肩水侯官告谓尉,东西南北都▨义等补肩水尉史、燧长、亭长、关佐,各如牒遣自致,赵侯、王步光、成敢、石胥成皆▨书牒署从事,如律令,敢言之　(97·10)

　　▨等自言,责亭长董子洊等,各如牒移居延·一事一封,五月戊子,尉史强封　(157·17)

　　□忠□□史复偃等,名籍如牒书　(75·28)

　　河平五年正月己酉朔丙寅,甲渠鄣侯谊敢言之,府移举书曰:第十三燧长解宫,病背,一伤右脏,□□爰书言之,乘时亭解何?合移举各如牒,书到牒别言。谨案第十三燧长解宫,上置□□伤右脏作治。令史博,尉史昌、严　(35·22)

　　元延元年十月甲午朔戊午,橐他守侯护,移肩水城官吏自言,责啬夫莘晏如牒,书到验问、收责、报,如律令　(506·9)

　　右四牒,严教戒后　(507·20)

　　▨侯长汤敢言之,谨移自言各如牒,侯官册　(160·3)

　　诏书如牒,叩头叩头,敢言之　(161·9)

　　贫急软弱不任职,请斥免,可补者名如牒书▨　(231·29)

　　四时簿,出付、入受不相应,或出输非法,各如牒,书到

(39·4)

新始建国地皇上戊四年三月朔甲申,侯房燧长郭崇,谨
□簿如牒,敢言之 (394·3)

士吏所补如牒□☒ (480·8)

牒书是一种专用文书,它的使用有一定的范围,主要用于与人
事有关的公文来往,如任免、鞫讯、罪责、债务、伤病、验问、举贤等,
很少用于其他方面,我们说"很少",不是说绝对没有,因为特殊情
况在很多事物中是存在的,但它毕竟是特殊的,既属特殊,必然不
会多。《说文》曰:"牒,札也,从片枼声。""札,牒也,编之如栉
齿相比
也。"③所谓:"右师不敢对,受牒而退"⑤,即属书札。然而,牒是札的
一种,它的使用,从一开始似乎就只适用于一定的场合。《汉书·薛
宣传》云:"始高陵令杨湛、栎阳令谢游皆贪猾不逊,持郡短长,前二
千石数案不能竟。及宣视事,诣府谒,宣设酒饭与相对,接待甚备。
已而阴求其罪臧,具得所受取。宣察湛有改节敬宣之效,乃手自牒
书,修其奸臧。"师古注曰:"牒书,谓书于简牒也。"颜氏所论,仅就
其形式而言,并未指出"牒"的主要用途。上录薛宣察湛奸臧之事,
是验问性质,故用牒书,这自然是顺理成章的。再如《汉书·匡衡传》
载:"平原文学匡衡材智有余,经学绝伦,但以无阶朝廷,故随牒在
远方。"师古注曰:"阶谓升次也。随牒,谓随选补之恒牒,不被超擢
者。"是属举贤性质,故亦用"牒"。可见牒书多涉及人事方面。为进
一步证实我们的这一认识,不妨再略举数例,考察其一般使用的范
围,如"中丞虽谢咸玄,未有全废劲简,延尉诚非释之,宁容都无讯
牒"⑳,事属讼辞;"敲扑喧嚣犯其虑,牒诉倥偬装其怀"㉜,以及"每览
牒诉,必戏判以喻曲直,诉者多心伏引去"㉝皆是刑律公文,涉及人
事。我们再回过头来,试析简文:"责亭长董子洴","责啬夫莘晏",
是属债务纠纷;"病背""伤右胻""贫急软弱不任职",事属吏卒的疾
病及生活、健康状况;"补"缺、"可补者",事属官吏任免;"出输非
法""出付""入受不相应",事属贪污、触犯刑律;"严教戒后",事属

训诲,都可以说属人事范围。居延汉简如此,今再以敦煌汉简证之:

　　　　各如牒敕□　（《流沙坠简·屯戍丛残·簿书类》第二十六
简）

　　　　西部候长治所,谨移九月卒徒及守狗当廪者,人名各如牒
　　　　　　　　（《流沙坠简·屯戍丛残·廪给类》第二十七简）

　　以上仅录二简,就其内容看,不论是"诫敕"还是"廪给",均属
人事,可佐前论不误。

　　5.爰书

　　　　始建国三年正月,驿马病死爰书　（96·1）

　　　　右自证爰书　（89·10）

　　　　三月辛巳,甲渠候长福疾卒爰书一编,敢言□　（42·11）

　　　　□当远里公乘王同,即日病,头恿寒炅,小子与同燧□□饮
药廾齐,不偷,已如爰书,敢言之　（52·12）

　　　　□三丈八尺,证所言也,如爰书　（326·5）

　　　　□十月甲□□元行候事,敢言之,都尉□□劳,谨移射爰
书,名籍一编□　（485·40）

　　　　元凤四年□爰书　（491·11）

　　　　□□候长贤自言,常以令秋射,署功劳,即石力,贤□□
□于牒,它如爰书,敢言之　（6·13）

　　　　右男子范长实自证爰书　（206·1）

　　　　□皆不服,爰书自证,书到如律令　（206·31）

　　　　徒王禁责城北候长东门辅钱,不服,移自证爰书,会月十
日,一事一封,四月癸亥尉史同奏封　（259·1）

　　　　□北部候长当敢言之,爰书,燧长盖之等乃辛酉日出时□
长移往来行塞下者及畜户,皆毌为虏所杀,略者证之审

(306·12)

　　　　□責不可得证,所言不服,写爰书自证,步光见为俱南燧
长,不为执胡燧长　　(157·12)

☑病死物爰书　　(145·35)

　　　　元康元年八月癸卯朔壬申,□□燧长则敢言之,谨移卒病
死爰书□敢言之　　(甲附·19)

　　爰书,是一种专用文书,传统的看法是用于记录囚犯供词的文
书。如《史记·张汤传》载:"其父为长安丞,出,汤为儿守舍。还而鼠
盗肉,其父怒,笞汤。汤掘窟得盗鼠及余肉,劾鼠掠治,传爰书,讯鞫
论报,并取鼠与肉,具狱磔堂下。"苏林《集解》曰:"谓传囚也。爰,易
也。以此书易其辞处。"张晏曰:"传,考证验也。爰书,自证不如此
言,反受其罪,讯考三日复问之,知与前辞同不也。鞫,一吏为读状,
论其报行也。"韦昭《索隐》云:"爰,换也。古者重刑,嫌有爰恶,故移
换狱书,使他官考实之,故曰传爰书也。"班固《张汤传》与司马迁文
大同小异,唯师古注曰:"传谓传逮,若今之追逮赴对也。爰,换也,
以文书代换其口辞也。讯,考问也。鞫,穷也,谓穷核之也。论报,谓
上论之而获报也。"王先谦补注说:"传爰书者,传囚辞而著之文
书。"

　　各注释家对"爰书"的见解虽有小异,但认为用于囚犯供词的
认识则是一致的。"换"也好,"证"也罢,总之,属口供记录,这一点
并无异议。然而,详析居延所出土的爰书简,似乎爰书的使用范围
并不限于囚犯供词,其实际用途要广得多,可说凡据证明书性质的
文件均可用爰书,事实上不少这类文书即自书为爰书。如上列简文
中之"驿马病死""疾卒""即日病,头痛……饮药廿剂不愈""秋射爰
书""往来行塞下者""病死物"等,显然并非囚犯口供,而只是对某
一事实的证明书,证明事情的经过、曲直以备查询。无疑,这些证明
书一旦需要,它可作为文书证明而具有法律认可的合法和效力。所

以,也可以这样认为:一切文字证明材料,凡为法律所承认其合法性,在一定条件下,都可以称为爰书。例如"债务""署功""病不愈"以及军用物资的收支等,均可用"爰书自证",以澄清事实,以免无辜被究,造成冤案。由此看来,"爰书"的应用仍有其一定的场合和范围,所以,它仍属于一种专用文书。

6.举书

☑第十侯长相敢言之,官移府举书曰:六月乙丑甲渠
(258·17)

鸿嘉元年十月乙丑,举书燧别名☑ (464·2)

河平五年正月乙酉朔丙寅,甲渠鄣侯谊敢言之,府移举书曰:第十三燧长解宫,病背一伤右胠 (35·22)

左属前侯长富昌,以府举书逐☑ (346·34)

☑未朔丁丑,第七侯长忠敢言之,官移府举书☑通辛未夜食□二分通府—去鉼庭百五十二☑ (73·29)

甲渠侯官,初元五年十月君行塞举 (311·31)

☑月尉史报行塞举 (285·4)

☑四月君行塞举 (168·6)

举书,即举白书,简称曰"举",言对某件事情需查实报告事。"举书"之"举"与"检举"之"举",含义甚近。《三国志·吴书·顾雍传》载:"久之,吕壹、秦博为中书,典校诸官府及州郡文书。壹等因此渐作威福,遂造作榷酤障管之利,举罪纠奸,纤介必闻,重以深案丑诬,毁短大臣,排陷无辜,雍等皆见举白,用被谴让。"再如曹操《步战令》云:"诸部曲者,各自按部陈兵疏数,兵曹举白,不如令者斩。"[39]所谓"举白",乃举过告白之意。《吕氏春秋·自知》:"故天子立辅弼,设师保,所以举过也。"高注:"举,犹正也。"正是此意。《论衡·累害》也说:"乡原之人,行全无阙,非之无举,刺之无刺也。""无举"

是无非可举。

查居延汉简中之举书，多是就某一件具体事情的要求查证文书者经过查证的报告与补充报告，"官移府"，即侯官给都尉府的报告，"府移举书"，是都尉府要求查证的文书或对进一步了解的问题提出疑问，再由侯官写出补充报告，举白某件事情的全部真实情况。"第七侯长忠敢言之，官移府举书☐通，辛未夜食□二分通府，府去䡼庭百五十二……"此简虽然残缺，内容难以全部明了，但可以看出有几点值得我们注意的地方：首先，它是第七侯长忠有关某次具体示警行动的举白书；其次，既是举书，说明这次示警中发生了问题，虽说具体问题还不清楚，但已需侯长以举书上报了；最后，举书需详述"辛未夜食"时发生问题的全部经过及有关人员所负的责任。"君行塞举"，这是举书的标题，敦煌简有"地节五年三月行塞举"(见劳榦《敦煌汉简校文》)，也属题签简。"君"指甲渠侯，"侯"乃侯官之首长，与县令同秩，故得称"君""侯"以下之职官，只能称"卿"，"君""卿"虽都是尊称，但亦有高下之别。视察边塞亭燧的战备情况，是各级领导机关官员的职责，如发现问题，可以举书形式告白，例《侯史广德坐不循行部罪行罚檄》云："侯长广德坐不循行部、涂亭、趣具诸当所具者，各如府都吏举，部糒不毕，又省官檄书不会会日，督五十。"檄的背面记述了广德辖下各燧守御器不合要求的情况，这些情况正是"府都吏举"的事实，也是"举书"的主要内容。

与上可以形成对照的是敦煌所出土的一条简："甲、鞬瞀、兰、服绽者，辄逢绽，为襟带负牵，毋令有举"(见《流沙坠简·器物类》第卅四简)。这是事先打招呼，"毋令有举"，要求消除任何有可能被"举"的事情。此外，还有

地节四年三月卒兵举　(126·26)

☑吏去府举　(145·5)

五凤二年十月庚戌朔壬申,甲渠侯汉强敢言之,府移举曰:甲渠侯所移郭应　(40·4)

会壬申旦,府对状毋得以它为解,各署记到起时令可课。告肩水侯━官━所移卒责不与都吏移□,所举籍不相应,解何?记到,遣吏抵校,及将军未知,又将白之　(183·15B)

芰事当言府,会月十五日。四时举及言转毕到,皆会月廿日　(264·16A)

等属举书之列。"卒兵举"是举白卒兵们的各种问题,如债务、疾病、装备方面存的问题等;"吏去府举"是指府吏擅离职守而被举报。

关于吏"不在署"而受到验问,记录在案的情况,还可从其他一些简牍中得到例证:

第二燧长景褒不在署,谨验问褒辞,却适(误,应为部谪)卒燧(应为燧卒)周贤收(误,为伐)大司农芰于郭东,病不任、作,官部遣褒迎取。十月廿六日褒之居延郭东取卒周贤,廿九日还到燧,后都吏郑卿　(194·17)

龙山燧长王市利,不在署　(8·10)

甲渠第卅五燧长王常不在署　(206·16)

对"不在署"的吏卒要据实"举白",视其具体情况和原因予以处理。至于"卒责""郭应"发生了问题,也要以举书将当时的事实真相详予举白。而"四时举"则不受时间限制,一年四季随时发生问题,即可举报。总之,居延文书中的"举书"和"举",实质上并无区别,所以我们认为"举"就是"举书"的略称而已。

　　7.遣书

建始二年正月以来尽十二月吏除及遣　(84·20)

□甲渠候长顿,以令取宁,即日遣书到,日尽遣,如律令

(160·16)

右除遣视事书 (67·11)

移居延第五燧长辅,迁补居延令史,即日遣之官,一事一封,十月癸未,令史敝封入 (40·21)

永始二年□□□遣书 (262·4)

右除书 (160·18A)

汉代除吏,在程序上有高低、繁简之分,因而,在文书用词上也略有差异,高级文武官吏曰拜、曰为、曰使,低级的一般曰遣。"拜""为""使"和"遣",都是动词,均为任命、派遣之意,这里的问题是,在用词上有无等级之分,需作进一步分析。《汉书·张安世传》载:"宣帝地节三年,拜张安世为大司马、车骑将军,领尚书事。"而《汉书·百官公卿表》则云:"四月戊申,车骑将军光禄勋张安世,为大司马、车骑将军","拜""为"似无等级上的区别。今再举数例,试为比较。《汉书·冯唐传》:"是日,令唐持节赦魏尚,复以为云中守,而拜唐为车骑都尉,主中尉及郡国车士。"《汉书·文帝纪》:"文帝继位,拜宋昌为卫将军,领南北军。"⑩"拜""为"同用。再如用"为"者,《汉书·高后纪》:"高后七年,以赵王吕禄为上将军。"《史记·田叔传》:"卫将军舍人百余人,田仁以壮健为卫将军舍人。"《汉书·功臣表》中以"为"作动词者甚多,不再列举。司马迁云:"武帝使任安护北军。"《汉书·陈平传》:"高帝拜陈平护军中尉,使尽护诸将。"在任命、派遣官吏中的其他用词还有"补""遣"等,如"杜延年补军司空"⑪"车骑将军音请谷永补营军司马"⑫以及"材官迁为队率"⑬"赵充国由中郎迁"。"补"者,先有空缺而补之,"迁"者,一般多用于升迁。

简文所云:"吏除及遣""除书""除遣视事书""遣补居延令史""遣之官""遣书""即日遣书到",是包括了官吏任免中的两个程序,一是任命,二是赴任。凡任命可称为"除""补",而赴任则称"迁"

"遣"等。这样,"遣书"的含义是十分清楚的。

所谓"遣",《说文》曰:"纵也",徐注"送也"。《仪礼·既夕》"书遣于策",即此意也。又云:"姜与子犯谋,醉而遣之"[44],均发送、派遣的意思,作动词用,还可引申为放逐。《汉书·孔光传》云:"上免官,遣归故郡。"清代"遣"成为正式罪名,按大清律,刑例中军流之外,还有"遣罪"。居延汉简中有"右劾逮遣书"(49·19),《说文》曰:逮,迨也。逮同"逮","迨逮,行相及也"[45]所谓"迨逮高飞莫安宿","鱼鳞杂逮,烟至风起,谓迨逮并进也"[46],与《汉书·刘向传》所载"杂逮众贤",均作迨逮解。"杂逮"[47]与"未逮诛讨"[48],意略同。"劾逮遣书",是指弹劾文书及受遣文书,既然是因劾受遣,那可能不是免官故郡,就是降职使用了。

8.报书

　　□移兵簿,府言,寿到官日时,报都尉府,一事一封　　(58·24)

　　充贵言,报书甚不可,书到项,令史收责报吏□令　　(178·2)

　　丁未□叩头,凤不署报官文书　　(4·24)

　　元延元年十月甲午朔戊午,橐佗守侯护移肩水城官吏自言,责啬夫莘晏如牒,书到验问收责报如律令　　(506·9)

《说文》"报,当罪人也。从幸从𠬝。𠬝,服罪也。""报"即判罪、审判之意。"闻死刑之报,君为流涕"[49],"劾鼠掠治,传爰书,讯鞫论报",所云"报",即指判决。"辟报故不穷审",苏林曰:"报,论也。断狱为报。"[50]"报"在某种意义上可以理解为判决书或裁决文书。"责"同"债",而"收责"一词却有其不同的含义,例如"范蠡收责勾践,乘偏舟于五湖,舅犯谢罪文公,亦逡巡于河上。"李贤注云:"收责,谓收其罪责也。"[51]这段记载是说范蠡为勾践破吴以偿会稽之败。"收责"乃引罪自责之意。

9.病书

> 甲渠候官病书　（26·22）
> ☑病书☑☑　（103·22）
> ☑十一日,子候官,乃移病书☑使令史根等　（123·53）
> 守城尉广国病书　（512·3）

　　病书,是记载吏卒日常健康情况和病历的记录,其中是否也包括病假文书,这还需要有充分的例证。所云"移病书",是要求定期向上级汇报,作为上级单位任用、升迁、病免的依据。据载"太后欲废王陵,乃拜为帝太傅,夺之相权,王陵遂病免归"[52]此虽借口,但说明汉代确有病免之例;再如"相如既病免,家居茂陵"[53]。由此可知,"病免"不是个别的,在《汉书·百官公卿表》中像这样的事例还不少,兹不再枚举。

　　居延汉简有:

> 阳朔二年正月尽十二月吏病及视事书卷　（8·1）
> 建昭六年正月尽十二月吏病及视事书卷　（46·17）

此二简虽属簿检或曰楬,乃文书题鉴,但却反映了这样一个事实,那就是吏和卒凡因病不能视事、值勤和劳作,均有其病情的详细记录,以备查阅。

> 五凤二年八月辛巳朔乙酉,甲渠万岁燧长成敢言之,乃七月戊寅夜,临坞坠伤,要有廖,即日视事,敢言之　（6·8）

从七月戊寅到八月乙酉,休病假八日,记录在案。

　　凡吏员有病,多有医生治疗:

　　□渠侯长报官医张卿，卿前许为问事，至今未蒙教
　　　　　　　　　　　　　　　　　　　　　　　　（157·28）

所谓"官医"，指"侯官"内的医生，这也许是当时的一种普遍性规定，即凡侯官治所，均有医生编制。负责对病员的治疗过程、病因、病状，甚至处方也要如实记录：

　　□为故第卅六燧长司马章所伤病，医宋昌治、饮药，鉼庭燧
　　长罢军主　（103·47）
　　四月戊寅，病肠辟，庚辰治□　（504·9）
　　九月乙丑，病寒炅，尽庚寅，越二日，已偷　（34·25）

"偷"同"愈"。居延汉简中的处方简还有一些，兹不赘录了。

　　按规定对于士卒的病情也要有记录，要求"病年月日，署所病，偷不偷，报名籍侯官，如律令"（58·26），将病卒的花名册上报侯官，备案待查。"鉼庭第十三部，五凤四年三月，病卒名籍"（45·15），这是一个明显的例子。如果病卒死亡，也还要有详细记录，记明死因及死者身后的遗物等。

　　10.治所书

　　十一月丙戌，宣德将军张掖太守苣，长史丞旗，告督邮掾
　　□□□□□都尉官□写移书到，肩水视亭市里，显见处，令
　　民尽知之，商县起察，有无四时言，如治所书律令　（16·7）
　　五年五月癸未，守张掖居延都尉旷、行丞事骑司马敏，告
　　兼劝农掾、兵马掾□书到宜考察，有毋四时言，如守府治所书律
　　令，兼掾丹，守属□　（16·10）

这两枚简都是窦融领河西五郡大将军时期的治所书。"宣德将军张掖太守苞",即史苞,《后汉书·窦融传》云:"于是以梁统为武威太守,史苞为张掖太守,竺曾为酒泉太守,辛肜为敦煌太守,库均为金城太守。"这时的河西走廊是处于一个特殊情况下,而"治所书"仅见于这一时期的文书,这就不能不使我们考虑,"治所书"似非传统的专用文书,也许是一种临时性文书名称,正确点说,是河西这一历史时期一种文书的专称。

居延新简《建武三年俸例》册载"六月壬申,守张掖居延都尉旷、丞崇,告司马、千人官,诸官县,写移书到,如大将军"[58],可证我们对上例文书时间的论断不误。当时窦融虽然已俸东汉王朝为正朔,但实际上刘秀政权的力量远未达及河西地区,处于相对独立的状态,因此,"治所书"的出现是可以理解的。

"治所"一词还见于"刺史治所,且断冬狱"(482·19),"治所"乃地方长官的官署,《汉书·武帝纪》元封五年颜师古注引《汉旧仪》云:"初分十三州,假刺史印绶,有常治所,尝以秋分行部,御史为驾四封乘传。"《汉书·朱博传》:"欲言二千石墨绶长吏者,使者行部还,诣治所。"师古注曰:"治所,刺史所止理事处。"这里的"治所",是指刺史治所,而简文中的治所则指地方官吏的办事机关,具体来说可能是对"府"而言的,如果我们所说不误,那么,在这里"治所书"与"府书"略同。所云"治所书"而不称"府书"者,是避免与领河西五郡大将军府书相同,发生混淆,故称"府治所书"或"治所书"以作志区别,就这一点来看,所谓"治所书"也非官文书常例,足可佐证前文中对"治所书"性质的论断大体上是正确的,可通的。

11.别书

　　☐承书从事,下当用者,以道次传别书相报,不报者☐/掾云,尉史襄　(61·9)

　　☐者,以道次传别书到,相牛、大司农调,受簿编次不办者

☑　（238·36）

别，区别，分开之意也。所谓"知国之安危臧否，若别白黑，是其人者也⑤"，"好恶著，则贤不肖别矣！"⑥"别"者，均在于区分。简文中的别书，实是分辨文书，用于受书别情，意在别白，另书陈情。《汉书·董仲舒传》云："前所上对，条贯靡竟，统纪不终，辞不别白，指不分明，此臣浅陋之罪也。"就是需要把话讲透，分辨明白。"别书"不能理解为是单纯的辨证文书，更重要的是说明情况原委，或原文书不详处、有误处以及难言之处等，则以"别书"相报。所谓"别书"是对原文书、原函件而言，故称之曰"别书"，与今人所云"另书"意甚似。

"大司农调"即非调，《汉书·百官公卿表》载：元帝永光二年"光禄大夫非调为大司农"，直到河平二年"延尉何寿为大司农"，其间共十五年。这十五年间，为相者有"永光二年二月丁酉，御史大夫韦玄成为丞相"，建昭三年"六月甲辰，丞相玄成薨。七月癸亥，御史大夫匡衡为丞相"，成帝建始三年"十二月丁丑，丞相衡免"，建始四年"三月甲申右将军王商为丞相"，直到河平四年"四月壬寅，丞相商免"。无名牛为相者。因而"相牛"或指相官牛事。由于简文残漶，一时难以判断，只好暂时存疑。

12.吏宁书

十二月吏宁书，阳朔三年二月□□□　（176·48）
第六燧长徐当道宁归☑　（103·9）

吏宁书是包括官吏的探亲申请书和批准书在内的文书，"十二月吏宁书"是十二月份官吏探亲文书的"楬"，即案卷标签。当然包括所有在十二月份回家探亲官吏的报告和批准文书。"宁"者，省视父母、探亲之谓也。有云："冬，伯姬来，归宁也。"注云："宁，问父母安否。"[57]《汉书·扬雄传》法言云:"孝莫大于宁亲,宁亲莫大于宁神,宁神莫大于四表之欢心。"师古注曰:"宁,安也。言大孝之在于尊严祖考,安其神灵。所以得然者,以得四方之外欢心"[58],"翼王事之暇豫,庶归宁之有时"[59],正是此意。"归宁"一词,泛指省视父母,后来专指女子回娘家探亲,含意有所限制。赵湘《南阳集》有《送周湜下第归宁序》。

13.行亭书

五凤三年十月尽四行亭书 (45·4)
☐谓侯长福,侯行塞书☐ (45·35)

居延、敦煌汉简中,言及"行亭""行塞"书者,仅得上列两简,况且残损严重,难窥文书全貌,今试作考察,难免有误。上列"行亭书",显然是"五凤三年十月"至四年某月行亭文书的"楬",这也就是说"行亭书"是边塞地区的常用文书,所以才可能将某一段时期中的"行亭书"汇集成册,加上统一题签,便于查阅。

我们从"☐谓侯长福""侯行塞书☐"来看,好像持"行亭书"或"行塞书"者,级别并不高,多属下级吏员,这一点从下文书单位也可多少说明问题。因此,我们认为:行亭书、行塞书有别于一般的荣信以及符、传等。按边塞防御系统有关机构规定(这种规定多由太守府或都尉府作出),塞尉、侯长甚至侯等要经常循行所部,以检查军备情况、军用器械、设备完损状态,派员检查有行亭书、行塞书以为证明。

据有关简文记载,都尉府三令五申,要求基层官吏循行所部,违令者是要受罚的,如前文所引《侯史广德坐不循行部檄》即是一例。下级吏员循行所部,也许是定期进行,这和上级要员出巡显然是不同的。

14.变事书

　　▨又后不欲言，变事爰书，谊▢召根，不面见谊，据且▨
（46·23）
　　肩水侯官令史，觻得敬老里公乘、粪土臣熹，昧死再拜，上
言变事书　（387·12）

　　变事书，如译为现代汉语，就是变革的建议或改革意见书。"宣
帝嗣位，事不师古，官员班品，随意变革"⑩，意为改革、变化，与变通
是一个意思的深化，"变通者，趣时者也"⑪。《宋史·王安石传》云：
"变风格，立法度，正方今之所急也"，也是"易穷则变，变则通"的意
思。凡对变事有功者，还可给以褒赏，以表其"变事"之功。此外，"变
事"也可能还有变故、紧急之含义。"变故"与"变化"词义相通，并无
根本区别，在不同场合，不同事物上也可做不同的理解。

三、其他文书

　　居延文书简中，还有一些文书数量很少，可能不属日常使用的
例行文书，然而，为了解官文书的全貌，现录述如次，略加分析，以
窥其大要。

1.过书

　　建昭元年三月过书刺　（317·3）

　　"过书刺"。在居延旧简中仅一见，可以说是较稀罕的专用文
书。"过"，作过失解。如《论语·述而》云："苟有过，人必知之。"所谓
"宥其罪戾，赦其过失"⑫，"一宥曰不识，二宥曰过失，三宥曰遗忘"。
郑玄注曰："过失，若举刃欲砍伐而轶中人者。"⑬"过"，还可作过错
解，与过失同。"刺"同"刺"。王充说："绣之未刺，锦之未织，恒丝庸
帛，何以异哉！"⑭"刺绣"同"刺绣"，可知"刺"同"刺"。"刺"还可作刺

探人、举发人的过错解。《汉书·盖宽饶传》云："擢为司隶校尉，刺举无所回避，小大辄举，所劾奏众多，廷尉处其法，半用半不用。"再如《后汉书·章帝纪》载："不得辄修道桥，远离城郭，遣吏逢迎，刺探起居，出入前后，以为烦挠。"这里所说的"刺探"意近"侦察"。

《汉书·丙吉传》载："适见驿骑持赤白囊，边郡发奔命书驰来至，驭吏因随驿骑至公车刺取，知虏入云中、代郡，遽归府见吉白状。"这里的"刺"字，是探听之意。"刺"还可作指责解："面刺寡人之过者，受上赏。"⑤这也可以说是对"刺"字原意的引申。

经过分析，在我们正确理解"过""刺"两字本义的基础上，试对"过书刺"作一较为合理的解释，是否可以这样认为：即对犯有过错的人的进一步了解（刺探）。也就是说，对所犯错误做一些必要的落实、调查，也许就是现在所说的复查报告及旁证材料之类。我们知道，这个结论也许与史实有距离，可惜可供比较、研究的资料太少，先提出一点肤浅的初步认识，以期引玉，能有一个正确的解释和结论。

2.免书

王路党免书，初始元年十一月壬子　（312·6）

"免书"，"免"同"勉"。所谓"免书"，历代注释家有不同的见解。孟康说："哀帝所作策书也。言数有瑞应，莽自谦居摄，天复决其疑，劝勉令为真也。"晋灼认为："勉字当为龟，是日自复有龟书及天下金匮图策事也。"师古曰："孟说是。"⑥我们也同意孟说。居延此简当是班符命四十二篇于天下之简，虽说简文残缺殆尽，仅留10余字，但仍可解其概要。"王路堂免书"是王莽所下的文书，新始建国元年"公车司马曰王路四门，长乐宫曰长乐室，未央宫曰寿成室，前殿曰王路堂，长安曰常安"。"初始元年"即居摄三年，因莽于十二月称帝改元，始建国即以该月为正月。司马光《资治通鉴》据《荀纪》、韦庄《美嘉号录》、宋庠《纪年通谱》改"初始"为"始初"⑰,实误,今据简文证《汉书》不误。

"免书"之下,有其特定的历史背景,为了正确理解免书的性质和作用,需要对当时的历史环境有所了解,我们不妨抄录《汉书·王莽传》中一段史料,以资参考。"莽上奏太后曰:陛下至圣,遭家不造,遇汉十二世三七之厄,承天威命,诏臣莽居摄,受孺子之托,任天下之寄,臣莽兢兢业业,惧于不称。宗室广饶侯刘京上书言:七月中,齐郡临淄县昌兴亭长辛当一暮数梦,曰:吾,天公使也,天公使我告亭长曰:摄皇帝当为真。即不信我,此亭中当有新井。亭长晨起视亭中,诚有新井,入地且百尺。十一月壬子,直建冬至,巴郡石牛,戊午,雍石文,皆列于未央宫之前殿,臣与太保安阳侯舜等视,天风起,尘冥,风止,得铜符帛图于石前,文曰:天告帝符,献者封侯,承天命,用神令。骑都尉崔发等视说。及前孝哀皇帝建平二年六月甲子下诏书,更为太初元将元年,案其本事,甘忠可、夏贺良谶书臧兰台。臣莽以为元将元年者,大将居摄改元之文也,于今信矣!《尚书康诰》王若曰:孟侯,朕其弟,小子封。此周公居摄称王之文也。春秋隐公不言即位,摄也。此二经周公、孔子所定,盖为后法。孔子曰:畏天命,畏大人,畏圣人之言。臣莽敢不承用!臣请共事神祇宗庙,奏言太皇太后、孝平皇后,皆称假皇帝。其号令天下,天下奏言事,毋言'摄'。以居摄三年为初始元年,漏刻以百二十为度,用应天命。臣莽夙夜养育隆就孺子,令与周之成王比德,宣明太皇太后威德于万方,期于富而教之。孺子加元服,复子明辟,如周公故事。奏可。众庶知其俸符命,指意群臣博议别奏,以视即真之渐矣!"简文记"十一月壬子",正与巴郡石牛事合,"十一月壬子,直建冬至",经十二日乃甲子直建才上书,此均取建国吉祥之意,应建除家之说,与戊辰直定,入高庙取哀章铜册,用意相同,就是用直定之日,取其正位、真位以定天命之意,这正反映了王莽的思想信仰和"建除"观念。关于"勉书"有这样一段记载:"皇帝谦让,以摄居之,未当天意,故其秋七月,天重以三能文马,皇帝复谦让,未即位,故三以铁契,四以石龟,五以虞符,六以文圭,七以玄印,八以茂陵石书,九以玄龙石,十以神井,十一以大神石,十二以铜符帛图,申命之瑞,浸以显著,至于十二,以昭告新皇帝。皇帝深惟上天之威不可不畏,故去摄号,犹尚称假,改元为初始,欲以承塞天命,克厌上帝之心,然非皇天所以郑重降符命之意,故是日天复决其以勉书。"⑩这是篡位的舆论,夺权的先声,也正是免书的实质所在。

　　3.兵书

　　　　☐兵书,以七月旦发书,堂煌掾凤☐☐随将军自言,鱳得第卅六卒☐☐,故留玉门君卒问宜白之　(260·20)

　　"兵书,以七月旦发书",这里所讲的兵书,是指军队在行旅所发的军事文书,与《汉书·艺文志》"至于孝成,命任宏论次兵书,为四种"所讲"兵书"不同。"堂煌"即"堂皇",指军队统帅办公处,亦可泛指官吏办公厅。《汉书·胡建传》去:"于是当选士马日,监御史与护军诸校列坐堂皇上,建从走卒趋至堂皇下拜谒,因上堂皇,走卒皆上,建指监御史曰:取彼。走卒前曳下堂皇。建曰:斩之。遂斩御史。"师古注曰:"校者,军之诸部校也。室无四壁曰皇。"再如:"孝武帝为太子,立思贤苑以招宾客,苑中有堂皇六所"⑩,"堂皇二仪,拓落八极,以定万世之业"⑩,意属泛指和引申。

　　4.治书

　　　　辟掾等,定丞☐☐以治书将卒当诣延(误,延当为庭)
　　　　　　　　　　　　　　　　　　　　　　(503·15)

　　"治书",《史记·田儋传》载:"乃徙齐王田市更王胶东,治即墨。""凡县名先书者,郡所治也。"⑪"治"指地方官署所在地,或王都所在处。因而,郡、县所发之公文,似均可称为"治书"。古有"治下"之谓,是对地方行政当局的尊称。"治书"是否亦含此意,还需进一步研究。"诣庭"指去"县庭",即去县衙门。

5.莫书

☑无封印章,案莫书　（482·1）

"莫书"或曰"莫府书"。为窦融领河西五郡大将军时所发文书中常见。"莫书"或"莫府书",实指大将军府所下之文书。晋灼说:"将军职在征行,无常处,所在为治,所言莫府也。莫,大也。"颜师古认为:"莫府者,以军幕为义,古字通单用耳。军旅无常居止,故以帐幕言之。"⑫"莫"通"幕",含有谋划之意,"莫府",也可以解释为大将军的军政司令部。从现有"莫书"的内容来看,不仅有军事方面的,也有不少是属于政治方面的, 这可以看出当时大将军府实是军政领导机关。

6.次书

城官二亭吏兼次书　（503·10）

"次书""次"可泛指所在之处。《国语·鲁语上》:"五刑三次",注曰:"次,处也。三处、野、朝、市也。"所谓"喜怒哀乐,不入于胸次"。注云:"次,中也。"⑬均所在之处的意思。《尚书·泰誓中》云:"王次于河朔",即王在河朔处停留,犹"军次""旅次"意。其地称"次舍","以时比宫中之官府,次舍之众寡"。注曰:"次,诸吏直宿,若今部署诸庐者。舍,其所居处。"⑮因之,有军队长期驻守之地,以值勤,亦可称为"次"。《史记·司马穰苴传》云:"士卒次舍井灶饮食问疾医药,身自拊循之,悉取将军之资粮享士卒,身与士卒平分粮食。"又云:"相地形,处次舍,治壁垒,审烟斥,居高陵,舍出处,此善为地形者也。"⑯由此看来,"次书"应是亭、燧、舍之文书,因可资比较者甚少,可暂作此理解,以待将来进一步验证。最后还得补充一点,"次书"似应包括其他官吏发自于亭、燧、舍驻地之文书。

7.赦书

　　□不以为意,辛获赦令书到,明□诏书律令/属临,大司空属禁□　（290·6）

　　绳为,赦书到,令史□　（511·29）

"赦书"或曰"赦令"。《说文》曰:"赦,置也。"《玉篇》"赦,放也,置也。"《周礼·秋官·司刺》云:"掌三刺、三宥、三赦之法,以赞司寇听狱讼。"注曰:"刺,杀也。讯而有罪,则杀之。宥,宽也。赦,舍也。"所谓三赦之法:"一赦曰幼弱,再赦曰老旄,三赦曰蠢愚。"注又曰:"蠢愚,生而痴呆童昏者。郑司农云:幼弱老旄,若今律令年未满八岁,八十以上,非手杀人,它皆不坐。"⑦又《司刺》云:"以此三法者求民情,断民中,而施上服下服之罪,然后刑杀。"对此,《汉书·刑法志》作了进一步解释:"《周官》有五听、八议、三刺、三宥、三赦之法","三赦:一曰幼弱,二曰老旄,谓八十以上。蠢愚,生而痴呆者。自三刺以下至此,皆司刺所职也。""赦者,本有罪,而予以免罪或减罪均称赦。"《韩非子·主道》云:"故明君无偷赏,无赦罚。"是说赏罚分明,该赏即赏,该罚即罚。《汉书·功臣表》载:丞父侯孙王,武帝"征和四年三月乙酉封,三年,始元元年,坐杀人,会赦,免"。这是因昭帝新继位,而被赦免。《汉书·高帝纪》:"兵不得休八年,万民与苦甚,今天下事毕,其赦天下殊死以下。"再如六年冬十月诏曰:"天下既安,豪杰有功者封侯,新立,未能尽图其功。身居军九年,或未习法令,或以其故犯法,大者死刑,吾甚怜之,其赦天下。""上还至洛阳,赦韩信,封为淮阴侯。"七年十二月"代王喜弃国,自归洛阳,赦为合阳侯"。纵观西汉之世,凡属大赦,或因天子"冠礼","三月甲

子,皇帝冠,赦天下"⑳或因太子即位,"惠帝崩,太子立为皇帝,年
幼,太后临朝称制,大赦天下"㉙,"朕初即位,其赦天下,赐民爵一
级,女子百户牛酒,酺五日"㉚;或因天象舛异,或因水旱天灾,或因
战祸,或因谋反者众等,都可"赦天下"。这类史实,《史记》《汉书》不
乏其载,兹不赘述。简文所云"赦令书到",应指赦令,令为诏,即赦
令诏书,与下文正合。

8.余责书

建昭元年三月尽□□□诸官余责书　(272·29)

"余责书","责"同"债",是"债"的本字。"余责书"就是"余债
书"。《管子·问篇》云:"邑之贫人责而食者几何家";《国策·齐策
四》:"乃有意欲为收责于薛乎";《汉书·淮阳宪王钦传》"博(钦舅张
博)言负责数百万"。"债"均作"责",同"债",又如《史记·孟尝君传》
载:"孟尝君忧之,问左右,何人可使收责于薛者?传舍长曰:代舍客
冯公形容状貌甚辩,长者,无他伎能,宜可令收责。"又云:"文食客
三千人,故贷钱于薛,文俸邑少,而民尚多不以时与其息,客食恐不
足,故请先生收责之。"简文所记载的是建昭元年三月诸官的余债
文书,指未清还的账单和借契。

9.赋书

都尉赋书及清塞下诏书　(42·9B)

"赋书",是都尉府所写的"清塞下诏书"的颁行或说明文书,
随诏书下达。"赋"通"敷",意为陈述、说明、颁布。《诗经·大雅·烝
民》云:"明命使赋","赋"意为颁行。《左传·僖公二十七年》:"赋纳
以言"㉛,亦可称"敷奏以言",意思完全相同。孔安国说:"敷,陈;
奏,进也。"㉜简文云:"都尉赋书及清塞下诏书",含意是清楚的,是

指由都尉所写的说明文件和中央下达的清塞下诏书,似这类由太守府或都尉府对上级所下文书加以说明,提出具体要求,然后再下达到基层单位的情况是屡见不鲜的,汉简中常见到"如府书""如诏书""如御史令"等,多属下行文书中由掾吏所加的例行文辞,有陈述、说明、批转性质。指示各下级部门按上级文书之规定精神、方法办事。这里的"赋书"随同诏书下达,显然,它是为了说明、解释清塞下诏书的,当然还会对下级贯彻、执行,提出一些要求或办法,可惜由于简残,其"赋书"内容无法知道了。值得注意的是,该简背面文字为"五凤元年及二年□三□",说明它仍是文书的题签,既有"楬"当属归档文书,所以将诏书及其说明文书归于一类,自然是理所当然的了。

《永始三年诏书》册出土时编缀次第散乱,后经整理,复原成册,并写出初校释文。今详察之,似觉当初简文排列次第有欠妥之处,为便于考察、研究,兹先将简文次第重新排列如下:

附《永始三年诏书》

一、丞相方进、御史臣光昧死言明诏衰安元,臣方进、御史臣光言,往秋郡被霜,冬无大雪,不利宿麦,恐民□□

二、言,即可许取,请除贷钱它物律,诏书到,县、道、官□□县官,还息与贷者必不可许,必别奏,臣方进、臣光愚戆,顿:首:死:罪:

三、制可

四、治民之道,宜务其本,广农□□来出贷,或取以贾贩,愚者□□

五、来去城郭流亡,离本逐末,浮食□□与县官并税,以成家致富,开并兼之路,□□

六、令堪封曰,富民多畜田、出贷□□□□

七、赏得自责毋息，毋令使郡县相残贼，务禁绝息□☑

八、郡国九穀最少，豫稍为惆给，立辅既言，民所疾苦，可以便安。

弘农太守丞立、山阳行太守事，湖陵□□上□☑

九、调有余给不足，吊民所疾苦，必可以便安百姓，着公计长吏守丞☑

臣光俸职无状，顿：首：死：罪：臣方进、臣光、前封公上计弘农太守☑

十、永始三年七月戊申朔戊辰，下当用者

十一、七月庚午丞相方进，下少府卫将：军：二：千：石：部刺史、郡太守☑下当用者，书到言

十二、八月戊戌，丞相方进重令：长安男子李黎、索辅等，自言古租□□

又闻三辅豪黠吏，比复出贷，史重质不止，疑郡国亦然，书到

十三、十月己亥，张掖太守谭、守郡司马宗行长史事，□☑书从事，下当用者，明遍悬亭显处，令吏民皆知之，如诏书

十四、十一月己酉，张掖肩水都尉谭、丞平，下官，下当用者，如诏书

十五、十一月辛亥，肩水侯宪，下行尉事，谓关啬夫吏，承书从事，明遍亭□处，如诏书　　　　士史猛

一、诏书结构与下达程序

全册除以上 15 简，还有一简因残损严重，字迹已无法辨认。简的正面两行书写，是当时中央官属文书的流行书写形式。内容可分为五个部分：第一简至第二简为"奏"，第三简"制可"以下至第九简是诏书本文，第十简和第十一简称为下行文书，第十二简是"重令"文书，第十三至第十五简为再下移文书。

查两汉时期的诏书,多由"奏"、本文和下行文书(或曰下移辞)三部分组成。司马迁《史记》、班固《汉书》摘引诏书时,常删其首尾,仅选录本文,使后学者难窥诏书之全貌。《永始三年诏书》较一般诏书多了两部分,这就是"重令"文书和再下移文书。为什么将简文做了上述的重新排列,要说明这一点,请先看下面例文:

> 太仆臣贺行御史大夫事昧死言,太常臣充言卜入四月二十八日乙巳,可立诸侯王。臣昧死奏舆地图。请所立国名。礼仪别奏。臣昧死请。制曰:立皇子闳为齐王,旦为燕王,胥为广陵王。四月丁酉,奏未央宫。六年四月戊寅朔癸卯,御史大夫汤下丞相,丞相下中二千石,二千石下郡太守、诸侯相,丞(误,应为"承")书从事,下当用者。如律令。(《史记·三王世家》)

这个诏书正由三部分组成,是典型格式。自"太仆臣贺"至"臣昧死请"这一段是"奏","制曰"以下是本文,"六年四月戊寅朔癸卯"以下至"如律令"为下行文书。《史记·三王世家》《汉书·武五子传》对该诏之缘由、批准虽有记述,但不系统,复原其程序,应是元狩六年四月一日(戊寅),由丞相青翟、御史大夫汤奏请封诸侯王,但"奏"文留中;四月十九日(丙申)由丞相青翟、太仆贺、太常充、太子少傅安等再次"奏"闻,次日(丁酉)达于未央宫,"制曰可",正式批准;四月二十六日(癸卯)开始诏书下移,定于四月八日(乙巳)正式册封。这就是诏书由产生到执行的全过程。这里需要说明的是,当我们在推算上诏的朔闰时,发现陈垣《二十史朔闰表》元狩六年四月朔旦推算有误,"丁丑"应为"戊寅"。

再如《孔庙置百石卒石碑》,从"司徒臣雄、司空臣戒稽首言"至"臣雄臣戒愚赣诚惶诚恐顿首死罪死罪,臣稽首以闻"是"奏","制曰可"以下是诏书的主要内容,也就是本文。自"元嘉三年三月丙子朔二十七日壬子,司徒雄、司空戒下鲁相,承书从事,下当用者,选其年册以上，经通一艺，杂试通利，能俸弘先圣之礼，为宗所归者，如诏书，书到言"，至"如律令"，为下行文书。当诏书下达时，"奏"与下行文书同时下达，以明诏书之原委以及文书下达之范围。

居延汉简系当时实用文书，还可以看到一些鲜明的例证：

> ☐史大夫广明下丞相，承书从事，下当用者，如诏书，书到言。☐☐郡太守、诸侯相，承书从事，下当用者，如诏书到，明白布告，☐☐到令遣害郡县以其行止☐，如诏书律令，书到言/丞相史☐下领武校、居延属国部农都尉、县官，承书☐　（65·18）⑧
>
> 二月丁卯，丞相相下车骑将━军━中━二━千━石━郡太守、诸侯相，承书从事，下当用者，如诏书　（10·30）
>
> 永光四年闰月，丙子朔乙酉，大医令遂、丞襄，下少府中常寺，承书从事，下当用者，如诏书。闰月戊子，少府余，狱丞从事☐☐☐☐丞相府，承书从事，下当用者，如诏书。/掾未央·属顺·书佐临☐☐☐☐骑将军、御史、中二千石、郡太守、诸侯相，承书从事，下当用者，书到言。/掾☐☐令史相　（18·5）

皆仅留下行文书。

通过以上数例，使我们有可能对《永始三年诏书》的前十一简作出较为合理的安排。至于第十二简的"重令"文书及第十三、十四、十五简的再下移文书，则是依据简文朔闰推算来排定的。推算朔闰时，我们依陈梦家先生《汉简年历》为主，参考了陈垣先生《二十史朔闰表》以及有关纪、志、传等。通过推算，使我们进一步明确了诏书下达的过程，以及其他一些有关的问题。

《永始三年诏书》上奏后，于"永始三年七月戊申朔戊辰""制可"，这也就是说于七月二十一日正式批准执行，"七月庚午"诏书开始下移。从批准到下移其间仅隔两天，办事效率不算慢。经过整整一月之后，即"八月戊戌"（八月二十二日），由于"长安男子李黎、索辅等,自言古租"办法遭到破坏,"又闻三辅豪黠吏,比复出贷,史重质不止,疑郡国亦然",这种情况可能已不是局部地区的问题,"疑郡国亦然",涉及面较广。于是,才又决定"重令",将原定仅下到"郡太守"一级的诏书,扩大其下达范围,要求"遍悬亭显处",直达基层,明白通告。"令吏民皆知之",这就是"重令"文书的缘由和目的。自"戊戌重令"决定将诏书全文下达到亭燧这一基层组织,其间又经过了两个多月的时间,于十月己亥(十月二十四日)诏书才到达张掖太守府。十一月乙酉(十一月四日)到肩水都尉府,十一月辛亥(十一月六日)下达到肩水候官,然后遍布各亭燧。这一中央文书,自批准颁布起,到传达到西北边郡普通吏民得知,共经过了三个半月的时间,这对我们了解当时文书传递的速度,进一步推算其传递方式,无疑是一个生动的例证。同时,我们也可看出,中央制诏书如此缓慢,其他文书下达之速度可想而知。

秦统一之前,各类文书并无定制,及秦并天下,中央一级始规定:凡以皇帝名义下达的文书"命为制,令为诏"⑭,"制书,帝者制度之命也,其文曰制。诏,诏书。诏,告也"⑮。蔡邕《独断》云:"群臣有所奏请,尚书令奏之,下有司曰制,天子答之曰可,若下某官云云,亦曰诏书。"张守节认为:"制诏,三代无文,秦始有之。"⑯汉承秦制,"天子之言,一曰制书,二曰诏书。制书者,谓为制度之命也"⑰。据《汉制度》所载:西汉中期以后,"帝之下书有四:一曰策书,二曰制书,三曰诏书,四曰诫敕。策书者,编简也,其制长二尺,短者半之,篆书,起年月日,称皇帝,以命诸侯王。三公以罪免亦赐策,而以隶书,用尺一木,两行,唯此异也。制书者,帝者制度之命,其文曰制诏三公,皆玺封,尚书令重封,露布州郡也。诏书者,诏,告也,其文曰告某官云,如故事。诫敕者,谓敕刺史、太守,其文曰有诏敕某官。它皆仿此"⑱,这是当时的正式规定。事实上,在实际应用过程中并无此严格区别。居延汉简中有制诏"少府""太医令"等⑲,并非三公,制书亦不限制度之命,"奏"文也并非尽起于御史大夫,所以制诏奏移仍视具体情况而定,并不尽如制度。

　　二、诏书内容考述

　　《永始三年诏书》册的简文多有残损,漫漶处剥蚀不清。为分析、探讨其内容,兹略予考述。

　　"昧死言",《汉书·高帝纪》有"赵王张敖、燕王臧荼昧死再拜言",张晏注:"秦以为人臣上书当言昧犯死罪而言,汉遂遵之。"逐渐成为臣下奏闻、下级对上级官文书中的习惯用语。"哀安元",《吕氏春秋·慎大报更》有"人主胡可以不务哀士",《诗·大雅·桑柔》有"哀恫中国",郑玄笺:"恫,痛也。哀痛乎中国之人。"《盐铁论·未通》又有"先帝哀怜百姓之愁苦",所以"哀"均为哀怜之意。所谓"元",《汉书·元帝纪》有"元元之民",《汉书·成帝纪》有"元元冤失职者众",应指普通老百姓。故"哀安元"者,意即哀怜安抚众黎庶。"䨮",即"雪"字之别体,《金石索·石索·四》载《汉故谷城长汤阴令张君表颂》的"雪",即写作"䨮"。"宿麦",《汉书·武帝纪》有"遣谒者劝有水灾郡种宿麦",颜师古注:"秋冬种之,经岁乃熟,故云宿麦。"

　　"既可许取","既可"即认可,"许取"即同意这样办,系汉代习惯用语。"请除贷钱它物律",《汉书·高帝纪》有"与父老约,法三章耳:杀人者死,伤人及盗抵罪。余悉除去秦法","除"即免除,贷指借贷。《左传·文公十四年》有"尽其家,贷于公",《晋书·王长文传》有"长父居贫贷多,后无以偿"。"它物",《汉书·景帝纪》有"它物,若买故贱,卖故贵,皆坐臧为盗,没入臧县官",师古注:"它物,谓非饮食者。"指其他衣物用具。"请除贷钱它物律",是请求下诏免除借贷与其他物品的高利贷盘剥的律令,与下文"还息与贷者必不可许"相呼应。

　　"必别奏",别即区别。《荀子·君道》:"知国之安危臧否,若别黑白,是其人者也。"《礼记·乐记》:"好恶著则贤不肖别矣!""别奏"同于"别书"。居延汉简有:

☑承书从事，下当用者，以道次传别书相报，不报者☑
(61·9)

☑者，以道次传别书到，相牛，大司农调，受簿编次不办者
☑ （238·36）

即需要另行奏闻(报告)之意。"顿：首：死：罪："中的"："，是重文符
号，汉代官私文书中所常用，与简文中的"━"符号相同。

"宜务其本"，"本"即"本业""本务"。《荀子·王制》："立身则憍
暴，事行则倾覆……好用其籍敛矣，而忘其本务，如是者灭亡。"《史
记·商君传》："僇力本业，耕织致粟、帛多者复其身。""本"指从事农
业生产或手工业劳动。"或取以贾贩"，"贾贩"与前文"出贷"相表
里，一是高利贷，一是图暴利，这是指豪吏向小民敲诈勒索的两种
不同手法。

"离本逐末"，《商君书·壹言》："治国能搏民力而壹民务者，强；
能事本而禁末者富。"《史记·商君传》："事末利及怠而贫者，举以为
收孥。"《索隐》："末谓工商也。盖农桑为本，故上云本业耕织也。"
"浮食"，《潜夫论·浮侈》："治本者少，浮食者众。商邑翼翼，四方是
拯。今察洛阳，浮食者什于农夫；虚伪游手者，什于浮末。""并兼"，
或称"兼并"，《汉书·武帝纪》有"又禁兼并之涂"，李奇注："谓大家
兼役小民，富者兼役贫民。"文颖认为："兼并者，食禄之家不得治
产，兼取小民之利，商人虽富，不得复兼畜田宅，作客耕农也。"颜师
古同李说。

"令堪封"，"令"即弘农郡某县令堪封。"令堪封曰"是奏文中引
用堪封上计文书中所汇报的黎民困苦的情况，这种情况又被援用
于诏书中。

"自责毋息，毋令使郡县相残贼，务禁绝息"，"自责"意为自己
责备自己，有自勉之意。《论衡·问孔》："责小过以大恶，安能服人。"
《汉书·东方朔传》："使先生自责，乃反自誉"！"残贼"，《汉书·元帝

纪》:"永光二年春二月诏曰:有司又长残贼,失牧民之术。"《汉书·
成帝纪》河平元年夏四月诏:"百寮各修其职,惇任仁人,退远残
贼。""残贼"指贪官污吏奸暴之徒,非指一般奸滑豪民和"盗贼",这
里则是诏书正文将结束时对百官的敕诫、告勉之语。这种敕诫,已
属诏文惯例,多为制诏所使用。如《汉书·哀帝纪》绥和二年诏文:
"察吏残贼酷虐者,以时退。"元寿元年春正月诏:"公卿大夫其各悉
心勉师百寮,敦任仁人,黜远残贼,期于安民。"

　　"豫稍为惆给","豫"即计划、考虑、准备之意。《晋书·王弥
传》:"弥多权略,凡有所掠,必豫图成败,举无遗策。"《汉书·萧望
之传》:"务益致谷以豫备百姓之急。""惆"即悲伤、怜惜之意。《文
选·叹逝赋》:"虽不寤其可悲,心惆焉而自伤。""豫稍为惆给",意
为准备给可怜、悲伤的(老百姓)调粮。"立辅既言","立"是人名,
即"弘农太守丞立","辅"为佐贰的意思。《左传·襄公十四年》:"皆
有视眤,以相辅佐。"《汉书·萧望之传》赞:"身为儒宗,有辅佐之
能,近古社稷臣也。"《周礼·天官·大宰》:"置其辅。"注:"辅,府吏,
庶人在官者。"因立职郡丞,故谓"立辅"。"弘农""山阳"均汉代郡
名。弘农郡地处当时的关中,即今蓝田以东,三门峡市以南,淅川
以北地区;山阳郡在今大野泽、济宁市以南,商丘以北,鱼台以西
地区。这些地区正是西汉末年灾情较重的地域。简文中的"湖陵"
县,即属山阳郡领县之一。

　　"调有余给不定",居延汉简中有:

　　　　守大司农光禄大夫臣调昧死言,□受簿丞庆,前以请,诏
　　使护军屯食守部丞武☒以东至西河郡十一,农都尉官二,调物
　　钱谷漕转粜□民困乏,愿调有余给不(足)☒　(214·33)

此乃元帝永光二年或三年之诏书,较永始三年诏书略早 20 余年,
社会基本情况相近,"调有余给不足"是大司农职责常务,属临时性

救急措施,似与均输、平准法无涉。"公计长吏""上计",《汉书·武帝纪》"县次续食,令与计偕",师古注:"计者,上计簿使也,郡国每岁遣诣京师之上。"察上计之制,始于战国初期。《淮南子·人间》:"解遍为东封,上计入而三倍,有司法赏之,文侯曰:吾土地非益广也,人民非益众也,入何以三倍。"汉王朝建立,"郡守岁尽遣上计掾史各一人,条上郡而众事,谓之计簿"(《通典》),可知上计的时间应在年终。《汉书·严助传》:"愿俸三年计最,诏许,因留侍中。"如淳曰:"旧法当使丞俸岁计,今躬自欲入俸也。"按汉制,各郡国一年一度上计丞相府,有时天子亦亲受之;如上计不实,罪犯刑律。《汉书·功臣表》记载众利侯郝贤"元狩二年,坐为上谷太守入戍卒财物,上计,谩,免",师古注:"上财物之计簿而欺谩不实。"

　　"少府",《汉书·百官公卿表》记载:"少府,秦官,掌山海池泽之税,以给供养,有六丞。"师古注:"大司农供军国之用,少府以养天子也。""卫将军",《汉书·文帝纪》:"已尊昌为卫将军,其封昌为壮武侯""领南北军"⑳。"部刺史",居延简文有:

　　　　坐从良家子自给车马,为私事论疑也。□檄书到,相,二千
　　石以下,戍吏毋过品,刺史禁督,且察毋状,各如律令　(40·6)
　　　　刺史治所,且断冬狱　(482·19)

《续汉书·百官志》:"秦有监御史,监诸郡,汉兴省之,但遣丞相史分刺诸州,无常官。孝武帝初置刺史十三人,秩六百石。成帝更为牧,秩二千石。"蔡质《汉仪》:"诏书旧典,刺史班宣,周行郡国,省察治政,黜陟能否,断理冤狱,以六条问事,非条所问,即"不省"。《汉书·百官公卿表》师古注及杜佑《通典》均引此文,小有差异。关于刺史理事之具体事例,还可参见《汉书》何武、薛宣、朱博等传。这里有个问题需略加说明,史载"成帝更(刺史)为牧,秩二千石",但永始三年仍称为"部刺史",可知更刺史为牧应在元延、绥和年间。如果是

这样,那么,又有一个问题,即永始三年时,刺史之名未改,秩应为六百石,名次似不应列于郡太守之前。今诏书部刺史名列郡太守之前,这只能有一个解释,就是刺史在未改牧之前,其秩次已早改为二千石。"书到言"是汉代官文书的例行文辞,意即文书收到后,应"即言报"。

"长安男子","男子"一词在汉书、汉简中屡见,指不名姓字的庶民。"古租",似指汉初税租而言。《汉书·食货志》:"汉兴,接秦之敝……上于是约法省禁,轻田租,什五而税一。""孝景二年,令民半出田租,三十而税一也。""史重质不止","史"同吏,类"士史"称"士吏""令史"称"令吏"。"质",质问、鞫讯的意思。

为了解边郡文书传递之次序,试将汉简中的郡、尉系统略述如下:郡太守之佐有丞、长史,属吏有诸曹、阁下,辖部都尉、郡都尉、属国都尉、农都尉以及县等;各都尉府又有其下辖系统,都尉有丞,属吏有掾、千人、司马,下辖机构为侯官,首长曰侯,辅有丞,属吏有掾、令史、士史、尉史、侯史等。侯官下副贰是塞尉,辅有丞,属吏有从史、尉史、尉从史等,侯官之下一级为部,部之长称侯长,属员有侯史,部下辖烽燧,这是最基层的一级防御组织。燧有燧长,属员有燧史、助史等。都尉又辖屯兵系统,由城尉负责,下辖司马、千人、骑司马、骑千人及其属员令史等;都尉下辖还有屯田系统,有田官;军需系统,有仓令、丞;交通系统,有驿、关、置等。郡太守下辖之行政系统为县,县以下有乡、亭、什、五。

三、文书比较

各种官文书就是按上述系统依次下达的。

两汉时期中央一级的官文书,除诏书之外,还有"策书""制书"和"敕书"。近年来一些学者认为"两汉之世诏制无异",甚至认为"策、敕两书,徒具名义而已"。居延汉简中有"诏""制""敕"书的具体文例,唯短缺"策"书,试先分类摘录如次,以资比较。

1.制书

卅六,廷尉受制曰:廷尉、中二千石、二千石、郡太守、诸侯相,奉汤 (20·9)

制诏,纳言与☐官,伐林木取竹箭,始建国天凤二年二月戊寅下 (95·5)

2.诏书

二月丁卯,丞相相下车骑将═军═中═二千═石═郡太守、诸侯相,承书从事,下当用者,如诏书 (10·30)

元康五年二月,癸丑朔癸亥,御史大夫吉下丞相,承书从事,下当用者,如诏书 (10·33)

月存视其家,赐肉卅斤,酒二石,甚尊宠,郡太守、诸侯相、内史所明智也,不奉诏,当以不敬论,不智 (126·41)

☐几成风,绍休圣绪,传不云乎,十室之邑,必有忠信,☐子雍于上闻也,二千石长官纲纪人伦 (126·30,332·16)

御史大夫吉昧死言,丞相相上大常昌书言,大夫丞定言,元康五年五月二日壬子日夏至,宜寝兵,大官抒井,更水火,进鸣鸡,谒以闻,布当用者。臣谨案,比原泉御者、水衡、抒大官御井,中二═千═石═,令官各抒别火 (10·27)

3.敕书

所敕莫虏,因奏八书 (130·14)

始建国地皇上戊三年三月,敕吏卒名☐ (479·1)

"伐木取箭"或"符令"之制均属国家制度,当用"制","制曰可",正式批准执行,其程序类诏书。而诏书中的"存视"养老、"谨慎敬戒""十室之邑,必有忠信""宜寝兵,大官抒井,更水火,进鸣鸡"等,重在教化,正如诏书所说的"明白布告",使吏民皆知的意思。不仅有"制""令"之别,而下达的范围也显著不同。至于"敕"书,意在斥责、告诫,其区别十分清楚。在一些文书中,实际上"制""令"兼备,诚勉并云,诏、制差异确实并不明显,难以划分。在这种情况下,只能以格式而定。

《流沙坠简·屯戍丛残·簿书》第一、二号简:"制诏酒泉太守,敦煌郡到戍卒二千人,发酒泉郡,其假□如品,司马以下与将卒、长吏将屯要害处,属太守,察地形,依阻险,坚壁垒,远侯望,毋□陈邱适者赐黄金十斤,□□元年五月辛未下。"王国维先生对此曾做过考释,认为"此宣帝神爵元年所赐酒泉太守制书",并引《独断》关于制书的定义进行论证。他又以《武五子传》中的山阳太守玺书、《陈遵传》中的制诏、《赵充国传》中的赐书为例,证明上列之简文为制书。然而,就简文内容分析,似非"制度之命",而实乃告白之意。至于玺书,并不专指制书,凡"有印使符下远近而玺封者",均称为玺书,如"诏书""符令""诏记"等,所以可以说玺书包括制书,但制书并不等于玺书。有人认为制书、诏书、玺书是一回事,诚属误解。

汉代诏书下行系统及部门,均视具体情况而定。高帝十一年三月诏书,是由御史大夫昌下相国,相国酂侯下诸侯王,御史下郡守⑩。元狩六年诏,则由御史下丞相,丞相下中二千石,二千石下郡守、诸侯相。《无极山碑》光和四年八月丁丑诏书,则由尚书令下太常,太常耽、丞敏下常山相。然而,较多的是给各郡守、诸侯相的由丞相下达,不必经过九卿。九卿不同于后来的六部衙门,在一般情况下,是丞相总理一切,各武职则由丞相史下达,但对高级将领亦有由丞相直接下达者,如"二月丁卯,丞相相下车骑将军、将军……"(10·30)。此外,日常诏书启奏,下达多属御史大夫。成帝时诏书如"绥和元年六月癸卯朔,大司空武下丞相,丞相下当用者"。

大司空即原御史大夫。除御史之外,还有尚书掌文书事。《汉书·灌夫传》记载景帝时,窦婴受遗诏,嘱其事有不便,以便宜论上。及灌夫罪至族,事日急,窦婴直接上书言事。"案尚书大行无遗诏,诏书独藏婴家,婴家丞封。乃劾婴矫先帝诏书,罪当弃市。"所以,臣下凡有奏请,先上尚书,尚书上于天子。凡有诏下,皆藏于尚书处,以备核查。元帝时尚书权力扩大,属天子近臣,易得宠幸,丞相之权略有旁落。西汉末年,王莽秉政,各种制度多有变革,当然,诏书之制也不例外。如"八月辛丑,大司徒宫下小府,安汉公大傅大司马大师车骑☐"(53·1),"大司徒宫",即马宫,元寿二年九月"右将军马宫为大司徒",元始五年四月"大司徒宫为大司马,八月壬午免"⑫。王莽于元始元年正月被封为安汉公,当时孔光为太师,王舜为车骑将军,甄丰为少傅左将军光禄勋,与莽同为四辅。可知辛丑诏书当在元始元年至三年之间。元始四年正月王莽加号宰衡,位在三公之上,三公言事称敢言之,显然与该诏职官不合。诏书所谓"小府",即"少府",因理天子私事,故由大司徒下之,九卿、郡国则由安汉公并四辅下行。这一点,目前资料还不多,还需进一步证实。

第十四节　律令文书与吏员

一、律令文书

在居延汉简中可散见到已佚亡的汉律个别条文, 也可看到保存下的一些挈令、科别,自居延新简发现以来,更加丰富了以上内容,并补充了两汉时期法律的诉讼程序。

1.汉律

①律文

　　捕律:禁吏毋夜入人庐舍捕人,犯者其室殴伤之,以毋故入人室律从事　(395·11)

律曰：赎以下可檄，檄。勿征遝。与令史移檄官宪功算臬维蒲封　（157·13，185·11）

☐知之，当以父先令，户律从☐　（202·10）

二月戊寅，张掖太守福、库丞承熹兼行丞事，敢告张掖农都尉、护田校尉府卒人，谓县律曰：臧官物非录者，以十月平贾计。案戍、田卒受官袍衣物，贪利贵贾，赍予贫困民，吏不禁止，湿益多，又不以时验问　（4·1）

毋得赍卖衣财物，太守不遣都吏循行，☐严教受卒，官长吏各封臧☐　（213·15）

《汉书·刑法志》："汉兴，高祖初入关，约法三章，曰杀人者死，伤人及盗抵罪，蠲削繁苛，兆民大悦。其后四夷未附，兵革未息，三章之法，不足以御奸，于是相国萧何攈摭秦法，取其宜于时者，作律九章。"这九章之律就是盗律、贼律、囚律、捕律、杂律、具律、户律、兴律以及厩律。上引简文载捕律一条，所谓捕律，源于李悝《法经》六篇中的《捕法第四》，列后魏时名捕亡律、北齐名捕断律、后周名逃捕律、隋时名捕亡律。

捕律主要是为缉捕刑事、政治犯罪分子的有关法律规定，这是我国古代法律的重要组成部分，因之为历代法律不断地予以修正、补充。上引简文捕律中云："以毋故入人室律从事。"这是捕律中引用了《汉律·贼律》条文。《周礼·朝士》。"凡盗贼军乡邑及家人，杀之无罪。"郑注："谓盗贼群辈若军共攻盗乡邑及家人者，杀之无罪。若今时无故入人室宅庐舍，上人车船，牵引人欲犯法者，其时格杀之，无罪。"可知，在汉代即使是追捕逃犯，也禁止官吏夜入人室，敢有犯者，当以《贼律》条款问罪。《唐律·贼盗》。"诸夜无故入人家者，笞四十。主人登时杀者，勿论；若知非侵犯而杀伤者，减斗杀伤二等，其已就拘执而杀伤者，各以斗杀伤论，至死者加役流。"较汉律规定的更加具体、严格。

在钩稽汉律的研究工作中,已知的《汉律·捕律》条文较为少见。前引第二条简文疑为当时捕律。"赎以下","赎"指赎刑或赎罪。所谓赎刑,即以财物赎罪。《尚书·尧典》"流宥五刑,鞭作官刑,扑作教刑,金作赎刑。"疏曰:"古之赎罪者,皆用铜。汉始改用黄金,但少其斤两,令与铜相敌……后魏以金难得,合金一两,收绢十匹,今律乃复。依古死罪赎铜一百二十斤,合古称三百六十斤。"除以金赎刑外,在汉代还可以钱物、功劳赎罪。《史记·平准书》:"(桑)弘羊又请令吏得入案补官及罪人赎罪。"《三国志·吴·凌统传》:"(孙)权壮其果毅,使得以功赎罪。"

赎刑之立,本为惩戒过失犯罪者。《尚书·舜典》马注:"意善功恶使出金赎罪,坐不戒慎者。"汉代有关赎刑、赎罪的记载不少。《汉书·功臣表》:"新畴侯赵弟,太始三年,坐为太常鞠狱不实,入钱百万赎死,完为城旦。""梁冀执金吾岁朝,讬疾不朝,司奈杨雄治之,诏以二月俸赎罪。"(见《太平御览》引谢承《后汉书》)再如《汉书·李广传》:"汉法博望侯后期当死,赎为庶人。"《汉书·公孙敖传》"以将军出北地,后票骑失期,当斩,赎为庶人。"《汉书·上官皇后传》:"赎罪,免。"《汉书·功臣表》:"嗣侯曹宗,征和二年,坐与中人奸入宫掖门,入财赎完为城旦。"据《后汉书·陈宠传》:"今律令赎罪以下二千六百八十一。"

两汉时期的赎金,按时而论,似无法定,或因人而异,几无定额。如《汉书·淮南王安传》:"赎死金二斤八两。"据《汉书·食货志》记载,新莽时金钱换率为"黄金重一斤,直万钱"。《王莽传》亦云:"有司奏:故事,聘皇后黄金二万斤,为钱二万万。"合黄金一斤,值万钱。若按此比例,"赎死金二斤八两",当折合钱二万八千钱,但赵弟赎死,"入钱百万",大大超过二万八千之数,况武帝时经济状况总要好过新莽,其差额竟如此之大。因之,不能认为"汉代赎死金当为二万八千钱"。这里我们还可以从其他记载中分析这一问题。《汉书·惠帝纪》云:"得卖爵三十级以免死罪。"应劭注曰:"一级直钱二千,凡为六万。"且不说这个数额已距"二万八千"相去甚远,要与"入钱百万"相比,那更是天渊之别了。

简中记述律文曰:"可檄,檄。勿征遝。"就是说:可以檄(紧急文书)召诣者,尽可能用檄书召诣,不必派人逮捕。这是汉律中一个值得重视的捕亡原则。

"与令史移檄官宪,功,算枲维蒲封。"这是指在人犯捕获以后,要求"与令史移官","令史",即下级官吏。"移官","官",这里当指县庭。这句话的意思是负责捕亡的吏卒应与令史一同将人犯送交县庭。"宪功","宪"者,法令也。《尚书·说命下》:"监于先王成宪,其永无愆。"《管子·立政》:"宪既布,有不行宪者,谓之不从令,罪死不赦。""功"者,劳绩也。《周礼·夏官·司勋》:"王功曰勋,国功曰功。"枲"奠"者,安放、安置也。《礼记·内则》:"奠之,而后取之。"枲,指木板。"维",指结物体的大绳。《汉书·贾谊传》:"若夫经制不定,是犹度江河之维楫,中流而遇风波,船必覆矣!"注曰:"维所以系船,楫所以刺船也。"蒲,通匍,即蒲服。"蒲服"者,伏地也。《战国策·秦三》"(伍子胥)至于陵水,无以饵其口,坐行蒲服,乞食于吴市。"《史记·苏秦传》索隐曰:"蒲服,即匍匐。"这是说:依律令规定为捕吏叙劳绩,记功劳,然后将人犯用绳子捆绑在木板上,使其伏卧地下,最后关闭封门,这当然是牢房的门。

简文第三条,自名"户律"。萧何依秦律六篇而增加了厩、兴、户三篇,直至后周,均名为户律。北齐时以婚事附之,更名婚户律,隋开皇年间,以"户在婚前",改之曰户婚律。据云梦睡虎地所出秦简,发现战国时魏国《户律》佚文一条,内容为假门、逆旅、赘婿、后父勿令为户,不予田宅的律文。当时《户律》是否已并列六篇,因只见到一条,还难下结论。昔《户律》已经单列为篇,那么,李悝《法经》六篇之定论,就值得进一步考虑了。"先令",遗令也,近似于现在所说的遗嘱。《汉书·杨王孙传》:"及病且终,先令其子曰:吾欲臝葬以返吾真,必亡易吾意。"师古注曰:"先令为遗令。"《汉书·景十三王传》:

"先令，令能为乐奴婢从死。"注曰："先令者，预为遗令也。"又见《后汉书·马融传》："(融)年八十八，延熹九年卒于家，遗令薄葬。"遗令，亦即遗嘱，具有法律效力，故列文《户律》，遗令得到法律的承认与保护。

"县律"，应是律文仅适应本县范围。云梦睡虎地所出《效律》一篇，篇首即曰："为都官及县效律"，这是指仅适用于都官及县的《效律》有关部分。"臧官物非录者，以十月平贾计。"臧，即赃，指一切非法所得的不义之财。"非录者"，指在官府没有正式记录在案的财物。《周礼·职币》："掌式法以敛官府都鄙，与凡用邦财之币，振掌事者之余财，皆辨其物而奠其禄，以书楬之，以诏上之小用赐予。"郑注曰："奠，定也。故书录为禄。杜子春云：禄当为录，定其录簿。郑司农云：楬之，若今时为书以著其币。"孔疏云："而奠其录者，谓定其所录簿书色别，各入一府，以书楬之者，谓府别各为一牌，书知善恶价数多少，谓之楬。"平贾，指市场之中由官方所定之正常价格。《汉书·沟洫志》："治河卒非受平贾者，为著外繇六月。"苏林注曰："平贾以钱取人作卒，雇其时庸之平价也。"如淳注云："平贾一月，得钱二千"。(这是如淳引自《律说》，而《晋书·刑法志》则说"汉科有平庸坐臧")显然，所谓平贾，也不是市场浮动的平均正常价格，而应是官方所定价。因之《汉书·食货志》曰："诸司市常以四时中月实定所掌，为物上中下之贾，各自用为其市平，毋拘它所，众民卖买五谷布帛丝纩之物，周于民用而不雠者，均官有以考检厥实，用其本贾取之，毋令折钱。万物印贵，过平一钱，则以平贾卖与民。其贾低贱减平者，听民自相与市，以防贵瘦者。"十月平贾，这是十月上计之伸延，正是武帝以前，太初元年，袭因十月为岁首之故。后虽改历，但此风延续未改。

戍卒、田卒袍服衣物均受之官，为防其"贪利，以贵价赊予贫困之民，图其暴利，因定县律以禁"。然而，事实上对这种谋取暴利的手段，"吏不禁止""湎益多"。"湎"，整肃之意。《新书·容经》："军旅之容,涺然肃然固以猛。"这里是说,越整越多,"又不以时验问"。"验问",属律法程序。《史记·商君传》:"商君之法,舍人无验者坐之。"验指凭证、证明。验问,就是问以取得证据。至于最后一简之简文,虽与上简县律内容相近,但不一定属于汉律范围。纵观居延汉简,似上述内容之简文还有很多,如新出之窦融简,是以"府书"形式下达的,也有以"檄书"形式下达的。边郡地区,士卒贫困,常有贳卖衣物的事情发生,甚至因"责不可得"而引起纠纷,已是见怪不怪了。所以只好"严教受卒",对受衣物的田、戍卒严加管教,并不一定要按律鞫讯了。

②北边挈令及其他

·北边挈令:第四侯长、侯史日迹及将军吏劳二日,皆当三日　(10·28)

北边挈令:第四北边侯长、侯史迹,二日当三日　　(562·19)

北边挈令:第四侯长、侯史☐　(198·7)

什么是"令"?刘照《释名》曰:"令,领也,领理之使不相犯也。"《汉书·宣帝纪》文颖注曰:"天子诏所增损不在律上者为令。"《史记·杜周传》曰:"前主所是著为律,后主所是疏为令。"其次,令还有另一层意思。《盐铁论》云:"春夏生长,圣人像而为令,秋冬杀藏,圣人则而为法,故令者教也,法者刑罚也。"《唐六典》说得更为具体:"律以正刑定罪,令以设范立制。"《太平御览》引杜预《律序》也说:"律以正罪名,令以存事制。"这里所说的令,综上所引有两层意义:一是后主对以前所制定的律文的补充或更正曰令;二是正刑定罪为律,而设范立制,重在教化者为令。实际上这两种说法并不矛盾,或律或令,都属法制范畴,绝不允许违犯,即使是令,严重违背者,也是要杀头的。

两汉时期的令十分繁杂,如《晋书·刑法志》所说"令甲以下三百余篇"。西汉后期,如《汉书·成帝纪》所载:"律令繁多百有余万言。"真是够杂乱的了。

"挈令"或写为"絜令"。《汉书·张汤传》:"廷尉挈令。"《史记·酷吏传》为"廷尉絜令"。韦昭注曰:"在板挈也。"颜师古说:"挈,狱讼之要也。"《汉制考注》引徐铉曰:"挈令,盖律令之书也。"

北边絜令,这是专为戍守北边寒冷地区的士吏戍卒而制定的令,即凡在第四部以北地区的驻戍吏卒,均可享受"迹"二日当三日计的待遇,以示区别对待,劳逸有差。

另外,还有一种养老令,其详细内容已在第一节说明。

③科与科品

    等三人捕羌虏、斩首各二级,当免为庶人。有书:今以旧制律令,为捕斩匈奴、虏、反羌购尝各如牒。前诸郡以西州书免刘玄及王便等为民,皆不当行。书到,以科别从事,官婢以西州
                                      (74·E·P·F22:221)
    ·捕斩匈奴、虏、反羌购偿科别   (74·E·P·F22:222)
    其斩匈奴将率者,将百人以上一人,购钱十万,吏增秩二等,不欲为☒   (74·E·P·F22:224)
    有能生捕得匈奴间侯一人,吏增秩二等,民与购钱十万,☒人命者除其罪   (74·E·P·F22:225)
    建武五年十二月辛未朔戊子,令史劾蒋褒诣居延狱,以律令从事。乃今月十一日辛巳日旦时,胡虏入甲渠木中燧塞天田,攻木中燧,燧长陈阳为举坞上二烽,坞上大表一,燔一积薪。城北燧助吏李丹侯望,见木中燧有烟,不见烽。侯长王褒即使丹骑驿马一匹驰往逆辟,未到木中燧里所,胡虏四步人从河中出,上岸逐丹,虏二骑从后来共围遮,略得丹及所骑驿马持去。案:褒典主而擅使丹乘用驿马,为虏所略得,夫亡马。褒不以时燔举,而举坞上一苣火,燔一积薪。燔举不如品约,不忧事

边 (74·E·P·T68:81-92)

大司农臣延,奏:罪人得入钱赎品 (74·E·P·T56:35)

右塞上烽火品约 (74E·P·F16:17)

和如品 (74·E·P·F16:11)

毋绝如品 (74·E·P·F16:13)

各如其部烽火品 (74·E·P·F3:81)

《释名》曰:"科,课也,课其不如法者罪责之也。"《汉书·冯野王传》曰:"一律两科,失省刑之意。"《后汉书·桓谭传》曰:"今可令通义理明习法律者,校定科比,一其法度,班下郡国,蠲除故条。"注曰:"科谓事条,比谓类例。"当时律外科条,兹繁至极。如《后汉书·陈宠传》所云:"汉兴三百二年,宪令稍增,科条无限。"至于"轻侮之比,浸以繁滋,至有四、五百科"。质言之,所谓科条,是对律外之事的法律补充,也就是《文选》杨雄《剧秦美新》中说的"科条,谓法令也"。

何谓品?品是对律、科之具体事情的细目法规。《舆服志》曰:"二千石以下,各从科品。"《后汉书·安帝纪》元初五年,诏曰:"旧令制度,各有科品。"即对律的细目法规。"各有科品",都有一些具体规定,或者可以称为细则,同样具有法律效力。例如《刘祐传》所载:"时中常侍苏康、管霸用事,遂固天下良田美业山林湖泽,祐移书所在,依科品没入之。"实具法律的性质,可据品执行裁决。

④比

·其生捕得酋豪、王侯、君长、将率者一人,吏增秩二等,从奴与购如比 (74·E·P·F22:223)

《礼记·王制篇》注曰:"已行故事曰比。"《汉书·刑法志》引高帝七年诏曰:"廷尉所不能决,谨具为奏,傅所当比律令以闻。"这实际上是引用以往的案例为准,为现犯定罪,无律可循者。这种"比"法执行的结果,首先,如《汉书·刑法志》所云,如成帝河平中诏书所说:"今大辟之刑,千有余条,奇请他比,日以益滋。"师古注曰:"比,以例相比况也,他比,谓引他类以比附之,稍增律条也。"仅大辟之刑,已1000多条,再加上"他比",条文更多,一案判决,有这么多条文可据,就很准确、持平、公正了。其次,亦如《刑法志》所云"其后奸猾巧法,转相比况,禁网寖密,死罪决事比万三千四百七十二事,文书盈于几阁,典者不能徧睹,是以郡国承用者駮,或罪同而论异,奸吏因缘为市,所欲活则傅生议,所欲陷则予死比",哪里还有个客观标准,全凭掌法者的心意而决了。所谓决事比,《周礼·秋官·大司寇》注云:"若今时决事比。"《疏》云:"若今律其有断事,皆依旧事断之,其无条,即比类以决之,故云决事比。"

2.司法程序

居延汉简中涉及律令科品的具体司法程序事例较多,今试分类举例列下,可稍窥一斑。

①事由

　　头死罪死罪,职事毋状当坐罪,当▨四百一,廿四;四百六十▨　（33·5）

　　▨▨东郡畔戍里靳龟,坐乃四月中不害日,行道到屋兰界中,与戍卒函何阳争言,斗以剑击,伤右手指二所·地节三年八月己酉械系　（13·6）

　　戍卒东郡▨里函何阳,坐斗以剑击,伤戍卒同郡县戍里靳龟右股一所,地节三年八月辛卯械击　（118·8）

　　▨▨父母骂吏,又紬大刀欲贼伤吏,信▨▨燧长育敢言之,劾捕令▨　（122·7）

　　第有毋客等,四时如律令　（16·3）

　　▨责不可得,证所言,不服,写爰书自证

　　·步光见为俱南燧长,不为执胡燧长　（157·12）

坐从良家子自给车马,为私事,论疑也。□檄书到,相、二
千石以下,戍吏毋过品,刺史禁督,且察毋状,各如律令 (40·6)

事由一类,是指由事犯刑律者。"职事毋状"按律获罪。《汉书·
贾谊传》:"自伤为傅无状,常哭泣。"注曰:"无状,犹言不肖。""斗以
剑击",事属械斗,触律科。《周礼·秋官》注:"聚众持械私斗,曰械
斗,蠲科。""械系",即加桎梏于罪人而囚拘之也。《汉书·娄敬传》:
"械系敬广武。"

"劾捕",《说文》段注:"法者,谓以法施之。《吕刑》正义云:汉世
问罪谓之鞫,断狱谓之劾。"因犯刑律被捕者,曰劾捕。"第",宅也。
《汉书·高帝纪》:"赐大第宅。"注云:"有甲乙次第,故曰第。"后一般
房舍居屋都可称第。"责"同"债"。"论疑也",决罪曰论。《后汉书·
鲁丕传》:"坐事下狱,司寇论。""过品","品",等级也,官吏之等级。
周官自一命至九命凡九等;汉自中二千石至百石,凡十六等;东汉
十三等;魏始立九品之制;后魏以九品分正从,自正一品至从九品,
凡十八级,历代因之。

②举劾

居摄三年十月甲戌朔庚子,累房燧长彭敢言之,谨移劾状
一编,敢言之 (25·4)

☑十五日,令史宫移牛籍太守府。求乐不得乐,吏毋告劾,
亡。满三日、五日以上 (36·2)

敞辞曰:初敢言,侯击敞数十下,胁痛不耐言 (123·58)

"劾状",举劾罪实之文状。《后汉书·范滂传》:"滂知意不行投
劾去。"注曰:"自投其劾状而去。""求乐不得乐","乐"即"药"。"收
责",传讯收责。"责",诘问也。《史记·张汤传》:"天子果以汤怀诈面
欺,使使八辈簿责汤。"

③验问

> ☑官移甲渠侯官,验问收责☑　(193·30)
> 积十日·谨验问不侵侯长☑　(176·1A)

"验问",取证之意也。"验",证也。《史记·晋世家》:"何以为验。"再如《战国策·齐策》:"亦验其辞于王前。"注曰:"证也,信也。"此谓信证也。

④无以证:

> ☑毋,又,世以府书应禹,诣官,毋以证,不☑　(133·12)
> ☑官,无以证,不言请,出入　(38·27)

"毋(无)以证,不言请出入",这是爰书中的常用辞,意思是:提不出证据,也不再提出修改供词(爰书)。下文一般为满三日以上而不更言请者,也就是说,当录定供词以后,还有三天时间,可以要求更改供词,如三日已满,即以供词定罪,不能要求更改所供,也就是爰书。

⑤送证人

> 元延二年八月庚寅朔甲午,都乡啬夫武敢言之☑,褒葆俱送证女子赵佳,张掖郡中,谨案曰:☑留,如律令,敢言之·八月丁酉居延丞☑☑,居延丞印,八月庚子以来　(181·2)

送证人就是送人出庭作证。"送证女子赵佳张掖郡中",即送证人赵佳去张掖郡当庭作证。

⑥鞫系书

　　鞫毄书到,定名县、爵、里、年□☒　　(239·46)

"鞫毄"。"鞫",勘验狱辞也。《汉书·刑法志》:"遣庭史与郡鞫狱。"

⑦劾遝遣书

　　·右劾遣书　　(49·19)

"劾遝"。"遝",音踏,召也。见《广雅·释言》。

⑧诏所名捕

　　匿界中,书到,遣都吏与县令以下,逐捕搜索部界中,验亡人所隐匿处,以必得为最,诏所名捕,事重━当奏闻,毋留〇如诏书律令　　(179·9)

"界中"即"部界中",指一定的辖区,或即指部都尉管辖区。"诏所名捕",诏书指名追捕者。"事重",重要的事情。

⑨狱证

　　尉史李凤,自言故为居延高亭━长,三年十二月中,送诏狱证得。便从居延迎钱……　　(178·30)

"狱证",判狱之证据,也就是狱讼之凭证。《周礼·秋官·大司寇》:"以两造禁民讼""以两剂禁民狱"。注曰:"讼,谓以财货相告者;狱,谓相告以罪名者。"孙诒让《正义》云:"凡狱讼对文者,皆讼小而狱大,本无争财争罪之别。"

⑩送囚

☐山，觻得二人送囚昭武，☐☐四日旦，见徒复作，三百七十九人☐卅八人署厨传舍、狱、城郭官府☐六十人付肩水部＝遣吏迎受。守令史忠，啬夫胜之　（34·9，34·8）

"觻得""昭武"，张掖郡辖县名。"复作"，《汉书·宣帝纪》："使女徒复作淮阳赵征卿、渭城胡组更乳养，私给衣食，视遇甚有恩。"李奇注曰："复作者，女徒也。谓轻罪，男子守边一岁，女子软弱不任守，复令作于官，亦一岁，故谓之复作徒也。"孟康曰："复音服，谓弛刑徒也，有赦令诏书去其钳釱赭衣。更犯事，不从徒加，与民为例，故当复为官作，满其本罪年月日，律名为复作也。"师古曰："孟说是也。赵征卿淮阳人，胡组谓城人，皆女徒也。二人更递乳养增孙。"又见《史记·封禅书》："赦令行所过，毋有复作。"

⑪捕亡

部界中毋诏所名捕不道亡者☐　（116·23）

诏所名捕，平陵长蓳里男子杜光，字长孙，故南阳杜衍☐因坐役使流亡☐户百二十三，擅置田监。多☐，黑色，肥大，头少发，年可卌七、八，☐☐☐☐五寸☐☐☐杨伯史不法不道。丞相、御史☐执金吾。家属初亡时，驾骊牡马，乘举车、黄车，茵张白车蓬，骑骊牡马。所二千石奉捕　（183·13）

群辈贼发，吏卒毋大爽，宜以时行诛，愿设购赏，有能捕斩严就、君兰等渠率一人，购钱十万，党与五万，吏捕斩强力者比三辅司辛勠臣，谨☐如☐言，可许臣请☐☐严就等渠率一人，☐党与五万☐　（503·17，503·8）

选，戍卒得安成里王福，字子文，敬以选书捕得。福盗械　（58·17，193·19）

名捕,平陵德明里李蓬,字游子,年卅二、三。坐□击平陵
游徼周标,攻邯□市,□杀游徼莱谭等,亡为人奴☑ (114·21)

□案捕贼亡人所依倚匿处,必得═诣如书,毋有,令吏民
相牵证任,发书。以书言,谨杂其侯史廉、骓北亭长欧等八人,
戍卒赵阳等十人,□□索□□□□亡人所依倚处,爰书相牵
(255·27)

"不道",罪名。《汉书·景帝纪》注如淳引律曰:"大逆不道,父母
妻子同产皆弃市。"《晋书·刑法志》引《汉·贼律》曰:"大逆无道要
斩。""不道"同无道。《汉书·晁错传》云:"大逆无道,错当要斩,父母
妻子同产,无少长,皆弃市"。

诏所名捕平陵县长蘴里男子杜光诏书,其格式是汉代捕亡诏、
令中较为典型的:指出被捕罪犯的县、里、年龄、长相、身高、肤色以
及其名、字等,叙述其"初亡"时具体情况,犯罪的主要事实,同案犯
情况和追捕的办法、范围,捕后如何处理等。如《甘露二年御史书》
追捕在逃犯"大婢外人",其捕亡诏书也是这些内容,格式几乎完全
相同。所以我们可以认为这可能是《捕亡律》所要求的格式。

"群辈贼发",这是剿灭起义军、追捕其首领的捕亡诏令。其首
领名严就、君兰,史册失载。"渠率"或写为"渠帅",相通。所谓"渠
率",指"贼之首领也",或曰"贼魁"。《后汉书·杨璇传》云:"枭其渠
帅,群境以清。"又见《汉书·司马相如传》曰:"用军兴法,铢其渠
率。""帅""率"通用,其意一也。简文所云"愿设购偿",属科别,即
"购偿科别",其文虽不在《汉律》之内,但它是《汉律·贼律》之伸延
细目,同样具有法律效力。汉简中记述有一些"购偿科别"的条文,
可补充汉代科品条目之亡佚。

"**遝**",音沓,召诣也。这里是专用名词,"**遝**书",已属《捕亡》之法
定文书之一,具强制性,这是对"**遝**"字原意之引申,不宜依原"**遝**"字
之含意来理解。

"亡为人奴",这种情况在汉代捕亡文书中较多见,也从另一个侧面说明了一个问题,即逃亡者在逃亡后,多隐匿民间,改名换姓,"为人奴"。如《甘露二年御史书》中所追捕的外人,也疑藏于民间,为人妻奴。看来这种情况不是个别的。

⑫刑名

　　☑□居延所命髡钳、钛左止,洛都毋崔□☑　　(117·32)

　　夫以主须徒复作为职,居延芰、徒、髡钳、城旦、大男厮厩署作,府中寺舍　　(56·2A)

　　髡钳城旦孙□,坐贼伤人,初元五年七月庚寅谪,初元五年八月戊申以诏书施刑;故骑士居延广都里完城旦钱万年,坐兰渡塞,初元四年十一月丙申谪,初元五年八月戊申以诏书施刑;故居延戍卒广☑□□条问,初元五年居延吏□□簿☑仓二百十里九十三步　　(227·8)

3.诉讼程序

关于汉代法律中的诉讼程序,史无明载。这里我们试举一例,略窥汉代法律中诉讼的一般程序, 或许对我们研究汉代诉讼问题有所帮助与启迪。

　　《建武三年侯粟君所责寇恩事》册

　　一、建武三年十二月癸丑朔乙卯,都乡啬夫宫以廷所移甲渠侯书召恩诣乡。先以证财物故不

　　二、以实,臧五百以上,辞已定,满三日而不更言请者,以辞所出入,罪反罪之律辨告,乃

　　三、爰书验问。恩辞曰:颍川昆阳市南里,年六十六岁,姓寇氏。去年十二月中,甲渠令史

　　四、华商、尉史周育当为侯粟君载鱼之觻得卖。商、育不能行。商即出牛一头,黄、特、齿

五、八岁，平贾直六十石，与它谷十五石，为〔谷〕七十五石，育出牛一头，黑、特、齿五岁，平贾值六十石，与它

六、谷卅石，凡为谷百石，皆予粟君，以当载鱼就直。时，粟君借恩为就，载鱼五千头

七、到觻得，贾直，牛一头、谷廿七石，约为粟君卖鱼沽出时行钱卅万。时，粟君以所得商牛黄

八、特，岁八岁，以谷廿七石予恩顾对直。后二、三日当发，粟君谓恩曰：黄特微庚，所得

九、育牛黑特虽小，肥，贾直俱等耳，择可用者持行。恩即取黑牛去，留黄牛，非从

十、粟君借锢牛。恩到觻得卖鱼尽，钱少，因卖黑牛，并以钱卅二万付粟君妻业，

十一、少八岁（应为"万"）。恩以大车半欋轴一，直万钱。羊韦一枚为橐，直三千，大笥一合，直千，一石

十二、去卢一，直六百，𥎆索二枚，直千，皆置业车上。与业俱来还，到第三置

十三、恩籴大麦二石付业，直六千，又到北部，为业卖（应为"买"）肉十斤，直谷一石，石三千，凡并

十四、为钱二万四千六百，皆在粟君所。恩以负粟君钱，故不从取器物。又恩子男钦

十五、以去年十二月廿四为粟君捕鱼，尽今〔年〕正月、闰月、二月，积作三月十日，不得贾直。时，

十六、市庸平贾大男日二斗，为谷廿石。恩居觻得付业钱时，市谷决石四千。以钦作

十七、贾谷三十石八斗五升，直觻得五万五千四，凡为钱八万，用偿所负钱

十八、毕。恩当得钦作贾余谷六石一斗五升付。恩从觻得自食为业将车到居延

十九、〔积〕行道廿余日,不计贾直。时,商、育皆平牛直六十石与粟君,粟君因为其

廿、贾予恩已决,恩不当予粟君牛,不相当谷卅石。皆证也,如爰书。

廿一、建武三年十二月癸丑朔戊辰,都乡啬夫宫以廷所移甲渠侯书召恩诣乡。先以证财物故不以实,臧五百以上,辞以定,满三日。

而不更言请者,以辞所出入,罪反罪之律辨告,乃爰书验问。恩辞曰:颍川昆阳市南里,年六十六岁,姓寇氏,去年十二月

廿二、中,甲渠令史华商、尉史周育当为侯粟君载鱼之觻得卖。商、育不能行。商即出牛一头,黄、特、齿八岁,平贾直六十石,与它谷十五石,为谷七十五石;育出牛一头,黑、特、齿五岁,平贾直六十石,与它谷卅石,凡为谷百石,皆予粟君

廿三、以当转鱼就直。时,粟君借恩为就载鱼五千头到觻得,贾直:牛一头、谷廿七石,〔约〕为粟君卖鱼沽出时行钱卌万。时,粟君以所得商牛黄、特、齿八岁,谷廿七石予恩顾就直。后二、三日当发,粟君谓恩曰:黄牛

廿四、微庚,所将(应为"得")育牛黑特虽小,肥,贾直俱等耳,择可用者持行。恩即取黑牛去,留黄牛,非从粟君借牛。恩到

觻得卖鱼尽,钱少,因卖黑牛,并以钱卅二万付粟君妻业少八万。恩以大车半襜轴一,直万钱,羊韦一枚为橐

直三千,大笥一合,直千,一石去卢一,辇直六百,索二枚,直千,皆在业车上。与业俱来还,到北部,为业买肉十斤,

廿五、直谷一石,到弟(第)三置,为业籴大麦二石。凡为谷三石,钱万五千六百,皆在业所。恩与业俱来到居延后,恩

廿六、欲取轴、器物去,粟君谓恩:汝负我钱八万,欲持器

物？怒。恩不取器物去。又恩子男钦，以去年十二月廿日。

为粟君捕鱼，尽今年正月、闰月、二月，积作三月十日，不得贾直。时，市庸平贾大男日二斗，为谷廿石。恩居

廿七、鯬得付业钱时，市谷决石四千。并以钦作贾谷，当所负粟君钱毕。恩又从鯬得自食为业将车，

莖斩来到居延，积行道廿余日，不计贾直。时，商、育皆平牛直六十石与粟君、因以其贾与恩，牛已

廿八、决，不当予粟君牛，不相当谷廿石。皆证也，如爰书。

廿九、建武三年十二月癸丑朔辛未，都乡啬夫宫敢言之。廷移甲渠侯书曰：去年十二月中，取客为寇恩为

就，载鱼五千头到鯬得，就贾用牛一头，谷廿七石，恩愿沽出时行钱卅万，以得卅二万。又借牛一头

卅、以为稠，因卖，不肯归以所得就直牛，偿不相当廿石。书到。验问。治决言。前言解廷邮书曰：恩辞不与侯书相应，疑非实。

今侯奏记府，愿诣乡爰书是证。府录：令明处

卅一、更详验问、治决言。谨验问恩辞，不当与粟君牛，不相当谷廿石，又以在粟君所器物直钱万五千六百，又为粟君买肉、粜三石，又子男钦为粟君作贾直廿石，皆〔尽〕〔偿〕〔所〕〔负〕

卅二、粟君钱毕。粟君用恩器物币（敝）败，今欲归恩，不肯受。爰书自证。写移爰书，叩头死罪死罪敢言之。

卅三、·右爰书

卅四、十二月乙卯，居延令守丞胜移甲渠侯官。侯〔所〕责男子寇恩〔事〕，乡□辞，爰书自证。写移书到□□□□□辞，爰书自证。

须以政不直者法亟报。如律令。

卅五、掾党、守令史赏。

建武三年十二月侯

卅六、粟君所责寇恩事

(74·E·P·F22：1-36)

这是一册完整的民事诉讼案原始卷宗，详细记述了案件始末和验问判决过程。

这里不再对简文做任何考释，只是对简文中所涉及的有关司法、法律程序等问题，作一些必要的说明与阐述。

东汉建武三年十二月癸丑朔乙卯，即十二月三日，由都乡啬夫宫依县廷所下移的"甲渠侯书"所指控，召寇恩回乡接受验问。验问之前，由宫按律的规定，先讲明律条，交代程序要求："先以证财物故不以实，臧五百以上，辞已定，满三日而不更言请者，以辞所出入，罪反罪之律。"然后才开始"爰书验问"记录证词。证词的开头，按规定先要记载被验问者的籍贯、年龄、姓名，然后再讲事情经过的原委。最后写明"皆证也，如爰书"，记载不差，记录在案，备报县廷。这是第一次验问。

"癸丑朔戊辰"，即十二月十六日，距第一次验问之后的十三天，又进行第二次验问。先由乡啬夫讲明律文规定，然后再"爰书验问"，记录口供，写上被验问者的籍贯、年龄、姓名，程序和第一次验问时一样。接着讲述事情的经过，再记录一遍，最后再写上"皆证也，如爰书"。口供记录无差错。

距第二次验问三天后，"癸丑朔辛未"（十二月十九日）由都乡啬夫宫将验问爰书上报县廷，再由县廷移书甲渠侯，说明验问寇恩的结果，并附上寇恩所讲述的事情经过。特别指明"解廷邮书"所云"恩辞不与侯书相应"，疑非实。

同时，甲渠侯又上奏都尉府，县廷只得将验问爰书附上，请甲渠侯自己看。这就是"今侯奏记府，愿诣乡爰书是正"。根据都尉府批示（府录），"令明处，更详验问，治决言"。县廷对寇恩再次进行了

"更详"细的验问,"治决言",提出判决意见。这个判决就是:"不当与粟君牛,不相当谷廿石,又以在粟君所器物直钱万五千六百,又为粟君买肉,粂三石,又子男钦为粟君作贾直廿石,皆尽偿所负,粟君钱毕。粟君用恩器物敝败,今欲归恩,不肯受。爰书自证。写移爰书。"然后上报都尉府。上报的时间是"十二月己卯",即十二月廿七日。由居延县令和守丞胜具名,再移文给甲渠侯,通知审判结果。

然后,都尉府要求县廷再以"以政不直者"的罪名,按法律有关规定条款,依法"亟报",迅速报府。

这里所说的"府",也有可能是指张掖郡的太守府。因由县廷上报,自然应是它的上级太守府。然而,首先"奏府"的则是甲渠侯,甲渠侯的上级是都尉府,并非太守府,也有主张以"都尉府为是"。至于"府可能指两府"的认识,似可能性不大,否则正式官文书以"府"代过,如无明确所指,那是很难说通的。

这件民事诉讼案,涉及军民两个方面,但仍由"乡"进行验问,"县廷"作出判决。以往认为"县廷"不理军队诉讼之事,凡涉及军队人员均由各级军事机关进行处理的认识,是不全面的。这件案例,使我们清楚地认识到,凡事触法律,当均由当地行政部门进行处理。

这件民事经济案件,从三年十二月"癸丑朔乙卯"即十二月三日开始"召恩诣乡",进行第一次验问,到"十二月己卯",即十二月二十七日全案基本结束,仅用了24天,其审理的速度不谓不快,况且其中经过三次"验问",四次爰书,再加上"府录""写移"等过程,可以看出办事效率是够快的了。

这件案子,是事涉"秩比六百石"的现役军官与一个外来户的一般老百姓之间的经济纠纷案件。"秩比六百石",虽稍低于县令,但其秩级却大大高于小县的县长,可以说其社会地位不低,然而,终于败诉,还落了个"以政不直者"的罪名。这件事发生在距今两千年的封建社会里,对我们今天来说,不无启迪,具有重要的现实意义。

这仅仅是一件普通的经济案件，但却有完整的原始档案与判决记录，详细而认真。它不仅是一册十分宝贵的历史文物，同时对研究汉代司法审判程序、"验问"经过与记录格式等都有其重要价值，甚至对研究我国古代法律史也有着很高的参考价值。这是应当予以充分肯定的。

二、吏员

我们仍以居延汉简的资料结合史书文献记载，探讨、考述两汉时期的吏员概况。这里，我们首先从刺史谈起，后面再讲讲与上节有关的捕亡问题。

1.刺史

秦王朝时有监御史，监察各部，到汉初废除了监御史，只遣丞相史到各州进行监察。这只是临时性的派遣，任务完成，即遣返原任，所以并无常官，更无固定治所。武帝时开始设置刺史十三人，巡察各郡，秩六百石。成帝时更名为牧，秩二千石。东汉建武十八年又恢复旧名仍称刺史，任命十二人各主一州。其监察范围据《续汉书·百官志》蔡质注引《汉仪》说共六条：

①强宗豪右田宅踰制，以强凌弱，以众暴寡。

②二千石(郡守或国相)不奉诏书，遵承典制，倍公向私，旁诏守利，侵渔百姓，聚敛为奸。

③二千石不恤疑狱，风厉杀人，怒则任刑，喜则任赏，烦扰刻暴，剥戮黎元，为百姓所疾，山崩石裂，妖祥讹言。

④二千石选署不平，苟阿所爱，蔽贤宠顽。

⑤二千石子弟怙恃荣势，请托所监。

⑥二千石违公下比，阿附豪强，通行货赂，割损正令。刺史虽可以弹劾二千石，但不能干预郡、县政务。

居延简文：

□坐从良家子自给车马，为私事论疑也不杀，书到相二千石以下从史毋过品,刺史禁督,且察毋状□,如律令　(40·6)。

刺史治所,且断各狱　(482·19)。

《汉书·何武传》"九江太守戴圣,礼经号小戴者也,行治多不法,前刺史以其大儒,优容之。及武为刺史,行部录囚徒,有所举以属郡。圣曰:后进生何知,乃欲乱人治。皆无所决。武使从事廉得其罪,圣惧,自免。"这是刺史要太守平反冤狱的情况,按理郡当再行审理判决,若不理睬,刺史可以举劾太守。正因为如此,所以刺史也逐渐参与郡县的政务。如《汉书·薛宣传》成帝初即位,上疏曰:"政教烦碎,大率咎在部刺史,或不循守条职,举错各以其意,多与郡县事,至开私门,听谗佞,以求吏民过失,遣呵及细微,责义不量力。"这种情况没有严格限制各自的职权范围,行政与监察既要各自独立行使其职权,又要互相牵制、制约,更为严重的是如果相互包庇、官官相卫,那就不可设想了。

"刺史治所",我们知道"治所"就是衙门所在的地方,通俗一点讲,就是刺史办公室所在的地方。在西汉时刺史已有固定的治所,并非"传车周流,靡有定镇",而有其常设驻地。《汉书·武帝纪》元封五年"初置刺史部十三州",颜师古注曰:《汉旧仪》云,初分十三州,假刺史印绶,有常治所,常以秋分行部,御史为驾四封乘传。"又如《汉书·朱博传》:"及为刺史行部,吏民数百人遮道自言,……博出就车见自言者,使从事明敕告吏民:欲言县、丞、尉者,刺史不察黄绶,各自诣郡。欲言二千石墨绶长吏者,使者行部还,诣治所。"师古注曰:"治所,刺史所止理事处。"看来,西汉时刺史已有治所无疑。但阅读史书也有相互矛盾的记载。司马彪《续汉书·百官志》刘昭补注说:刺史"匪有定镇"。《宋书·百官志》则更说:"前汉世刺史周行郡国,无适所治,后汉世所治始有定处,八月行部,不复奏事京师。"刘昭、沈约的记述是错误的,今汉简又加以证明。这里也给我们提醒,今后阅读史书,不能尽信书,而要判别其真假,考证其是非。

我们再来讲讲"冬狱"。所谓"冬狱"是指犯有重罪的案件,或者直指死罪案件。为什么死罪或重罪犯者称"冬狱"?按汉制,罪犯死罪冬季处决,立春之后,不再行刑,故称冬狱。《汉书·灌夫传》:"故以十二月晦论弃市渭城。"张晏注曰:"著日月者,见春垂至,恐遇赦赎之。"所以,冬月所断之狱皆重囚,刺史要加以审理,这就是简文中所载的"且断冬狱"。

结合简文,我们再略述太守以下诸吏僚。如简:

> 十一月丁卯,张掖太守奉世,守郡司马行长史事,库令行丞事,下居延都尉□□酒泉太守□☑。　　(505·3)
>
> ☑水都尉政千人宗兼行丞事,下官,承书从事下当用者,如诏书。
>
> ☑月廿七日,/兼掾丰,属□佐忠。　　(503·7,495·9)

前面在论述边塞烽燧亭鄣时,我们曾经在防御组织中谈到过边郡的吏僚情况,现在结合简文,再加以考查。

2.长史、司马

《淮南子·兵略训》"夫论除谨,动静时,吏卒辨,兵甲治,正行伍,连什伯,明鼓旗,此尉之官也。前后知险易,见敌知难易,发斥不忘遗,此侯之官也。遂路丞,行辎治,赋丈均,处军辑,井灶通,此司空之官也,收藏于后,迁舍不离,无淫舆,无遗辎,此舆之官也。"秩吏各有专责。司马、千人在前章已加略述,不过,我们知道,与司马、千人相比者还有侯官、左骑等,部司马职位略低于长史,故云"行长史事"。《续汉书·百官志》:"长史,千石。"《汉书·谷永传》:"(王)音奏请永补营军司马,永数谢罪自陈,得转为长史。"《古今注》曰:"建武六年三月,令郡太守·诸侯相病,丞、长史行事。十四年,罢边郡太守丞,长史领丞职。"(转引自《汉书·续百官志》)

"司马"之职,《汉书》中娄见。《王尊传》:"大将军王凤奏请尊补军中司马,擢为司隶校尉。"《杨敞传》:"给事大将军莫府,为军司马,霍光爱厚之,稍迁至大司农。"《吴王濞传》:"王专并将其兵,未渡淮,诸宾客皆得为将、校尉,行间侯、司马,独周丘不用"。《赵破奴传》:"尝亡入匈奴,已而归汉奴,为票骑将军司马。"《赵充国传》:"武帝时,以假司马从贰师将军击匈奴,大为虏所围。"

"司马",这一官称,最早见于《周礼·夏官》大司马之属:"大司马卿一人,小司马中大夫二人,军司马下大夫四人,舆司马上士八人,行司马中士十有六人""凡制军,万有二千五百人为军,王六军,大国三军,次国二军,小国一军,军将皆命卿。二千有五百人为师,师帅皆中大夫;五百人为旅,旅帅皆下大夫;百人为卒,卒长皆上士;二十五人为两,两司马皆中士;五人为伍,伍皆有长",这种军事编制基本上是五五制。

此外,还有"都司马",郑玄注曰"都,王子弟所封及三公采地也,司马主其军赋";"家司马",郑注"家,卿大夫采地,……各自使其家臣为司马,主其地之军赋";"国司马",系"其以王命来有事则曰国司马"。各种"司马"职有所专,权有大小,位有高低,不能相类比。春秋时,晋作三军,每军别置司马。汉代宫门及大将军、将军、校尉之属官,都有司马。边塞地区所设之司马,专管兵事。关于"司马",还可参考《通典》三三职官十五《总论郡佐》。

3.督邮

前面我们讲了刺史一职,他的任务主要是督察二千石,也就是说主要是监察郡太守。那么郡以下,有谁来监察县令、丞以及亭长等呢?郡太守自然可以管,而郡太守事务繁杂,理应有专职监察之吏,这就是"都吏",或称为"督邮"。《汉书》中多称"督邮",而简文则多用"都吏","都吏"旧名,已成为人们当时的习惯称谓,"督邮"乃正式名称,所以多为《汉书》作者所采用。

"督邮"或"都吏"其任务主要是监察县令、丞,因县以下再无专职监察吏员,所以他们也可直接管到乡亭。按当时规定,每郡可以视其大小、人口多少分为二至五部,每部包括若干县,各部均设督邮一名,代表郡守监察属吏。

汉简中有:

> 各遣都吏督赋,课畜积,少不☒,十月丙申,张掖肩水司马章。　（213·43）
>
> 毋得賫卖衣财物,太守不遣都吏循行,严教受卒,官、长史各封藏☒　（213·15）
>
> 告肩水侯官,官所移卒责不与都吏移乡,所举籍不相应,解何。记则遣吏检按,及将军未知不得白之。（183·15）
>
> ☒匿界中书到遣都吏与县令以下逐捕搜索部界中验亡人所隐匿,以必得为最,诏所名捕还,重事当奏闻,毋留,如诏书律令。　（179·9）

《汉书·文帝纪》:"二千石遣都吏循行,不称者督之。"如淳注曰:"律说,都吏今督邮是也,闲惠晓事,即为文无害都吏。"《续汉书·百官志》:"其监属县,有五部督邮,曹掾一人。"（监察郡守机关内部的另有功曹主之,督邮只察外部）《汉书·尹翁归传》:"徙署督邮,河东二十八县,分为两部,闵孺部汾北,翁归部汾南,所举应法,得其罪辜,属县长吏虽中伤,莫有怨者。"《汉书·孙宝传》:"数月,以立秋日署(侯)文东部督邮。"《太平御览》引钟岏《良吏传》:"王堂为汝南太守,属多闇弱,堂选四部督邮,奏免二十余人。"可知一郡之中可分为二、四、五等部,每部置督邮一人司监察之职,如上所述,其主要的督责对象是县令、丞。《后汉书·卓茂传》茂迁为密县令,"平帝时,天下大蝗,河南二十余县皆被其灾,独不入密县界,督邮言之,太守不信,自出案行,见乃服焉"。《汉书·冯野王传》,元帝时冯野王迁陇西太守,"池阳令并素行贪污,轻野王外戚年少,治行不改。野王部督邮掾役裪赵都案验，得其主守盗十金罪，收捕"。《后汉书·苏章传》："父谦，初为郡督邮。时魏郡李暠为美阳令，与中常侍具瑗交通，贪暴为民患，前后监司畏其执援，莫敢糺（纠）问。及谦至，部案得其臧，论输左校。"《后汉书·方术·谢夷吾传》："太守第五伦擢为督邮，时乌程长有臧衅，伦使收案其罪。"上引各例都是督邮弹劾县令、长之事。

再如《汉书·循吏·黄霸传》："霸力行教化而后诛罚，务在成就全安长吏。许丞老，病聋，督邮白欲逐之，霸曰：许丞，廉吏，虽老，尚能拜起送迎，正颇重听，何伤？且善助之。毋失贤者意。"这是督邮劾县丞的例子。《三国·魏志·董卓传》引谢承《后汉书》曰："伍孚，字德瑜，少有大节，为郡门下书佐。其本邑长有罪，太守使孚出教，敕曹下督邮收之，孚不肯受教。"这说明督邮察吏已经涉及乡邑了。

我们再举一个例子，《后汉书·钟离意传》："少为郡督邮。时部县亭长有受人酒礼者，府下记案考之。意封还记，入言于太守曰：春秋先内后外，诗云：刑于寡妻，以御于家邦。明政化之本，由近及远，今宜先清府内，且阔略远县细微之愆。太守甚贤之，遂任以县事。"（记，文符、文书之意。案，就是察的意思）。这些史料大体可以说明，督邮在县以下各级无不在其督察的范围，所以《汉官仪》云："督邮、功曹，郡之极位"（见《后汉书·张酺传》注引），就是讼狱捕亡等事也属督邮的职权范围。据文献记述：孙宝以侯文为督邮，而霸陵杜穉季不敢犯法（见《汉书·孙宝传》）。张俭为山阳东部督邮，重劾中常侍侯览家人并及其母（见《后汉书·张俭传》）。马援为郡督邮，送囚至司命府（王莽置司命官，上公以下皆纠察），因有重罪，援哀而从之（见《后汉书·马援传》）。可知督邮乃郡之重职，难怪督邮至县，县吏要奉檄相还了。《后汉书·范冉传》："少为县小吏，年十八，奉檄迎督邮，冉耻之。"督邮在郡中的威风可见一斑。

4.司空

司空是西周时主管建筑工程、制造车服器械、监督手工业奴隶的官吏，为六卿之一。《国语·周语》云"司空不视涂"，注曰"司空，卿官，主道路者"。金文写作"司工"，可参见郭沫若《两周金文辞大系》免觯铭文。《汉书·百官公卿表》："御史大夫，秦官，位上卿，银印青绶，掌副丞相。有两丞，秩千石。一曰中丞，在殿中兰台，掌图籍秘书，外督部刺史，内领侍御史员十五人，受公卿奏事，举劾按章。成帝绥和元年更名大司空，金印紫绶，禄比丞相，置长史如中丞，官职如故。哀帝建平二年复为御史大夫，元寿二年复为大司空，御史中丞更名御史长史。"《续汉书·百官志》："司空，公一人。本注曰：掌水土事。"注引马融曰"掌营城郭，主司空土以居民""世祖即位，为大司空，建武二十七年，去大。"司空与司徒、司马并称为三公。魏时为三公官参议国事，隋唐时沿用，可参阅《通典·职官二》司空条。

简文：

> 建平五年八月戊辰朔壬申☒
> 不以为意奉葆赦月书到十月☒诏书律令。
> 属临，大司空属禁。　　（209·8，209·6）

建平五年是公元前二年，也就是元寿元年，八月戊辰朔壬申即八月五日。这里有一个有趣的问题，需要先搞清楚。史载建平二年复为御史大夫，相隔六年之后才又于元寿二年恢复大司空的名称。但简文为建平五年，即元寿元年，距恢复旧名还相隔一年之久，这是怎么回事呢？我们回过头来再详审简文，此简前纪年乃臣下奏议的时间，待下诏时已是次年五月以后的事了，所以有"大司空属"之谓。何以得知此诏在次年五月以后呢？我们不妨再引段史料便可明白。《汉书·朱博传》载："何武为九卿，建言：古者民朴事约，国之辅佐必得贤圣，然犹则天三光，备三公官，各有分职。今末俗之弊，政事烦多，宰相之材不能及古，而丞相独兼三公之事，所以久废而不治也。宜建三公官，定卿大夫之任，分职授政，以考功效。"不久便

"以御史大夫何武为大司空,封列侯,皆增奉如丞相,以备三公官焉"。过了两年多,"朱博为大司空,奏言:帝王之道不必相袭,各缘时务。高皇帝以圣德变命、建立鸿业,置御史大夫,位次丞相,典正法度,以职相参,总领百官,上下相监临,历载二百年,天下安宁。今更为大司空,与丞相同位,未获嘉祐……臣愚以为大司空官可罢,复置御史大夫,遂奉旧制。臣愿尽力,以御史大夫为百僚率"。于是又恢复了御史大夫等职,罢去三公官,然而,经过四年"哀帝遂改丞相为大司徒,复置大司空、大司马焉"。另据《汉书·百官公卿表》元寿二年"五月甲子,丞相光为大司徒""卫将军贤为大司马""御史大夫宣为大司空"。这里有一个记载上的矛盾,就是罢御史大夫后最初担任大司空的究竟是何武还是《汉书·百官公卿表》所说的彭宣呢? 我们再摘录一段《何武传》来看,"武为御史大夫,成帝欲修辟雍,通三公官,即改御史大夫为大司空,武更为大司空,封汜乡侯,食邑千户"。但不久何武即因"举错烦苛,不合众心,孝声不闻,恶名流行"免职,当正式任命三公时,大司空一职已属彭宣而不是何武了。据简,大司空属名禁,与元后父同名,蔡邕《独断》云:"天子之门阁有禁,非侍御之臣不得妄入,称禁中,避元后父名,改省中。"简中直书禁并未避讳,可知哀帝时并无避外戚名讳之例,外戚避讳可能是王莽兼政以后的事。

5.属佐

下面我们再谈谈地方低级属佐问题。居延简:

　　　☑胪野王丞忠下郡,右扶风,汉中,南阳北地太守。承书从事下当用者,以道次传,别书相报,不报书到言。掾勤、卒士钦、书佐士。　（203·22）

野王即大鸿胪冯野王,据《汉书·冯奉世传》:"元帝时,迁陇西太守,以治行高,入为左冯翊""迁为大鸿胪"。然而《汉书·百官公卿表》不载，其任大鸿胪大约在元帝晚年。"以道次传"，《汉书·高帝纪》五年，师古注曰："传者，若今之驿，古者以车，谓之传车，其后又单置焉，谓之驿骑。"居延简：

驿马驿一匹 （40·10，401·18）
传马二十匹，传车二乘 （213·69）

汉代邮驿并用传马及驿马，也就是并有传车及驿递。"以道次传"就是依道依站传递的意思。我们应进一步了解的是书后署名者，有掾、卒史及书佐。《续汉书·百官志》引应劭《汉官》："河南尹员吏九百二十七人，十二人百石。诸县有秩三十五人，官属掾史五人，四部督邮史、部掾二十六人，案狱仁恕三人，监津渠漕水掾二十五人，百石卒史(中华书局新版：误为吏)二百五十人，文学守助掾六十人，书佐五十人，循引二百三十人，干小吏二百三十一人。"

示意列表如下：

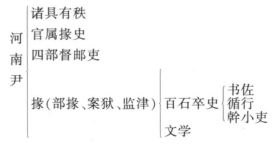

可知卒史是掾的下属，竟多至250人，也真是不少了。《汉书·尹翁归传》："田延年为河东太守……遂召上辞问，甚奇其对，除补卒史"，《汉书·张敞传》："敞本以乡有秩补太守卒史，察廉为甘泉仓长，稍迁太仆丞"，《汉书·饶宽传》："以射策为掌故，功次，补廷尉文学卒史"，臣瓒注曰："《汉注》卒史秩百石"，若为三辅卒史则秩二百石，这在《汉书·黄霸传》中说得明白，"后复入谷沈黎郡，补左冯翊

二百石卒史",如淳注曰:"三辅郡得仕用它郡人,而卒史独二百石,所谓尤异者也"。《儒林传》"郡国置五经百石卒史"和《孔庙置百石卒史碑》,都说明其职是诸曹的下级。所以简文中的"掾勤卒史钦"也就是掾勤属钦。可参阅《东方文学报》二十五本藤枝晃《汉简职官表》一文。

6.曹

郡府诸曹名目繁多,且内郡与边塞各异。

元始三年八月辰□朔丁巳,累虏侯长□塞曹史塞郡史塞曹史。(面)
兼仓曹议曹史并拜再拜言肩水都尉府。(背)　(155·14)

这条简在当时立为废简,或者任意写成。简中所涉及的各曹在当时太守都尉府中确实是存在的,如《隶释》五《巴郡太守张纳碑》中就有议曹、尉曹、金曹、漕曹、法曹、集曹、兵曹、比曹、功曹、奏曹、户曹、献曹、辞曹、决曹、贼曹、仓曹等。其不以曹名者还有从掾位、主簿、主记掾、录事掾、文学主事掾、文学掾、督邮、市掾、案狱、府后督盗贼、府属等。此外见于其他文献的还有五官掾(见《汉书·王尊传》)、门下掾(见《汉书·朱博传》)、门下督(见《汉书·游侠传》)、医曹(见《三国·魏志·华佗传》)、道桥掾(见《隶续》一《辛李二君造桥碑》。道桥掾也可能就是张纳碑中之"尉曹",如不错,则属同职异名);主计掾(见《汉书·黄霸传》,亦可能是"集曹"的别称);供曹(见《隶释》二《华亭碑》,此亦可能与"献曹"是一回事),至于县廷吏职可参考《曹全碑》,所列较详,兹不赘录了。查以上可见的文献,史料中均不见"塞曹"一职,这大概是因地制宜为边郡所特有吧!

7.武吏

关于汉简中的"文""武"吏,我们前边在讲述汉简习惯用语中已经讲过,现在我们不妨以实简为例再稍予赘言。陈直先生在《两汉经济史料论丛》第 18 页和《汉书新证》第 139~140 页所论述的见解是需要商榷的。他认为文、武应与上下连续,如:

> 肩水侯官执胡燧长公大夫累路人中劳三岁一月能书会计
> 治官民颇知律令文年册七岁长七尺五寸氐池宜药里家去官六
> 百五十里　　(179·4)

陈文认为"颇知律令文"是一句,并断定这是"沿用秦代以吏为师的功令""文指律令文而言",这显然是有问题的。我们再举几例加以比较和鉴别。

> □□侯长公乘蓬丘长富,中劳三岁六月五日。能书会计治
> 官民颇知律令,武,年册七岁,长七尺六寸……
> 肩水侯官并山隧长公乘司马成,中劳二岁八月十四日,能
> 书会计治民颇知律令,武,年册二岁,长七尺五寸,鞮得成汉里,
> 家去官六百里。

如果连读,"令武"或"武年",实在无法解释,也很难讲通。实际上这类简文都是边塞吏士的记录,记载爵里、劳绩、年龄、住址以及文、武吏别。《汉书·尹翁归传》:"会田延年为河东太守,行县至平阳,悉召故吏五六十人,延年亲临见,令有文者东,有武者西。阅数十人,次到翁归,独伏不肯起,对曰:'翁归文武兼备,唯所施设。'功曹以为此吏倨傲不逊,延年曰:'何伤?'遂召上辞问,甚奇其对,除补卒史,便从归府。"尹翁旧本文吏,但能击剑,知武吏事,故自言文武兼备。

吏士分文武,不仅是名义上的区分,而且是各有专责,各守职务。《汉书·何并传》:"是时,颖川钟元为尚书令,领廷尉,用事有权。弟威为郡掾,臧千金,并为太守,过辞钟廷尉,廷尉免冠为弟请一等

之罪(如淳注:减死罪一等),愿毕就鈇钳。并曰:罪在弟身与君律,不在于太守。元惧,驰遣人呼弟。阳翟轻侠赵季、李款多畜宾客,以气力渔食闾里,至奸人妇女,持吏长短,从横郡中,闻并且至,皆亡去。并下车求勇猛晓文法吏且十人,使文吏治三人狱,武吏往捕之,各有所部。"

文、武吏在工作上的分工是清楚的。再如《汉书·朱博传》:"博本武吏,不更文法",文、武吏所学也各有专长,但看来并为治狱之吏。《后汉书·循吏·王涣传》:"自涣卒后,连诏三公特选洛阳令,皆不称职。永和中,以剧令勃海任峻补之(注:剧,县名,属北海郡)。峻擢用文武吏,皆尽其能,纠剔奸盗,不得旋踵,一岁断狱,不过数十。威风猛于涣,而文理不及之。"可以知道,纠剔奸盗当同时并用文、武吏。

武吏主捕纠,文吏主验讼。如《汉书·路温舒传》:"父为里监门,使温舒牧羊,温舒取泽中蒲,截以为牒,编用写书。稍习善,求为狱小吏,因学律令,转为狱史,县中疑事皆问焉。太守行县,见而异之,署决曹史。"所以文吏所学,可能是以律令为主。还可参阅《汉书·张汤传》以及《史记·秦始皇本纪》,以便对文吏学律令有进一步了解。

8.吏捕亡

在这一节里,我们还要讲述捕亡问题。捕亡之事,史书中已有点滴记载,汉简中也有一定数量有关捕亡的简。当时捕亡的对象是复杂的,上至王公,下到奴隶,凡有所谓"犯法"行为而在逃者,都在捕亡之列。捕亡的命令有皇帝直下的诏书,也有郡、县的捕亡牒书,边塞地区还有特殊的捕亡办法。

群辈贼杀吏卒,毋大爽,宜以时行诛。愿设购赏,有能捕斩严就君阑等渠率一人,购金十万,党与五万,吏捕斩强力者皆辅。

司劾臣谨□如□言可许臣请者。◻就等渠率一人◻党与五

万▨。(503·17,503·8)

这是悬赏捉拿盗贼渠率的赏格诏。下诏购赏捕亡,在汉书等史籍中也略有记述。《汉书·季布传》:"项籍天,高祖购求布千金,敢有舍匿,罪三族。"这是悬赏捉拿项籍旧臣,可以算是刘邦政治上的反对派。再如《汉书·赵充国传》:"天子告诸羌人,犯法者能相捕斩,除罪。斩大豪有罪者一人,赐钱四十万,中豪十五万,下豪二万,大男三千,女子及老小千钱,又以其所捕妻子财物尽与之。"这种属于军事性质方面的赏格,在新获居延简购赏科别册中也有记述,所不同者是:一种是赏反叛羌族的投诚者,另一种是奖励军功而已。购赏科别因属奖励军功,我们在后面还要讲,这里我们仍然着重讲有关捕亡的问题。再如《汉书·王莽传下》:地皇四年,大赦天下,然犹曰"故汉氏春陵侯群子刘伯升与其族人婚姻党与,妄流言惑众,悖畔天命,及手害更始将军廉丹、前队大夫甄阜、属正梁丘赐,及北狄胡虏逆舆,泊南僰虏若豆、孟迁,不用此书。有能捕得此人者,皆封为上公,食邑万户,赐宝货五千万。"这些都是悬赏捕亡的实例。《王莽传》所载仍属捉捕政敌。

关于追捕"盗贼",试以《汉书·武帝纪》为例。天汉二年,"泰山、琅琊群盗徐勃等阻山攻城,道路不通。遣直指使者暴胜之等衣绣衣、杖斧,分部逐捕。刺史都守以下皆伏诛"。《汉书·成帝纪》鸿嘉四年冬,"广汉郑躬等党与浸广,犯历四县,众且万人。拜河东都尉赵拥为广汉太守,发郡中及蜀郡合三万人击之。或相捕斩,除罪。旬月平,迁护为执金吾,赐黄金百斤"。关于捕亡"盗贼",还可参阅《汉书·酷吏·王温舒传》《汉书·成帝纪》永始三年十一、十二月以及《东观汉记》等。捕亡一般是全国性的大追捕,犹如现在的通缉令,有的捕亡诏书有效期长达数年而不废,就是边塞地区亦在追捕的范围之内。如简:

证任毋牛延寿、高建等,过伯君家中者书□▨

元康元年十二月辛丑朔,壬寅,东部侯长长生敢言之。侯官官移太守府所移河南都尉书曰:诏所名捕及铸为(伪)钱、盗贼。亡,未得者牛延寿、高建等廿四人,书到满▨尉史旁,遂昌。

（306·7,20·12）

这是东部侯长长生的上达应牒文书。所谓应牒或称应书就是回书,即对上级公文执行情况的报告。"证任",就是保证的意思,《汉书·哀帝纪》"除任子令及诽谤诋欺法"。师古注曰:"任者,保也。"这就是保证没有所捕罪犯。这个捕亡文书本河南都尉所发,能达到边塞地区,依理应通缉全国,其追捕法令之严可见一斑。边塞还要上报保证无罪犯藏匿,真可算得上严密了。汉代执法,在武帝以前较松宽,武帝以后相对较严,这可能与法制不健全和当时的政治形势有关。

下面,我们介绍居延 1973 年新出土的一件有关捕亡的册子。这个册子虽已有文章加以考述(见《考古》1980 年第二期第 179 页和《甘肃师大学报》1979 年第四期第 19 页),我们认为还有一些值得商榷的地方,现将全部简文录后,我们一方面学习研究,一方面可以提出自己不同的看法,做进一步探讨,以便给予该册以更为确切的解释。

全册计三简,书 12 行,虽较潦草,但首尾连贯。现分行录述如次:

①甘露二年五月己丑朔甲辰朔(衍朔字),丞相少史充、御史守少史仁以请:诏有逐验大逆无道故广陵王胥御者惠(连)同

②产弟("甘"文误为"匡夷")故长公主弟卿("甘"文作"夷卿")大婢外人移郡(甘文作"隗")太守逐得试知外人者故长公主大奴千□等曰外人一名丽戎字中夫(屯)前太子守观

③奴婴齐妻前死丽戎从母捐(指)之字子文私男弟偃居住虎(焉)市里弟捐(指)之姊子故安道侯奴杜取不同县(关)里男子字涝(游)为丽戎

④偕(新)以牛车就载籍田仓(食)为事始元二年中(公)主女孙为河间王后与捐(为)(指)随(偕)之国后(使)丽戎游(涝)从居主枛(机)荐(荐)弟(第)养男孙丁子沱(池)元凤元年

⑤中主(定)死绝户(驰后)奴婢没(汐)入(人)诸官(诏问)丽戎游(涝)俱亡丽戎脱籍疑变更名字循匿绝迹(造估驰造)更为人妻妾(不)罪民间若死毋从知丽戎此(如)

⑥时年可廿三、四岁至今年可六十所为人中壮(状)黄色小头黑发(浅)楕(隋)面拘颈常低额如踹状身小长託(托)庹(庵)少言书到二千石遣毋害(收)都吏

⑦严教属县官令以下啬夫吏正三老杂验问乡里吏民赏取婢及免奴(婢)以为妻年五十以上刑状类丽戎者问父母昆弟本谁告子务

⑧得(使)请闻(实)发(持)生从迹毋督聚烦扰民大逆同产当坐重(连)事揸迹未罢毋令属居部家中不举传者书言白报以邮亭行诣长安

⑨传会(命)重事当奏闻必谨容之勿留如律令。

⑩六月张掖太守毋适丞勋敢告部都尉卒人(千人)谓县写移书到(列)趣报如御史〔书〕律令敢告卒人/掾便守卒史安国佐财

⑪七月壬辰张掖肩水司马阳(陵)以秩次兼行都尉事谓侯〔塞尉写移书到逐索部界中毋有〕以书言会廿日如律令/掾遂(/)守属弘

⑫七月乙未肩水侯福谓候长广〔啬夫〕□写移书到逐索部界中毋有以书言会月十五日须报府毋□如律令/令史□

　　这是一个完整的册子，这个文件也是由三部分组成，最前边（第一简"以请"前）为奏文，第二至九简为正文，第十至十二简为下行文书。其发现于肩水金关遗址，可能是肩水侯官重抄上级文件而发给金关等下属机关的，关啬夫、部侯长与地方的乡同级，乃一级行政、司法单位，可以保存文书，这从文献中可以得到旁证。

　　这个文件于甘露二年（公元前52年）五月十六日（甲辰）奏请发出，六月到张掖，七月经由肩水都尉府批转，三天后即乙未日再由肩水侯官下达金关，历时61天。

　　简文如上抄录，由于对该文书的内容在一些具体问题上理解不同，因此，断句各异，其解释也大不相同了。现举一些有分歧的解释。

　　在讲分歧意见之前，我们先了解一下这件文书产生的历史背景。

　　武帝晚年，崇信巫蛊，决断昏庸。当时江充用事，与戾太子有隙，一手制造了西汉著名的巫蛊事件，征和二年七月戾太子败，逃至湖（虢州潮城）被杀。这是这件公案的原因，如从此时算起，到甘露二年仍未结案，其间已历38年之久。戾太子被杀后，燕王旦觉得有机可乘，自认为"以次第当立为太子，上书求入宿卫"，武帝不许，后元二年二月乙丑立皇子弗陵为皇太子，两天后（丁卯）武帝死，刘弗陵即位，这就是昭帝。这时昭帝才八岁，遗诏由侍中奉车都尉霍光为大司马大将军辅佐昭帝，昭帝则由鄂邑长公主供养。这时燕王旦与中山哀王子刘长、齐孝王孙刘泽等宗室势力相勾结，伪称武帝死因不明，造谣昭帝非武帝子，蛊惑人心。另一方面又诈称曾变武帝诏书，"得职吏事，修武备，备非常"。于是招兵买马，操练军卒，借口围猎，准备起事。始元元年，刘泽等败，稍有收敛。此后，鄂邑盖主以供养昭帝有功，骄恣无法，又怨恨霍光阻拦为她的情人丁外人求官封爵。而作为辅佐昭帝霍光的副手上官桀及其子安，由于借助鄂邑盖公主之力和丁外人的帮助，使其女得为昭帝的皇后，于是便与霍光争夺权力。另一方面是桑弘羊以功臣自居,为其子弟求官遭到霍光的反对,因而怨恨霍光。这几方面的势力各怀私心,结为死党,由燕王旦上书诬告霍光,而上官桀父子、桑弘羊却另谋"杀光,诱征燕王至而诛之,因废帝而立桀",鄂邑盖公主、丁外人是这一政治阴谋的积极参与者。到元凤元年阴谋全部被揭暴,"九月,鄂邑长公主、燕王旦与左将军上官桀、桀子票骑将军安、御史大夫桑弘羊皆谋反,伏诛"。若从这次未遂政变算起,至甘露二年也已有 27 年之久了。

我们了解了这一公案的历史背景,回头再读这一追捕令,确有一些具体问题,还需要进一步思考。

第一,册首奏文中有"丞相少史""御史守少史"。这事关重大,由两府合奏。而文书内称"御史书",不称"丞相书"。据此,有人认为这是"虚领其衔"。这究竟是"虚领其衔"还是此事本御史职权范围?拟诏文本御史大夫府事,御史专司执法按验、纠察吏民,称"御史书"者,清楚地点明了文件的性质。

第二, 这份捕亡文书涉及两个有密切联系的政治阴谋集团的人物,即燕王、盖主和广陵王刘胥两个集团。虽说他们是一母所生,都是李姬的子女,但据《汉书》记载:刘胥在武帝时"行骄嫚""好倡乐逸游""动作无法度,终不得为汉嗣"。昭帝继位"胥见上年少无子,有觊觎心",阴使巫祝诅咒,制造"必令胥为天子"的舆论,阴谋篡位。昭帝死,众臣议立胥,霍光反对,由此结怨。又诅咒新立的宣帝,胥曰:"太子孙何以反得立""复令女须诅咒如前"。其时,楚王刘延寿以胥为武帝子当立,并许发兵助胥。后因子坐罪弃市,更为不满,扰乱多年。五凤四年事败,药杀巫人、宫女廿多人灭口,自己也畏罪自杀。看来,广陵王刘胥似未直接参与燕王、盖主集团的阴谋活动,但为什么同令追捕?又为什么事隔二三十年之后还下令追捕?此册的发现是否透露出一点史书失载的信息呢?例如两集团间还有什么重要而未被揭露的联系等。

　　第三，有人认为此册所要追捕的对象是"御者惠、大婢外人"，如果这是两人，那么为什么正文中对外人详加介绍、描述，而对名列外人之前的"御者惠"却只字未提呢？这的确使人难以理解，不能不使人感到奇怪。我们不禁要思考一下，追查的究竟是一个人还是两个人？

　　第四，读文献和汉简，知道还有名为"外人"的人，这是事实。但有人认为：追捕的外人是大婢，那就是女的了，既然是女人当然不会是盖公主的情人，这是可以理解的。但同时又认为"丁子沱"是盖公主的男孙，也就是丁外人的孙子，这就令人费解。"丁子沱"究竟是子是孙暂且不论，由女外人"抚养"另一个男外人的子孙，未免太巧合，太使人迷惑了。

　　第五，据认为，"御者惠"，不过是一车夫，而外人不过是一"大婢"。竟然要在事过 27 年之后，通令全国追捕，这也不能不使人惊异。按理在当时具体的历史条件下，一个车夫或奴婢是绝对不可能参与当权者的阴谋活动的，如此，下命全国通缉一个普通的车夫或奴婢，同样使人无法相信。如果所追捕的对象是另外一种情况，例如被追捕者就是丁外人，请注意丁外人就是河间人，而追捕令所要追捕者正是河间外人，这难说是出于巧合。那么可以推想，当元凤元年盖主等伏诛，丁外人可说是一名主犯，当然在受诛之列。事过多年之后，发现丁外人当时潜逃，这就势必要捉拿到案，通令全国追捕也是理所当然的事。这种推论是不是毫无根据的猜想？不然，问题是：若对简文要进行正确的考释和断句，对简文重新考订，也许这种结论将是正确的合乎逻辑的。对一些主要段落现试重新释文、断句。

　　"诏有逐验大逆无道故广陵王胥，御者惠同产弟故长公主弟卿大婢外人，移郡太守，逐得试知外人者，故长公主大奴千比等曰：外人，一名丽戎，字中夫，前太子守观奴婴齐妻，前死。丽戎从毋，捐之字子文，私男弟偃，居住虎市里。弟，捐之姊子，故安道侯奴杜取，不审县里男子。字游为丽戎婿,以牛车就载、籍田仓为事。"如果按照原释文和断句,至少有一个地方不能自圆其说。如:"外人,一名丽戎,字中夫,前太子守观奴婴齐妻,前死。"外人为女性,名字叫丽戎,字中夫,是前太子守观奴婴齐的妻子,前已早死。只能这样解释。可是,这里有一个很大的漏洞:既然外人,也就是婴齐的妻子,已经早死,那还追捕鬼去? 其次关于"丁子沱"的问题,如丽戎并非丁外人,怎么可以称为"男孙丁子沱"? 人们不禁要问,谁的男孙? 这里本来是清楚的,所谓养男孙丁子沱者,因居从毋捐之家中,丁外人既是捐之的侄子,其子自然是捐之的孙子。丁子,即丁外人之子,名沱。丁沱当然是丁外人和洊所生子,可以说毫与盖公主无关系。这件官文书中值得进一步探讨的地方不少, 现择其主要内容略考述如上。

第十五节　职　官

职官,体现着国家的权力,从某种意义上说,它是国家的代表。秦汉以前的官制,大多"亡闻"或只"言其大数",没有系统的记载可以为据。然而,自秦汉以后,"建皇帝之号,立百官之职",承上启下,有其划时代的重要意义。

三万余枚新旧居延汉简有关职官的记载, 弥补了汉代官制史研究中的缺环,保留了较多的珍贵资料,特别是关于基层职官的简牍,有极高的史料价值。本文拟就居延汉简有关官制的记载,先就中央官制逐类作以考述。

关于居延汉简所涉及的历史时期,据新简记载,纪年最早的是天汉二年,最晚为建武八年,虽有迟至永元者,但为数极少。居延旧简中有一枚太初三年简(303·39+513·23)^㉟,但该简纯系追述往事,并非实写于太初之际,因此,居延汉简之最早者,仍当以天汉二年为是。据此可知居延汉简所涉及的历史范围不过160多年,时间虽不算长,却包括了西汉、新莽、东汉初三个时代,期间,社会上政治动乱频繁,战火连年。这些不可能不反映到官制变化中去,特别是王莽改制,其"改革"的鲜明特色,已为居延汉简所证实。

秦汉时期,为了适应大一统封建统治的需要,逐步建立了一套完整的封建官僚机构,提纲张目,伸向全国各地,这种庞大的官僚机构,略可分为中央和地方两大类。中央的主要部门,一般称三公、九卿,所谓三公,指丞相、太尉和御史大夫;而九卿则指:奉常(太常)、郎中令(光禄勋)、卫尉、太仆、廷尉、典客(大行令、大鸿胪)、宗正、治粟内史(大农令、大司农)以及少府。韦昭《辨释名》曰:"汉置十二卿:一曰太常、二曰太仆、三曰卫尉、四曰光禄勋、五曰宗正、六曰执金吾、七曰大司农、八曰少府、九曰大鸿胪、十曰廷尉、十一曰大长秋、十二曰将作大匠。"《汉书·百官公卿表》云:"自太常至执金吾,秩皆中二千石,丞皆千石。"在一个秩级上的当有十卿,将作少府,詹事,将行(大长秋)等似应在九卿之下,臣瓒引《茂陵书》"詹事秩真二千石"可为佐证。《北堂书钞》卷五三设官部五,《太平卸览》卷二二八职官部二六,均记载不同,似应为不同时期职官的频繁变革所致。

一、上公

> 八月辛丑大司徒宫下小府安汉公大傅大司马大师大保车
> 骑□□□御史□主□中二千石州牧郡大守诸侯相承书从事下
> 当　□　(53·1A·B)
> 大师特进褒心侯臣匡大傅就心公臣晏国师歆□大司马利
> 苗男臣欣司徒章心公臣寻大司空□□□　(74·E·P·T13:4)[94]

《周礼·春官·典命》:"上公九命为伯。"《书·周官》云:"立太师、太傅、太保,兹惟三公,论道经邦,燮理阴阳。"三公八命,出封时,加一命,是为九命,称上公。汉代上公,实属位显而权轻,未起多大作用。《汉书·百官公卿表》："太傅,古官,高后元年初置,金印紫绶。后省,八年复置。后省,哀帝元寿二年复置,位在三公上","太师、太保,皆古官,平帝元始元年皆初置,金印紫绶。太师位在太傅上,太保次太傅"。据《汉书·王莽传中》所载:莽封王舜为太师,平晏为太傅,刘歆为国师,梓潼哀章为国将,"是为四辅,位上公"。另命甄邯、王寻、王邑"为三公"。《后汉书·百官志》:"太傅,上公一人。"上公之制自周以来,时有变异,多因时因人而设,受政治条件所制约,或置或废,非有定制。

简 53·1A、B 为元始元年至三年间的诏书,《汉书·百官公卿表》云:"九月,右将军马宫为大司徒",元始五年四月"大司徒宫为大司马,八月壬午免"。该简中的"大司徒宫"当指马宫。"小府",即少府,如周天官少宰,或曰小宰,同例。少府,九卿之一。《汉书·百官公卿表》:"少府,秦官,掌山海池泽之税,以给供养,有六丞。属官有尚书、符节、太医、太官、汤官、导官、乐府、若卢、考工室、左弋、居室、甘泉居室、左右司空、东织、西织、东园匠十六官令丞,又胞人、都水、均官三长丞,又上林中十池监,又中书谒者、黄门、钩盾、尚方、御府、永巷、内者、宦者八官令丞。"此诏书由大司徒下小府,当事涉主管。《汉书·王莽传》:"元始元年正月",群臣盛称"莽有定国安汉家之大功,宜赐号曰安汉公""太后诏尚书具其事"。莽与太师孔光、车骑将军王舜、左将军光禄勋甄丰"皆授四辅之职","以莽为太傅,干四辅之事,号曰安汉公"。元始四年"四月甲子复拜(莽)为宰衡,位上公",三公言事,"称敢言之"。该诏八月辛丑下,仅书"安汉公",当在元始元年至三年间无疑。

简 74·E·P·T13:4 为新莽天凤元年四月至次年二月间之诏书,当为诏书之前奏部分,主文散佚,其内容不得而知。《汉书·王莽传》:天凤元年三月,"策大司马逯并曰:日食无光,干戈不戢,其上大司马印韨,就侯氏朝位,太傅平晏勿领尚书事,省侍中诸曹兼官者,以利苗男欣为大司马"。二年二月,"大司马苗诉左迁司命,以延

德侯陈茂为大司马"。此前,始建国三年太师王舜死,"以舜子延袭
文爵,为安新公,延弟褒心侯匡为太师将军,永为新室辅"。据《汉
书·王莽传》:这时刘歆虽"内惧","实畏汉宗室,天下豪杰",但仍为
国师;章心公王寻自始建国元年被任命为大司徒以来,至此时仍为
大司徒;大司空是隆心公王邑。此简为诏书奏文,内容缺残,难明事
由。这里所谓上公,实指太师、太傅、太保,"哀帝元寿二年复置,位
在三公上"⑮。

二、三公

三公,古官。自周代以来,与其他职官一样,在不断地发展、变
化。《尚书·周官》之论,《春秋公羊传》所载,乃至司马迁所谓秦代之
"三公",都说明三公是天子之下的中央最高官吏。杜佑认为,秦代
实际上并无三公之制。汉代的丞相、太尉、御史大夫是中央的最高
官吏,习惯上虽称三公,然非贯彻始终之定制。据《汉书·百官公卿
表》:汉备三公官之职,始于成帝绥和元年,直到哀帝元寿二年五
月,正三公官之职,"大司马卫将军董贤为大司马,丞相孔光为大司
徒,御史大夫彭宣为大司空"⑯,始备法定三公。很清楚,这已是西汉
王朝末期,形势使然。董贤虽因断袖之恩,年仅23岁,贵三公,实际
上是与丁明、孔光为代表的实权派分权;而孔光是先帝重臣,虽先
有"议继嗣有持异之隙",后有"重忤傅太后指",然权重羽成,不得
不任命其为丞相,位列三公;至于彭宣因"上欲令丁傅处爪牙官",
而后转为御史大夫、大司空,是可以理解的。总之是适应了当时政
治上的需要。

　　　□史大夫广明下丞相承书从事下当用者如诏书一到言□
郡太守诸侯相承书从事下当用者如诏书到明白布告□到令遣
害郡县以其行止□如诏书律令书到言/丞相史□下领武校居延
属国部农都尉县官从事□　(65·18)
　　　三月丁卯丞 相桕下车骑将 一 军 一 中 一 二 一 千 一 石

——郡太守诸侯相承书从事下当用者如诏书少史庆令史宜王始
长　　(10·30)

五月戊辰丞相光下少府大鸿胪京兆尹定□相承书
从事下当用者京兆尹以□次传别书相报不报者重追之书到言
　　　　　　　　　　　　　　　　　　　(74·E·P·T48:56)

简 65·18 为诏书之下移文书,随同诏书下达⑩。(御)史大夫广
明即田广明。《汉书·百官公卿表》:"元平元年九月戊戌,左冯翊田
广明为御史大夫,三年为祁连将军。""本始三年六月甲辰,大司农
魏相为御史大夫,四年迁。"所以该简当是昭帝元平元年至宣帝本
始三年间之诏书下行辞。要求"郡太守,诸侯相,承书从事""下当用
者"按诏书规定办理,并要"明白布告",吏民皆知,令郡、县以其行
止。这是汉代通常使用的一种布诏方式,凡事涉庶民的各种政策规
定、品约、律令,大多要求"遍悬显处""明白布告",使政策直接与老
百姓见面。此诏由御史大夫下丞相等,合乎一般诏书下移程序。据
《汉书·百官公卿表》,这时的丞相是蔡义,《汉书·蔡义传》:"(义)数
岁,拜为少府,迁御史大夫,代杨敞为丞相,封阳平侯……义为丞相
时年八十余。""义为相四岁,薨。"简 10·30 中之"丞相相",即魏相,
济阳定陶人,以对策高第,为茂陵令。后迁河南太守,扬州刺史。宣
帝立,为大司农,迁御史大夫。《汉书·百官公卿表》:"地节三年六月
壬辰,御史大夫魏相为丞相",以代韦贤。历时八年,"神爵三年三月
丙午,丞相相薨"。该简当为神爵元年或二年诏书之下行文书。因地
节三年四月光禄勋张安世为大司马车骑将军,七月更为大司马卫
将军,而魏相同年六月才迁为丞相,其间实不足一月,可能性较小。
而前将军韩增于神爵元年"为大司马车骑将军",因之,简文中之车
骑将军当指韩增无疑。查魏相既薨于神爵三年三月,所以该诏书当
为神爵元、二年所下。《二十史朔闰表》唯神爵元年二月朔旦为癸
丑,得有丁卯,可知为神爵元年二月十五日下诏。

　　车骑将军名号,据《通典·职官》载:始于汉文帝元年用薄昭。
《汉书·文帝纪》:"元年冬十月辛亥,皇帝见于高庙,遣车骑将军薄
昭迎皇太后于代。"《汉书百官公卿表》云:"孝文元年,太中大夫薄
昭为车骑将军。"尔后,灌婴、周亚夫等"并为之"。后汉章帝继位,西
羌反,以舅马防行车骑将军征之,银印青绶,在卿上。和帝时,以窦
宪为车骑将军征匈奴,"始赐金紫,次司空",职位有所上升。东汉末
年,以车骑将军名号赐亲信、佞臣,那就是另外一回事了。

　　简 74·E·P·T48:56 之"丞相光",即孔光。西汉 230 年间,丞相
名光者唯有成哀之际的孔光。《汉书·百官公卿表》:"绥和二年三月
丙戌,左将军孔光为丞相",仅历职两年,于"建平二年四月乙未丞
相光免"。后经三年,"元寿元年七月丙午,御史大夫孔光为丞相",
次年五月"甲子","丞相光为大司徒"。"少府",即简(53·1A、B)中之
"小府"。"大鸿胪",秦曰典客,掌诸归义蛮夷,有丞。景帝中六年更
名大行令,武帝太初元年更名为大鸿胪,属官有行人、译官、别火三
令丞及郡邸长丞。武帝太初元年更名行人为大行令,初置别火。王
莽改大鸿胪曰典乐。初,置郡国邸属少府,中属中尉,后属大鸿胪。
大鸿胪是汉正九卿之一,位次三公。这时的大鸿胪可能是谢尧,据
《汉书·百官公卿表》:"绥和二年,执金吾谢尧为大鸿胪,三年徙。"
建平二年虽然云阳毕申世叔为大鸿胪,但早在四月乙未光已免丞
相,所以世叔的可能性不大,至于左贤的可能性就更小,孔光元寿
元年二次为丞相,仅十个月就死了。因此,似当谢尧为是。同时的京
兆尹当为王嘉。该简是由丞相光下诏书的下移文书,也就是诏书的
最后一部分,要求"别书相报,不报者重追之"。可以证明该诏书内
容的重要,可惜主文缺佚,其重要内容已无从得知。

　　太尉,汉初承秦制,因焉。武帝建元二年省,元狩四年初置大司
马,以冠将军之号。宣帝地节三年,"不冠将军,亦无印绶官属"。所
以居延汉简中无太尉职官。

　　正月辛丑御史大夫定国行丞相事下小府中二▢▢▢承书
从事下当用者如诏书═到言/属定　　　令史元▢

(74·E·P·T53:66)

　　制诏御史秋收敛之时也其令郡诸侯▢▢地节三年八月辛
卯下　(74·E·P·T43:70)

　　律御史大夫▢▢▢▢从吏民非宿卫从官列侯以上▢▢得
衣绛青▢厄黄得▢归▢绛衣以▢嫁女得衣绛其昏友▢吏三百石
以上▢得以铜▢王末参韦▢及细纯黄出军▢名上练口宿卫从官
▢　(74·E·P·T52:120)

　　《汉书·百官公卿表》："御史大夫,秦官,位上卿,银印青绶,掌
副丞相。"简 65·18 中的御史大夫田广明,据《汉书·田广明传》:"宣
帝初立,代蔡义为御史大夫,以前为冯翊与义定策,封昌水侯。"而
《汉书·百官公卿表》则云:昭帝元平元年"九月戊戌,左冯翊田广明
为御史大夫","八月己巳丞相(杨)敞薨。九月戊戌御史大夫蔡义为
丞相"。表、传记载歧异,熟是? 我们认为《表》是,而《传》有误。因田
广明为御史大夫后。"岁余,以祁连将军将兵击匈奴",与"九月戊戌
为御史大夫,三年为祁连将军",在时间上基本是吻合的;再则,田
是代杨敞之后的蔡义为御史大夫,而蔡义为丞相是在九月,所以田
之继任御史大夫空缺不大可能迟至"宣帝初立"时。

　　"御史大夫定国",即于定国。《汉书·于定国传》:"(定国)为延
尉十八岁,迁御史大夫。甘露中,代黄霸为丞相,封西平侯。"《汉书·
百官公卿表》云:宣帝甘露二年"五月己丑,廷尉于定国为御史大
夫,一年迁",甘露三年"三月己丑,丞相霸薨。五月甲午,御史大夫
于定国为丞相"。因而,该简为甘露三年元月所下之诏无疑,仍属诏
书之下行文书,也就是全部诏书的最后一部分。所谓"行丞相事",
是在丞相暂时缺员情况下,由他官代行其职权。两汉时,多由低级
官吏"行"较高官吏职事,曰摄行。甘露三年元月辛丑,正值丞相黄

霸死亡前夕,故丞相职事由于定国"行"事,是很自然的。简74·E·P·T43:70系诏书之正文,也就是奏中制曰,是中央对秋收、敛藏而下给各郡国的具体办法指示。☑号以下,紧接着的是下行文辞。据史载:地节三年"六月辛丑,太子太傅丙吉为御史大夫,八年迁"。因之,此诏当由丙吉承制所下。《汉书·宣帝纪》地节三年时,曾先后下诏,保证农业生产,以缓解百姓衣食之忧:"假公田,贷种食,其加赐鳏寡孤独高年帛。二千石严教吏谨视遇,毋令失职"。通寸"池籞未御幸者,假于贫民,郡国宫馆,勿复修治,流民还归者,假公田,贷种,食,且勿算事"等措施,以解除社会危机,这与辛丑诏书精神是一致的。简74·E·P·T52:120是关于职官婚嫁丧葬时衣着服饰要合乎礼制,不允许逾制违律。这里律下御史大夫者,盖因其有"受公卿奏事,举劾按章"以及"出讨奸猾,治大狱"等职能,是职权范围以内的事。

《汉书·礼乐志》:"人性有男女之情,妒忌之别,为制婚姻之礼,有哀死思远之情,为制丧祭之礼。"汉代礼乐之制渐严,企图通过"礼节民心,乐和民声,政以行之,刑以防之"的办法,达到"王道备矣"的目的,以巩固其封建统治。"天尊地卑,君庄臣恭",严格的封建等级,不容稍有紊乱。《后汉书·礼仪下》:"自王、主、贵人以下至佐史,送车骑导从吏卒,各如其官府。载饰以盖,龙首鱼尾,华布墙,纁上周,交络前后,云气画帷裳。中二千石以上有辎,左龙右虎,朱鸟玄武。二百石黄绶加倚鹿伏熊。千石以下,缁布盖墙,鱼龙首尾而已。二百石黄绶以下至于处士,皆以篁席为墙盖。"这里典丧之仪,规定详确,不如仪,即为僭越,是为重罪。婚丧服饰属礼制重要内容,汉律有详确规定,还时时重申,以警逾制。

御史大夫,秦官,位上卿,银印青绶,掌副丞相。应劭曰:"侍御史之率,故称大夫。"据臣瓒引《茂陵书》所载"御史大夫秩中二千石",其地位不算太高;有两丞,秩千石。《汉书·百官公卿表》:"成帝绥和元年更名大司空,金印紫绶,禄比丞相,置长史如中丞,官职如故。"地位显著提高。"哀帝建平二年复为御史大夫,元寿二年复为大司空,御史中丞更名御史长史。侍御史有绣衣直指,出讨奸猾,治大狱。"

三、九卿

汉代中央职官,在"三公"之下又有九卿,是为正九卿,或曰"汉置十二卿",各自分掌其职。九卿或十二卿,《汉书·百官公卿表》中奉常、郎中令、卫尉、太仆、廷尉、大鸿胪、大司农、少府、执金吾、宗正,"秩皆中二千石,丞皆千石"。此为十卿,再加上将作大匠、大长秋,是为"十二卿"。然而据臣瓒引《茂陵书》云:"詹事,秩真二千石。"看来,将作大匠、大长秋,其秩略低于其他十卿。各丞,据《汉仪注》《茂陵书》,其秩为八百石、千石不等。

奉常,秦官,掌宗庙礼仪,有丞。景帝中六年更名太常。新莽时改曰秩宗。郎中令,亦秦官,掌宫殿掖门户,有丞。武帝太初元年更名光禄勋。卫尉,秦官,掌宫门卫屯兵,有丞。景帝初更名中大夫令,后元年复为卫尉。太仆,秦官,掌舆马,有两丞。廷尉,秦官,掌刑辟,有正、左右监,秩皆千石。景帝中六年更名大理,武帝建元四年复为廷尉。宣帝地节二年初置左右平,秩皆六百石,哀帝元寿二年复为大理。新莽时改曰作士。典客,秦官,掌诸归义蛮夷,有丞。景帝中六年更名大行令,武帝太初元年更名大鸿胪。新莽改曰典乐。宗正,秦官,掌亲属,有丞。平帝元始四年更名宗伯,新莽并其官于秩宗。治粟内史,秦官,掌谷货,有两丞。景帝后元年更名大农令,武帝太初元年更名大司农。新莽改曰羲和,后更为纳言。少府,秦官,掌山海池泽之税,以给供养,有六丞。新莽改少府曰共工。中尉,秦官,掌徼循京师,有两丞、侯、司马、千人。武帝太初元年更名执金吾。将作少府,秦官,掌治宫室,有两丞,左右中侯。景帝中六年更名将作大匠。将行,秦官。景帝中六年更名大长秋。成帝鸿嘉三年省詹事官,并属大长秋。

御史大夫吉昧死言丞相相上大常昌书言大史丞定言无康
五年五月二日壬子日夏至宜寝兵大官抒　（10·27）

臣请免其所荐用在宫司马殿中者光禄勋卫

（74·E·P·T65：301）

□杨伯史不法不道丞相御史□执金吾家属初亡

（183·13）

▱德妻疑德廑罪神爵二年十一月丁卯廷尉定国有　▱

（74·E·P·T2：14）

七月癸亥宗正丹郡司空大司农承书从事下当用者以道次
传别书相报不报者重追之书到言　（74·E·P·T50：48）

守大司农光禄大夫臣调昧死言□受薄丞庆前以请诏使护
军屯食守部丞武▱　（214·33A）

▱司农五官丞▱　（131·21）

除天下必贡所当出半岁之直以为牛酒之资民不赘聚吏不
得容奸使臣秩郎从官及中人各一等其俸供养宿卫常乐宫者又
加一等郎从官秩下大夫以上得食卿禄员　（74·E·P·F22：63）

"大常昌"，即蒲侯苏昌，据《汉书·百官公卿表》：元康四年"蒲
侯苏昌复为太常，五年病免"（这时的丞相恰为魏相。地节三年"正
月甲申，丞相〈韦〉贤赐金免。六月壬辰，御史大夫魏相为丞相"）。直
到神爵三年三月魏相薨，由御史大夫丙吉为丞相。这段时间内正好
包括了苏昌的任期。"大史"为太常属官，有丞。与太史并列者还有
太乐、太祝、太宰、太仆、太医，曰"六令丞"。"丞定言"，即太史令丞
名定者。该简为诏书之前奏，事关礼仪之寝兵、抒井、改火等事。《后
汉书·礼仪志》："曰夏至，禁举大火，止炭鼓铸，消石治皆绝止，至立
秋，如故事，是日浚井改水，日冬至，钻燧改火云。""改火"有一年之
期，也有一年四改、五改的记载，参见《周礼·夏官》《论语》等，这里
不再赘述。

261

简74·E·P·T65:301"光禄勋卫",光禄勋掌宫殿掖门户,负责宫殿掖门的安全。保卫和谒传等,其属官有大夫、郎、谒者。郎,掌守门户,出充车骑,中郎秩比六百石,有五官、左、右三将,秩皆比二千石。郎中有车、户、骑三将,秩皆比千石。期门掌执兵送从,武帝建元三年初置,比郎,秩比千石。平帝元始元年更名虎贲郎,置中郎将,秩比二千石。羽林,掌送从,次期门,武帝太初元年初置,名曰建章营骑,后更名羽林骑。又取从军死事之子孙养羽林,官教以五兵,号曰羽林孤儿。"在宫司马",职"执兵送从"。既为"荐用",似属羽林。此简应为辞荐上书,因简册残缺,已无法详察。

捕亡文书,包括捕亡诏书,在居延汉简文书中占有一定的比例,这无疑是汉代社会危机在文献中的突出反映。简183·13是由丞相、御史下移给执金吾的捕亡诏书,属奏文的后半部分。诏书要求执金吾追捕"不法不道"犯扬伯史的"初亡""家属"。杨伯史,史册无征。按诏书既然下给执金吾,案犯很可能在京师犯罪,然后被捕或在逃,所以诏文追捕其家属。"不法不道",罪名。何谓"不道"?《晋书·刑法志》引张斐律表:"逆节绝理,谓之不道。"《汉书·杜延年传》:"……议问吴法,议者知大将军指,皆执吴为不道","延年乃奏记光争,以为吏纵罪人,有常法,今更诋吴为不道,恐于法深"。师古曰:"诋,诬也。""不道",重罪。《汉书·杜钦传》:"大司空师丹等劾宏误朝不道,坐免为庶人。"《汉书·盖宽饶传》:"时执金吾议,以为宽饶指意欲求禅,大逆不道。"《汉书·朱博传》:"博执左道,亏损上恩,以结信贵戚,背君乡臣,倾乱政治,奸人之雄,附下罔上,为臣不忠不道","不道"论决,有"不道,皆伏诛。"(《李寻传》);有"不道,下狱。"(见《夏侯胜传》)有"不道,弃市。"(见《严延年传》);有邗侯李寿"不道,诛"(《汉书·功臣表》)等。如淳认为:执金吾徼循京师,"徼循禁备盗贼也"。有侯、司马、千人,负责京畿安全。因而,在京畿地区可以应诏捕亡。

简74·E·P·T2:14载:"廷尉定国",当指于定国。《汉书·百官公卿表》云：地节元年"水衡都尉光禄大夫定国为廷尉，十七年迁"。《汉书·于定国传》载："为廷尉十八岁，迁御史大夫。""廑罪"，"廑"，通仅，即有罪。此简似为举书的抄件，而由廷尉直接受理。"德"，应属中央或边疆大吏。因原简残缺，文意不完，故是否诏书或一般文书还难以认定。

　　简74·E·P·T50:48是诏书的最后一部分，也就是下移文书。"宗正丹"，史无记载。但按该简出土于探方50推测，很可能属于西汉晚期的遗存，也就是说大概属于成哀平时期之诏书册。或有人怀疑，"丹"字是否误释，经再查原简，"丹"字清晰可辨，不误。据史载，宗正刘容从建平四年开始任职，直到西汉亡国，历时10余年。这种情况，西汉200余年间较为少见，其间或有他人任免，也未可知。这里还有一个"郡司空"的句读与理解的问题，无论此三字连续或分读，均似难通。《汉官·百官公卿表》：宗正属官"有都司空令丞，内官长丞"。如淳注曰："律，司空主水及罪人。"贾谊曰："输之司空，编之徒官。"少府属官虽有左右司空，水衡都尉属官有水司空。然而，此诏书下宗正，当为"都司空"，"都""郡"二字形体近似，故可知"郡"为"都"字之误释。如校释无误，那么，该简应是下给宗正丹、都司空、大司农诏书的下移部分。诏书要求"依道次传别书相报，不报者，重追之"。其内容之重要是显而易见的。

　　简214·33A是诏书的前"奏"部分，"守大司农"，"守"者，待也。《史记·乐书》："拊合守鼓。"由"待"而引申为"试"，是秦汉时选官由"守"而"真"的一般性过程。《汉旧仪》："丞相考召取明经一科，明律令一科，能治剧一科，各一人。诏选谏大夫、议郎、博士、诸侯王傅、仆射、郎中令，取明经；选廷尉正监平案章，取明律令；选能治剧长安三辅令，取治剧。皆试守，小冠，满岁为真。"赵翼《陔余丛考》二六《假守》条云："（秦汉时期）其宫吏试职者则曰守……凡试职皆曰守。"试职期限一般为一年。"臣调"即非调。初元三年原光禄大夫周堪为光禄勋，由非调继任为光禄大夫。永光二年"光禄大夫非调为大司农"。所以,该简应为永光二年或三年初之诏书,因"调"称"守",时间上大体不错。

据《汉书·食货志》载:武帝时桑弘羊请置大农部丞数十人,分部主郡国,《汉书·食货志》:"弘羊以诸官各自市相争,物以故腾跃,而天下赋输或不偿其僦费,乃请置大司农部丞数十人,分部主郡国。"平帝元始元年置大司农部丞十三人,人部一州,劝农桑。"受簿丞庆",当为数十名大司农部丞之一。至于"护军屯食守部丞武",也应属部丞之例,主郡国屯食事,"武"称"守",当是到职不久。

简74·E·P·T48:56是由丞相府下少府、大鸿胪之诏书。"少府",居延汉简中多为"小府"。《汉官仪》:"少府掌山泽陂池之税,名曰禁钱,给以私养,自别为藏。少者,小也,故称少府,……小用由少府,故曰小藏。""供王之私用,古皆作小府。"居延出土时间略晚的简,也有写为"少府"者,但为数极少。如果说大司农是为国家治农桑,理财政,那么,少府则"掌山海池泽之税,以给供养",是专管王室财物,为王室服务的。其库藏之丰,存钱之多,不亚于主管全国财政的大司农。《汉书·王嘉传》:"少府钱十八万万。"桓谭《新论》:"少府所领园地作务之八十三万万",超过了都内收入的"四十余万万"。因而,当国家财政出现困难时,统治集团为了巩固、维持其统治,就不得不拿出少府禁钱为"大农佐赋"。久之,则引起了"初,斡官属少府……后属大司农"体制上的变化,如遇水旱灾情或军费不足,"大司农钱尽,乃以少府禁钱续之"。

自武帝至西汉末,丞相名光者,唯孔光两度居相位。绥和二年二月翟方进薨,三月丙戌左将军孔光代翟方进为丞相,建平二年四月"丞相光免",历时两年整。3年后,孔光第二次于元寿元年七月"为丞相",次年五月更名为大司徒,实际上只有一年。该诏书当为绥和二年或三年所下,这时少府应是贾延。然而,查《百官表》这期间京兆尹无名定者,可能是史籍缺佚,或简册书写有误。

该诏书同下大鸿胪,与少府贾延同时的大鸿胪是谢尧。鸿胪者,史家历来有二说。《释名补遗》云:"腹前肥者曰胪,此主王侯及蕃国,言以京师为心体,王侯外国为腹胪,以养之也。"而《太平御览》卷二三二引韦昭《辨释名》曰:"鸿胪本故典客,掌宾礼。鸿,大也;胪,陈序也。欲以大礼陈序宾客也。"显然与刘熙的看法不同。但是,《史记·孝景本纪》司马贞《索引》引韦昭云:"胪,附皮,以言其掌四夷宾客,若皮胪之在外附于身也。"这大体上又同意刘熙的解释。应劭基本上同于韦昭的看法。据《通典》职官八引应劭曰:"郊庙行礼,赞导九宾。鸿,声也;胪,传也。所以传声赞导,故曰鸿胪。"王先谦对这种有歧义的解释,提出了自己的观点,认为:"《初学记·职官部》下之一七及《太平御览·职官部》卷三〇引皆有脱误,兹据《艺文类聚》卷四九卷《职官五》引录之,察此是释鸿胪之名义,首当有鸿胪字,引者不备。"

《汉书·景帝纪》:"二年春二月,令诸侯王薨,列侯初封及之国,大鸿胪奏谥、诔、策。列侯薨及诸侯太傅初除之官,大行奏谥、诔、策。"很清楚,早在景中二年以前,已有大鸿胪。然而,《汉书·百官公卿表》云:"景帝中六年更名大行令,武帝太初元年更名大鸿胪。"臣瓒指出:"景帝中二年已置大鸿胪,而《百官表》云武帝太初元年更以大行为大鸿胪,与此错。"其指出了《汉书》互相矛盾之处。师古认为《汉书·百官公卿表》错了,说:"大鸿胪者,本名典客,后改曰大鸿胪。大行令者,本名行人,则典客之属官也,后改曰大行令。故事之尊重者遣大鸿胪,而轻贱者遣大行也。据此纪文,则景帝已改典客为大鸿胪,改行人为大行矣。而《汉书·百官公卿表》乃云景帝中六年更名典客为大行令,武帝太初元年更名大行令为大鸿胪,更名行人为大行令。当是表误。"而应劭两说兼有。《汉官仪》:"景帝更名大行令,武帝改曰大鸿胪。"《北堂书钞·设官部》引《初学记·职官部》又说:"鸿胪景帝置。"韦昭支持《纪》说,《史记·孝景本纪》司马贞《索隐》引韦昭曰:"景帝初改云大行,后更名大鸿胪,武帝因而不改,故《汉书·景帝纪》有大鸿胪。"以上面的引文,可以清楚地看出,大鸿胪的职责并不仅仅是"掌诸归义蛮夷"。更多的是"掌诸侯""礼赞九宾""迎送王侯"等事。掌"蛮夷"之事的,还有一个典属国机关。《汉书·百官公卿表》曰:"典属国,秦官,掌蛮夷降者,武帝元狩三年昆邪王降,复增属国,置都尉、丞、侯、千人。属官,九译令。成帝河平元年省并大鸿胪。"

京兆尹虽属地方官吏,但辖治京师要地,自与一般地方官不同,为叙述方便,也记于此。"京兆尹定"。《周礼·春官·宗伯》:"内史掌王之八枋之法,以诏王治。"《汉书·百官公卿表》:"内史,周官,秦因之,掌治京师。"景帝二年(《地理志》建元六年,《公卿表》景帝元年,《史记》同《百官表》),分置左(右)内史。"右内史,武帝太初元年更名京兆尹,属官有长安市,厨两令丞,又都水、铁官两长丞。左内史,更名左冯翊。"张晏注:"地绝高曰京。《左传》曰:莫之与京。十亿曰兆。尹,正也。"师古曰:"京,大也。兆者,众数。言大众所在故云京兆也。"京兆尹与左冯翊、右扶风并称三辅。服虔说:"皆治在长安城中。"师古曰:"长安以东为京兆,长陵以北为左冯翊,渭城以西为右扶风也。"查绥和、建平之间,京兆尹无名定者,该简应是补史册之失载。

简74·E·P·F22:63为王莽时所下之诏令。《汉书·王莽传中》:"长乐宫曰常乐室""千石曰下大夫",与简文所载相同。天凤三年五月莽下吏禄制度曰:国用不足,民人骚动,"六司、六卿,皆随所属之公保其灾害,亦以十率多少而损其禄。郎、从官、中都官吏食禄都内之委者,以太官膳羞备损而为节。诸侯、辟、任、附城、群吏亦各保其灾害。几上下同心,劝进农业,安元元焉"。此前,于新始建国元年"更名秩百石曰庶士,三百石曰下士,四百石曰中士,五百石曰命士,六百石曰元士,千石曰下大夫,比二千石曰中大夫,二千石曰上大夫,中二千石曰卿"。这应是第一次改吏秩奉。后时有改定,始建国四年二月,"且令受奉都内,月钱数十"。天凤四年六月"纳言掌货大夫且调都内故钱,予其禄,公岁八十万,侯伯四十万,子男二十万。然复不能尽得"。吏禄之制,如此繁复,致使"天下吏以不得俸禄,并为奸利,郡尹县宰家累千金"。王莽改制的各种措施,包括吏俸数改在内,无疑已推行到西北边郡,是否彻底,尚需研究。西汉时秩俸以钱为主,新莽初仍然以钱为主,后六年主要是以谷为俸,东汉改为半钱半谷。

《汉书·刘辅传》:"于是中朝左将军辛庆忌、右将军廉褒、光禄勋师丹、太中大夫谷永……"孟康注曰:"中朝,内朝也。大司马左右前后将军、侍中、常侍、散骑、诸吏为中朝。丞相以下至六百石为外朝也。"汉武帝以前无中外朝之分。汉初,丞相秉政,总理各部,权力比较集中,即如卫青、霍去病权位极于一时,然并未以大将军干政。汉武帝以后,为了加强军权,削弱相权,在统治集团内部,逐渐开始了权力再分配的斗争。内朝应运而起,相权日趋衰弱,渐渐形成了内朝、外廷的政治格局。中朝官大致包括各级将军、尚书台、侍中、给事中以及太子、皇后系统的主要官吏。

　　　二月丁卯丞相相下车骑将＝军＝中＝二＝千＝石＝郡太守诸侯相承书从事下当用者如诏书

　　少史庆令史宜王始长　　　(10·30)

　　▨大将军章▨　　(74·E·P·T4:41)

　　▨大将军印章诣中郎将驿马行十二月廿二日起

　　　　　　　　　　　　　(74·E·P·T49:11)

　　▨令使者张君当为居延将军　　(74·E·P·T50:207)

　　新始建国地皇上戊三年五月丙辰朔乙巳褌将军辅平居成尉级丞谓城仓间田延水甲沟卅井殄北卒未得▨付受相与校计同月出入毋令缪如律令　　(74·E·P·T56:23A)

　　▨月甲午朔己未行河西大将军事凉州牧守张掖属国都尉融使告部从事□武威张掖酒泉敦煌太守张掖酒泉农都尉武威太守言官大奴许岑　　祭酒□从事主事术令史露

(74·E·P·F22：825A、B)

三月乙巳将屯禅将军□☑　（169·13）

　　秦汉时期将军头衔繁多,较尊贵者当数大将军,西汉之世,首加大将军之号者为窦婴。《汉书·窦婴传》：景帝三年吴楚反,"乃拜婴为大将军,赐金千金"。《通典》卷二九："初,武帝以卫青数征伐有功,以为大将军,欲尊宠之,故置大司马官号以冠之。"大将军冠以大司马之号,秩同大司马,无怪《汉书·霍去病传》云："乃置大司马位,大将军,票骑将军,皆为大司马,定令,令票骑将军秩禄,与大将军等。"其地位比丞相。《汉仪》曰："汉兴,置大将军、骠骑,位次丞相,车骑、卫将军,左右前后,皆金紫,位次上卿。典京师兵卫,四夷屯警。""位次","次",次第也,即次第相同。

　　简74·E·P·T4：41 和 74·E·P·T49：11 均为大将军印章的军令文书,简74·E·P·T49：11 是令下中郎将。《汉书·赵充国传》："昭帝时,武都氐人反,充国以大将军护军都尉将兵击定之,迁中郎将,将屯上谷,还为水衡都尉""充国子右曹中郎将印"。中郎将秦代始置,汉因之,位在将军之下,分五官左右署,置署将领之,谓中郎将。"中郎有五官、左、右三将,秩皆比二千石",隶郎中令属下。该简规定军令文书,限用驿马行,从十二月廿二日起至什么时间送到,都有严格规定。

　　简10·30是由丞相魏相所下之皇帝诏书, 诏书仅留最后部分的下移文书。诏下车骑将军等。魏相任丞相起于地节三年六月壬辰到神爵三年三月丙午薨为止,历时近八年,其间唯张安世、韩增二人先后为大司马车骑将军。据蔡质《汉仪》载：车骑将军"皆金紫,位次上卿"。《后汉书·窦宪传》："拜宪车骑将军,金印紫绶,官属依司空……"然而,《汉官仪》却云："章帝以元舅马防为车骑将军,银印青绶,位在卿上,绝席。"所以,车骑将军位次于大将军无疑,然而,其印绶一般应该为金印紫绶,如《百官表》所述,秩位同于上卿。至于马防任车骑将军时间不足一年,按理说还在"守"期之内,况为国戚,似为个别事例。

关于简 74·E·P·F22:825A、B,"行河西大将军事凉州牧守张掖属国都尉",乃窦融的官职,是在特定的历史条件下出现的特殊情况。据《后汉书·窦融传》载:"行事",乃五郡官员推举,后经东汉政权予以追认,但时间不长,窦融即去京任职。居延汉简中有关窦融时期的简牍很多,可大大补充《窦融传》之不足,这里不再赘述。

简 74·E·P·T56:23A 和 169·13 所记"裨将军",即将军的副贰。《汉书·项籍传》:"梁为会稽将,籍为裨将,徇下县。"师古注曰"裨,助也,相副助也。"也就是副将。所谓"将屯裨将军",也就是将屯将军的副手。

简 74·E·P·T50:207"居延将军",应属因人因事临时设置之官职,非定制常设。两汉之世,征伐颇多,临时置将军的事例不少,其所冠的将军名号,没有一定的规定,多因所辖的兵种、特点、任务,或征镇的地名,驻守的山川等而定名,任务完成后,将军名号也随之消失。"居延将军"简出土于探方 50,该探方所出纪年简,多为建昭至绥和间,所以,可以大体推定,"居延将军"也当为元成时期驻守额济纳河流域一线的将军,定镇居延,负责这一地区的军事防御。"居延将军",史册无征,也当属临时性的"杂牌"将军。

> 十月辛酉将屯偏将军张掖大尹尊尹骑司马武行副咸事试守徒丞司徒☐☐循下部大尉官县承书从事下当用者如诏书到言兼掾义史冯书吏☐　(74·E·P·F22:65A)
>
> 元始三年六月乙巳朔丙寅大司徒宫大司空少傅丰☐车骑将军左将军☐☐☐☐☐中二千石州牧郡太守☐　(74·S₄T₁:11)
>
> 河平元年九月戊戌朔丙辰不侵守侯长士吏猛敢言之将军行塞举　(74·E·P·T59:3)
>
> 九月乙卯行延亭连率事偏将军☐☐　(74·E·P·T52:490)

将军仁恩优劳百姓元元遣守千人迎水部掾三人

(74·E·P·T65:35)

简 74·E·P·F22:65A 仍属诏书的最后一部分,即下移文书。"将屯偏将军张掖大尹尊","将屯",《汉书·赵充国传》:"昭帝时,武都氐人反,充国以大将军护军都尉将兵击定之,迁中郎将,将屯上谷,还为水衡都尉。"师古注曰:"(将屯),领兵屯于上谷也。"居延汉简中言及"将屯"者还有一些简册,如:

    ☑即下将屯张掖太守莫府卒☑。 (227·43)
    三月乙巳将屯裨将军□☑。 (169·13)

将屯者,实即将兵屯守。多加于郡太守、裨将军、中郎将一等,其秩官并不很高。"偏将军","偏",佐也。《左传·襄公三十年》:"司马,令尹之偏。"即副贰。郡太守莽称大尹,是郡太守加将军名号。

《汉书·百官公卿表》:"前后左右将军,皆周末官,秦因之,位上卿,金印紫绶。汉不常置,或有前后,或有左右,皆掌兵及四夷。有长史,秩千石。"简 74·S₄·T₁:11 左将军位次列于车骑将军之后,中二千石之前。此类将军亦多为临时设置,有边事则出征,无事多兼它职。简 74·E·P·T59:3"将军行塞举",时为成帝河平元年,既云"将军行塞",似应指"居延将军"或郡太守所兼任的"将屯将军",不大可能是指另外什么将军。虽然,右将军长史姚君曾去塞百余里,但时隔三年之久,况为长史,也难称将军。

第十六节　河西四郡与窦融

一、河西四郡

关于河西四郡建置年代的争论,至今还没有较为一致的看法,为了使大家了解争论的焦点、过程及其实质问题所在,我们还是在这里触及这个老问题,谈谈新看法与问题,最终将得到解决的必要前提。

> 元凤三年十月戊子朔戊子,酒泉库令定国以近次兼行太守事,丞步置谓过所县河津,请遣□官持□□□家去□□丞行事,金城、张掖、酒泉、敦煌郡,案会所占畜马上匹当张舍张□如律令。掾胜胡,卒史广。　　(303·12)

这是传,此简所列河西诸郡有金城而没有武威,据《汉书·昭帝纪》《汉书·地理志》都载金城郡置建于昭帝始元六年 (公元前81年),简为"元凤三年",那就是金城郡建置3年后。《盐铁论·西域》:"先帝推让,斥夺广饶云地,建张掖以西,隔绝羌胡。"盐铁之议发于昭帝始元六年,仍未言武威立郡,所以武威建郡可能迟在金城置郡之后。据《汉书·武帝纪》所载四郡之建立:

"元狩二年秋,匈奴昆邪王杀休屠王,并得其众,合四万余人来降,置五属国以处之,以其地为武威酒泉郡。"

"元鼎六年秋,又遣浮沮将军公孙贺出九原,匈河将军赵破奴出令居,皆二千余里,不见虏而还。乃分武威、酒泉地,置张掖、敦煌郡。"

再看《汉书·地理志》所载:

"武威郡:故匈奴休屠王地,武帝太初四年置。"

"张掖郡:故匈奴昆邪王地,武帝太初元年开。"

"酒泉郡:武帝太初元年开。"

"敦煌郡:武帝后元年分酒泉置。"

纪志矛盾,无一同者,传志之间,又多相违。《汉书·食货志》:"明年,南粤反,西羌侵边,天子为山东不澹,赦天下囚,因南方楼船士二十余万人击粤。发三河以西骑击羌,又数万人渡河筑令居,初置酒泉张掖郡。"这事在元鼎六年,以为张掖酒泉均元鼎六年所置。《史记·匈奴传》:"是时,汉东拔濊貉朝鲜以为郡,而西置酒泉郡以隔绝胡与羌通之路。"汉拔朝鲜在元封三年,这里认为置酒泉郡是在元封三年。《史记·大宛传》:"初,天子发书《易》云:神马当从西北来。得乌孙马好,名曰天马,及得大宛汗血马,益壮,更名乌孙马曰西极马,名大宛马曰天马云。西汉始筑令居以西,初置酒泉郡以通西北国,因益发使安息、奄蔡、犛轩、条支、身毒国,而天子好宛马,使者相望于道。"这又认为酒泉郡的建置是在得宛马以后。武帝得宛马在太初四年,所谓酒泉建郡之时,这自然是在《地理志》所载太初元年之后。

通过上面的叙述,大体可以看出《史记》《汉书》及其纪、志、传之间的歧义,正因为如此,河西四郡的建置时间就成为历代一个悬而未决的问题。清代齐昭南《二十四史汉书考证》(清官本)、钱大昕《二十二史考异》在论述河西四郡建置年代时均依据《汉书·武帝纪》。钱氏说:"按武帝元鼎六年分武威、酒泉郡,置张掖、敦煌郡,敦煌为酒泉所分,则张掖必武威所分矣。四郡之地虽皆武帝所开,然先有酒泉、武威,而后有张掖、敦煌。以内外云词言之,武威、酒泉当云元狩二年开,张掖、敦煌当云元鼎六年分某郡置,不必云开也。昆邪来降在元狩间,而《志》以为大初,张掖乃武威所分而《志》从张掖属元年,武威属四年,皆误。"强调了昆邪来降一事,而以内外别先后。朱一新《汉书管见》则以《志》为准,认为"岂开郡实在太初时,纪系于此,乃终言之也"。这些说法,仍局限于史料之一隅,当不足取。

武威水草繁茂,向有"银武威"美称,按理建郡不应在酒泉之后,然而,事实上则不然。《史记》一书,经详察无一语道及武威,《平准书》《大宛传》《匈奴传》等只言酒泉而没有武威。《汉书·西域传》:"票骑将军击破匈奴右地,降浑邪、休屠王,遂空其地,始筑令居以西,初置酒泉郡,后稍发徙民充实之,分置武威张掖敦煌,列四郡据两关焉。"班氏《西域传》清楚地认为是酒泉先置,这一点与《史记》

同，除《汉书·武帝纪》外，其余所论是一致的。《汉书·武帝纪》根据原纪注："元狩二年秋，匈奴昆邪王杀休屠王，并将其众合四万余人来降，以其地为酒泉郡"，"元鼎六年秋，又遣浮沮将军公孙贺出九原，匈河将军赵破奴出令居，皆二千余里，不见虏而还，乃分酒泉地置张掖郡。"而班氏于《汉书》中在酒泉之上妄加武威二字，这可能是东汉初年，武威已逐渐繁荣，成为东西交通之要地，班氏疑旧记有误，予以窜改，也可能班氏漏列武威置郡年代，而为后人补入者也未可知。司马光《资治通鉴》于汉元鼎二年下云："乌孙王既不肯来还，汉乃于浑邪之故地置酒泉郡，稍发徙民以充实之，后又分置武威郡以绝匈奴与羌通之道。"司马氏不认为酒泉、武威同时所见，其识甚卓。但认为酒泉置于元鼎，则不然。《资治通鉴》记元鼎二年张骞西使之事本于《史记·大宛传》，而《史记·大宛传》谓张骞欲招乌孙移居昆邪旧地，乌孙不肯来，此事本有质疑处。即使此事可信，故地尚空可以招乌孙来，也证明汉于此时尚未置郡。《史记》此节实有问题，本不可据。

　　《汉书·张骞传》亦载此事，异文凡有数处。今试列其差异处，以便比较。《史记》未记乌孙王昆莫之父名，《汉书》记其名为难兜靡；《史记》言乌孙始为匈奴所破，而《汉书》则说乌孙始为大月氏所破；《史记》载乌孙为匈奴西边小国，而《汉书》云乌孙与大月氏俱在祁连敦煌间；《史记》言故浑邪地空无人，《汉书》言昆莫地空；《史记》说招以益东，居故浑邪之地，《汉书》言招以东居故地，凡此诸点都可看出，凡歧异处，班氏都有新史料补充，使《汉书·张骞传》较《史记·大宛传》更为可信。班固世居西州，对乌孙之事，必别有所据。《资治通鉴》除对乌孙西徙之事大加删节处，所据全为《史记》，这也是司马氏未能择善而从。王益之《西汉年纪》叙述此事，则本于《汉书》。按昆邪降后，汉即占有河西之地，据《霍去病传》《匈奴传》，当时汉置昆邪旧部为五属国都在河以南，这是分其势而防其反侧的策略，同时，武帝严禁汉人与昆邪部交通，商人与市易者咸处重罪，这一点可参见《汉书·汲黯传》。如果徙昆邪而空其地,匈奴南下怎么办?所以《史记·大宛传》说:"汉遣骠骑将军破匈奴西域数万人,至祁连山。其明年,浑邪王率其民降汉,而金城河西并南山至盐泽,空无匈奴。匈奴时有侯者到,而希矣!"言"匈奴时有侯者到",正说明汉得其地后即设烽燧以候望匈奴,否则怎知到与不到呢?所以自昆邪降汉后,汉即在故昆邪地设立酒泉郡。张骞欲徙乌孙之处,乃乌孙故地,也就是班氏所说"祁连敦煌间",约在今嘉峪关以外,并不包括酒泉(按其地虽空无居民,仍为酒泉辖区,只没有烽燧设置而已,所以元鼎六年置敦煌郡时仍言析酒泉置)。《史记·大宛传》述元狩二年霍去病攻祁连山之事:"是岁,汉遣骠骑破匈奴西域数万人,至祁连山。"而记乌孙昆莫亦言"令长守西城",王充《论衡·吉验》亦引此文作"西城",证明匈奴在河西应自有城。

至于"觻得"城名见于《汉书·霍去病传》"扬武乎觻得",也就是以后的张掖郡,居延新简中《寇恩册》去觻得卖鱼正是此城。匈奴所筑之城,它如赵信城、范夫人城等。(《见汉书》)又《通典·州郡部》引《西河旧事》言姑臧城,"匈奴故盖臧城"。这是匈奴在河西确已建城的又一例证。若如此,汉人于故塞置屯戍,当在意料之中。虽说《史记·大宛传》述乌孙事,所据多有讹误,匈奴西城事或亦有疑,但筑城之史实,绝不会尽妄言。《史记·匈奴传》:"浑邪王杀休屠王,并将其众降汉,凡四万余人,号十万。于是汉已得昆邪王,则陇西、北地、河西益少胡寇,徙关东贫民处所夺匈奴河南、新秦中以实之,而减北地以西,戍卒半。"《汉书·食货志》:"山东被水灾,民多饥乏……乃徙贫民于关以西及充朔方以南新秦中七十余万口。"《汉书·武帝纪》元狩四年:"有司言关东贫民徙陇西、北地、西河、上郡、会稽凡七十二万五千口,衣食振业,用度不足,请收银锡造白金以及皮币足用。"

以上所记徙民之地虽互有出入,然而,均未涉及河西。《汉书·匈奴传》元狩四年:"令大将军青、骠骑将军去病分军……绝幕击匈奴……汉兵得胡首虏凡七万余人，左王将皆遁走，骠骑封于狼居胥山，禅姑衍，临瀚海而还。事后匈奴远遁，而幕南无王庭，汉渡河自朔方以西至令居，往往通渠置田官吏卒五六万人稍蚕食，地接匈奴以北。"《史记·平准书》："数万人渡河筑令居，初置张掖、酒泉郡，而上郡、朔方、西河、河西开田官，斥塞卒六十万人戍田之。中国缮道馈粮，远者三千，近者千余里，皆仰给大农，边兵不足乃发武库工官兵器以赡之。"故筑令居而后，其北边田卒多至六十万人（《汉书》万字上脱一"十"字，应从《史记》），河西当然亦在其内。《史记》《汉书》都记载，元狩四年以后，或先已垦田，这时则扩大其规模。垦田当然也可以在建郡以后，武帝平越、平西南夷、平朝鲜后不久便置郡，但并没有同时屯田。《史记·平准书》说："汉连兵三岁，诛羌，灭南越，番禹以西以蜀南者，置初郡十七，且以其故俗治，毋赋税。南阳、汉中以往郡，各以地比，给初郡吏卒奉食币物，传车马被具。而初郡时时小反，杀吏。汉发南方吏卒往诛之，间岁万余人，费皆仰大农。"故汉得地再远也要置郡以军吏屯之。就是不垦田，但也有吏卒汉得酒泉，沃野千里，而地复接京师上游，万无不即置郡之理，以后陆续徙民、卒屯，逐渐巩固其统治。所以先立酒泉郡乃在情理之中，不宜从《史记·大宛传》之孤证。

简文中有金城而无武威，武威建郡确在金城之后，《汉书·昭帝纪》始元六年："秋七月，以边塞阔远取天水、陇西、张掖各二县，置金城郡。"张掖在武威之西，置金城郡取张掖二县而不是武威二县，无疑，这时还无武威郡。简乃元凤三年物，仍无武威，这时已距金城建郡迟了3年。《盐铁论》记盐铁之议发于元始六年春，较金城建郡还早数月，所以于河西只提及张掖而仍无武威。查居延汉简骑士名籍，宣帝初年后，则只有张掖郡所属各县的人，如觻得、昭武、氐池、日勤、番和、居延、显美等县，而没有武威郡所属县一人，这显然是武威因已建郡，其正卒戍武威缘边，而不再戍属张掖郡之居延了。到神爵元年发兵备羌者有武威郡兵，而辛武贤奏言屯兵所在有武威郡(见《汉书·赵充国传》)。这自然是在武威建郡以后,因而,可以推定武威置郡的大体年代,早不会超过元凤三年十月,即上列简行文之时,晚不会迟至张敞视事山阳郡之时,也就是地节三年五月。这中间时间约为 10 年零 7 个月。这里我们不妨预测武威置郡或在本始二年。《汉书·匈奴传》记载:本始二年五将军十万余人出兵西河、云中、五原、酒泉、张掖,并常惠领乌孙兵共击匈奴,匈奴民众死伤而去者及牲畜远移、死亡不可胜数,于是匈奴遂衰耗。兹欲和亲,而边郡少事矣! 这件事较地节三年早 5 年,然出兵也只有酒泉、张掖而无武威,因这次用兵规模之大,且是武帝以后所少有,所以当发兵时必然有发关东众庶运输屯戍以继其后者。姑臧附近正当其东三路、其西二路及乌孙一路之中心,可能在罢兵以后。匈奴无事,遂以未罢之屯戍为基础在武威置郡,若如此推论不错,那么,武威之建郡当在本始二、三年。

我们再谈谈张掖、敦煌二郡建置之年代。《地理志》说张掖开于太初元年,而敦煌置于后元元年。然而《汉书·李陵传》所载与上说互有矛盾:"将勇敢五千人,教射酒泉、张掖以备胡,数年,汉遣贰师将军伐大宛,使陵将五校兵随后。"陵教射在贰师伐大宛前数年,太初元年是贰师伐大宛之年,则张掖早于太初元年而久矣!《汉书·武帝本纪》说张掖置郡在元鼎六年,比较可信。

敦煌,故乌孙牧地。及乌孙不来,遂徙罪徒于此屯戍。《汉书·武帝纪》元鼎四年:"秋,马生渥洼水中。"注引李斐说,南阳新野人暴利长遭刑屯田敦煌界,于小畔得之。据唐写本地志云,在河州寿昌界内,即汉龙勒县界内,此说较后,然渥洼在敦煌从无不同意见。又《汉书·礼仪志》作元狩三年,这一年未必有屯戍至敦煌,因这年才占有河西,未必立郡。元封六年济南崔不意为鱼泽尉,教力田,以勤效得名,因立为县,名效谷(见《汉书·地理志》师古注引桑钦说)又据《汉书·刘屈氂传》记征和二年巫蛊事件:"其随太子发兵,以反法族。吏士劫略者,皆徙敦煌郡。"这事在元封以后,后元之前,所以敦煌置郡以太初中为宜。居延汉简"延寿乃太初三年中,又以负马田敦煌,延寿与文俱来,田事已"(303·39)可证明早有屯垦之事,简文中"敦煌"二字之下虽无"郡"字,但就其前后语气推之,是应指敦煌郡,仍可算是一条旁证。

上面将有关河西四郡之建置问题略加介绍,虽然到目前为止,问题并未得到彻底解决,仍然还各有独见,但毕竟逐渐在接近统一,尤其新的考古调查、发掘中新材料的不断出土,一致可信的意见逐渐提出,相信不久将有分晓。

二、窦融在河西

1974 年居延试掘,破城子 F22 获简较多,达 888 枚,其中简册 50 多部。这么多简集中在一个房子里,我们认为它可能是甲渠侯的档案室。F22 位于 T49 中南壁跨入 T68 北边沿,西为 F21,东为 F23,南为 F25,北为坞墙。房屋仅存四壁,壁残高为 0.90 米,北面以坞墙为壁,其余三面均各筑厚约 0.24 米的土坯墙。东壁长 1.40 米,高残存 0.60 米。屋门即位于此壁南端,稍偏西,宽 1 米。西壁长 2.26 米,南壁长 2.60 米。屋基大体为正方形,面积为 6.24 平方米。木简集中出于房屋北边的草秸层中,保存较好。此屋系晚期建筑,修建时间大约在地皇年间或稍后。据此,我们认为这批简也是从地皇时或稍后陆续存放在这里的。由于在新莽晚期开始集中存放在这所房子里,因而对新莽晚期以前的档案或出于选择、或由于散失,数量显著减少,大量则是建武年间的简。

这批简有纪年者 90 枚,最早者为河平四年五月 (公元前 25 年)仅一简;最晚者是永元十年三月(公元 98 年),也仅一简。可以看出这批档案前后包括的时间范围长达 120 余年。从这批简所记有的河平、元始、始建国、天凤、地皇、更始、复汉(汉复系隗嚣的年号,原简为复汉,疑为汉复之误)、建世、建武、永元等纪年来看,它经历了西汉末、新莽、刘玄、隗嚣、刘盆子、东汉初等历史时期,这是西汉、东汉交替,社会充满激烈动荡的 100 余年。

这批纪年简以建武初年最多,共 54 简,占全部纪年简的 60%,就在这些建武初年的纪年简册中,记述了有关窦融在河西时的军民讼事、官吏迁补、烽火品约、修治社稷、购赏科别、贩卖衣物、私铸钱币、婚娶毋过、禁屠马牛、禁伐树木、推辟界中以及奉谷、赦令、死驹、屯戍、吏卒等重要材料。这为我们进一步了解这一历史时期河西地区的政治、经济、军事等状况以及窦融所执行的一系列方针、政策提供了可贵的新资料。

《后汉书·窦融传》记载简要,因而,自更始初窦融任张掖属国都尉到河西地区,直到建武八年夏赴中央任职止,这重要的近十年间, 河西情况较为模糊,尤其对窦融在河西所实行的许多施政措施,知之甚少,同时也涉及对窦融的评价问题。过去凡谈到窦融,几乎是众口一词,认为他是西汉末年的割据势力之一。因此,对这些问题,还有必要做进一步探讨,以期还原历史的本来面目。

1.严密的军事措施

公元 23 年更始新立,窦融弃钜鹿太守来到河西。次年,农民起义烽火愈炽,蜀公孙述、汉中延岑、海西董宪、淮南李宪、荆州秦丰、西州隗嚣、朔方芦芳、蓟彭宠、梁刘永、齐张步等地方割据势力猖獗,时窦融被敦煌、酒泉、张掖金城等太守和都尉,推选为大将军领河西五郡。河西五郡当时最大的威胁仍然是匈奴奴隶主的纵兵寇掠,他们勾结彭宠、卢芳等一些割据势力骚扰州郡居民,不断地抢夺人口、财物、牲畜。河西五郡要保持稳定局面,抵御匈奴奴隶主的寇掠,就不能不采取必要的措施。

新莽末到东汉初,内战连年,社会生产遭到严重破坏,“海内人民,可得而数,才十二三,边陲萧条,靡有孑遗,郡塞破坏,亭鄣绝灭”(应劭《汉官仪》注)。西、北部防线已濒于瓦解,情况是严重的。这时国内已与西域断绝, 虽有远离匈奴的莎车领南道诸国反抗匈奴,但也受到役属于匈奴的北道诸国的强大压力,故莎车王檄书河西守军,询问国内动静,表示思慕汉王朝之意。建武五年,驻河西大将军窦融奉东汉王朝之命立莎车王康为"汉莎车建功怀德王西域大都尉",命统领西域诸国。虽然如此,事实上不可能消除匈奴对河西地区的直接袭扰,因而,窦融不得不采取一系列措施,以保卫河西地区的安全。

新获居延汉简以其可贵的描述为我们基本上构出了这一历史阶段河西五郡的基本面貌。大将军窦融首先沿居延一线保持和加强了西汉时期的各种军事设施,塞、边、城、坞、鄣、亭、壁等不断地进行修葺和加固。"修兵马,习战射,明烽燧之警"(《后汉书·窦融传》),军纪严明,边塞工事得到完善和加强。对于犯塞的敌人给了英勇的反击,"建武六年四月十六日胡虏犯塞,人吏格斗"(74·E·P·F22:317、318),看来战斗十分激烈。对于在战役中立功的人员,视其功劳大小,给予不同的奖励,"捕羌虏,斩首各二级,当免为庶人。有书令以旧制律令,为捕斩匈奴虏、反羌,购赏各如牒"(74·E·P,F22:221),沿用了西汉时期的奖惩规定,又加以具体化,明确规定"其生捕得酋豪王侯君长将率者一人,吏增秩二等,从奴与购如比"(74·E·P·F22:223),"其斩匈奴将率者百人以上,一人购钱十万,吏增秩二等"(74·EP·F22:224),"有能生捕得匈奴间侯一人,吏增秩二等,民与购钱十万,人命者除其罪"(74·E·F·P22:225),认真奖励军功,以鼓励吏卒在反击战中勇敢杀敌。

居延新简记载这一时期"犯塞"之事甚多,说明匈奴、"反羌"骚扰频繁,居延一线时有冲突,如74·E·P·F22:371简载"敢言之,乃今月二日乙丑胡虏卅余骑犯塞入攻",诸如74·E·P·F22:432、433、434、447等简,都明确记述了"胡虏犯塞"。自公元24年到32年这数年间,虽然匈奴"反羌"对居延地区寇掠不断,但基本上仍保持着原来的军事态势,似未发生过大规模的战役。

凡有"犯塞",必举烽燧之警。窦融规定,传递警报,仍依西汉旧制,这在《西陲木简》中有较为详细的记载。居延新简《建武五年甲渠劾侯长王褒册》记述:

烽坞上大表一,燔一积薪,城北燧助吏李月

(74·E·P·T68:85)

候望见木中燧有烟,不见烽,候长王襃即使

(74·E·P·T68:86)

大表一,燔一积薪,城北燧助吏李月候望见。

(74·E·P·T68:97)

燧长陈阳为,举候上二烽坞上　(74·E·P·T68:96)

襃不以时燔举,所举堠上一烽,燔一积薪,燔举不□

(74·E·P·T68:91)

木中燔□,候长王襃即使用骑驿　(74·E·P·T68:98)

举堠上一烽火　(74·E·P·T68:102)

　　"堠"同候。《后汉书·王霸传》《周书·韦孝宽传》云"一里置一土堠",堠有堠吏,是所谓"记里堡"的小吏,主堠望。按规定举烽燧的示警办法应当分四种⑩。一曰表,以缯布为之,分赤、白二色;二曰烽,在烽火台中树高竿,"桔皋头有兜零,以薪草置其中"(《光武纪注》)兜零即小笼,寇至以薪焚烧;三曰苣火,居延新出的苣把,以74·E·P·S4:48为例,全为芨芨草束成,底部直径7厘米左右,全长80厘米,中横插三根木棒,棒长22~27厘米,各棒之间20厘米左右,形似无把火炬;四曰积薪,燃烧柴草。表与烽用于白天,可以示远。烽、表往往同时并举,故称烽燥。夜晚燃苣火,火光烛天,远近皆见。至于积薪,则日夜兼用。《建武五年甲渠劾候长王襃册》记述候长王襃"不以时燔举"和"燔举不当"而获弹劾。"不以时燔举"指"燔举"失时,贻误戎机,"燔举不当"指燔举信号与敌情不符,示警违例。可以看出举烽燧之制是严格的,稍差错,或将获罪。举烽燧的办法到西汉末东汉初年,已经进一步完善,发展成联防制。这从74·E·P·F16所获《塞上烽火品约册》可以得到证明。此册就其出土的地层和位置来判断,应属新莽或东汉初的遗物,据此我们认为烽燧联防制的实施最晚也应在东汉初年。窦融时期正采用烽燧联防制。《塞上烽火品约册》是甲渠、殄北和三十井塞的联防公约。殄北塞处于额济纳河下游,在索果淖尔之南,故居延泽西,北纬 40°以北,亭燧相连成一弧形曲线。甲渠塞从登达河与阿波因河交汇处到布都布鲁克西南,约长 40 千米。三十井塞从伊肯河东岸的布肯托尼到故居延泽南端下的博罗松治,约长 60 千米。三塞亭燧相连似"工"字形,居延城正处其中间。三塞联防使额济纳河下游整个北部地区组成了一个有机的防御整体,机动灵活,便于互相驰援。

三塞联防规定:

匈人奴(误,应为匈奴人)昼入殄北塞,举二烽,□□烽一,燔一积薪。夜入,燔一积薪,举坞上离合苣火,毋绝至明,甲渠、三十井塞上和如品。

匈人奴昼[入]甲渠河南道出塞,举二烽,燔一积薪。夜入,燔一积薪。举坞上二苣火,毋绝至明。殄北、三十井塞和如品。

匈奴人昼入甲渠河河北塞,举二烽,坞上大表一,燔一积薪。夜入,燔一积薪,举坞上二苣火,毋绝至明。殄北,三十井塞上和如品。

匈奴人昼入三十井降虏燧以东,举一烽,燔一积薪,夜入,燔一积薪,举坞上一苣火,毋绝至明。甲渠、殄北塞上和如品。

匈奴人昼入三十井侯远燧以东,举一烽,燔一积薪,坞上烟一。夜入,燔一积薪,举坞上一苣火,毋绝至明。甲渠、殄北塞上和如品。

匈奴人渡三十井县索关门外道上燧,天田失亡,举一烽,坞上大表一,燔二积薪。不失亡,毋燔薪,它如约。

匈奴人入三十井诚北燧,县索关以内,举烽燔薪如故。三十井县索关,诚北燧以南,举烽如故,毋燔薪。

匈奴人入殄北塞,举三烽;后复入甲渠部,累举旁□烽;后复入三十井以内部,累举埃上直上烽。

塞上亭燧见匈奴人在塞外,各举部烽如品,毋燔薪。其误,亟下烽灭火,侯、尉史以檄驰言府。

夜即闻匈奴人及马声,若日且入时见匈奴人在塞外,各举部烽,次亭晦不和。夜入,举一苣火毋绝,昼□,夜灭火。

匈奴人即入塞千骑以上,举烽,燔二积薪。其攻亭鄣坞壁田舍,举烽,燔三积薪,和如品。

匈奴人入塞,承(乘)塞中亭燧,举烽燔薪□□□□烽火品约,官□□□举□□烽,毋燔薪。

匈奴人入塞,侯、尉史亟以檄言匈奴人入,烽火传都尉府,毋绝如品。

匈奴人入塞,守亭鄣不得下燔薪者,旁亭为举烽燔薪,以次和如品。

匈奴人入塞,天大风,风及降雨不具烽火者,亟传檄告,人走马驰以急疾为〔故〕[⑳]。

县田官史:令、长、丞、尉见烽火起,亟令史民□□□□诚北燧部界中,民田畜牧者□□……为令。

右塞上烽火品约。　　(74·E·P·F16:1—17)

前五简规定,匈奴人在白天或晚上来时,根据进入的不同地点,应发出不同的信号,可使其他塞燧明确地判断出匈奴人的进入位置。第六简规定在"天田失亡"时应举燔的信号。"天田"是木栅外的工事,用沙子敷在地面上,以侦察敌人的足迹。"天田失亡"即"天田"遭到扰乱和破坏。第七简指出匈奴人进入索关内外,应发出的不同信号。"索关"或"县索关"以及"三十井县索关",都是指居延县索关。第八简规定在匈奴人"复入"的情况下,应该发出的信号。匈奴人进入珍北塞后继续南下寇入甲渠部垒,再西折进入三十井塞。根据"复入"的不同位置应表示的不同信号。第九简至十六简,规定了在某种特殊情况下,应当发出什么样的信号。如"守亭鄣不得下燔薪者""见匈奴人在塞外""夜即闻匈奴人及马声""入塞千骑以上""天大风、风及降雨、不具烽火者"等,要求依据不同的敌情,发出不同的示警信号。第十二、十三简,是明确要求在异常情况下除举燔以外还应采取的其他措施。这就使烽火联防品约更加完善,它较前期的举烽燧办法是一个重大的发展和进步。

"羌胡犯塞,融辄自将,与诸军相救,皆如符要"(《后汉书·窦融传》)。对重要战役,大将军"莫府"都及时发布各种军事命令,直到部隧,简74·E·P·F22:322就记载了大将军莫府向甲渠郚守侯下达的战斗指令。这一时期的简中,所见大将军"莫府"或大将军"府"多处。这里的"府"即指"莫府"。晋灼说:"将军职在征行,无常处,所在为治,故言莫府也,莫,大也。"师古说:"莫府者,以军幕为义,古字通单用耳,军旅无常居止,故以帐幕言之。""莫"通"幕",意在谋划。"莫府"应是大将军的军政参谋部。它不仅主军事,而且管理行政。如简74·E·P·F22:71和325·425等,即以"莫府"名义发布了有关"食奉""田吏"等行政命令。当时,除在举烽燧等军事制度方面有所改革外,还在士卒、奖惩、屯戍、供应、武器、驿站、战马、饲料、仓库、驰刑等方面,在西汉时期行之有效的办法基础上都有所发展和改进。

2.宽厚的政策法令

为保证政策、法令的贯彻执行,窦融对河西五郡的主要人员进行了必要的调整。原武威太守马期、张掖太守任仲先后去职,新任命梁统为武威太守,史苞为张掖太守,竺曾为酒泉太守,辛彤为敦煌太守,库钧为金城太守,融仍驻属国领都尉职。又新置从事,监察五郡。陆续调整人事涉及面较宽,对下级官吏中不称职、空缺以及犯科的人员进行了迁补。如建武五年八月《甲渠吏迁补牒书册》就反映了当时人员迁补的情况。

> 甲渠侯官尉史郑骏　　迁缺
> 故吏阳里上造梁普五十,今除补甲渠侯官尉史　　　代郑骏
> 甲渠侯官斗食令史孙良　　迁缺
> 宜谷亭长孔山里大夫孙况年五十七,兼事,今除补甲渠侯
> 官斗食令史　　　代孙良　(74·E·P·F22:57-60)

　　《汉书·百官公卿表》云:爵一级曰公士、二上造、三簪袅、四不更、五大夫、六官大夫、七公大夫、八公乘,至十九级则为关内侯。"上造梁普"为二级爵,"大夫孙况"为五级爵。梁普年已五十还除补为甲渠侯官尉史,孙况年已五十七还要兼任斗食令史,这是否可以说明当时居延地区可供任职的人员不足呢[⑩]。但从另一方面看,总是补足空额,职守有人了。这自然也为贯彻执行政令、军令提供了组织方面的便利。

　　为人尽其职,鼓舞士气、调动戍边士卒的积极性,建武三年以后,窦融对徒奈实行了建武元年六月的大赦令,移文郡县都尉

> 大司空罪别之州牧,各下所部,如诏书　(74·E·P·F22:67)

《汉书·百官公卿表》都司空令承条下如淳注引汉律:"司空主水及罪人,贾谊所谓编之司徒,输之司空是也。"输编司空,是汉代犯罪之人的名称。"罪别",别罪也,"别"即区别,是按罪行轻重加以区分,如诏书规定的范围,予以赦免。要求"各下所部",逐级贯彻。

> 甲渠言府下赦令
> 诏书谨案毋应书
> 建武五年八月甲辰朔,甲渠鄣侯敢言之,府下赦令。

诏书曰:其赦天下,自殊死以下,诸不当赦者,皆赦除之,上赦者人数罪别之。　(74·E·P·F22:162—164)

诏书要求赦免的对象是徒,即徒奈。当时徒的来源主要有两种,一为官犯,二为民犯。汉代的徒多使用于盐铁、陵墓、矿工、修桥、筑路等,《盐铁论》所称的卒徒,《汉书·成帝纪》所称的铁官徒都是。而用徒戍边,在当时也占着一定的数量。徒与弛刑徒主要是补充戍卒、田卒之不足。按汉制,民年二十三岁起,每年在本县服役一月,名为践更。一生有一年在本郡服役或到京师陵庙宫殿做卫士,名为正卒。另有一年赶边郡充当戍卒,年至五十六岁免役,到窦融时期,正卒与戍卒已无多大区别。戍卒按其地区的风俗特点、习惯专长又分为三种。三辅、巴蜀及中原各郡的人民,称为材官,各边郡人民,称为骑士;南方水乡人民,称为楼船士。骑士的身份略高于材官和楼船士,在边郡较多的是骑士和材官。戍卒到防地,按需要予以分工,如戍卒管理烽燧,田卒、河渠卒管理屯田,鄣卒营鄣塞等。此外,守谷卒营粮仓,除道卒主洒扫清洁,这些人数都很少。刑期未满的徒奈,因戍边效力或因战功免罪,称为弛刑徒,弛刑徒仍不同于一般的士卒,其口粮每月给三石,较一般士卒少三斗三升。从简中所见,当时兵役类别大致分为戍卒、田卒、河渠卒、守谷卒等。就名籍看有良家子、应募士、士、谪卒,以及弛刑徒及徒奈等。徒的地位最低,建武五年八月的大赦,"自殊死以下,诸不当赦者,皆赦除之",可以说几乎赦免了绝大部分罪犯,这自然是一项有利于巩固和建设居延地区的重大措施。由于当时各郡县实际存在着"百姓遭难,户口耗少,而县官吏职所置尚繁"的情况,窦融又依据建武六年六月辛卯诏:"其令司隶州牧,各实所部,省减吏员,县国不足置长吏可合并者,上大司徒大司空二府"(《汉书·光武纪》)的精神,要求将全部在职吏员造册上报:

　　　　大将军莫府守府书曰：具言吏当食奉者，秩别人名数，谨
　　移尉□□　　（74·E·P·F22：423）

各实所部，省减冗员，精炼机构，消除空额积弊。

3.积极的经济政策

　　窦融在加强军事、战备，充实吏卒的同时，大力发展经济。《窦
融传》说他领河西期间"晏然富殖"，当不纯粹是空话。

　　居延屯田，似应始于武帝太初三年以后，也就是路博德大规模
修筑居延以后。窦融时期继承了西汉的屯田制度，只是某些屯田地
区有所改变而已，但仍不出额济纳河两岸。额济纳河两岸大片土地
冲积平坦，土地肥沃，便于灌溉。有谷水（白亭河）、弱水（山丹河）、
呼蚕水（白大河）、南籍端水（疏勒河）源于祁连山，穿流其间，修渠
灌溉，较为方便。这时屯田仍是军屯。军屯的田卒由将屯的军官指
挥，农具由官方供给、补充，收获粮食交公库存储，平时廪给粮再由
仓里拨出，仓有仓长，新简中所记仓名很多，次有仓佐、仓曹辅助仓
长，主粮食出纳事。牛耕普遍，农具多系内郡制造，金关T30：144
简，记述了南阳郡为居延补充铁农具的情况。新简记述东汉初年有
关屯田的材料不少，涉及的范围亦广，如田官的组织、田卒人数、垦
田数量、谷物种类、收获量、粮价、田仓、仓吏、田卒给养、农亭、积谷
内运、大司农调拨钱，以及私田等。这些不仅反映出窦融时期居延
的屯田规模，而且也可看出屯田基本上依照西汉时期的办法。窦融
在居延的屯戍，效果是显著的。建武二年中原谷一石值万钱（《光武
初》），而居延地区同时期的谷价一石仅值四千钱（《建武三年十二
月侯粟君所责寇恩事》），相差一倍以上。

　　　　甲渠言部吏册得作钱　　（74·E·P·F22：37）
　　　　建武六年七月戊戌朔乙卯，甲渠鄣守侯敢言之，府移大将
　　军莫府书曰：奸黠吏民作使贾客，私铸钱，薄小不如法度，□□

□□百姓患苦之。 （74·E·P·F22：38）

"汉兴，以为秦钱重、难用，更令民铸荚钱。黄金一斤……孝文五年，为钱益多而轻，乃更铸四铢钱，其文为半两，除盗铸钱令，使民放铸……是时，吴以诸侯即山铸钱，富埒天子，后卒叛逆。邓通，大夫也，以铸钱，财过王者，故吴邓钱布天下"（《汉书·食货志》）。私人铸钱始于文帝，此后人民"农事弃捐，而采铜者日蕃，释其耒耨，冶熔炊炭，奸钱日多"（《汉书·食货志》）。后虽禁止，但官绅豪贵仍继续制造，牟取暴利，结果劣币日多，通货膨胀，人民深受其害。更严重的是铸币大权掌握在豪贵手里，他们依仗经济实力与中央政权相对抗。武帝时采取桑弘羊的建议，铸币权收归中央，"禁郡国铸钱"，"非上林三官钱"不得流通，并颁布了"盗铸金钱，罪皆死"的严令，情况有所好转。但至西汉末，特别是王莽时期，币制极为混乱。"王莽居摄，变汉制，以周钱有子母相权，于是更造大钱，径寸二分，重十二铢，文曰大钱五十。又造契刀、错刀。契刀，其环如大钱，身形如刀，长二寸，文曰契刀，五百。错刀，以黄金错其文，曰一刀直五千。与五铢钱，凡四品，并行。莽即真，以为书刘字有金、刀，乃罢错刀、契刀及五铢钱，而更作金、银、龟、贝、钱、布之品，名曰宝货。小钱径六分，重一铢，文曰小钱直一。次七分，三铢，曰么钱一十。次八分五铢，曰幼钱二十。次九分七铢，曰中钱三十。次一寸九铢，曰壮钱四十。因前大钱五十，是为钱货之品，直各如其文。"还有所谓银货二品、龟宝四品、贝货五品以及大布、次布、弟布、壮布、中布、差布、厚布、幼布、么布、小布等市货十品。新莽货币如此繁复，致使币制陷于异常混乱的状态。更始初，亦曾铸五铢钱，但流通范围有限。东汉初私人铸钱之风又起，加之内战连年，劣币极多，就河西一隅而言，私人铸钱也不在少数，为此，窦融才不得不三令五申严禁吏民私铸钱币。

> 书到至今以来,独令县官铸作钱,令应法度,禁吏民毋得
> 铸作钱,及挟不行钱,辄行法诸贩卖　（74·E·P·F22:39）

汉代令县官铸作钱始于武帝,"初令县官销半两钱,更铸三铢钱,重如其文",不久因"轻钱易作奸诈",于"元狩五年三官初铸五铢钱",代替了县令所铸的三铢钱。窦融掌河西时期,起码在建武六年前后,应认为流通的货币主要是各县令铸的三铢钱,这是符合当时的社会情况的。禁吏民"及挟不行钱"予以特别强调,可知当时"不行钱"仍在流通,这里所指"不行钱",大约新莽货币占有较大的比例。由于新莽货币不仅十分杂乱,而且数量也大,流通范围也广,应在禁止之列。

窦融在领河西五郡期间,治本抑末,发展经济,恢复生产,禁止屠杀马、牛。"建武四年五月辛巳朔戊子甲渠塞尉枚行侯事,府移使者,诏书曰:毋得屠杀马、牛,有无四时言。谨案部吏毋屠杀马、牛者,敢言之。"当时牛耕普遍,耕牛是农业生产中不可缺少的主要畜力,禁杀耕牛,直接关系到农业生产和恢复社会经济,是一件具有重大现实意义的大事。战马的繁殖与驯养,是与骑兵的建设密切相关的,禁杀战马是大力发展骑兵的有力措施。自然,就是一些老弱瘦马也可以用于农业生产,这也不无意义。同时又下令禁伐树木。"建武四年五月辛巳朔戊子甲渠塞尉枚行侯事,敢言之。诏书曰:吏民毋得伐树木,有无四时言。谨案部吏毋伐树木者,敢言之。"禁伐树木不仅护林成材,有经济意义,而且额济纳河流域的森林还有防沙、防风、防旱、防止水土流失等作用。又严令禁止嫁娶铺张浪费与犯制者。"建武四年五月辛巳朔戊子甲渠塞尉枚行侯事,敢言之,诏书曰:吏三百石,庶民嫁娶毋过万五千,关内侯以下至宗室及列侯子,娉娶各如令,犯者没入所赍奴婢、财物入官,有无四时禁者。"（以上三简为74·E·P·F22:47、48、45）吏三百石是下级小官,和普通百姓同等对待,无论嫁娶都不得超过一万五千钱。这在当时居延

地区来说,是很低的费用,不过是三石谷的价值而已,事实上恐不止此数。关内侯是十九级爵,与宗室、列侯等都不得婚嫁违例。犯令者要收其奴婢、财物入官,命令看来是严厉的。此外,由大将军莫府直接下令:"明告吏民诸作使秦胡卢水土民畜牧田作"(74·E·P·F22:43),保护少数民族安心生产。"甲渠言部吏,毋得作钱发冢,贩卖衣物于都市者"(74·E·P·F22:37)。禁止作钱、盗墓、在市场贩卖衣物,动员一切劳动力尽量投入生产和防线建设,这些措施对于发展河西地区经济,恢复、发展生产,巩固居延一线的军事设施,都有重大的意义。所以,窦融据河西时,"天下扰乱,唯河西独安,而姑臧(今武威)称为富邑,通货羌胡,市日四合"(《后汉书·孔奋传》)。《窦融传》也说他领河西五郡期间"政亦宽和,上下相亲,晏然富殖"。匈奴也"稀复侵寇,而保塞羌胡,皆震服亲附。安定、北地、上郡流人避饥凶者,归之不绝"。

窦融的历史作用,首先在于他不同于当时的一些割据者。他拥戴中央政权,维护国家的统一。我们可以看出,在他领河西五郡期间所使用的一些年号,多少反映出他并无裂土河西的打算。北抗匈奴,东拒隗嚣、卢芳的引诱,南击公孙述,以大局为重,力排众议,全力支持东汉中央政权,这对葱岭以东地区迅速回到祖国怀抱是有功绩的。

东汉初年,刘秀在统一河西、打通中西要道,使葱岭以东地区迅速回到中央政权辖下的战争中,得到了窦融的全力支援。窦融不仅出兵参战,而且助以粮、帛、牛、马等后勤物资。

建武三年窦融用建武年号,五年派长史刘钧"奉书献马",同年刘秀任命窦融行河西五郡大将军属国都尉之职,令"劳镇守边"。窦融又"遣同产弟友诣阙,□陈区区,友至高平,会嚣反叛,道绝驰还,遣司马席封,间行通书"。《窦融传》这段史实在居延新简中得到证实。

范君上月二十一日过当曲,言:窦熙(疑即友)公到高平,
还,道不通,天子将兵在天水,闻羌胡欲击河以西,令张掖发兵
屯诸山谷,麦熟石千二百,帛万二千,牛有□,马□□,七月中
恐急□,吏民未安。　(74·E·P·F22:325)

建武七年刘秀约窦融共击隗嚣,适遇雨路断,融返姑臧。建武八年
夏刘秀征隗嚣,窦融率五郡太守及羌虏、小月氏等步骑数万与刘秀
会师高平,嚣败,封融为安丰侯,窦融按刘秀命令又返回驻地。建武
十二年(公元36年)融与五郡太守,奉诏"奏事京师",命为大司空
领冀州牧。

　　居延历年所出汉简,建武八年以后突然减少,这可能和窦融于
建武十二年(《后汉书·梁统传》)赴京师后,先后将大部分部队撤走
有关。公元46年蒙古高原发生了空前的大旱灾,"赤地千里,草木
尽枯",匈奴人畜死耗大半,力量显著削弱。公元48年,匈奴分为南
北两部,南匈奴归附东汉,北匈奴西迁,漠南空无人畜了。因而,居
延从元狩四年(74·E·j10:311)起直到建武八年的150余年间戍边
活动从未间断,这应该是居延汉简从时间上讲所包括的历史范围。
这里应当补充说明的是,居延虽发现迟至永元的简,但是数量极
少,而且出土地点有限,这也可以看出建武八年以后,居延大规模
的屯戍活动基本上停止了。

第十七节　秋射与署

　　新旧居延汉简中都有一些涉及"秋射"与"署"的记载,前人很
少论及或稍有论及又略而不详。征之于文献史籍,几乎缺佚,难明
原委。而居延汉简却给我们保留下了较为详尽的记录,这就为我们
了解汉代边郡军事防御系统中的"秋射"制度与"署"的性质、作用
等,提供了极为珍贵的可靠依据。

　　"秋射"与"署"本属二事,似无关联,然"秋射"有"署功劳",署虽同字,原具二意,所指不同,今分别论述,明其原旨,不可混同。

　　居延汉简中事涉"秋射"者凡百数十枚,有关"署"者达 98 枚,这就使我们有可能将"秋射"与"署"的全部简牍进行分层次的、系统的比较、分析与研究。进而探讨西汉时期"秋射"制度的具体内涵与活动程序;剖析"署"是否为边郡防御线上的一级基层组织,它的特定含意是什么,有哪些职能与方面。这些将是本文讨论的范围。

　　一、秋射

　　署,《玉篇》:"置也,书检也,部署也。"《说文》:"部署,有所网属,从网,者声。"段注:"网属犹系属,若网在纲,故从网。者声,者,别事词也。此举形声包会意。"署,从网在纲,纲网延伸,引有署置、官署、表识、签署、署理之意。居延汉简中的"署",概言之,可分为两类,其含意略如上述引申各意。

　　所谓两类,就其词性而言,一类作为动词用,另一类是代名词。作为动词用的,多见于"秋射""署功劳"。例如:

　　　　五凤二年九月,庚辰朔己酉,甲渠候汉强敢言之,府书曰:侯长、士吏、烽燧长以令秋射,署功劳,长吏杂试□□。　　(6·5)[⑩]
　　　　□长安世自言:常以令秋射,署功劳,□中帚矢□于课如得□。　　(227·15)

　　"秋射",史书称为"都试",汉简多称"秋射"。内郡,特别是京师"都试",以典仪为主,骑射多属余兴;而边郡,重在"秋射"考核,检验训练成绩,有明确的考核时间、地点和规则,赏罚严格。西汉之世,有"立秋貙膢"[⑩]之制,乃国家大典,十分隆重。伏俨认为:"膢,音刘。刘,杀也。"苏林说:"膢,祭名也。膢,房属,常以立秋日祭兽王者,亦以此日出猎,还,以祭宗庙,故有貙刘之祭也。"师古则说:"《续汉书》作貙刘。膢、刘义各通耳。腊者,冬至后腊祭百神也。"[⑩]

注释家虽有歧异,但都承认"立秋貙膢"乃国之大典。是日除天子领百官祭宗庙、祭百神,进行肃穆的典礼外,还要进行"田猎""都试"等活动,因有"以九月都试日"⑩⑦的规定。按规定要"试骑士"⑩⑤"都试郎羽林"⑩⑥,比弓弩骑射之技,如《汉光禄挈令》所要求的那样:"诸当试者"⑩⑦优以赏,其规定参加考核的人员较为广泛,上自"太守、都尉、令长、丞尉"⑩⑧,下至"郎、羽林、骑士"及一般士卒。考核成绩"赐劳""署功劳",记录在案,以资升迁参考,其重要性超过了一般物质赐赏。

东汉时期貙刘大典更为隆重,"自夏至数四十六日,则天子迎秋于西堂,距邦九里,堂高九尺,堂阶九等",迎秋之日,"白税九乘,旌旗尚白,田车载兵,号曰助天收",同时"唱之以商,舞之以干戚,此迎秋之乐也"⑩⑨。立秋之日,先举行"白郊礼",斩牲于郊东门,祭陵庙。然后开始田猎,以飞禽走兽为活靶子,"乘舆御戎路,白马朱鬣,躬执弩射牲。牲以鹿麛,太宰令、谒者各一人,载以获车,驰送陵庙"⑩⑩。同时进行都试,首先"武官肄兵,习战阵之仪","兵官皆肄孙吴兵法六十四阵,名曰乘之",然后较量"射御、角力""蹋鞠之属"以及"五兵"、"骑士"等。对优胜者,由天子"遣使者赍束帛以赐武官",最后,"歌四皓、八佾舞育命之舞",不论歌者或舞者,均白衣白饰,礼毕衣绛。

汉代西北边郡地区每年举行"秋射",上应貙膢之典仪,下考士吏训练之成绩,是为边郡军事定制。然而,一般历史文献中很少记述,难得其详,居延汉简却为我们保留下了难得的较为详细的记载,这无疑是十分珍贵的原始记录。"秋射"考核,最迟到武帝太初时已基本上形成了一套完整的制度,貙每年举行一次,时间在秋季,故曰秋射。由"太守亲躬其事"各都尉具体负责。考核之前,先将"秋射"的时间、地点、规定和要求等,由太守府以"府书"形式下达到各塞、部、亭、燧,令其做好充分准备,届时参加考核,如上列两简就是甲渠侯汉强和谊向下级转发都尉府关于举行秋射考核的文件。文件规定：侯长、士吏和烽燧长都要参加秋射比试，对参加考核人员依成绩优劣署功或负算；有关考核的主持人是都尉及县丞尉；长吏要进行杂试，并不仅限于弓弩射技。文件还要求将准备和执行情况"封移都尉府"，以书面形式正式汇报。每年骑射考试的时间，似有一个演变的过程，西汉武帝时在三月举行。《汉书·武帝纪》："太初二年春三月，令天下大酺五日、腰五日"。西汉中期以后，如《汉仪》注所云："立秋貙刘。"《周礼》："射人射牲"，郑注："今立秋有貙刘"。东汉明帝永平元年以"六月，初令百官貙刘"[⑪]《后汉书·顺帝纪》载永建元年十月"令教习战射"。《魏书》亦有十月之说，《续礼仪志》注引其文曰："建安二十一年三月，曹公亲耕籍田，有司奏：四时讲武于农隙，汉承秦制，三时不讲，唯十月车驾幸长安小南门，会五营士，为八阵进退，名曰乘之。今兵革未偃，士民素习，可无四时讲武，但以立秋择吉日，大朝车骑，号曰治兵，上合礼名，下承汉制也。"居延汉简所记秋射，都在秋季举行，如：

五凤元年秋以令射 （312·9）
□凤二年秋以令射 （202·18）
甘露元年秋以令射 （34·13）

上列诸简虽是宣帝时的规定，但可以认为西汉后期并无大的改变。西汉近两百年间，有近一半的时间是在秋季举行考核，东汉与曹魏多在十月。总之，随着时间的推移，每年进行秋射的时间更趋于合理，多利用秋收农闲时间进行。

从居延汉简的"诣官射"可知，秋射的比赛地点应在"侯官"所在地进行，如甲渠侯官下辖各部燧，均在破城子举行，三十井侯官下辖各部燧应在博罗松治举行，殄北侯官下辖各部燧应在宗间阿玛举行等。为什么在侯官所在地举行，而不搞大规模的考核活动呢？一是不致使戍守吏卒离开驻地过远过久，以利边防守卫；二是不使参加考核人员往返疲劳,徒增负担;三是不使考核者过分集中贻误军情,如有紧急情况,便于分头行动;四是较易解决食、宿、行等问题;五是可以节约时间,短缩考核会期。

哪些人必须参加秋射,这从"府书"要求和边郡防御系统设置可以有一个大体的了解。据居延汉简记载,额济纳河流域防线有两都尉分管,即居延都尉和肩水都尉(《盐铁论·复古》作扁水都尉,误),都尉府属官有都尉丞、侯、千人、司马及其他僚属。尉驻地称城,城有城尉,其下属有司马、仓长、仓丞等;都尉府的下级机构是侯官,首长是侯,侯官驻地称鄣,故汉简中亦称鄣侯,侯官属吏有侯丞、掾、令史、士吏、尉史等;侯官的下属机构是塞,一塞之长是塞尉,其属吏有尉丞、士吏、尉从史、尉史等;塞的下一级是部,一部之长称侯长,属吏有侯史;部的下一级即燧(亭),燧有燧长,属吏有燧史、助吏、吏、五百等,一燧之戍卒多则 30 余人,少则 6~7 人。按太守府的命令,侯长、士吏、烽燧长等要"以令秋射",就是长吏也要进行"杂试",这就是说二百石以下都要参加考比,实际上包括了都尉以下的所有武职人员。居延地区秋射考比的总负责人是张掖郡太守,一切有关秋射的命令、规定、要求及处理善后事宜,均出自太守府,"右二千石令,诣书秋射"(39·45),各都尉依令而行。各考区的具体考比诸事,则由都尉及县令、长负责,这就是府书所要求的"令尉及县试"。

所谓"秋射",当然以"射"为主,因为在边郡烽燧防御线上,弓弩等射器位于烽燧城鄣之上,居高临下,杀伤面大,确有强大威力,是防御性战斗中的主要武器。很自然,"射"技就成为考核的主要项目。弩,在汉简中有具弩、承弩之分。所谓具弩,指配件完备的弩;承弩,指备用弩。刘熙对汉弩的形制作了形象的描绘:"弩,怒也,有势怒也。其柄曰臂,似人臂也。钩弦者曰牙,似齿牙也,牙外曰郭,为牙之规郭也,下曰悬刀,其形然也。合名之曰机,言如机之巧也,亦言如门户之枢机,开合有节也。"[⑩]茅元仪在其《武备志》中,标出了弩机各部件的大小尺寸,虽系明尺,但不难折合计算。《宣和博古图》和《西清古鉴》亦载明详细尺寸,其比例大同小异,基本上仍是汉弩形制。目前全国各地出土汉弩较多,形象资料丰富,可资比较。

据居延汉简记述,当时考核均用"具弩"计算弩的强度,其单位曰"石",共分一、三、四、五、六、七、八、十等八级,以六石具弩为标准射器,射程以"步"为单位,标准考核射程为"百廿步"。所用的矢,分蛀矢(短矢)、稿矢(长矢)分别记成绩。矢镞为三棱形,青铜合金,表面光亮,多短关,系实战矢镞。考核开始之前,先由令丞检查"幰"(盛弩的袋子)和"服""兰"(盛矢的袋子)是否整齐及完损情况,如"不如制",也要"负算"。考核时,除标准的六石具弩外,还可比赛其他弩种,如:大黄刀十石弩(82·15)、八石具弩(52·17)以及小弩四石弩(341·3)、三石具弩(515·46)等。考核规则规定:弩射的距离为120步,每人发 12 矢,中 6 矢算及格。如简文所载:

功令第卅五候长、士吏、燧长皆试射,射去埻帗　(45·21)

功令第卅五候长、士吏皆试射,射去埻帗,弩力如发,弩发十二矢,中帗矢,六为程,过六矢,赐劳十五日　(45·23)

居延甲渠候官,当曲长、公乘关武,建平三年以令秋试射,发矢十二,中帗矢□□(133·14)

□烽燧长,常以令秋试射,发矢十二,以六为程,过六□　(142·16)

□建昭二年秋射,发矢十二,中帗矢,以令赐劳　(145·37)

所谓"埻帗",就是射击目标。"帗",是靶子,以红、白色丝织品相间缝制而成,悬挂于木板之上,目的是醒目易识,便于瞄准。然后将帗板立于埻上,此即"埻帗"。秋射比试,除弩射之外,还有弓射。1973 年居延曾出土弓箭,箭杆长约 55 厘米,镞同弩镞,系边防实用之物。其比试规程同弩,不再赘述。

对低级军官还要进行杂试，所谓杂试包括瞭望测试、信号辨别、《品约》熟悉程度以及刀剑骑技等。瞭望考核是指边郡防御线上所设烽燧军情通讯系统之信号的识别水平，其作用与今天的军事通讯相同，当时是通过各个烽燧发出不同的信号传递军情的。按当时由太守府颁布的《塞上烽火品约》，要求戍边吏卒都要准确无误的传递和识别信号，经过定期考核，分别予以奖惩。如居延汉简记载：

> 坞上望火头三不见所望负三算。
> 坞上望火头二不见所望负二算。　　（52·17）

这是瞭望考核不合要求而受到的处罚。所应输算钱要按规定"以时交"，不能拖欠。凡参加秋射考核者，如因故不能参加在规定时间内的比赛，经允许可以另择日期，"诣官"补射。将考核成绩据实记录，并报上级予以承认，如

> 吞远侯长放，昨日诣官上功，不持射具，当会月二十八日，部远不及到部，谨持弩诣官射，七月丁亥蚤食入。　　（203·18）
> 临木侯长□，昨日诣官上功，不持射具，□会□□□远不及到部，谨持弩诣官射，七月丁亥早食入。　　（203·24）

上列简文属"致籍"，但它却真实而具体地记述了由于"远不及到部"必须"诣官射"的规定。

秋射盛典，认真而隆重，不容有任何差错，在考核中如发现有"射不如制"、是否中程、"蔽贤"等问题，皆可申诉，爰书自言，陈述曲衷。"初元三年九月，壬子朔辛巳，令史充敢言之，爰书□□辟丈墇道帬皆应令即射，行侯事塞尉□□"（甲附16），这是"墇道""墇"皆不如制，就令"即射"，影响了成绩而提出的申诉；"□十月甲□

□元行侯事,敢言之,都尉□□劳谨移射爰书,名籍一编□"(485·40),这是都尉府在比赛后,赐劳不当的吏卒名籍,请求复查,要求改正。凡参加考核者提出申诉,侯官都要上报下查,搞清事实真相,究竟"□□中程不中程"(246·44),如果已难查清,还可重新试射,这称为"校射"。"□校射,发矢十□□□以□"(264·24),经校射核对,以新成绩为准。凡在秋射考核中,有弄虚作假,"中程不实"等情况,各级考核官吏都要如实上报,详列这些人的职务、爵位、年龄、姓名以及所犯情节,以"秋射爰书"(175·1)形式正式呈报都尉府,由都尉府调查核实后,决定取消其成绩,如"右秋射,二千石以令夺劳名籍及令"(206·21),然后以郡太守名义公布被取消者名单。或经复查确认被复查者所取得的成绩没有问题,那就要与其他考核优胜者一起受劳,由郡太守"右以令秋射,二千石赐劳名籍及令"(267·11)正式公布秋射获胜者受劳名单。受劳者被"赐劳",要记载在案,这就是"署功劳"(227·15)。"署"者,签署也,由官方正式签署承认。所谓"劳",指劳绩,《管子·点图》云:"论功劳,行赏罚,不敢蔽贤。"功劳大小依次第赏罚。《战国策·韩一》:"子尝教寡人循功劳,视次第。"汉代对"秋射"劳绩,不限于物质奖励,赐以钱帛,更重要的是作为"升迁"的重要依据。正如"夫执艺事上者,必揆日时,计劳绩,而后进爵秩,以旌服勤"之说。劳绩或计功劳,即因劳得功,是对工于事者的勉励,《国语·越语下》所谓"劳而不矜其功"正是此意。对秋射中胜优者要署劳绩于功令(285·17),所谓功令,是国家考核和选任官吏的法令及与此有关的人员档案文书。《汉书·儒林传序》载:"文学掌故,补郡属备员,请著功令。"注曰:"新立此条,请以著于功令。功令,若今选举令。"是擢升吏员的根据。

二、署

署,作为代名词,指官署、署衙或某一官方机构。在居延汉简中虽然更多的是指侯官以下的塞、部、燧,特别是燧等基层军事防御单位,但它绝非"燧"的代名词。如居延新简中有"·居延甲渠侯官神爵四年边吏署所"(74·E·P·T51:121)⑬题签简。这是甲渠侯官辖下各塞、部、燧边吏署所的登记簿,应依人名、职务、署所位置以及距侯官距离(里数)分别记载。很清楚,据此难以认为"署与燧关系密切"⑭,而应是对各级边吏戍所的泛指,再如:

> 九月乙亥,䜴得令延年,丞置敢言之:肩水都尉府移肩水侯官告尉谓:东西南北都□□□义等补肩水尉史、燧长、亭长、关佐,各如牒遣,自致。赵侯、王步光、成敢、石胥成皆□书牒署从事,如律令,敢言之。 (97·10)
>
> □得毋为侯、塞尉、令史、尉史、士吏、侯长、侯史、燧长私归□□□署领以来尽五年三月得毋□侯、塞尉、令史、尉史、士吏、侯长。 (74·E·P·T56:241)
>
> □□戊辰朔戊子,居延都尉谊、丞谊、居延鄣侯延□□辞,行道卅余日死,不以时遣。遣吏卒又私留,不谐官署,以证为解□□。 (74·E·P·T52:410A)

尉史、令史、士吏均侯官属吏,其遣补牒发至侯官,"书牒署从事",故侯官得言署。而"署领"对象包括了侯及其属吏,至于"不谐官署",更进一步证实官可言署的史实。所以"署"是官方办事机构的泛称,也就是署衙的简称或代名词,而非专指某一级机构,更不是"燧"的又一称谓。

怎样理解简文中的"不在署""去署"以及"未敢去署"呢?我们还是通过对具体简文的分析,不难明白"署"的真正含意:

> 第二燧长景褒不在署。 (194·17)
> 第卅三燧长李忠不在署。 (30·5)
> 甲渠第卅七燧长张德不在署。 (194·7)
> 甲渠第卅五燧长王常不在署。 (206·16)

甲渠万岁燧长刑商不在署□。 （8·6）

□不在署□。 （244·9）

当曲燧长关武□□去署。 （46·34）

初岁宜当奔走，至前，迫有行塞者，未敢去署，叩头覆肯。
　　　　　　　　　　　　　　　　　　　　　　　（495·4A）

从上列各简来看，似乎"燧"多称"署"。是的，燧作为一级军事防御基层单位，可以称"署"，但其他机构亦可谓"署"，如前列简文，这并不矛盾。所谓"不在署""去署"，实际上是一个意思，就是人不在署中，离开了燧。但从新旧居延汉简简文的对比情况来看，"不在署"与"去署"仍略有差异。这点差异虽说在个别简文中也不是绝对的，但就其绝大多数而言，"去署"，简牍多称"私去署"。这是因私事离署，或者未经上级许可而离署，事属"毋状"，在"验问"、追查、"举报"之列。如简载："□去署，乏候望，不忧事边，谨验问第四候长□"（74·E·P·F22：627）。所以"迫有行塞者，未敢去署"这一情节正好说明："去署"是指未经上级同意的错误行为。而"不在署"，多数是因公外出或经上级允许离署，因之，不在"行塞者""举"的范围。所谓"行塞者"，主要系指边郡军事系统的监察人员，府设都吏，汉简称"府都吏"，主都尉辖下监察事；侯官设侯史，主侯官辖下监察事，塞、部以下毋设。此外，太守、都尉、侯官、尉史吏员皆可巡部察举，如"四月君行塞举"（168·6）、"尉史报行塞举"（285·4）以及"五月以来太守君行塞举及部报书"（74·E·P·T52：284）等。各级"行塞者"在其负责的范围内专职监察各侯官以及塞、部、燧中吏卒的失职、犯律、违令、不如品约等行为。

第十二燧长张宣，乃十月庚戌，擅去署，私中部辟，买榆木不置宿。 （82·2）

月□，一戌□泉橐私去署买□□。 （95·9）

私去署,之它亭聚会奉识饮□□。　　(403·10)

□坐去署饮君□。　　(126·37)

□长张褒,坐去署,侯长乐持侯史李宗,部至久。　　(261·43)

□孟对曰:吏乃□夜,擅去署,私□□。

(74·E·P·F22:718)

诣官往来积私去署八日,除往来积,私留舍六日,辞具。

(74·E·P·F22:387)

辛丑夜昏,后乘第十七燧长张岭私去署,案岭□。

(74·E·P·F22:527)

吏去署举。　　(145·5)

燧长侯仓、侯长樊隆,皆私去署,诚教敕吏毋状,罪当死,叩头死罪死罪,敢言之。　　(74·E·P·F22:424)

上列各简向我们揭示了一个"去署""毋状"而被"验问",追查其责任的司法程序。第一至第三简为"举书",第四、五简为"报书",第六、七为"爰书",第八简是"验问"记录,第九简系封签,即"吏去署举"文书的题签,第十简为"应书"。凡吏卒"私去署",一经"举书"在案,便即追查,由上级将"举书"下移,启事者所在各塞、部、亭燧立即核实犯事详情,以"报书"司法文书形式迅呈,然后,由上级依情节轻重派员"案验",或责当事吏卒"诣府""诣官"甚至"诣庭"接受"验问",将□供写成司法文书,此即"爰书"。"爰书"成文过三日"不言请",即以"辞具"处罚,此谓"坐罪檄"或"坐罪牒"下移所在单位执行,然后再由所在署所首长以"应书"上闻。

"署"的性质已明,可知并非"一官方机构",更没有分为"两部门",所谓"一为办公处所,一为宿舍"⑩的判断,根据不足,事实上是不可能的。边郡各级署所,均属军事防御性战斗、侯望机构,事涉军情和机密。因而,任何庶民百姓都不得居住其内,即使是城郭坞燧附近也不得停留,何况署内,可想而知。这一点"诏书""府书"已多次重申："□得,仓丞吉兼行丞事,敢告部都尉卒人。诏书:清塞下,谨候望,督烽火,房即入,敕吏方□中,毋远追,为房所诈。书已前下,檄到,卒人遣尉、丞、司马、数循行,严教□禁止行者,便战斗具,驱逐田牧畜产,毋令居部界中,警备,毋为房所□利。且课毋状,不犹者劾、尉、丞以下,毋忽,如律令,敢告卒人。/掾延年、书佐光、给事□"(12·1A、B)。严令"请塞下","禁止行者",甚至"驱逐田牧畜产,毋令居部界中"。请想,来塞省亲的吏卒家属,怎么可能允许住于亭燧中? 因之,"一为办公处所,一为宿舍"之说似难成立,那么,省亲家属究竟住于何处? 据居延汉简有关省亲簿籍记载,书为"见署""居署"以及"在署"等,如:

> ·右卒家属见署名籍□□。　　(194·3)
>
> 戍卒家属居署名籍。　　(70·E·P·T65:134)
>
> 戍卒家属在署廩名籍。　　(191·10)
>
> 第廿三部建平三年七月家属妻子居署省名籍。
>
> 　　　　　　　　　　　　(74·E·P·T40:18)

显然,这里的"署"是概言之,并非指某一级军事单位,更非指具体部、燧,而只是边郡署所的通称而已。因此,所谓"居署""在署""见署"仅是说随军居住之意,并不能证明家属一定是住在军事设施内部;再从遗址发掘现场情况来看,更无家属可以居住的地方,这一点是十分清楚的。那么,家属在哪里住呢? 据简文记述,居于"舍"中,"舍"在何处? "私去署,之邑中舍,因诣□□"(74·E·P·T68:51)"私去署,之邑中舍,因诣督烽,周掾所自言,后不欲代诩,愿□"(74·E·P·T68:208)。"邑","九夫为井,四井为邑,四邑为丘,四丘为甸,四甸为县,四县为都"⑯,注曰:"四井为邑,方二里。""邑"还是庶民编制单位,"制五家为轨,轨有长;六轨为邑,邑有司"⑰。"邑"是乡民居住区,所以,来塞上省亲之家属均应住在距署所不太远的乡民

301

居住区。这样,就使我们对一些"擅去署""私留舍"的简文,可以作出较为合理的解释。"邑中舍"多是乡民的私人产业,如省亲家属来住,需要"就居",付一定数量的"就费"。居延汉简中有不少"责就钱"的记载,如"责就舍钱"若干,"不可得"而引起诉讼。这类记载不少,兹不赘述。

据我们对新旧居延汉简中有关省亲的 22 条简文分析统计,可知,凡来探亲的家属,包括其父、兄、弟、妻、子、女,"居署"的时间一般为 30 日,多是自月"旦尽晦",其口粮按大男、大女、未使男、未使女、小男、小女分年龄等级供应,大男在 3 石至 2 石 6 升之间,大女在 2 石 9 升至 2 石 1 升之间,其余数各有差,未见统一的定量标准。这是否与爵秩在署年限有关,还难以肯定。凡省亲家属,如逢腊居署,可按例领取腊钱,以示同庆佳节。对长期"署边"士卒,还可有物质奖励,如"戍卒居延昌里石恭,三年署居延代田亭,四年署武成燧,五年因署受絮八斤"(74·E·P·T4:5)。可知,戍边士卒超期服役大有人在,简文记载不在少数。因而,《汉书》及注释家们所谓"践更""过更""三日"或"一年"之论,事实上很难实行,史实上少有根据,这也是值得我们深思的问题。

第十八节　玉门关址与禄福县

一、玉门关址

《汉书·西域传》"列四郡,据两关焉",两关当然是指玉门关与阳关,这是中西经济、文化交流的必经之路,是丝绸之路上的重要关口。玉门关址的具体地点是长期以来争论的焦点。沙畹在《敦煌木简》一书中提出了玉门关曾经西迁之说,他主要依据《史记·大宛传》中"往来二岁,还至敦煌,士不过什一二,使使上书言:道远多乏食,且士卒不患战,患饥。人少不足以拔宛,愿且罢兵,益发而复往。天子闻之,大怒,而使使遮玉门曰,军有敢入者辄斩之,贰师恐,因留敦煌"这段记载,认为李广利在伐大宛之前,玉门关在敦煌之东,以后玉门关则迁到敦煌以西了。这一观点为王国维、劳榦先生所接受,见《居延汉简考证·两关遗址考》似已成定论,但不久夏鼐、向达两位先生提出不同意见。向达在《玉门阳关杂考》中据《汉书·地理志》敦煌郡效谷县下师古注曰:"本鱼泽障也。桑钦说孝武元封六年济南崔不意为鱼泽尉,教力田,以勤效得谷,因立为县名。"又据《史记》元封三四年亭障列至玉门,则玉泽障当建于此时。显然,玉门关应在敦煌的西北,这样,自然也就不存在玉门关迁徙的事。夏鼐先生1944年冬在小方盘所获汉简中有一条"酒泉玉门都尉护众,侯畸兼行丞事,谓天□以次马驾,当舍传舍,诸行在所。夜□传行,从事如律令"(见《新获之敦煌汉简》)。据此,夏先生认为:敦煌郡乃元鼎六年所建,简文"酒泉玉门都尉",应在敦煌建郡之前,也就是元鼎六年之前,自然也在李广利留居敦煌之前。而简发现于小方盘,所以不可能有玉门关西迁之事。直至1960年劳榦又撰文驳夏、向两位先生的意见,国内外对两关遗址的确切地点,似乎还未取得统一的见解。

《史记·大宛传》无玉门关名称,然而,曾先后三次提到玉门。李广利伐大宛"军入玉门"当然应指玉门关,正如简文记"入玉门"(《沙氏》507)一样,这个关口就是小方盘城(有人对玉门关遗址的具体地点,又有新论,但所云距小方盘不远,在未见其详论之前姑仍以小方盘为关址)。据《汉书·西域传》伐大宛时"汉军正任文屯兵玉门关,为贰师后距",这个玉门关应在敦煌西北,否则不得捕获匈奴出口,更无法顺道捕得楼兰王。又据《大宛传》贰师军中"赵始成为军正",所以当时任文屯兵玉门,一方面为贰师后距,另一方面代表朝廷监视贰师,因而,奉旨遮玉门的汉使就是任文,那么,这个史实怎样来解释呢?这就是贰师不待答诏已军入玉门,故闻诏而"恐",因留敦煌,不再敢作东归的打算了,如果按沙、王、劳诸氏之说,玉门在敦煌之东,贰师军留敦煌又未入关,何须"恐"呢?玉门关一名初见《汉书·李广利传》"遮玉门关",较所本《史记》增一"关"字。《地理志》《郡国志》都说"龙勒有玉门关",《文选》卷四五《解嘲》注引如淳云:"《地理志》曰玉门、阳关有候也",作玉门而没有"关"字,《汉书·西域传》的序和赞亦只称"玉门、阳关"。敦煌汉简有"阳关都尉府"(见《流沙坠简·簿书》第59简),而没有玉门关都尉的名称,从而,可知武帝置于敦煌西北的是"玉门都尉",并非玉门关都尉。今试列简如下,较其差异。

元封元年至三年(公元前110—108年):

　　酒泉玉门都尉护众、侯畸兼行丞事。　　(《新获》敦14·3)

大始三年(公元前94年):

　　大始二年闰月辛酉朔己卯,玉门都尉护众谓千人尚、尉丞稞署就。　　(《沙氏》305)

敦煌置郡后:

　　敦煌置郡后玉门都尉官属吏致籍。

　　　　　　　　　　　　　　　　(《流沙》杂事43,《沙氏》381)
　　二月庚午敦煌玉门都尉子光、丞万年谓大煎侯写移书到。　　(《流沙》簿书6《沙氏》137)
　　十一月壬子玉门都尉阳、丞罗敢言之。

　　　　　　　　　　　　　　　　(《流沙》簿书13,《沙氏》451)

永光五年(公元前39年):

　　永光五年六月辛卯敦煌太守丞禹谓玉门都尉毋取事。

（《流沙》廪给 24，《沙氏》428）

建武十九年(公元 43 年)：

　　建武十九年四月一日甲寅，玉门障尉戎告侯长宴到任。

（《流沙》簿书 43，《沙氏》483）

　　上引第一简既称"酒泉玉门都尉"，当在敦煌置郡以前，也就是元鼎六年酒泉置郡后至元封四五年间，恰可以与上引第四简互证。"敦煌玉门都尉"，不仅说明敦煌建郡在酒泉之后，而且证明无东迁玉门关之说。因而，终西汉之世，玉门皆置都尉。《后汉书·光武纪》建元六年"初罢郡国都尉官"，九年"省关都尉"，十九年"复致函谷关都尉"；又据《郡国志》六年"省诸郡都尉""省关都尉""唯边郡往往置都尉"；又说"边县有鄣塞尉"。王国维据上引建武十九年简，认为此乃"建武十九年事，故玉门关但有鄣尉无都尉"。鄣尉应是侯官，东汉时称为鄣塞尉，也就是玉门侯官。玉门鄣也许就是小方盘城，其形制类似于甲渠侯官和肩水侯官的治所，这两个侯官治所在居延汉简中也常常称为甲渠鄣、肩水鄣，所以玉门鄣似应为玉门侯官。

　　玉门都尉也和其他都尉一样，其下属有侯官、侯长、燧长等，今择《流沙坠简》《沙氏释文》中有关者录下：

　　　　玉门侯官　（《沙氏》458）

　　　　玉门侯史敦煌　（《沙氏》459）

　　　　玉门侯尤延泰　（《沙氏》399）

　　　　玉门侯畸移递所　（《沙氏》315）

　　　　玉门侯造史　（《流沙·烽燧》4）

　　　　守丞况　（《流沙·烽燧》3）

　　玉门关侯蒲　（《流沙·烽燧》3）

　　侯丞典　（《流沙·烽燧》3）

　　玉门关侯　（《沙氏》316）

　　玉门关亭　（《沙氏》357）

　　上列各简绝大部分无纪年，因而简上所记的玉门侯、玉门关侯、玉门侯官等职称之间的关系如何，难以判定。王国维认为，玉门侯有掌领吏卒的造史，故为侯官，此说不确，因造史系王莽所置，相当于尉史。"玉门侯畸兼行丞事"应当是侯官。从敦煌简可知武帝元封初至宣帝五凤初五十年间玉门侯即玉门侯官。至于东汉建武十九年简之鄣尉相当于侯官，所以侯长是其属下。玉门关侯的地位也应和侯官同级。玉门关亭正如《流沙坠简·杂事》第五简所载"大始元年十二月辛丑朔戊午煎侯亭"为侯长的治所，也就是居延地节二年汉简（7·7）所述"燧侯所在亭"，是一回事。"玉门关侯"各简出土于玉门都尉治所（T14），自应为都尉下属，是关的一侯官，职守关口其下属有侯丞及关尹。然而，据文献所载其地位较高，《后汉书·西域传》述阳嘉四年（公元 135 年）"乃令敦煌太守发郡国兵及玉门关侯、伊吾司马救车师"，说明玉门关侯领兵，有驻军可听其调遣。在《隶续》卷一二"刘宽碑阴门生题名"（东汉中平二年，公元 185 年）也有玉门关侯之名，可知东汉仍设置有玉门关侯。

　　综上所述，目前还找不到有力证据说明曾有玉门关迁移之事。《后汉书·西域传》永平中"北虏乃胁诸国共寇河西，郡县城门昼闭"，元初六年"入寇河西"，"议者因欲闭玉门、阳关以绝其患"，又说"自建武至于延光，西域三绝三通"，而阳嘉四年玉门关侯救车师以及中平二年刘宽碑阴有玉门关侯，则直至顺帝、灵帝玉门关还有侯。《后汉书·班超传》所述"不敢望到酒泉郡，但愿生入玉门关"也可以说明玉门关的位置。《汉书》只有酒泉郡玉门县之置，从无玉门关东迁、西迁之说。据《汉书·地理志》，早在西汉时酒泉郡已置玉门关县,而《十三州志》以为由于"汉罢玉门关屯徙其人于此,故曰玉门县"(《太平寰宇记》卷一五二陇右道引)。作者北魏名儒,世居敦煌,所论必有所本。征和三年贰师败降匈奴,武帝下诏陈悔,罢西域屯田之议,不复出军(见《汉书·西域传》),罢玉门屯兵,可能玉门建县就在这个时候。至于东汉顺帝阳嘉时玉门关仍有屯兵,那是另一回事了。

前引有关玉门都尉、玉门侯官各简,都出土于T14、T15a,T14是一古城,即今名小方盘城者,周垣犹存,尚完整,版筑成四方形,北、西两面有门。据《西行小记》和《西关杂考》所记,城高约10米,各面长约30米,《沙州都督府图经》(巴黎P.695)所记"周迴一百二十步,高三丈"。城北偏东100米一土包似废墩,T14的汉简即在这里出土。城东南约200米也有几个土包,城的北、西两面俱有长城遗迹,自小方盘城西行15千米为西湖,有高达3米的版筑长城。从小方盘城到西湖,城线笔直,再向西就仅有烽燧了。王国维推定小方盘城就是玉门都尉(西汉时)、玉门鄣尉(东汉时)的治所,我们暂从其说。虽有认为玉门关在马圈湾者,因详细报告未出,不知其所据,暂时难以肯定。即是玉门关在马圈湾,而其地点距小方盘城不远,与迁徙说无涉。据《沙氏》436简"大煎都燧长尉良,持器诣府,柒月戊子日下餔时入关",大煎都侯官属于玉门都尉,所以其下属持器诣府当然是玉门都尉府,诣府而入关,府无疑应在关内。《流沙坠简·簿书》第七、八两简"出入关"当指玉门。据斯坦因地图,小方盘城西一段长城自T13至T42,北一段长城自T13折而东北经T14a,东至T20,而小方盘在T15a之南约100米,T13之西约4千米,乃在关内,关口当在两段长城之间。至于T15a,在小方盘城之北,系位于土包上的一烽台,有房屋及水井的遗迹,王国维认为这就是玉门侯官的治所。有人认为玉门侯官的治所在小方盘城,T15a是玉门侯长治所。小方盘城向北稍偏东和向南稍偏东皆有一段外廓,北端向T15a,南端为T14c,成为该城向西的两翼,对着关口。玉门都尉下设两侯官:玉门侯官约占该城西南 T8(显明燧)、T12a(广新燧)、T13(当各燧)等点;大煎都侯官在其西,约占 T4b(富昌燧)、T5(广武燧)、T6a(步昌燧)、T6b(凌胡燧)、T6c(厌胡燧)、T6d(广昌燧)等点。由诸燧分布情况来看,也只有 T14 最适合成为玉门都尉治所,而玉门关口也只能在 T14 古城之西,即 T11–12 之间或 T13–14a 之间较为合适。

这里,再附带谈谈鱼泽侯之事。《流沙坠简》曾三次出现鱼泽之名。烽燧类第七简(《沙氏》61)"宜禾部燧第:广汉第一,美稷第二,昆仑第三,鱼泽第四,宜禾第五",此为宜禾都尉属下的五个侯官,同时也是烽燧所在,鱼泽是部。《地理志》本注曰"效谷县,本鱼泽鄣也",《后汉书·明帝纪》称敦煌昆仑塞。陵简类第三十六简(《沙氏》398)"敦煌鱼泽侯守丞王子方",此为鱼泽侯官,故《汉书·孙宝传》谓尚书仆射唐林"左迁敦煌鱼泽鄣侯"。簿书类第六十一简"入西簿书一,吏马行,鱼泽尉印,十三日诣府",此为东汉明帝永平十八年(公元 75 年)入西簿书,鱼泽尉当指鱼泽鄣尉,又都尉下亦有所属城尉或尉。《汉书·地理志》注引"桑钦说孝武元封六年济南崔不意为鱼泽尉,教力田,以勤效得谷,故立为县名",敦煌石室本《沙州都尉府图经》引作"济南崔不意为鱼泽都尉","都"是"鄣"之误。《沙州都督府图经》又说:"古效谷城,周迴五百步,右在州东北卅里,是汉时效谷县,本是鱼泽鄣"。鱼泽鄣当在 T28 之东,此鄣已见于元封六年,而玉门都尉为长城的最后一段,列亭鄣至玉门也应该在元封六年以前。据《后汉书·西域传》明帝永平中匈奴侵扰河西四郡白天闭城门,《后汉书·明帝纪》十六年出击北匈奴,十七年出敦煌昆仑塞击白山虏,到十八年有鱼泽尉入西簿书的简札。

所以,虽然《史记》以为元鼎六年始筑令居以西,元封四年以前亭鄣西至玉门,但依据汉简说明玉门都尉之置在元鼎六年酒泉建郡之后,元封四、五年敦煌建郡之前。因而,玉门亭鄣及都尉之设置似应在公元前 110 至前 108 年,敦煌西北之小方盘城,是玉门都尉所辖烽燧的东端，向西沿长城遗址数十里是玉门都尉所辖二侯官的烽燧。至于敦煌石室所出的两个写本，所记玉门关设置年代都有误字。晋天福十年《寿昌县地境》曰："玉门关，县北一百六十里，汉武帝元鼎九年置，并有都尉，《西域传》东即限以玉门、阳关也。"《沙州地志》（S.788）曰："玉门关，县北一百六十里。《地理志》汉武帝后元康中置。《西域传》云东则接汉，以玉门、阳关是也。"今本《汉书·西域传》作："东则接汉，扼以玉门、阳关。"元鼎只有六年，元康是昭帝年号，所以"汉武帝元鼎九年"与"汉武帝后元康中"显然是错误的。然而，元鼎元年后第九个年头正是元封三年，若所说玉门关建置于这一年，那么，和以上论述则相符合。

总之，西汉以来，河西称为玉门或玉门关的大体有四个地点：一是汉玉门都尉和玉门关。玉门都尉见上列敦煌汉简，《汉书·地理志》敦煌郡龙勒县有"阳关、玉门关，皆都尉治"，正西关外有白龙堆。《大宛传》正义引《括地志》云"沙州龙勒山在县南百六十五里，玉门关在县西北一十八里"，《旧唐书·地理志》同。敦煌石室所出《沙州地志》（S·788）和《寿昌县地境》并谓玉门关在寿昌"县北一百六十里。"二是汉玉门县。《汉书·地理志》中属酒泉郡，注引阚骃《十三州志》云"汉罢玉门关屯，徙其人于此"。《元和郡县志》记载，汉至唐的玉门县距肃州（今酒泉）二百二十里。《清一统志》说："《（陕西）通志》今赤金所（今赤金堡）去肃州二百三十里，与古玉门县道里相仿，盖即古玉门县也。"《辛卯侍行记》卷五曰"十三里赤金湖……有驿……驿西南至赤金营堡二十里，汉玉门县地"，又说"汉玉门县非玉门关也，关在敦煌西"。三是隋唐玉门关。《元和郡县志》卷一〇瓜州晋昌县下曰"玉门关在县东二十步"，唐晋昌县在安西（瓜州）县西双塔堡附近。四是今玉门县（市）。清初东达里图城设治后改称，在隋唐玉门县之东、汉玉门县之西，详见《辛卯传记》卷五。

汉玉门关在龙勒县，《续汉书·郡国志》《括地志》《元和郡县志》以及两《唐书·地理志》《太平寰宇记》《舆地记》等无不以为在今敦煌县西北。道光时修《敦煌县志》以敦煌县西北的小方盘城为玉门关。其正确地点在东经 93°54′，北纬 40°22′的古城。(斯地图作 T14、《流沙坠简》称敦 14)沙畹据《大宛传》以为太初以前玉门关应在敦煌之东，又以为发现玉门都尉版籍的 T14 小方盘城遗址乃太初二年以后改置的玉门关。王国维《流沙坠简·序》同意沙畹的意见，并进一步指出太初以前的玉门关即今玉门县。对此意见，学者表示怀疑并而加以订正。共有三说，其一，劳榦《两关遗址考》以为汉玉门关在今赤金峡，汉代的冥安县(今玉门市附近)之东，太初二年以后西迁至敦煌西北。其二，向达《两关杂考》认为"汉代玉门关自始置以至终汉之世俱在敦煌"，太初二年自东迁至敦煌之说是不可据的，但又认为"使使遮玉门"之玉门指玉门县(赤金)。其三，夏鼐《新获之敦煌汉简》根据在敦 14 新获"酒泉玉门都尉"一简，"知其地于敦煌未置郡以前……玉门关即已在敦煌西之小方盘城"，"敦煌建郡当在太初二年以前，则玉门关在太初二年以前亦已必在敦煌之西"。这里，我们附记有关玉门关遗址地点的历来争议所在，以便以本节之叙述来检查其得失。

玉门关址之争议不仅是一个地名研究问题，而且涉及西汉时期一些具体史实的澄清，当然，直到目前，也不能说玉门关址问题已完全得到令人信服的解决，而是还有待新材料补充。

1980 年对敦煌地区的烽燧和两关遗址进行了普查及有重点的试掘，初步认为：小方盘是玉门都尉的治所，而玉门侯官的治所在马圈湾，从马圈湾向西南约 0.5 千米的高地上则是玉门关遗址。在试掘中获汉简 1000 余枚，这些简的出土无疑将有助于玉门关地点的确定。如上述推定不误，那么，有几个问题值得注意：

首先，进一步否定了王、沙、劳诸氏的玉门关迁徙之说，在马圈湾曾获得有关玉门关出入登记簿的本始三年(公元前 71 年)简，如此，宣帝初玉门关即在此，既不在小方盘，当然更不在所谓敦煌以东了。

其次，同时否定了小方盘城就是玉门关的夏、向、陈等先生的看法。这里发现东书简 1 枚，记载由临要燧(今后坑)经玉门关送诸玉门侯官(今马圈湾)达于玉门都尉府的信函，显然，玉门都尉府应在玉门侯官之东。

最后，说明玉门都尉府与玉门侯官不在一个地点，而是各有其不同治所。据简文可知，玉门都尉管辖的最西边的侯官塞即大煎都侯官(今湾窑)，距小方盘城的玉门都尉府约 50 千米，就大煎都侯官而言，与西域都护府所辖的东部侯官塞相毗连，两侯官之间仅数座烽燧相连。因而可知，玉门关外还有方圆百里属敦煌郡所辖之地区，完全有可能驻下李广利的征大宛军，所以李广利未入关，所驻地仍属敦煌。当然对于这些新观点，还需要更多的有力的论据，我们期待着看到新的坚实的材料。

二、禄福与福禄

《汉书·地理志》酒泉郡的禄福县，"呼蚕水出南羌中，东北至会水入羌谷。莽曰显德"。《续汉书·郡国志》酒泉郡下有福禄县。简文"十二月辛卯，禄福狱丞博行丞事，移旦所如律令。/掾海齐，令史众"(506·20)。西汉禄福乃酒泉郡治。吴卓信《汉书地理志补注》说："晋、隋、唐并作福禄，考《郃阳令曹全碑》云：拜酒泉禄福长。《三国志·庞淯传》：有禄福长尹嘉。皇甫谧《列女传》载庞娥亲事，亦云禄福赵君安之女，是汉魏之间犹称禄福，其改福禄当自晋始。《晋书·张重华传》：封中坚将军为福禄伯，此其证也。"所以，《续汉书·郡国志》所说"福禄"，应是晋时县名。

《汉书·地理志》武威郡辖县十，有武威县，"休屠泽在东北，古文以为猪野泽"。简文"八月庚寅，武威北部都尉□光行塞，敢言之太守府，□鄣□侯所观□□□□□度武威□"(42·6)。《地理志》武威郡休屠县下："都尉治熊水鄣，北部都尉治休屠城。"《汉书·李广利传》太初二年"益发戍甲卒十八万，酒泉张掖北置居延休屠以卫酒泉"。如淳注曰："立二县以卫边也，或曰置二部都尉。"所谓二部都尉,是指张掖居延都尉和休屠都尉,今依据《汉书·地理志》休屠都尉就是武威北部都尉。《水经注·禹贡》山水地泽:"都野泽在武威县东北,县在姑臧县城北三百里,东北即休屠泽也……其水上承姑臧武始泽。泽水二源,东北流为一水,径姑臧故城西,东北流……泽水又东北流,径马城东。城即休屠县之故城也,本匈奴休屠王都,谓之马城河。又东北与横水合,水出姑臧城下……水又与长泉水合,水出姑臧东揟次县,王莽之播德也。又东北径宣威县故城南,又东北径平泽、晏然二亭东,又东径武威县故城东……水流两分,一水北入休屠泽,俗谓之西海,一水又东径百五十里,入猪野,世谓之东海,通谓之都野矣!"姑臧故城即今武威县城,休屠泽就是青玉海,猪野可能是白亭海。所以武威故城应该在今民勤县附近,而休屠和宣威二城似应在今武威与民勤之间,李广利于此置都尉,自然因其为休屠王故都,以后虽将郡治设于姑臧,但这里因战略地位需要仍设置北部都尉,简文中称北部都尉而不是休屠都尉,是距贰师回师甚后。

简文"葆小张掖有羲里"(119·67)。《资治通鉴》建安二年胡注:"沛郡治相县,而沛自为县,时人谓沛县为小沛。"今案:沛县称为小沛,因为它不是郡治所在。这枚简中的小张掖,无疑是指张掖县,因张掖郡治在觻得县而不在张掖县,所以张掖县称小张掖。然而,查《汉书·地理志》张掖县属武威郡,并不属张掖郡,这是由于西汉末改隶属系关之故。如依简文看,此时还应属张掖郡。

简文"徐子禹自言家居延西第五辟,用田作为事"(面),"谨移檄□官发□宜钱簿一编,谨☑问□欲所取□□所愿。河平四年正月乙亥,遮虏侯武敢言之"(背)(401·7)。这是遮虏侯所上的事书,遮虏侯即遮虏侯官,一般简中称侯即侯官,也就是鄣侯。遮虏鄣筑于居延城。《汉书·地理志》张掖郡居延下,师古注曰:"阚骃云:武帝使伏波将军路博德筑遮虏鄣于居延城。"《汉书·路博德传》说"为强弩校尉屯居延",而《汉书·李陵传》则说"令军士人持二升糒,一半冰,期至遮虏鄣者相待。"遮虏鄣当在居延。这个遮虏鄣也许就是路博德所筑。这枚简乃遮虏鄣侯言居文事，可以认为鄣就在城内，但是既已有城，何必又在城内设鄣，似难理解，不过据报告可知，黑城内确有二鄣。二鄣都在城内东南角，西边一鄣较大，东边的鄣较小，其结构与玉门关（指小方盘城）近似。我们认为，至今还难以确定居延城的具体位置，至于有人说黑城就是居延城，似证据不足，因黑城是晚期建筑，无汉代遗址遗迹，若仅仅认为地理位置恰当，这一点理由是不够的。至于汉故居延城在黑城附近之说，只是推测，仍欠实据，还有待进一步确定。关于城中有鄣之事，也许原鄣在城外，后因居延战略位置日渐显著，由属国都尉而到西海郡，城郭日渐扩展，将鄣包括在城内，也未可知。黑城遗址经元代为"亦集乃城"，至明始废，这座城自汉至明人烟不绝，其中发现犹以宋、西夏时代的遗抄较多。西汉时期所筑城塞和其他各个时期城塞建筑一样，必须择水草茂美之地，以解决水源问题。黑城当然一样，黑水自酒泉汇水北流，至黑城复循故道东折，分若干支流归故居延海，所以其地在黑水下游未改道前，左右数百里之中应为水草繁茂之地，再就其地理位置看，正在东西、南北大道交叉要冲，而黑河流经其西及西北。故居延海成新月状拱卫其东部和东北部，郦道元《水经注·禹贡》山水泽地所在注曰："居延泽在其县故城东北，《尚书》所谓流沙者也，形如月生五日也。"所以故居延县应在黑城附近为宜，也许黑城就是故居延旧址废墟上重建之城。杨守敬《水经注图》及《汉书·地理志图》当时还不知居延泽曾迁移，故作一大月形与嘎顺及索果二湖间，其背直达狼星山，以示郦注方位，于是置居延城在嘎顺湖西南，但实际上这个地区是一片沙碛，并无城郭。魏孝明帝正光二年处柔然溴罗门于西海郡地，从此即为少数民族居地，以后突厥、回纥、党项、蒙古相继占有，直到明代废弃为止。所以唐宋以来的地理书都不能详其遮虏鄣和居延城之故地。清人陶保廉《辛卯侍行记》向为学者嘉许，也认为故居延城不在元代的亦集乃城。简文中之"第五辟","辟"与"壁"同,指界壁,汉代人界壁以数记,可参见《续汉书·郡国志》安定郡下之高平县。

　　关于居延城之位置,这里摘录一段史料,可供参考。清代张穆《蒙古游牧记》十六《额济纳旧土尔扈特部》注"秋涛指汉居延城,即张掖郡属之居延县",自颜师古分为二地,诸家异说纷起,几于以不狂为狂。然其原委非详考莫能明也。《汉书·地理志》:"张掖郡,居延,居延泽在东北,古文以为流沙,都尉治。"师古注曰:"阚骃云,武帝使伏波将军路博德筑遮虏鄣于居延城。又觻得下云:羌谷水出羌中,东北至居延入海,过郡二,行二千二百里。以此验知居延在得东北,其里数亦约略可考。"《方舆纪要》云:"居延城在甘州卫西北千二百里,其东北有居延泽,亦曰居延海。"《括地志》云:"汉居延故城在今张掖县东北千五百三十里,有遮虏鄣。"唐张掖县即明甘州卫也,二书所言里数不同,当以《括地志》为是。《汉书·武帝纪》:"元狩二年夏,霍去病、公孙敖出北地二千余里,过居延,斩首虏三万余级。太初三年夏,强弩都尉路博德筑居延。天汉二年夏,骑都尉李陵将步兵五千人出居延北,与匈奴战斩首虏万余级。"注师古曰:"居延匈奴中地名也,韦昭以为张掖县,失之,张掖所置居延县者,以安处所获居延人而置此县(按注文在元狩二年下)。"李陵传:"天汉二年,诏陵以九月发,出遮虏鄣。"王氏应麟《玉海》曰:"河西之未入汉也。霍去病欲攻小月氏,则先望居延而济,乃至天山,李陵欲涉单于庭,北先自居延北出,乃至浚稽,则知居延之出匈奴,乃其要路也,汉既金得月氏之地,立为四郡,则居延又为酒泉要路,故筑塞其上以扼其来,名以遮虏,可见其实也。"《通典》既于张掖甘州著居延塞,又于酒泉肃州著遮虏鄣者,甘州之西即肃州之东,寇之来路亘于两州之境,故遮虏鄣之设,亦亘两境,李陵之军自遮虏鄣北出,亦望遮虏鄣南入,可见虏路出入,无不由此也,居延塞即遮虏鄣也。秋涛按《汉书·匈奴传》:"太初三年使强弩都尉路博德筑居延泽上,是本纪所书筑居延即筑于居泽上也。"《地理志》:"居延县,有居延泽。"居延县即路博德所筑之城无疑。详考浚仪所论,则知霍去病、路博德、李陵所出之居延塞遮虏鄣,与地理志之居延县皆为一地。韦昭、阚骃,距汉未远,所言灼然可据,而师古以为非张掖县,逞臆妄分,其说谬矣! 又按后凉吕光尝徙西海郡人于诸郡,而西海实领居延,则居延在吕氏时亦尝移治,师古盖误认移治处为汉旧县,而转以居延塞别为一地。《元和郡县志》亦误以遮虏鄣在酒泉县北240里,指为李陵战处,其错误之由,也与师古同,东胡樵因师古之说转訾班氏,以居延泽属居延县下,这是不妥当的。《一统志》也疑《元和郡县志》所记遮虏鄣道里与《汉书》不相合,但不明原委,难下决断,现经各书互证,晓然无疑矣! 此论虽钩稽古今,博采群书之论,但居延城之位置仍难确定,有待于考古发掘最后确定。

注释:

①《汉书·刑法志》。

②《史记·秦始皇本纪》。

③《史记·秦始皇本纪》集解注引。

④《离骚》。

⑤《周礼·春官·大宗伯》。

⑥《庄子·盗跖》。

⑦《吕氏春秋·审分》。

⑧《史记·秦始皇本纪》正义注引。

⑨《汉书·高帝纪》注解。

⑩《汉书·高后纪》师古注。

⑪《后汉书·光武帝纪》注引。

⑫《史记·李斯传》。

⑬《周礼·春官·内史》。

⑭《左传·僖公二十八年》。

⑮《释名·释书契》。

⑯《史记·乐书》。

⑰凡文中所引此种符号,均见中国社会科学院考古研究所编《居延汉简甲

乙编》。

⑱王国维《观堂集林》(中华书局,第 840 页);参见《流沙坠简·屯戍丛残·考释》。

⑲《西北师范学院学报(社科版)》1982 年第四期,第 19 页。

⑳《汉书·武王子传》师古注。

㉑《汉书·田广明传》《汉书·宣帝纪》。

㉒《史记·三王世家》。

㉓《汉书·高帝纪》。

㉔《汉书·贾捐之传》。

㉕《汉书·百官表》。

㉖《汉书·功臣表》。

㉗《汉书·百官公卿表》。

㉘《汉书·陈汤传》。

㉙《百官表》。

㉚《汉书·翟方进传》。

㉛《史记·张耳陈余列传》。

㉜《文选》卷三八。

㉝《诚斋集》卷一一九。

㉞刘熙《释名》。

㉟《左传·昭公二十五年》。

㊱《南齐书·崔祖思传》。

㊲孔德璋《北山移文》见《文选》。

㊳《宋史·赵邻几传》。

㊴《通典》一四五、一四九。

㊵《西汉会要》,上海人民出版社,1977 年,第 367 页。

㊶《汉书·杜延年传》。

㊷《汉书·谷永传》。

㊸《汉书·申屠嘉传》。

㊹《左传·僖公二十三年》。

㊺《玉篇》。

㊻《古诗》。

㊼《汉书·司马相如传》注。

㊽《肃释·太尉刘宽碑》。

㊾《韩非子·五蠹》。

㊿《汉书·胡建传》苏林注。

51《后汉书·隗嚣传》。

52《史记·吕后纪》。

53《史记·司马相如传》。

54甘肃社会科学院《社会科学》1979年第一期。

55《荀子·君道》。

56《礼记·乐记》。

57《左传·庄公二十七年》。

58《诗经·周南·葛覃》。

59陆机《陆士衡集·思归赋》;俞樾《茶香室丛钞·男子亦称归宁》。

60《周书·卢辩传》。

61《易经·系辞下》。

62《左传·襄公二十八年》。

63《周礼·秋官·司刺》。

64《论衡·量知》。

65《战国策·齐第一》。

66《汉书·王莽传》注。

67《资治通鉴》,中华书局标点本,1956年,第1166页。

68《汉书·王莽传中》。

69《三辅皇图》。

70张耒《柯山集·大礼庆成赋》。

71《后汉书·郡国志》。

72《两汉博闻》。

73《庄子·田子方》。

74《左传·庄公三年》。

75《周礼·天官·宫正》。

76《淮南子·兵略》。

77《周礼·秋官司刺》。

78《汉书·高帝纪》。

⑦⑨《汉书·高后纪》。

⑧⓪《汉书·文帝纪》。

⑧①《尚书·舜典》.

⑧②《史记》集解引孔安国语。

⑧③以下此类引文均见中国社会科学院考古研究所编《居延汉简甲乙编》释文。

⑧④⑧⑤⑧⑥《史记·秦始皇本纪》。

⑧⑦《汉书·高帝纪》。

⑧⑧《后汉书·光武帝纪》。

⑧⑨《居延汉简甲乙编》(95·5,18·5)。

⑨⓪汉文帝以代王即帝位,置卫将军,以亲信宋昌任之,总领京城各军。以后卫将军与骠骑将军,车骑将军皆开府,置官属,不独掌禁军,且与闻政务。晋以后改为中尉,又分左右卫,虽亦掌军,但权已分散。

⑨①《汉书·高帝纪》。

⑨②《汉书·百官公卿表》。

⑨③文中凡此类符号,均为居延旧简编号,见中国社会科学院考古研究所编《居延汉简甲乙编》。

⑨④文中凡此类符号,均为居延新简的原始编号。

⑨⑤《汉书·百官公卿表》。

⑨⑥《汉书·彭宣传》《汉书·百官公卿表》。

⑨⑦参见《汉简研究文集》中之《官文书考略》。

⑨⑧劳榦《居延汉简考释·考证一》依据王国维先生的意见,将烽燧示警信号分为四类,其中"表"与"烽"相混淆。为不少学者所引用。如陈直、徐苹芳、陈公柔等,都误认为"表""烽"为一物,实则不然。详见《塞上烽火品约册——两汉的边塞示警联防制》一文。

⑨⑨这里所引用的是1974年居延破城子、出土的《塞上烽火品约册》简牍的部分材料。全部释文见甘肃居延考古队简册整理小组的"简册释文"。

⑩⓪在居延汉简中,反映居延地区屯戍活动中人力不足的情况屡见不鲜,兹不赘述。

⑩①文中凡此类符号,均引自中国社会科学院考古研究所编《居延汉简甲乙编》之释文编号。

⑩《汉仪注》《续礼仪志》《文献通考·兵部》及《周礼》注。

⑩《汉书·武帝纪》注。

⑩《汉书·翟方进传》附《翟义传》。

⑩《汉书·韩延寿传》。

⑩《汉书·霍光传》《汉书·武五子传》。

⑩《汉书·燕刺王传》及张晏、师古注。

⑩《汉书·翟义传》如淳注。

⑩《后汉书·祭祀志》引《皇览》。

⑩《后汉书·礼仪志中》。

⑪《文献通考·兵部》。

⑪《释名·释兵》。

⑪文中凡此类符号,均系新获居延汉简的原始编号。

⑪《释居延汉简中之"署"》(《简牍学报》第七期)。

⑪《释居延汉简中之"署"》(《简牍学报》第七期)。

⑪《周礼·地官·小司徒》。

⑪《管子·小匡》

第六章　经济措施

第十九节　屯田与屯田机构

屯田,是我国历史上具有重大意义的制度之一,其作用和影响绝不仅限于经济范畴。它是早期耕战思想的直接发展,也是常驻边防部队自给的重大措施,当然,也是当时实际情况的需要。

两汉屯田之制,并不如当前流行的说法那样,开始于"移民实边"。然而,屯田的开始也许在一定程度上受到"实边"移民的影响。两汉时期边郡屯田,实际上并没有所谓的"民屯"存在,只有军屯,也仅仅是军屯。

《武帝纪》元朔二年春正月,徙民朔方 10 万口,元狩四年(公元前 119 年)冬又徙关东贫民到陇西、北地等地,凡 725000 口,这是移民,他们与从事屯戍的军队不同。我们所要重点讲的,是戍边屯田。屯田以资戍边,似乎从秦时已开始,《史记·匈奴传》载:"秦灭六国,而始皇帝使蒙恬将十万之众,北击胡,悉收河南地,因河为塞。筑四十四县城,临河,徙谪戍以充之。"汉初,承秦制,仍遣戍卒备边,文帝时,晁错就建议募民徙塞下。武帝时垦田规模逐渐扩大,同时,军屯占有绝大的比例。

一、屯田

我们对两汉屯田不再做全面的的介绍, 只是通过对居延汉简的考察,重点谈谈以下几个问题。

1.屯田的劳动力

从事屯田的主要是田卒。如简：

> 田卒大河郡,富平西里,公士昭遂年卅九。庸举里,严德
> 年卅九 （303·13）
> 田卒大河郡、瑕丘,会成里、王胜年卅八。 （498·11）
> 田卒淮阳、高平、常昌里,上造柳道年二十三 （11·2）
> 田卒昌邑国、邵灵里、公士朱广年二十四 （513·35）

这些是田卒的名籍,以备考查。田卒一般从事着十分繁重的劳动。简文中一般称为"剧作","出麦五百八十石八斗八升,以食田卒剧作六十六人,五月尽八月",这种从事重体力劳动者,有时一次干活可达 1500 人之多,"极具病已,谨案属丞,始元二年,戍田卒千五百人,为驿马田官,写泾(注)渠,乃正月己酉淮阳卒"(513·17)。这是说 1500 名田卒为驿马田官做放渠水的工作。

繁重的劳动、残酷的剥削、恶劣的生活条件,往往引起田卒的逃亡。

> 马长史即有吏卒民屯士亡者,具署郡、县、里、名、姓、年、长物、色、房、衣服、赍操,初亡年月日白报,具病已。 （513·17）

这是要求凡有逃亡的吏、卒、民、屯士等,都要详列本人的一切情况,如上要求而加以追捕,这里我们举一份捕亡文书为例。如

> 边界中书到,遣都吏与县令以下,逐捕搜索部界中。验亡人所隐匿,以必得为最,诏所名捕还,事事当奏闻,毋留,如诏书律令 （179·9）

像这种捕亡文书在居延简中屡见不鲜，凡捕得之逃亡士卒，都将按
其情节轻重予以惩处，严重的要判以死刑。

为了使田卒安心在边塞屯垦，不致大量逃亡，同时也采取了一
些相应的办法，如久居边塞的田卒，其家属可以按月给口粮。"卒李
宗护，妻大女足年廿九，用谷二石一斗六升大，子使男望年七，用谷
二石一斗六升大。凡用谷四石三斗三升少。"这种由官家支的粮，都
列入"卒家属在署名籍"，每月按名籍发粮，居延曾发现"河平三年
五月官吏廪，右卒家属见署名籍"，"第十七部，建平四年十二月，戍
卒家属当廪"，可知戍、田卒家属的粮由官方支给。另外，对一部分
久居边郡的戍、田卒，可以划出一些田地为其私有，或允许其开垦
新地为自己所有。这从居延地区所出土的土地买卖简可以得到证
明。只有私田才可买卖。这个道理是显而易见的

　　建平五年八月☐广明、乡啬夫客、假佐玄敢言之，善居里男
　子丘张，自言为家客田，居作都亭部，案张等更赋皆给，当得取
　验，调移居延，如律令，敢言云。　（505·37）

这条简文向我们透露了几个值得注意的问题：首先是土地可以自
由买卖；其次买卖时要经过乡啬夫、佐等人的验问；再次，买主要能
完成更赋。具备这些前提条件，这批土地买卖才得以进行。当时居
延土地的价钱最贵时每亩可值百文，贱时每亩仅25文左右。

　　☐置长乐里受奴田卅五亩，贾钱九百钱，毕已丈，田即不
　足，计亩数环钱，旁人淳于次孺，王兄、郑少卿，古酒旁皆饮
　之。　（557·4）

每亩价25文多一点，给中间人以酤酒饮之的酬劳。"二墤燧长居延
西道里公乘徐宗年五十，宅一区直三千，田五十亩直五千"，每亩价

百文,又有"田五顷五万"(37·35)每亩价亦为百钱。

2.屯田地区设有各级官吏管理屯田事务

屯田虽是戍边的一个重要组成部分,但在边塞地区仍有明显分工,自成相对的独立系统,它与主侯望、明烽火的正式哨卡队伍有别。所以屯田系统的田官组织,也是比较复杂的。就其名称计有屯田校尉、农都尉、护田校尉、守农令、劝农掾、仓长、仓佐、仓曹吏、事田以及战斗在劳动第一线的田卒、河渠卒、什长、伍长等。

我们不妨先看看文献记载,《汉书·西域传》:"匈奴益弱,不得近西域,于是徙屯田,田于北胥鞬,屯田校尉,始属都护。"《汉书·百官公卿表》:"农都尉,属国都尉,皆武帝时置。"《续汉书·百官志》:"边郡置农都尉,主屯田殖谷。"在居延简中,可以看到以下各级田官:

> 二月戊寅,张掖太守福,库丞承熹兼行丞事,敢告张掖农
> 都尉、护田校尉府卒入谓县律曰,藏官物非录者,以十月平价
> (4·1)
> 守农令赵入田册取禾。 (90·65)
> 五年正月癸未,守张掖居延都尉旷行丞事,骑司马敏,告
> 兼劝农掾 (103·28)
> 三月丙午,张掖长史延行太守事,肩水仓长汤,兼行丞事,
> 下属国农都尉小府 (10·33)
> 居延城仓长王禹,鞮汗里,年廿七 (62·55)
> 兼仓曹议曹史,并拜再拜言肩水都尉府 (155·14)
> 宣伏地再拜言,少卿足下良告,为事田言,宣宜□以月晦
> 受官物。 (37·17)

按田官组织的管辖权限,屯田都尉、农都尉分属都护、太守的领导,同时受制于中央的大司农。守农令、护田校尉则听命于农都尉或都

尉,田官的统属关系大致如上述。

至于宜禾都尉不常置,仍主农事,大约与农都尉性质近似。此外简文中有"驿马田官",《汉书·食货志》有"北假田官",《汉书·西域传》有"渠犁田官"等,田官之上冠以地名,乃该地区主屯田事之首长,也是具体负责屯田事务的长官,如简文"驿马田官元凤六年三月辟除"(187·16)。

3.田卒的生产工具、籽种和口粮由官府供给

近年来,在居延地区的普查和试掘中,发现了一些汉代的农业生产工具,据报道,有铁锄、铁臿、铁斧、铁锤等。这些铁农具制作得很规整,作用面很锐利,且有一定的水平。新获居延汉简中,有从南阳郡制造的铁农具运往居延的记载,可以推知,当时西北边塞地区使用的铁农具多系内郡制造,由大司农统一调拨。

边郡屯戍事业资金不足时,也由大司农相助,相助的款项称为"调钱",简文有"其十一万四百三十五调钱"(168·13)。《续汉书·百官志》:"大司农,卿一人,中二千石。李注曰:掌诸钱谷金帛诸货币。郡国四时上月旦见钱谷簿,其逋未毕,各具别之。边郡诸官请调度者,皆为报给,损多益寡,取相给足。"刘昭注引王隆《小学·汉官》曰:"调均报度,输漕委输。"胡广注曰"边郡诸官请调者,皆为调均报给之也,以水通输曰漕,委积也,郡国所积聚金帛货贿,随时输送诸司农曰委输以供国用。"所以除中央调给地方的"调钱"外,地方按时上缴中央的叫"委输"。边郡除上缴之"委输"外,还有一部分留给地方支,并不全部上缴,如简"金曹调库赋钱万四千三☐"(132·98)。所谓"金曹",这是掾属,按简文分析似应指张掖太守或居延都尉主管财务的属吏。还有,如"☐阳邑元康元年二月,☐☐调三千"(183·18),"又府调二匹"(71·26),这是郡国互调之钱和太守府上调的物资情况。

屯田所需籽种亦由官府供给,当时居延乃至河西地区,谷物种类有谷、麦、大麦、小麦、穬麦、杭麦、糜、**穄**穄、黄米、杭、胡麻等。这

些农作物种类都是见于简文的。如：

> 出麦二十七石五斗二升。 （302·12）
>
> 入谷六十三石三斗三升少。 （303·50）
>
> 出糜二石。 （219·34）
>
> 辛苏宣榜稈三石三斗三升。 （44·36）
>
> 秋□大石二石。 （269·12）
>
> 黄米一石，以付从君舍。 （126·23）
>
> 会辛芳胡麻。 （164·无号）
>
> 将金部见兵廿一人，大麦二顷，已穫廿亩，小麦卅七亩，已穫廿九亩。 （见《流沙坠简考释·戍役类》）
>
> 入十一月食秔麦六斗，建武卅年十一月乙巳，受降卒伊良变尉史□。 （见《流沙坠简考释·廪给类》）

上列各农作物，除穬麦为有芒之麦外，其余黄米、糜、榜稈，都是稷的别名。田卒的口粮和其他戍卒一样，由官仓支付，这些记载见田卒名籍簿。这种名籍簿记有田卒的姓名，何年何月领口粮若干，凡有代人领的，也要注明代领者的姓名，这种名籍在居延汉简中发现很多，兹不再赘录。

4.屯田的全部收获要归仓

居延简中有很多仓名，这些仓应分属府、县和都尉府所辖。仓有仓长，辅以仓丞、仓曹、大粮仓保管及粮食出纳事。"三月丙午。张掖长史延行太守事，肩水仓长汤兼行丞事"（10·33）。"肩水仓长"是都尉属下，别于郡、县。"建平三年闰月辛亥朔丙寅，禄福仓丞敞移肩水金关，居延坞长王致，所以乘用马各如牒，书列出，如律令"（15·18）。这是禄福县仓丞给肩水金关关啬夫的牒书，《汉书·地理志》酒泉郡有禄福县，《续汉书·郡国志》酒泉郡下改西汉时禄福县为福禄县。建平为西汉末哀帝年号，禄福县新莽改为显德，建武以后改曰福禄。这是县设仓的例证。"出吞远士吏四月奉□四月庚戌、令史博付仓曹史孙卿偿且麓卒陈"(279·17)。此即有关仓曹的记载。一仓所储谷物可在万石以上,居延曾发现"万石"仓印,在简文中也有 "今余谷万二千四百七十三石三斗"(112·2),"受四月余谷万一千六百五十二石二斗三升少"(112·20)的记载。

各仓积谷除边郡吏卒口粮、战备、籽种等支出外,还要内运一部分,调有余补不足。简214·33:"守大司农光禄大夫臣调昧死言,守受簿丞庆,前以请诏使护军屯食守部丞武,以东至西河郡十一农都尉,官二调物钱谷转漕,为民困乏,启调有余给。"这是中央调边郡仓谷给内郡困乏之民的诏书。此诏乃元帝永光二年(或三年)所颁,《汉书·百官公卿表》:"(元帝)永光二年,光禄大夫非调为大司农。"此曰"守",当为初除,据《汉书·元帝纪》永光二年春二月诏曰:"然而阴阳未调,三光晻昧,元元大困,流散道路,盗贼并兴",又"夏六月,诏曰:间者连年不收,四方咸困,元元之民,劳于耕耘,又亡成功,困于饥馑,亡以相救"。说明永光二年是连年不收的灾荒年,调十一农都尉余粮支援内郡灾区,"农都尉武帝置, 于边郡主屯田殖田谷"(《续汉书·百官志》)。

关于农都尉我们想多讲几句。边郡地区大致有四种都尉衔官吏,即郡都尉、关都尉、属国都尉和农都尉。居延都尉、肩水都尉略同于郡都尉。《汉书·地理志》敦煌郡广至县下,有"宜禾都尉治昆仑鄣"。效谷县下师古注曰:"本鱼泽鄣也。桑钦说孝武元封六年济南崔不意为鱼泽尉,教力田,以勤效得谷,因立为县名。"然而鱼泽又是烽燧名,敦煌简:"宜禾部烽第。广汉第一,美稷第二,昆仑第三,鱼泽第四,宜禾第五",可见屯田与烽燧的密切关系。屯田所获谷数每年都要上报大司农。居延发现有《大司农部丞簿录簿》(82.16)又简文"一人积大司农麦"(479·6),"司农荄少不如□"(55·7)、"居延卒二人,伐大司农荄,郭东部收房燧长田彭,兼领省第一"(133·11)可知上报大司农,荄也在上报之列,凡上报之谷数即入官仓,作为由中央大司农支配之官仓,实际上仍在地方代管,但屯田全部归公则是绝对的,不能马虎。简文"第十部吏一人载谷三十斛致官"(95·12),又"入粟十二石,增廪五千二百二十五石,今五千二百三十七石受城仓"(112·21),可知其一斑。

5.代田法与代田仓

我们知道代田法是北方干旱地区的一种土地轮作法,或称轮耕制。将一亩田划成三畎三垄,在垄中播种,耨草时锄垄土,用来培壅苗根。畎和垄的位置逐年轮换,借以轮休而保持地力。《汉书·食货志上》:"以(赵)过为搜粟都尉,过能为代田,一晦三甽(同畎),岁代处,故曰代田,古法也。后稷始甽田,以二耜为耦,广尺深尺曰甽,长终晦。一晦三甽,一夫三百甽,而播种于甽中。苗生叶以上,稍耨陇草,因隤其土以附苗根。故其诗曰:或芸或芓,黍稷儗儗。芸,除草也;芓,附根也。言苗稍壮,每耨辄附根,比盛暑,陇尽而根深,能风与旱,故儗儗而盛也。其耕耘下种田器,皆有便巧。率十二夫为田一井一屋,故晦五顷,用耦犁,二牛三人,一岁之收常过缦田晦一斛以上,善者倍之。"世称赵过代田法,当然这种轮耕法并不始于赵过,为"古法也"。这是农耕者实践经验的总结。这种轮休作业法在居延是否得到认真的、普遍的推行,或是部分地方推行,目前还难以肯定,这还有待于更多的材料加以说明。但是据简文有代田仓名,可否据此来证明居延地区已经推行过代田法,证据似还显得不够有力。当然这是一个值得研究的课题。今试列有关代田仓简文于下,供进一步探讨参考:

> 入糜小石十四石五斗,始元二年十一月戊戌朔戊戌,第二亭长舒,受代田仓监,都丞延寿临。 (273·24)
>
> □十五石,始元二年十二月丁卯朔丁卯,第二亭长舒,受代田仓监,都丞临。 (275·19)
>
> 入糜十四石五斗,始元三年正月丁酉朔丁酉,第二亭长

舒,受代田仓监 ＂。 （148·47）

入糜十五石,始元三年六月甲子朔甲子,第二亭长舒,受代田仓监 ＂都丞临。 （273·14）

十一石六斗,始元三年十二月壬戌朔壬戌,通泽第二亭长舒,受代田仓监 ＂。 （557·(3)）

入糜小石十二石,始元五年二月甲申朔丙戌,第二亭长舒,受代田仓监 ＂。 （275·(23)）

入糜十石七斗,始元五年十月甲午朔甲午,第二亭长舒,受代田仓监 ＂,建都丞临。 （534·3）

己丑朔,第二亭长舒,受代田仓临粟廿六石,以食小亭"二人。 （557·5）

舒受代田长顺,以食吏士四人,卒(误,应为辛)酉尽庚寅廿六日,积百一十二人。 （557·6）

上述排比的简文,是通泽第二亭长舒每月从代田仓支取口粮的登记簿。通过对这一登记簿的排比,我们可以看出几点值得注意的事情。首先,上列各简所言代田仓是指同一个仓,这个仓名是否与代田法有直接联系值得研究。其次,亭卒支取口粮多在当月的初一,如"甲申朔丙戌",可算是一个特殊情况,但也只不过迟了两天而已。最后,从支取口粮数最多为 15 石最少为 10 石 7 斗来看,戍亭卒一般多则 4 人,少则 3 人。

《汉书·食货志上》说,赵过"令革家田三辅公田,又教边郡及居延城"行代田法,这也许是试行。简文"右第二长官二处田六十五亩,租廿六石"(303·7)这样折合每亩收租 4 斗。《汉书·食货志》引李悝语曰"岁收亩一石半",这当然是战国时的收获量。《淮南子·主术》说:"交民之为生也,一人跖耒而耕,不过十亩,中田卒岁之收,不过亩四石。"这里讲一人才耕地 10 亩,与"一夫百亩"之耕地量相差太多。赵充国屯田,人赋 20 亩,如以此比例来计算,65 亩田可赋予 3 人。按《食货志》人月食 1 石半,3 人年需 54 石,加上租子 26 石,65 亩地年产最少得 80 石,每亩产量最少 1 石 3 斗,与李悝之说相近。田卒每年交租都有定额,如不能按数交纳,要记录在案以备进查,如"张伯平入租少八斗五升"(见《敦煌汉简校文》第 104 页)。

6.牛耕与牛籍

代田法与牛耕是分不开的,牛耕的普遍使用是农业发展的一大进步。《汉书·昭帝纪》:"非丞相御史所请,边郡受牛者勿收责。"应劭注说:"武帝始开三边,徙民屯田,皆与犁牛。"屯田所用之耕牛也有牛籍,"☐五日令史官移牛籍太守府"(36·2)。牛籍就是对耕牛的登记簿,兹举牛籍簿如下,可审其细目。

力牛一,黑,特、左斩,齿八岁,洁七尺八寸。　(491·8)

牛一,☐　(510·1)

牛一,黑,牡、左斩,齿三岁久。　(510·28)

牛一,黑,牝、白头,左斩,齿四岁。　(512·6)

☐,齿五岁,左☐第☐。　(512·25)

☐,特,左斩,齿二岁。　(514·4)

☐/,黑,牝,左斩,齿三岁,洁七尺三寸。　(517·14)

☐,黑,牡,左斩,毋久。　(512·34)

☐,☐一,白,牡,左斩,毋久。　(520·2)

这些牛籍简都出土于大湾,显然是耕牛,而不是拉车的牛或食用牛,这是因为:居延旧简中有关田卒的名籍凡 67 条都出土在大湾,全部田卒的衣物籍共 17 条也出土在大湾,特别指出廪食田卒的两条记录也是大湾所出。一般有关屯田的文书也多出土于此,可以肯定大湾是当时居延屯田的中心。据索麦斯特罗(B.Samma-vatvorn)的报告,大湾的汉简是分在两个地点出土的,一个地点是普同的鄣塞,另一处应是屯田的领导机构,因而,有关屯田的资料

多出于此。在大湾所出简中,有关牛的记载还有两条值得注意:

> ☑积廿九人养牛。　　(512·1)
> ☑服牛当日食六升大,用谷四石,诈增☑。　　(509·20)

这是田卒养牛的日迹簿, 后一条是关于饲牛用谷有诈的举爱书。

7.谷粮的大小石(斛)问题

居延简中常记有大石和小石的记载。有人认为,大小石只是同一的量在计算不同对象时所用的不同名称,而不是两种量。大石指米,小石指粟(原粮),1 石粟可出 6 斗米,故汉简中"若干小石为若干大石"的诸条,都是若干石粟可出若干石米的意思(见杨联升《汉代丁中、廪给、米粟、大小石之制》,《国学季刊》第 7 卷第 1 号,1950 年 7 月),这显然是错误的。我们知道,汉代有"大石""小石"两种斛的名目,它们之间的比率可以从下列的几个例子中求出:

> 入糜小石十二石为大石七石二斗。　　(甲·849)
> 凡出谷小石十五石为大石九石。　　(甲·858)
> 出粟小石三石为大石一石八斗,以食卒三人,十二月辛卯尽庚子,十日,积卅人,□☑。　　(甲·1462)
> 入糜小石十四石五斗为大石八石七斗,三年正月己卯朔辛巳,第二亭长舒受第六长延寿。　　(甲·1495)

以上四例其比率均为 5∶3,所以可知小石 1 石合大石 6 斗。戍吏及其家属的口粮标准如以大小石计算,如下表:

	依大石计算(升)			按小石计算(升)		
	大 月	小 月	每 日	大 月	小 月	每 日
戍 卒	200	$193\frac{1}{3}$	$6\frac{2}{3}$	$333\frac{1}{3}$	$322\frac{2}{9}$	$11\frac{1}{9}$
家属 大 男	180		6	300		10
大女、使男	130		$4\frac{1}{3}$	$216\frac{2}{3}$		$7\frac{2}{9}$
使女、未使男	100		$3\frac{1}{3}$	$166\frac{2}{3}$		$5\frac{2}{9}$
未使女	70		$2\frac{1}{3}$	$116\frac{2}{3}$		$3\frac{2}{9}$

为什么说 "大小石只是同一的量在计算不同对象时所用的不同名称,而不是两种量。大石指米,小石指粟(原粮)"的意见是错误的呢? 现就居延汉简本身加以论证:

> 出谷大石九石,其一石五斗麦,七石五斗糜。今六月簿毋余。 （甲·530）

这里的"谷"应是原粮吧! 但简文明确记载是以"大石"计算。

> 入粟大石廿五石,十二月丁亥令史受阳里王宣。 （甲·225）
> 五月丁巳粟小石百卅石。 （509·28）

上列两简,同是粟,但有的以大石计,而有的按小石计,又怎么解释。显然,说粟用小石计是错误的。

> 出粟一斗二升,以食使沙车续相如上书良家子二人,八月癸卯□□。（《流沙坠简·廪给一》）
> 出粟二石,廪侯长杨禹六月食。 （甲·994）
> 出粟卅石,十二月以食卒十五人。 （甲·948）
> 出粟一石九斗三升少,付殄北侯官,以食驹望卒赵□。

（甲·47）

凡粟三石三斗三升少，算取。卒庄讓粟三石二升少，卒马算粟三石二斗二升少，诣☐。　（甲·640）

万岁燧长郅音，三月食粟三石三斗三升少。

（甲·1200）

凡吏卒十七人，凡用盐三斗九升，用粟五十六石六斗六升大。　（甲·1314）

恽和从者大马☐六月乙丑尽七月，积一月十二日，食粟四斗二升。　（《罗布淖尔考古记》第四篇第四十简）

前 4 简平均每人每日 6~6.67 升，后 4 简平均每人日食 1 斗，这自然是因为用不同量的结果，所以也是纯数量的区别，而绝不是米粟计量名称的区别。这在一些文献中也有记述，可参考《盐铁论·散不足》《论衡·祀义》《汉书·食货志》《氾胜之书》以及《太平御览》卷七六五、八三零等。

8.凿井灌溉

居延绿洲地区虽有河水可以灌溉，但离河稍远地方引水则有困难，所以便需凿井灌溉，当然也要解决人们饮水的困难。从汉墓出土文物中发现有不少陶井、陶桶，证明汉代凿井在技术方面是没有问题的。居延简中有"卅井""渠井侯长"(3·14)、"毋井者各积冰亭十石"(534·9)等，这时所开之井可能多是串井，也叫坎儿井，简"第十三燧长贤☐井水五十步，阔二丈五，五泉二丈五，上可治田，度给燧卒"(127·6)，一般井当然不会这样大，这就是串井无疑。这种井流量大，需人看守，所以有"当井陈弘""当井周捐"(562·7)等成田卒照管。《汉书·西域传》载乌孙乌就屠杀狂王自立为昆弥，"汉遣破羌将军辛武贤将兵万五千人至敦煌，遣使者案行表，穿卑鞮侯井以西"。孟康注曰："大井六通渠也，下泉流涌出"，这是六井相连，水下相通，正是坎儿井。

二、屯田机构

汉代西北边郡属军事系列者有五大系统,即烽燧、屯田、仓廪、邮驿和野战驻军。野战驻军,驻屯无定镇,而且是军事主力,具有快速反击和远程作战能力,以骑士为主,辅以必要的步兵,沿周制,军分左、中、右,依战略原则与战术需要,按实际情况再分为前、后部,其具体情况,详见另文①。

本文将重点讨论屯田组织问题,也就是军屯机构,这里只言军屯,是基于汉代西北边郡无民屯这一认识。关于屯田组织问题,10余年来,发表了不少有灼见的论点和使人兴奋的论据,这是值得肯定的。然而,其中值得进一步探讨和商榷的方面还很多。

1.四级制的军屯生产管理系统

汉代边郡屯田问题,十分复杂,涉及的面较广,而这个问题的核心,是其组织机构,如能正确地、系统地揭开其组织机构之谜,则就掌握了全面研究汉代屯田问题的关键。汉代西北屯田的组织机构,概言之,可分为三个并列的系统,这三个系统之间既有其密不可分的业务联系,也有其以不同职能为特点的相对独立性。这三个系统以军屯生产管理系统为主,与生产保卫系统和大司农直属辟田系统相辅相成,前两个系统的共同特点是,其组织建制与地方行政管理系统的郡、县、乡、里比同,也与侯望系统的府、官、部、燧相一致,简言之,均为四级制。而最后一个系统,则是垂直领导,独立建制,有别于前者。

中央九卿之一的大司农主管全国农政,屯田事、边郡屯田当属其职权范围。《汉书·食货志》载:武帝时桑弘羊请置大司农部丞数十人分部主郡国;《平帝纪》:元始元年置大司农部丞一人,主(郡国)帑藏。这一措施的执行,为中央制定农业政策提供了较为可靠的保证和依据。居延汉简记载:

大司农部丞:簿录、簿算及诸簿。十月旦目　　(82·18)②

　　大司农部丞对边郡农事的管理,偏重于业务以及会计、簿算、调运等方面的领导。在郡国内,则由农都尉具体全面负责,隶属大司农。作为一郡之内最高首长的郡太守,往往加"将屯将军""护军屯食"等衔,而都尉也有加"将兵护民田官"衔者,如:

　　　　即下将屯张掖太守莫府卒　　(227·43)
　　　　十一月辛丑,将兵护民田官居延都尉章☐☐侯官写移书到,以簿余谷,道里便廪,毋留,如律☐　(74·E·P·T57:10A)③

　　《史记·韩长儒传》亦云:"大行王恢为将屯将军。"郡太守兼管屯田在情理之中,所以陈梦家先生在《汉简缀述》中认为:"将屯"一词是"将兵屯田"的省称,并以三种情况加以论述,甚是。当然,"屯"字本身,不一定指屯田,可指屯戍、屯兵、屯守,如《史记·傅宽列传》:"徙为代国相将屯"及《索隐》引言与《史记·孝文本纪》《汉书·李广传》《汉书·赵充国传》并师古注等,均难以说明"将屯"是"将兵屯田"的省称,这要具体分析,不宜一概否定"将屯"也含有屯田的任务。居延汉简中有"将兵屯田官"(278·7)、"将兵护民田官"(74·E·P·T57:9)、"将屯田官"(74·E·P·T58:43)等,显然,这是将兵屯田,不是什么"形容词",因之,不能把"将屯"也含有屯田的职能一概排斥在外。广览两汉文献,太守在一郡之内,其权力深入到各个方面④,事实上边郡屯田之事,应是双重领导,农都尉隶属于大司农,同时受制于郡太守,乃至郡、部都尉。

　　《史记》《汉书》与汉简中,经常看到"田官"一词,所谓"田官",似应有广狭二义,广义即泛指屯田机构。《史记·匈奴列传》:"汉渡河自朔方以西至令居,往往通渠,置田官,吏卒五六万人。"《汉书·王莽传》:"五原、北假,膏壤殖谷,异时常置田官。"均是泛指。狭义即指具体屯田区,如"驿马田官""日勒田官""北假田官"以及"渠梨田官"皆是。各具体田官机构的级别,并非如一些文章所断言"为县一级"⑤,实际上各田官级别,视屯田区范围之大小与主管官吏秩级的高低而定,所以,高者太守可以主田官事,低者部侯亦可理田官。

农都尉隶属大司农,具体负责边郡屯田事务。《汉书·地理志》:张掖郡番和县有农都尉治,敦煌郡广至县有宜禾都尉;汉简有张掖农都尉(4·1)、居延农都尉(88·6)、居延属国农部都尉(63·18)。农都尉的办事机构,可言"府",故简文中的"居延农府"(88·6),即居延农都尉府;或可称"农官",如"酒泉,张掖农官田卒"(74·E·P·T52:105),其属官有"丞""掾"(74·E·P·T20:4A)、"佐"(88·6)以及"士吏""令史"(74·E·P·T5:7)等。

农都尉主管各屯田区的全面生产以及与生产有关的事务,每个屯田区虽非硬性按县划界,但鉴于交通、邮驿、物资供应、行政协调等实际情况,基本上以县为基础形成。屯田区首长即"农令"(90·4),简文中有"守农令",此非正式职官名称,"守"与"真"相对称,"岁满为真",所以有一些文章认为守农令为一级职官名称,非是。秩次相当于县令长(74·E·P·T50:207),俸为400~600石,属吏有"丞"、"监渠"(498·10)"佐史"、"令史"与"属掾"等。由于屯田区的位置、范围、面积、形状等受到当地自然条件的限制,因而不同于一般行政区划,而有其特殊性,从耕地、水渠、道路的实际情况出发,将各屯田区以农令田官为中心,而划分为左、右区,这就是"部农"(273·9),或曰"农部",秩次相当于烽燧系统中的部侯长,这样划分是为了分层次管理,便于分级负责。左、右部农的负责人,称"左农左长""右农右长"。

　　　　五凤四年十二月丁酉朔戊申,甲渠尉史充,受左农左长、
　　佐宗/侯汉强临　(74·E·P·T52:89)
　　　　右农□长宗当　(74·E·P·T53:76)
　　　　右农右长

左区或右区,如因耕地面积较大或布局分散,还可再因地制宜分为左农前长、左农后长;右农前长、右农后长。

> 右农后长毌害官。当转廪麦八十石,输甲渠侯鄣,已转糜
> 八十石毕 (74·E·P·T51:191)

各左、右长,一般秩比侯长,大者比侯,故得言"右农官",与侯官同,所辖即"部农"。左、右长之属吏有丞,都田啬夫及掾、佐等。

> □戌朔戊戌,左农右丞别田令史 (74·E·P·T51:554)
> 居成间田都田啬夫孙匡当捕,故掾宋□
> (74·E·D·T59:265)

这里所说的"间田",是新莽改制后使用的专门名词,意即各诸侯封土之间的土地,源于《礼记·王制》,指未封之地。《汉书·王莽传》云:"诸侯国间田为黜陟增减。"意思是对有功劳的诸侯增封土地,或对有罪的减其土地,均以间田增减。西北边郡地区的所谓"间田",非指封土以外之土地,实指各屯田区,包括大司农直属辟田以外之土地,也就是郡、县行政系统管辖之土地。这里应特别指出的是,如有面积较小的耕地区,而又远离农令各部屯田区,为指挥方便,则另设别田令史一职,全面负责这一部分屯田区的生产。

> 五凤三年十一月甲戌朔庚子,左农右丞、别田令史居,付
> 甲渠令史庆,尉史常富 (74·E·P·T51:308)

这是"居"领左农右丞衔,而实际领导另一小块屯田区的职务,居为部农副贰,兼主别田,顺理成章。"令史"乃百石小吏,《后汉书·

百官志》太尉下本注所引《汉旧注》云："公令史百石。"⑥秩次低于200石的侯长，自然也低于左、右长，实际上与燧、亭长相当。如汉简。

> 五凤四年八月奉禄簿：侯六千、尉二千、士吏一千二百、令史九百、尉史六百、侯史六百　（74·E·P·T5：47）

燧长俸禄虽因时略有增加或减少，但就其平均数看，与令史相近。如有面积更小的耕地，农部则交由其下级兼管，此下级即屯田区的基层生产单位，也是直接从事生产的组织机构，其首长为（屯田）第×长，秩比亭、燧长。这里需要说明的是，"左农右丞"的"丞"，是副职，按汉代下级职官俸例，应大大低于"左农右长"，其奉额约为"左农右长"的一半，与"第×长"屯田单位的"长"秩级相同，均同于令史，也是亭、燧长一级。如简文记载：

> 居延都尉，奉谷月六百石；居延都尉丞，奉谷月卅石；居延令奉谷月卅石，居延丞奉谷月十五石　（74·E·P·T22：70—79）

丞的俸额均为长的二分之一。所以，面积更小的耕地，由"第×长"兼理，亦可加别田令史衔，如"第二长别田令史夥德"（47·5），这是夥德兼理距"第二"屯田单位较近的别田，故亦称"别田令史"。另外一种情况是第×长所管屯田单位，在其附近新开的这部分田，亦称"别田"，可不入屯田"田籍"，故可租给农民耕种，收取地租。关于这个问题，另文还将论述。

由左、右长下辖的各屯田单位是第一线的生产组织，如上所述，它的领导者为"第×长"，据汉简有："第一长"（120·23）、"第二长"（303·7）、"第二丞"（513·25）、"第三丞"（518·5）、"第四长"（521·11）、"第四丞"（516·20）、"第五长"（515·37）、"第六守丞"

(521·36)等皆是。各长直接负责生产,参与劳动,以叙功劳,载"伐阅",资升遣,论功行赏,"丞"副之。各长之下从事农业生产的"戍田卒"(略称田卒,但正式名籍,多书为戍田卒)、"治河卒""治渠卒""牧士""施刑屯士"等,其数量视耕地面积大小、任务轻重而定,从事农业生产的戍卒相对稳定。然而,每当春播秋收大忙季节,依令要抽调一定数量的烽燧系统、屯兵系统的戍卒、骑士参加临时性的农业生产劳动,以填补劳力之不足,但这多是临时性的,任务完成后各返原岗位,这种情况在汉简中不乏记载,兹不赘述。有一点十分清楚,凡"田卒""治渠卒""施刑屯士"等,均为专业士卒,终年从事农业生产,一般变化不大,直至服役结束。从田卒的名籍分析,多数为中原地区人民,特别是淮南郡,约占田卒总数的二分之一,这一点值得深思。

2.相对独立的生产保卫系统

农业生产保卫系统,是屯田事业中另一独立机构,有自己的专职任务,各级吏员和组织体系,以满足生产管理系统安全生产的需要为原则,这一机构的最高负责人是护田校尉。《汉书·西域传》云:"于是自敦煌西至盐泽,往往起亭,而轮台、渠犁皆有田卒数百人,置使者校尉领护。"师古注:"统领保护营田之事也。"从汉置司隶、步兵、屯骑、越骑、长水、胡骑、射声、虎贲等校尉来看,皆掌宿卫兵,司安全保卫,历有传统。校尉由中央派遣,秩比二千石。《汉官仪》:"护乌桓校尉,孝武帝时乌桓属汉,始于幽州置之,拥节监领,秩比二千石。"《后汉书·百官志》亦作比二千石,秩同农都尉,故得开府置吏。《后汉书·百官志》注引应劭《汉官》曰:"拥节,长史一人,司马二人,皆六百石。"关于校尉的秩别,还可见于《后汉书·西羌传》。《后汉书·百官志》:"护羌校尉一人,比二千石。"《汉官仪》:"护羌校尉,武帝置,秩比二千石。"无论乌桓校尉也好,西羌校尉也好,均言"护",实际上也是以负责安全为其主要职责。

二月戊寅，张掖太守福、库丞承熹，兼行丞事，敢告张掖农都尉，护田校尉府卒，入谓县："律曰：藏官物非"。

（4·1，甲11）

比为律告"府卒"，护田校尉府有长史一人，司马二人，司马曰"将屯司马"，有"丞"（266·27）负责日常保卫安全生产事务。西域屯田始于武帝末期，此后也曾由"凡三校尉屯田"以为"校护"，"地节二年，汉渠犁积谷"⑦。"田士"多达"千五百人"。所谓"校护"，"木栏以遮禽兽者曰校"，《汉书·司马相如传》："天子校猎。"注云："校猎者以木相贯穿，总为栏校，遮止禽兽而猎取之。"依然是保护屯田生产之意。

从蔡校尉未还请□还，持马诣府，君领职无状☐

（74·E·P·F22：390）

蔡校尉于史无征，"君领职无状"，显然有失职行为。这是居延屯田区既有农都尉管理生产，又有校尉护田的重要例证。

护田校尉的下级是"劝农尉"，它不同于太守府、农都尉府的"劝农掾"。"尉"为一级主官，而"掾"为属吏，《后汉书·百官志》载，太尉有掾史属吏若干，将军下有掾属若干人，均属辅佐官员的僚属。"劝农掾"亦然，它不是如一些文章所说的是一级"主管官员"⑧。而劝农尉则不同，它是于护田校尉一级的治安机构的主官，秩比县令、长、侯，而高于居延左右尉，其属吏有"佐""侯史"等。劝农尉的下一级是"游檄"，"游檄"曰部，秩比侯长、农部左右长。

□言：劝农尉、游檄部吏　（74·E·P·T48：75）

按例，"游檄"秩比侯长，当有侯史、士吏等属员。"游檄"的下一级,也就是基层治安机构,即农亭。关于"农亭"的职能,以往论著中多认为是屯田区的基层生产组织,其依据显得不足。"亭",《说文》:"以所安定也。"刘熙《释名·释宫室》:"亭,停也。人所亭集也。凡驿亭、邮亭、园亭,并取此义为名。"意为停息。正如《汉书·张汤传》所云:"张汤平亭疑法",定也。《汉书·百官表》:"十里一亭,亭有长;十亭一乡,乡有三老。""掌追捕盗贼。"农亭的职能当不例外,应是专司保卫农田生产安全的基层治安机构。

> 出□□□□□□一石四斗,征和四年十二月辛卯朔乙酉,广地里王舒,付居延农亭━长延寿　(557·8)

农亭长既是劝农尉的下级,又主"徼循、禁盗贼。"大体同内郡亭长的职能。农亭长辖若干士卒。组成农业生产第一线的公安保卫队伍。此外,还有"代田亭"。

> 戍卒居延昌里石恭,三年署居延代田亭,三年署武成燧,五年因署受絮八斤　(74·E·P·T4:5)

这是负责居延地区试行代田法耕作区安全的亭,它和"代田仓"(273·14)一样,为区别,特注明"代田"二字。《汉书·食货志》载,赵过代法田曾在居延地区实行,从全部居延汉简来看,代田法在居延似为试行,未见推广于河西地区,这是由河西地区特定的自然条件决定的,所以试行,只是划出一块耕地采用代田方法播种,观其效果。鉴于传统的"广种薄收"方式在当时不失为行之有效的方法,且根深蒂固,一时难以改变,再则"一亩三圳,岁代处"的方法,也未见奏效。因之,居延汉简中有关代田法的记载甚少,这不能不认为是不成功的。然而,由于代田法的施行乃上命难违,故有试行的耕地、专用的仓、专职的亭,这是可以理解的。

近年来,一些专家、学者就秦汉时期的"亭"发表了不少高论,对"亭"的研究取得了许多可喜的成果。然而,有一些看法还需要做进一步讨论,如认为亭与燧在边郡地区是一回事,或因时间早晚而名称各异,"早期称亭,后期曰燧";或者因"所处地区不同,而称燧,称亭,或因性质不同曰亭曰燧"等等。这些观点,实际上是因亭、燧不分而忽略了各自的不同职能,将所有的亭全部归于"边塞候望系统"的误解。我们认为,不论邮亭、门亭、燧亭、都亭,还是市亭、农亭,它们的首要任务是负责各专职部门的治安。这一点,我们基本同意朱绍侯先生的意见⑩。亭与乡里是不同性质、不同系统的地方行政组织,亭是独立于乡里之外的专门的治安机构,并另置专门亭,上受郡、(县)尉的领导,负责本系统、本部门的治安工作。当然,这并不排斥兼顾其他工作,但其主要任务是维护本系统的治安,如:

> □寀捕贼亡人,所依倚匿处必得,得诣如书,毋有,令吏民相率证任,发书,以书言,谨襍其侯史廉、驿北亭长欧等八人,戍卒赵阳等十人, □□索□□□□亡人所依匿处,爰书相率 (255·27)

驿北亭应是燧亭,但仍以"捕贼亡人"为职责,这是显而易见的。各专业亭,按系统归口领导,"农亭"亭长当受"游檄"所管辖,似不成问题。如认为亭、燧名称可以互换,吏员可以互调,便断言亭、燧同体,这是一种误解。如汉简中,一简之内既有燧名,又有亭名,亭、燧并列;或早期称"燧"而晚期曰"亭"者,不乏其例,兹不再赘。

3.辟田系统

与生产管理系统、屯田治安系统相对独立的另一系统,是直属大司农管辖的辟田系统。居延汉简记载:

　　▢濮阳槐里景罿赍卖剑一直七百鰶得县▢▢客居第五辟
▢　（271·1）

　　徐子禹自言，家居延西第五辟，用田作为事　　（401·7A）

　　辟掾守定、丞翔骏，以诏书将卒，当诣延▢　（503·15）

　　之第五辟　（74·E·P·T·51:64）

　　宜农辟取肉名（籍）（下略）　（74·E·P·T40:76A、B）

　　"辟"，《尔雅·释诂》："君也。"《义疏》："此训君也，君为人所法
也，人所法为君，犹人所归往为王矣！"《诗·大雅·文王有声》："皇王
维辟。"《注》："辟者君也。"所以，所谓辟田，当指君田，也就是大司
农直属田，或曰中央直属农场。其劳动力除少数雇佣的有生产经验
的农民外，主要由戍卒定期轮流服劳役，尤其是春播秋收大忙季
节，更要保证劳力的需要，如误工期或人数不如定额，都将受到惩
处。例如：

　　万岁侯长田宗，坐发省治大司农麦，卒不以时遣，吏将诣
官失期，适为驿马载三墶麦五石，致止害　（61·3）

　　显然，这是因未能按期派遣戍卒赴大司农田劳动而获辜。这里
清楚指明，"治大司农麦"有别于一般屯田区。再如："积大司农菱"
（479·6）、"田出驼，教居延省卒二人伐大司农菱，鄣东部收房燧长
田彭，兼领省第一"（133·11）都应是辟田的"麦"和"菱"，所以，才特
别注明"大司农"的隶属关系。其收获物不归郡、县、城、燧仓，而归
"最仓"，由大司农部丞统一管理和调配，在一般情况下，各级官吏
或仓吏无权动用"最仓"粮食，更不能用于日常廪给。

　　关于辟田，还有两点略予说明，其一是"辟"字的理解，"辟"，
《说文》："法也"。法可引申为罪人，故有人主张"辟田"乃直属大司
农的劳改农场。我们认为这一理解欠妥，理由是：凡因罪戍边者按

各自的技能与条件,从事着多种工作,汉简中不乏记载,并未见集中于辟田;从简文记载可知,辟田劳动者并非罪徒,而是"田客""戍卒"以及"就人"等,难以证明是专为罪犯设立的屯田区;"伐大司萊"也好,"伐大司农麦"也好,均为临时抽调之戍卒,来往文书历历,都与罪犯无涉。

其二是将"辟"解释为"壁",与壁坞田舍连称,这就是另一个概念的范畴了。如简文所载:"匈奴人即入塞千骑以上,举烽燔二积薪,其攻亭、鄣、坞、辟、田舍,举烽燔二积薪,和如品"(74·E·P·T16:14),这里所指的鄣、坞、亭、辟、田舍,均为专称,各有其不同的内涵与用途。因之,坞、辟、田舍不宜连称,也不是一回事;再者,这里的"辟",绝非田舍,否则为什么又说"辟",又说"田舍",岂不行文重复。显然,这里的"辟"自指辟田,而"田舍"才是田卒居住地。至于《流沙坠简·簿书类一》所云:"属太守察地刑,依阻险,坚辟垒,远候望,毋。"这里的"辟垒"一词,当为泛指,且应连称,既不确指田舍,当然也不一定是指辟田,这是辟字的不同用法。

4.与屯田有关的几个问题

上文我们概括地论述了屯田组织的三个系统,还有一些与屯田机构相关的问题需略予以说明,兹分述如下:

①属边郡军事系列,而与屯田有密切关系的另一系统,是仓廪组织。张掖仓、酒泉仓,以及都尉仓、"居延都尉仓"(505·39)是郡一级的仓,郡仓有仓长、丞及其他属吏;"觻得仓""禄福仓""居延仓"以及"甲渠仓""殄北仓""橐他仓""仓石仓"等均属县一级的仓,前者或称"城仓"(62·55),后者亦称"侯官仓"(74·E·P·T4:)。这一类仓设有仓长,"以居延仓长印封"(74·E·P·F·22·68),"肩水仓长"(10·32);有仓丞,"禄富仓丞"(15·18),"始建国二年十月癸巳朔乙卯,城仓丞口移甲渠侯官令史"(74·E·P·T4:48A);令史,"以府记廪城仓用粟百卅六石,令史口曰:卒冯喜等十四人廪五月尽八月,皆遣不当"(74·E·P·T4:48);尉史,"仓尉史"(74·E·P·T4:48);佐,"居

延城仓佐王禹"(62·55),"城仓佐阳"(74·E·P·T59:565);仓啬夫,"甲渠仓……仓啬夫"(74·E·P·T43·65)以及其他仓吏、仓卒等,"入谷五千五百二斛,受城仓吏□"(74·E·P·T27:11)。县侯官以下的谓"部仓"(183·10),或曰"侯仓"(74·E·P·F22:424),这是相当于行政系统中乡一级的仓,由"仓长"主其事,另有佐、吏协助。部仓之下为"燧仓","吞远燧仓,建平四年十二月谷出入簿"(74·E·P·T43:63);或曰"小仓","五月廿六日,第十五获卿,第七燧长孙卿,俱开小仓"(74E·P·T59:112);而以番号仓较多见,如"第廿三仓吏卒,三月主卒行道食,实问吏卒□"(74·E·P·T52:198),凡这种第×,或第×仓,与部、燧编号同例,所谓第廿三仓,是因地处第廿三燧的侯望区内,故名。燧仓的设置,并非每燧必设,而是有重点地设置,以供应附近数燧的廪给之事。仓有长,燧长亦可兼管,下有若干仓卒,从事日常粮、盐出入及调、廪等劳务。

边郡地区又有"最仓"。所谓"最仓"即总仓,直属大司农,有别于郡、县、侯官仓。居延汉简载:"最仓三所"(74·E·P·T5:78)。最,聚也。《公羊传·隐公元年》:"会,犹最也。"《周礼·天官·小宰》注"凡簿书之最目",最目,总目也。《方言》刘歆与杨雄书:"欲颇得其最目。"这里的"最仓",当指总仓。

②借此略陈边郡无民屯的基本看法。第一,从大量出土简牍资料中获悉,当时在屯田区直接从事农业生产的,不是农民,而是服劳役的戍卒,隶军籍,然后才是他们的专业,如田卒、屯田士、河渠卒、治河卒、守仓卒、守谷卒、仓卒、牧士等。第二,屯田区的全部收获物要归仓,不存在"分田之术",即分成地租;田卒口粮,包括其来边郡探亲的家属在内,均按定量供应,个人不得私自存粮。第三,"徙民实边"不等于民屯,实边徙民,非属"典农",而为编户齐民,由郡、县、乡、里、什、伍管辖。这一点,从大量民籍简中可以得到充分证明。第四,军屯是以战为主,兼施农业生产,有别于民屯,以农为主,兼及战事,主次不同。第五,汉代边郡屯田,不存在如曹魏民屯

中相对独立的"典农"系统,而是其全部农业生产活动由军事系统领导、管理、消费。第六,以往以为西汉边郡有民屯存在,其主要论据之一,是以所谓晁错"募民徙塞下"策、赵充国屯田十二事等为据,但找不到确实执行的证据,我们只能认为,仅属于建议文书而已。

③关于"侯农令",兹先将有关简文引述如下,便于考察。

　　☑侯农令督烽燧士吏远☐　　（516·26）
　　移肩水都尉侯农　　（520·13）

　　详察考证,在边郡之烽燧系统,或屯田系统中,均无"侯农令"官职。在不少论著中之所以出现"候农令"官职,是出于对上引两简简文的误解。上引两简从其文例考察,应是上级对下级的"下移文书"。简516·26的断句应为☑侯、农令、督烽、燧士吏、远☐。这是上级要求这些官吏远候望、谨烽火的例行文书,汉简中不乏其例。文中的"侯"指官之侯,也是鄣侯之侯,与农令无涉。因该简前文漫漶,致使学者产生误解,"侯"与"农令"连读,这就使全文难以理解,导致了"侯农令为肩水都尉之下属,故隶属于侯望系统,既称农令,故必为一级屯田官吏"难以自圆其说的结论。"督烽"一职,汉简中屡见,不再赘录。

　　简250·13的简文,其句读应是:移肩水都尉、侯、农(令)。这显然是文书下移辞,下移给肩水都尉、属下各侯官以及农令,文意清楚,体例规范,本不应产生误解,这里的关键仍是"侯"字,自然是指侯官之侯,实属与上简一样,为误解所致。这一误解较早发生在陈梦家先生《汉简缀述》一书中,以讹传讹,广为引用。

　　④屯田与侯望系统的关系。这是一个大题目,非三言两语可以说清的问题,又限于篇幅,只能十分概括的谈谈它们之间的主要关系。首先,烽燧侯望系统的主要职责在于"明烽火、谨侯望"侦察示警、通讯联络,以及对小规模的入侵之敌进行反击,其职能与今日

之边防哨所近似。因其拥有一定数量的兵卒与武器设备，而又多与屯田区相毗邻，自然对屯田区之安全责无旁贷，为了一旦有事，便于统一指挥，都尉可加"田官"之衔，如：

十一月辛丑，将兵护民田官居延都尉章

(74·E·P·T57：10A)

十二月辛未，将兵屯田官居延都尉渭，城仓长禹属行丞事

(278·7)

地节三年四月丁亥朔丁亥，将兵护民田官居延都尉

(74·E·P·T58：43)

其次，如上引简61·3所载，屯田区时常要使用戍卒，此属规定，但劳力不足，关乎农时，其关系自当密切。再次，因候望与屯田均为军事系统，其所属吏员可以因工作需要进行调换、互补或任遣，尤其是县、官级以下员吏，持小官印者，斗食吏者，中央无籍，由地方任免。互补的情况在汉简中屡见不鲜。最后，受上级指示，共同完成某项任务。如"捕亡""廪致""春祠""就载"以及战斗中相互支援、参战、通讯、物资供应等。

汉代西北边郡屯田组织问题，确实十分复杂，一些问题还未谈及，如部、燧以及屯田区自垦田出租给农民的问题，虽属少量，但亦与屯田有关。还有土地买卖问题，车夫与邸阁问题，库的性质与隶属关系问题，铁农具问题，屯田区的土地区划问题等等。这些问题的阐述不仅受篇幅所限，而且许多资料还未正式公布，这里所引用的一些新简资料，多为摘取所需，未引全文。不过本文重点是谈屯田机构，虽属概述，较为简略，但主要方面已包括在内，遗憾的是，有一些看法，只谈了观点，未引论据。

第二十节　雇佣与"客"

讨论我国两汉时期的社会性质,分析其经济结构,正确估价社会生产力诸因素在当时经济发展中的作用, 进一步探索雇佣劳动者的性质与社会功能,无疑是十分必要的。居延汉简中的雇佣劳动者, 是指那些被剥夺生产资料, 靠出卖劳动力而换取报酬的劳动者。他们于封建社会末期,在小生产者分化的基础上产生,并随着资本主义生产方式的发展逐渐成为一个阶级。与自由劳动者不同,他们和"赀家"之间存在着较强的人身依附关系,同时,也没有"自由"到一无所有的地步。居延汉简所见雇佣劳动者,主要是"佣""客""就"三种人。在对汉代阶级关系及劳动者社会阶级性研究中,一些学者认为,汉代的"佣"是"农奴""客"是奴隶的一种,这种见解还得到了另一些学者的赞同,在学术界有一定的影响。因而,有必要考察一下"佣""客"以及"就"的确切身份,这对进一步讨论汉代社会的经济结构、社会性质不无益处。

一、关于"庸"

《史记》《汉书》中关于"佣"的记载不少,"佣",又作"佣"。《说文》:"佣,均也,直也。"《广雅》:"佣,役也。谓役力受直曰佣。"《小尔雅》曰:"庸,偿也。"即受雇于人,"以钱偿之"。庸者,以其所从事的劳动种类不同,又略可分为:

"庸耕",其主要任务是为"赀家"耕地,直接从事农业生产劳动,是庸作中的大多数。《史记·陈涉世家》:"陈涉少时,尝与人庸耕",就属这一类。

"庸徒",是雇佣兵的性质,即受雇于人当兵,这类人在庸作中也占有较大的比例。《荀子·议兵》:"兼是数国者,皆干尝蹈利之兵也,佣徒鬻卖之道也。"这里的"鬻卖"并非卖身,而是指出卖劳动力,事兵役,否则"佣徒"就难以理解了。

"庸书",这是受雇为人抄书,虽占佣作中的少数,但也属雇佣性质。《后汉书·班超传》:"家贫,常为官佣书以供养。"又如《三国志·吴书·阚泽传》:"居贫无资,常为人佣书,以供纸笔。"

"庸保",这类人大多从事家务、店务、杂务性的力役,如酒保、店保、勤杂等。《后汉书·张酺传》:"盗徒皆饥寒佣保。"《史记·季布栾布传》:"穷困,赁庸于齐,为酒人保。"

凡非从事某项专职劳动的佣者,还有"佣债""佣赁""佣作"等称谓,但他们的社会地位是相同的。

居延汉简所见的"佣",有其一定的历史范围和地区局限。因其属当时人们记述的实用文书档案,所以具有很高的科学史料价值,当是可靠的依据。现依简牍记载,分"佣"为三类,一类是受雇于人,代人戍边,史称"践更"者,这是"佣"者中的大多数,现将有关简文选录列述如下:

　　　　☑年廿七,庸同县☑　（212·71）⑪
　　　　☑年廿八,庸同县千乘里高根,年卅一　（7·14）
　　　　☑弘农郡陆浑诃阳里大夫武更,年廿四,庸同县阳里大夫赵熏,年廿九,贾二万九千　（170·3）
　　　　中为同县不审里徐延来庸,贾钱四千六百,戍诣居延。六月旦署乘甲渠第七　（159·23）
　　　　☑庸中都里公乘张副,年卅二　（751·392）
　　　　☑庸☐☐里公乘幹☐☐,年卅七　（751·326）
　　　　☑里公乘王赐,年卅二,庸同县☐阳　（756·222）

上列简文均无纪年,鉴于居延汉简多为昭宣至建武八年间,我们认为这些简也应属于这一时期。

《汉书·昭帝纪》注引如淳说:"更有三品,有卒更,有践更,有过更。……贫者欲得雇更钱者,次直者出钱雇之,月二千,是谓践更也。……诸不行者,出钱三百入官,官以给戍者,是谓过更也。"《汉书·卜式传》注引苏林云:"外徭谓戍边也。一人出钱三百,谓之过更。式岁得十二万钱也。"这是"赐式外徭四百人,式又尽复与官"之故。一人三百,百人三万,年为十二万。《汉律》规定,凡出钱过更,均为平贾。《史记·吴王濞传》:"卒践更,辄与平贾。"《正义》云:"践更,若今唱更、行更者也。言民自著卒。更有三品,有卒更、有践更、有过更。……天下人皆直戍边三日,亦名为更。律所谓徭戍也。"

关于西汉适龄男子戍边三日之说,学者多有质疑,这里暂不讨论。至于"践更"之律,在汉代确实得到执行,这已由出土汉简所证实。然而,具体执行情况与文献史书记载有很大差距,其中有一些值得我们深思的问题。

第一,如简159·23,记述了某一戍卒代替与他同县但不知道里名的徐延来戍边居延,从六月一日开始,在甲渠侯官辖下第七燧服役,佣金仅四千六百钱;而简170·3所记载的弘农郡大夫武更,代替同县阳里大夫赵勋到居延戍边,其佣金为29000,两者相较差额较大,是什么原因? 当然,可能有时间、地区、物价不同等方面的因素,似还应有其他方面的原因。

第二,如淳所说:"天下人皆直戍边三日","不可人人自行三日戍,又行者当自戍三日,不可往便还,因便住一岁一更,诸不行者出钱三百入官,官以给戍者,是谓过更。"问题是每人戍边3日,一年以360日计,除本人依律当戍边3日外,还可代替119人戍边,"一人出钱三百,谓之过更",那么,年应收佣金35700钱。显然,这与赵勋的收入差距很大,而与徐延来的收入相差更远了。

第三,简文所记仅见代替一人,如按"一人出钱三百"而论,不但"二万九千"之数无法解释,就是"四千六百"也是难以理解的。

第四,如淳所说:"诸不行者出钱三百入官,官以给戍者。"如果真是这样,那么佣者实际收入不及35700之数,也有可能。但是简文记载都是应服役的人直接雇人代替,未见出钱入官。

第五，从简文可知，"过更"者与"践更"者之间，除一般雇佣关系外，值得注意的是，还要求爵位相当、年龄相近，不是随便雇一个人就可了事的。

通过对有关简文的排比、分析和研究，给我们形成了一些深刻的印象：如"过更"者雇佣"践更"者，是各自解决，并不一定出钱入官，"官以给戍者"；再如以佣之对象，要求在年龄、爵位上一致或近似，由于年龄和爵位方面的严格要求，这就导致了佣金方面的差距，这种差距受到爵位高低的制约，也就是说，爵位高低与佣金数额成正比，而佣金也需一次付清，存档备查。另外，西汉男子戍边似为一年，而非三日，三日之说不仅实际上很难实现，也为简文所记佣金数额所否定。再一点是，"过更"者佣"践更"者多为同县，这种现象如与各自雇佣联系起来看，不难理解。

居延汉简所见佣的第二类，是指戍卒受佣于赀家，也就是为赀家在一定时间内打零工，取得一定数量的佣金，这是官方允许的，并不犯禁。

戍卒庸魏□等 （137·3）

戍卒庸昭武安汉 （146·31）

吞北燧卒居延阳里士伍苏改，年廿八，□复为庸，数逋亡离署，不任候望 （740·203）

万岁部居摄元年九月戍卒受庸钱名籍 （759·573）

关于戍卒在服役期间可以受佣于人，换取报酬的史实，与史无征，难察其详，唯见于简文。从戍卒受庸钱名籍看，我们初步可以得出以下几点认识：首先，戍卒在一定时间内，为人佣作，很可能是有组织的活动，既然列名于籍，当非一人；其次，书名"居摄元年九月"，那么，万岁部的戍卒佣作，看来绝非偶然一次，是否已成定例，虽还难以肯定，但这是经常的活动，大概问题不大；最后，从戍卒苏改"□复为庸,数逋亡离署,不任候望"来看,除部燧组织燧卒为人佣作外,作为戍卒个人也可受佣于人,如"戍卒庸魏□""戍卒庸昭武安汉"皆是。但"数逋亡离署,不任候望",是不允许的,要追究其责任的。

庸者的第三类,是贫苦的雇佣劳动者受佣于赀家,靠出卖劳动力而换取佣金,这类庸者史书多有记述,应是当时社会中的普遍现象。这类佣者可直接从事各种生产劳动部门的生产活动,也可用于家务劳动或其他劳役,一般来说多为长工,佣作时间相对稳定。

> □里杜买奴,年廿三,庸北里吉□ (221·30)
> □沈广,年廿五,庸南关里□ (515·26)
> □庸任作者,移名任作,不欲为庸□一编敢言之 (224·19)

佣作者列名入籍,以备纳赋缴税,察"狱征事",如不再为佣,需备名削籍,有案可查。关于这一类佣者,史书不乏记载,兹不赘述。

二、"客"

"客"这一名称,约始于秦汉之前,其内涵随着社会的发展时有变化。两汉时期较为普遍,西晋以后使用广泛。在对"客"这一身份的定性研究中,一些同志认为汉代的"客"就是奴隶的一种[12],这种见解也为学术界部分同志所赞同,因而,有必要考察一下"客"的确切身份,这对进一步讨论汉代社会生产力的结构、层次,以及社会性质不无益处。

虽说在一般史籍中"奴客"多连称,但我们理解"奴"并非"客"的定语,也很难依此为据,认"奴客"即奴隶。我们认为,"奴客"可能不是一个名词,而是指具有不同身份的两类人,也就是说,奴是奴,客是客。"奴客"之所以多连称,因他们同属操"贱"役的劳动者,往往去干同样的活,共同完成一项劳务,因此,"奴客"多连称也是很自然的事。退一步讲,即使"奴客"是一个名词,在当时人们的生活习惯上，"奴"也只能是对"客"的修饰，并不是定性，事实也不能改变"客"的身份和性质。加之，古人观察社会、分析劳动者时难免混淆，这也是可以理解的。正因如此，更需要我们还其历史的本来面目。考察"客"在阶级关系中及具体劳役中所处的地位，不难看出"客"与奴的鲜明差异。《晋书·王恂传》："魏氏给公卿已下租牛客户，数各有差，自后小人惮役，多乐为之，贵势之门动有百数。""客"可租牛，当非奴隶，如指奴隶，租牛何用？既曰"租牛"，当用耕地，无地可耕，为何租牛？《后汉书·桓荣传》说桓荣"贫穷无资，常客佣以自给"。关于"佣"，前文已略论及，这里不妨再引一些材料，详为分析。《史记·陈涉世家》《索引》引《广雅》云："佣，役也。谓役力而受雇直也。"《汉书·陈胜传》师古注曰："佣耕，谓受其雇直而为之耕，言卖功佣也。"这显然是指雇农。《后汉书·吴祐传》所载：公沙穆"无资粮，乃变服客佣，为祐赁春"，性质相同，既谓"客佣"，是以"客"为佣。汉代的"客佣"多是"上无半片瓦，下无一寸土"的赤贫者，但也有少数"人为佣耕，家中仅种田一二亩，以此为食"[13]的人，前引租牛之例，正指这一部分人。"客"既受雇于人，当然要受人役使，《后汉书·梁冀传》载：冀又"遣客出塞，交通外国，广求异物"，这项使命，大概不可能派奴隶去完成。再如"乃使客为使者，收捕充等"[14]，"外人骄姿，怨故京兆尹樊福，使客射杀之"[15]，"客怒缚丞相疑其有奸"[16]，以及"与客步负丧归葭萌"[17]等，不仅说明"客"在其从事的某些活动中有一定的自主权，也显然与奴隶的身份不相适应，即使一些直接从事生产劳动的"客"，如"后密遣客十人于武陵龙阳氾洲上作宅，种甘橘千株"[18]，也难确指其为奴隶。

受雇于人的"客"，对雇主而言，是私人雇佣的"客"，故当时亦称"私客"，所谓"厉精致政，专心反道，绝群小之私客，免不正之诏除"[19]以及"后避乱寿春，孙策见而异之，范遂自逶昵，将私客百人归策"[20]等。"私客"常充雇主"从者"，所以"私客"亦称"私从"。《群书治要》引崔寔《政论》云："长吏虽欲崇约，犹当有从者一人，假令无奴，当复取客。""客""奴"并列,显然是有区别的,但都可充任"私从"。"私从"之称谓,可见于《居延汉简》:"出麦七石八斗,以食吏,吏私从二人,六月尽八月"[21],征于史籍:"发恶少年及边骑,岁余而出敦煌六万人,负私从者不与"[22],"愿罢骑兵,留弛刑、应募,及淮阳、汝南步兵与吏士私从者,合凡万二百八十一人"[23]。

这些"私从",随吏而行,有些史籍中或曰"吏私从"。

此外,还因"客"所承担的主要劳役种类不同,还可略分为"宾客",《后汉书·马援传》:"援以三辅地旷土沃,而所将宾客猥多,乃上书求屯田上林苑中,帝许之";"人客",《三国志·魏书·王修传》:"高密孙氏索豪侠,人客数犯法";"舍客",《三国志·魏书·曹洪传》:"文帝少时假求不称,常恨之,遂以舍客犯法,下狱当死";"僮客"《三国志·吴书·甘宁传》引《吴书》:"宁将僮客八百人就刘表";"田客",《汉书·王恂传》:"又以太原诸部亦以匈奴胡人为田客,多者数千";"屯田客",《三国志·魏书·赵俨传》:"屯田客吕并自称将军,聚党据陈仓"等诸多称谓。这些不同称谓,多数时间偏晚,如《潜夫论》中的《爱日》《断讼》等篇,在论述雇佣关系中的劳动者时,尚不见称"客"。然而在民间及一些基层文书档案中,早在昭宣时期"客民"一词已经出现,如居延汉简多次记有"客民"之事,这有一个发展、演变的过程。总之,"客"的称谓多样化,既反映了"客"的社会分工越来越细的发展趋势,也说明具"客"身份的人日渐增多。虽说在我国封建社会中,农业生产的主力军是佃农和自耕农,但在汉代,奴隶制残余还大量存在,奴隶生产仍占有一定比重。因而,当时作为农业生产劳动力的重要补充形式的"客",确实占着一定的比例,将"客"投入直接生产,调节了农业劳动力的不足,这种情况,虽因各地经济发展不平衡而有所不同,但总的来讲,"客"在当时各类生产劳动部门中以及其他劳务中,是一支不可忽视的力量。

在居延汉简中,一般称为"客民"或"客",如:

□侯，客民王凤　（308·38）

第，有毋客等，四时如律令　（16·3）

渠斗食令史，备寇虏盗贼为职，至今年八月，客民不审
（768·17）[21]

常及客民赵闳、范翁一等，五人俱亡，皆共盗官兵
（768·60）

居延骑士广都里李宗，坐杀客子杨充，元凤四年正月丁酉
亡　（88·5）

过客民□　（157·24）

简多无纪年，仅见元凤四年一简，可知早在昭帝时，"客民"已较为普遍。各地"客民"是否在当地著籍，目前还不大清楚，但有一点可以肯定，那就是"客民"所居之县、官需及时上报，即所谓"有毋客等，四时如律令"，也就是要求"有毋四时考"，随时报告。这里我们可以看出，即使是流动性很强的"客民"，也还是有人管理，来迹去踪记录在案，也不是可以随意流徙的黑人黑户，反映了封建专制主义的强化。"客民"既属雇佣劳动者，当有"人身自由"，因而，骑士李宗杀死客子杨充，必然犯律获罪。从这一案例，也可证明"客"并非"奴"，不是可以随意杀戮或买卖的。从"客民赵宏、范翁一等，五人俱亡，皆共盗官兵"的记载，使我们看到了"客民"反抗精神的另一面，体现了封建社会中"载舟"与"覆舟"的辩证关系。

汉代"客"的来源，多是流民、破产的农民、贫困的自由民等，他们应"募"于豪门、吏家，受雇于赀家、富室，虽然部分"客"成了社会劳动力的补充，但大多数"客"则是赀家的仆役，从事家内劳务，事实上削弱了农业生产第一线的劳动力，给社会生产带来消极影响。因此，统治集团曾明令禁止。《晋书·王恂传》："武帝践位，诏禁募客，恂明峻其防，所部莫敢犯者。"当然，这是还有另外的原因，那就是豪门大量养客，使统治集团有养虎遗患之感。"客"当以佣为主，

他们索取佣金,并不卖身,只出卖劳动力,这是他们与奴隶的根本区别。汉代的奴隶虽说与"会说话的工具"不尽相同,但仍可随意"谒杀",法律上是主人财产的一部分,可以"馈赠"、买卖或"输奴赎罪""入奴增秩",这与以佣金为纽带的雇佣关系不能相提并论。然而,处于封建制度下的"客佣",毕竟会因"财产关系必然同时表现为直接的统治和从属的关系,因而直接生产者是作为不自由的人出现的"⑤。而"客"由于其从事的特殊劳役性质,使其更增加了人身依附关系,这也许就是与一般"佣"的差异。《太平经》卷一一四载:"时以行客赁作富家,为其奴使,一岁数千,衣出其中,余可少视,积十余岁,可得自用。"很清楚,他是以行客"赁"作富家。这里所谓"行客",指流民为客者,年佣金为数千,虽为"奴使",但并非奴隶身份,只能认为是雇佣性质。《列仙传》云:"朱璜者,广陵人也,少病毒瘕,就睢远道士阮丘,丘怜之,璜曰:病愈当为君作客三年,不致自还。"这是以佣工来偿还欠丘的衣食费用,其性质仍属雇佣。

上述之例,或因流亡外地,或因贫病交加而为人"客",这无疑是"客"的重要来源。汉代的流民问题,是当时社会的重大问题之一,因而,流民为客者,人数不少。《后汉书·马援传》载:"令悉还金城客民,归者三千余口,使各返旧邑。"《汉书·昭帝纪》:"比岁不登,民匮于食,流庸未尽还。"师古注曰:"流庸,谓去其本乡而行为人庸作。""流庸"二字不仅指出庸客的主要来源,而且典型、集中地反映了流民与庸客的互换关系。除流民之外,破产的农民也占一定数量。当然,流民的大部分是破产的农民,但既成流民则逐渐形成一些流民的特点与习气,关于这个问题,将另外讨论。

汉代的"客"与西晋时流行的"佃客"有显著不同。《晋书·食货志》:"其官品第一至第九,各以贵贱占田,品第一者占五十顷,第二品四十五顷,……宗室、国宾、先贤之后及士人子孙亦如之。而又得荫人以为衣食客及佃客。""佃客"佃租赁家田耕种,不是单纯地出卖劳动力,而是交纳佃租和赋税,与"佣客"不能混淆。《汉书·宁成传》："买陂田千余顷,假贫民,役使数千家。"师古注云："假,谓雇赁也。"显然,这里应指佃客。毛泽东同志认为:中国的佃农"实际上还是农奴"㉑,列宁曾给农奴制下过这样的定义："在农奴制社会中,农民被束缚在土地上,农奴制的基本特征,就是农民被束缚在土地上,由此就有了农奴制这一名称。"㉒当然,中国的佃农还有其自身的许多特点,如何在一定条件下退佃、改佃,不必像欧洲农奴那样终生被束缚在领主的土地上以及像地主的土地可以自由买卖等。

三、"就人"

居延汉简中,纪年简最早的是武帝末年,最晚的是建武八年以后,虽有迟至永元的简,但为数极少,在这样一个历史阶段内,简文中除"佣""客"之外,较多的是"就"。《淮南子·氾论训》云："今夫僦载者,救一车之任,极一牛之力,为轴之折也。"《汉书·王莽传》："空货皆重,则僦载烦费。"注曰："僦,送也,一曰赁也。"《史记·平准书》："(桑)弘羊以诸官各自市,相与争,物故腾跃,而天下赋输或不偿其僦费。"《索隐》引服虔曰："雇载云僦,言所输物不足偿其雇载之费也。""僦"同"就",即指受雇于人的车夫,有时也泛指"赁佣",如师古所说"僦,雇也"正是这个意思。居延汉简中记述"就载"之事比较具体,也更便于考察当时"就人"所得就值以及他们的现实生活状况,如:

就人安故里谭昌 (214·125)

☐月积一月廿七日运荁就直 (350·12)

☐方子真一两,就人周谭、侯君宾为取 (502·11)

赀家安国里王严车一两,九月戊辰载就人同里时褭,已到未言叩 (276·16)

出百五十付当南侯长宗以偿就,粟钱毕,不当复偿☐ (178·8)

所责卒恭钱及枭就钱九十七,侯长五十 (190·34)

357

就钱三百 （254·5）

出钱四千七百一十四,赋就人表是万岁里吴成三两半

（505·15）

凡五十八两,用钱七万九千七百一十四,钱不僦就

（505·20）

元延四年八月以来,将转守尉黄良所赋就人钱名

出钱千三百四十七,赋就人会水宜禄里蔺子房一两

（506·27）

甲渠掾谭,受訾家平明里高获就 （154·5）

居延汉简所见的就人,大致有两种情况,一种是直接来自民间的车夫,另一种是戍卒短时间的充就取值;而雇就者除訾家外,还有边郡县、官及防御组织系统中的大小单位。运载之事,一般是訾家、县、官及各运输单位出车,雇就人运载,就直按日(两)计算,同时一辆车就人不止一个,运毕之后,领取酬金。就人吴成为部燧运粮,计运了3车半,得佣金4714钱。这里有个问题需加以说明,有人认为简文中的"三两半"[20]是指钱折合的黄金数,此系误解。所谓"三两半","两"同辆,"半两"指半车,未满载之意。再如"出钱千三百卌七,赋就人会水宜禄样蔺子居一两"每辆车若按就直1347钱计,三两半正好是4714钱。而"七万九千七百一十四钱"当为59两有余,因"钱不僦就",似就直略高一点。当然,因时间早晚,地区不同,就直也有高低,路途远近,物品贵贱,亦当有所区别,"出百五十,付当南侯长宗,以偿就粟钱",以及"就钱三百"都低于1347钱之数。西北边郡地区秋收之后,或在某些特殊情况下,运输繁忙,贫苦农民受雇于人,操车夫之业,就成了客佣者一条重要的劳动途径。"元延四年八月以来,将转守尉黄良所赋就人钱名",就是就人领取就直的花名册。"八月以来",正是秋收之后,因而大部分就人劳动季节性较强,多属短工性质,因就直是按日(两)为单位结算,

所以,简文中有随时结账的记载,并非如一般客佣是年终结账。

也有专业"就人",列就人名籍,终年为人就载,"出糜二斛,元和四年八月五日,就人张季元付平望西部侯长宪"[20],这种就人,虽长年受雇于人,但并不固定于一家一户,因之,所受超经济强制相对较轻,人身较为自由。戍卒就载获直与为人短期佣作,性质相同,"囗成丞禄,偿居延卒李明长雇钱二千六百钱"(1160·40),"甲渠掾谭,受赀家平明里高获就"皆是。

就人运载在当时社会里已经形成了一个专业性很强的行业,各类就人普及全国,《盐铁论·禁耕》:"良家以道次发就运";《汉书·田延年传》:"初,大司农取民牛车二万两为僦,载沙便桥下,送致方上,车直千钱。"这里虽含征募之意,多取于民,然而,就人理应包括其中,这是顺理成章的,其车直较边郡 1347 钱略低。

"就"与"佣"虽同属雇佣性质,但详察之,仍有区别。"就",或为就载,或作赁用,多是短期的、临时性的;而客佣则不然,均属多年受雇,因而,依附性相对较强,如弘农郡陆浑赵勖佣于成更,"买二万九千",乃一年之佣金,即此,已高出"岁佣千钱"或"一岁数千"的数倍乃至数十倍。就人需一定的驾车、养畜技术,有一个学习、训练的过程,也算有一技之长,可"择主而事";而客佣则不然,是全靠出卖劳动力,这与社会劳动力供求关系息息相关,因之,就出现了佣金高低的较大差异。就人因要求有一定技艺,因而成分相对单纯,多为专业就人或贫苦农民;而客佣则不然,如以"大夫"之爵位而受雇佣于人,以"掾吏"之秩职为人佣作,这既生动地展示了两极分化的残酷社会现实,也说明了不论是赀家大豪,或是簪缨世胄,一旦破产、获罪,也难免为他人之佣,自然成分较为复杂。就人与雇主之间,是一种较为松散的雇佣关系,如就人犯法,一般并不祸及雇主;而客佣则不然,如"叩头死罪死罪,缚客,吏免归"(287·5),这是"客"犯法遭缚,而作为雇主的吏受"免归"的处罚,反映了"客"主之间的人身依附关系。

第二十一节　五铢钱与吏秩奉

一、货币

秦始皇统一六国后,以黄金为上币,铜钱为下币,废除了战国时期繁杂混缛的各国货币,而以"半两"钱通行天下。秦代半两仍为官府所铸,这是齐、魏货币官铸的延续和发展。秦末战争连年,财力匮乏,西汉建国初期,为解决财政困难,加强商品流通,令民可自铸荚钱,以利于市场交换之需。于是民间铸钱粗制滥造渐多,物价飞涨,货币不断贬值,米石万钱,庶民困苦不堪,民心浮动,对国家的稳定与经济的发展都造成很大威胁。高帝三年(公元前 204 年)始定盗铸令,因当时仍在打仗,盗铸令未得执行。惠帝三年,遣御史以九条察郡国,第三条即是察铸伪钱(见《六典》)。吕后二年(公元前 186 年)开始铸八铢半两,钱文是"半两",实重是八铢,比秦半两减重四铢。六年又废除八铢"半两"钱,复用五分荚钱。当时全国冶炼手工业多操纵在大工商业者的手里,给国家发行统一货币造成一定困难,同时,各诸侯国相对割据,各自发行货币,这在河南南阳、洛阳,山西夏县,山东临淄、青岛,江苏徐州等地发现的西汉初各诸侯国的铸钱范可以得到证明。

秦以二十四铢为一两,半两钱应重十二铢,各郡国与民间所铸之钱,更是违法无定制,劣钱充斥市里,于是文帝五年(公元前 175 年)定铸四铢半两钱,要求合乎重量标准,复除盗铸令,承认了本来就没有禁止的私铸钱。于是吴、邓之钱满天下。景帝三年(公元前 154 年),平吴楚七国之乱,于六年再行盗铸令,然铸钱利厚,事实上已难禁止。武帝建元元年(公元前 140 年)改铸三铢钱,文曰三铢,盗铸者罪死,然而,三铢钱轻,更易盗铸,于是到元狩五年(公元前 118 年)才更铸五铢钱(参见《史记·平准书》《汉书·文帝纪》《景帝纪》《武帝纪》《汉书·食货志》)。

这一时期货币的变化情况,摘几段史料于下,供参考。《史记·平准书》索隐顾氏按《古今注》云:"秦钱半两,径寸二分,重十二铢。"《食货志》谓:"文曰半两,重如其文。""《文帝纪》五年""夏四月,除盗铸钱令,更造四铢钱。"应劭注:"听民放铸也","文帝以五分钱太轻小,更作四铢钱,文亦曰半两,今民间半两钱最轻小者是也"。三铢钱始于建元元年(公元前140年),《武帝纪》建元元年春二月"行三铢钱"。师古注曰:"新坏四铢钱造此钱也,重如其文。"五年复行半两钱。《武帝纪》建元"五年春,罢三铢钱,行半两钱"。这个半两实重四铢。元狩三年(公元前120年),用兵于外"大司农陈臧钱经用,赋税既竭,不足以奉战士",于是"令县官销半两钱,更铸三铢钱,重如其文"(见《汉书·食货志下》)。元狩五年"有司言三铢钱轻,轻钱易作奸诈,乃更请郡国铸五铢钱,周郭其质,令不可得摩取镕"。此后五铢钱才稳定下来。居延汉简(16·11):"将军使者太守议贷钱苦恶小萃不为用,政更旧制,设作五铢钱,欲使以钱行铢能□。"这是武帝行五铢钱诏,萃为碎假借字,"苦恶"乃深告钱质低劣之意。

武帝颁发铸五铢钱诏时,张汤为御史大夫,桑弘羊、孔仅、东郭咸阳等参与此事。元鼎四年(公元前113年),复以郡国铸钱,民多奸铸,不少钱轻,不如法度,又"悉禁郡国毋铸钱,专令上林三官铸。钱既多,而令天下非三官钱不得行,诸郡国前所铸钱皆废销之,输入其铜三官。而民之铸钱益少,计其费不能相当,唯真工大奸乃盗为之"(《汉书·食货志下》)。《盐铁论·错币》云:"币数易而民益疑,于是废天下诸钱,而专命水衡三官作。"所谓上林三官或水衡三官,即指钟官、辨铜及均输三令丞,故属少府,为铸钱之故移于上林,改属于水衡都尉,故称"上林"或"水衡"。据《汉书·食货志》:"自孝武元狩五年,三官初铸五铢钱,至平帝元始中,成钱二百八十亿万余云。"期间约130年,每年铸钱20003万余,比较彻底地解决了钱荒问题,缓解了货币不足的矛盾,从而使西汉的币制问题趋于稳定。

二、吏秩俸

吏秩俸是巩固政权、强化官职制度、稳定社会经济,乃至促进社会生产的重要制度,历来为统治阶级所重视。早在夏、商时期已见端倪,经西周、春秋、战国各个时期不断地发展与完善,至秦汉时期,已基本上形成了一套较为系统的吏秩俸制度。西汉400年间,俸禄之制时有变化,今据简文略加考述。

1.横向考察:

①以"石"为秩名,因秩别而定俸。《史记·秦始皇纪》:十一年"斗食以下,什推二人从军"。集解曰:"百石以下,有斗食佐史之秩。"十二年"文信不侯不韦死,窃葬,其舍人临者,晋人也,逐出之,秦人六百石以上夺爵迁,五百石以下,不临,迁勿夺爵迁"。秦时已以"石"为秩名,汉初承秦制,仍以"石"为秩名。《汉书·高帝纪》:"燕吏民非有罪也,赐其吏六百石以上爵各一级。"三月诏曰:"吏二千石,徙之长安。"《汉书·惠帝纪》元年"赐给丧事者,二千石钱二万,六百石以上万,五百石、二百石以下至佐史五千"。已确定了以二千石至佐史的各级秩名,西汉秩名约为二十个左右。《汉书·百官公卿表》二十个左右的秩名分属于四个等级,表中规定,比二千石以上银印青绶,比六百石以上铜印黑绶,比二百石以上铜印黄绶,二百石以下当用五分见方的小官印(半通)。而吏中高者的三公、大将军、御史大夫则无秩名,秩名起于中二千石、真二千石、二千石、比二千石,依次为千石、比千石、八百石、比八百石、六百石、比六百石、五百石、四百石、比四百石、三百石、比三百石、二百石、比二百石、百石、比百石、斗食等。

秩名既定,以秩别而定俸。中二千石,师古曰:"中二千石实得二千石也,中之言满也。月得百八十斛,是为一岁凡得二千一百六十石,言二千石者举成数耳。"真二千石,《汉书·百官公卿表》无此秩,《汉书·外戚传序》:元帝时"倢伃视真二千石"。《朱博传》:"前丞相(翟)方进奏罢刺史,更置州牧,秩真二千石。"师古注曰:"真二千石,月得百五十斛,一岁凡得千八百石。"《汲黯传》如淳注"诸侯相秩真二千石,月得百五十斛。"《汉书·百官公卿表》亦缺八百石之秩,《黄霸传》《京房传》《贡禹传》等均有八百石之秩。《汉书·成帝纪》:阳朔二年"夏五月,除吏八百石、五百石秩"。李奇注曰:"除八百就六百,除五百就四百。"可知成帝阳朔以前是有 800 石秩的。以秩定俸,各有准常,各秩俸额,兹不再赘录。

②支付俸禄用谷、钱、帛。两汉支俸形式可谓是谷、钱、帛兼行,概括来讲,西汉多用钱,王莽后期、窦融的过渡时期多用谷,而东汉大体上是半钱半谷。布帛可能是一种补充形式,文献中没有以布帛充俸的明确记载。元帝时虽说有人曾主张以帛代钱,《汉书·食货志》述贡禹言:"除其贩卖租铢之律,租税赐禄皆以布帛及谷,使百姓一意农桑。议者以为交易待钱,布帛不可尺寸分裂,禹议亦寝。"看来这个议案并未通过,当然更谈不上执行。然而,居延汉简中有以布帛充俸的记载,特别是自昭帝至新莽时有出现,当然是一个值得注意的问题。以帛充俸,在简中一般称为"俸帛""禄帛""禄用帛"或"用帛"。简例如下:

始元三年九月四日以从受物给甲帛若干匹,直若干以给始元三年正月尽八月积八月奉。　(509·19)

出河内廿两帛八匹一丈三尺四寸大半寸,直四千三百廿,给吏秩百〔石〕一人,元凤三年正月尽六月, 积六月奉。

(303·5)

凡吏十人,用帛廿二匹。　(137·21)

侯史靳望,正月奉帛二匹值九百。　(89·12)

禄用帛十八匹。　(480·11)

四月禄帛一匹值四……钱四百一十……。　(39·30)

右庶士士吏、侯长十三人,禄用帛十八匹二尺少半寸,直万四千四百四十三。　(210·27)

……越就，正月禄帛一匹，二月癸巳自取。 （394·1）

入布一匹直四百，絓絮二斤八两直四百，凡直八百，给，始元四年三月、四月奉。 （308·7）

已得五月廿日奉一匹三丈三尺三寸，直七百……（187·22）

……年四月尽六月，积三月奉，用钱……廿六两帛五匹二尺，直千…… （522·2）

出广汉八稯布十九匹八寸大半寸，直四千三百廿，给吏秩百〔石〕一人，元凤三年正月尽六月，积六月〔奉〕。（303·30，90·56）

从上列诸简可知，以布、帛充俸确实存在。当然，也有可能仅是边塞地区的一种变通形式，关于这个问题还需作进一步的探讨。现已知居延汉简中以布帛充俸的只有始元三年、四年以及元凤三年等年号，至于新莽时以布帛充俸似应另当别论。从简中记述可以看出是以布帛折价现钱，所折合的现钱应是月俸钱数，所以在布帛分裂折合时有零数。或有人会产生这样的疑问，边郡官吏的月俸钱因来自内郡的赋钱，或因内郡财政一时支绌，赋钱不到，临时以布帛充俸。然而，这种推测似难成立，因在边塞凡因俸钱不到，都有记载，如"元始五年九月吏奉赋钱不到，未得五年十一月廿六日以来俸"（53·19）。简文中屡有"未得某月俸"，这只是欠发薪俸，并不以布帛代俸。而且简文中赋钱未到，最多的见于始元六年（公元前81年）五月至十一月诸简，也见于本始元年十月和三年三月诸简。相反，凡以布帛充俸各年简，并无赋俸未到的证载。所以，还不能说以布帛充俸与赋俸未到之间有什么必然的联系。新莽时以布帛充俸似较易理解，《汉书·王莽传》中，天凤三年五月莽下吏禄制说，当时"国用不足，民人骚动，自公卿以下，一月之禄，十稯布二匹或帛一匹。"明文以布帛代俸钱。同年，开始制定以谷为月俸。值得注意的是,新莽以布帛充俸,都是整数,如公卿以下月禄为布二匹或帛一匹,并无若干尺若干寸的规定,因而,与西汉以布帛充俸显然不同。

③边郡与内郡秩俸的比较。

都尉:"右比二千石百一十一人"(53·20)。据《汉书·百官公卿表》比 2000 石是郡都尉之秩。《汉书·元帝纪》建昭三年令三辅及大郡都尉皆秩 2000 石。简中无都尉月俸记载,新获居延简中虽有都尉月俸数,但系窦融时期,另当别论。

都尉丞:"建始元年九月吏六百石"(145·3)。据《汉书·百官公卿表》吏六百石者有都尉丞秩。《汉官仪》记武帝时度边将军下"长史、司马皆六百石"。汉简中凡月俸为 600 石者应是都尉丞或司马等。

侯:"右鄣侯一人秩比六百石"(259·2)。《汉书·百官公卿表》西域戊已校尉下有"侯五人,秩比六百石",简中侯秩比 600 石,月俸为 3000。《续汉书·百官志》大将军营五部,"部下有曲,曲侯一人比六百石;曲下有屯,屯长一人比二百石。"所以曲侯与鄣侯相当,屯长则相当于侯长,汉简中侯长为比 200 石,月俸初为 1200,后与 1800,少于 200 石之尉,与士吏相同。

塞尉、尉:"右塞尉一人,秩二百石"(282·15),"尉一人秩二百石,书佐七人,尉三人秩各二百石,侯史廿人"(199·11)。据《汉书·百官志》:"诸边郡塞尉,诸陵校尉长,皆二百石。"简为:"塞尉与尉秩均二百石,月俸二千。"

百石吏:"右百石吏四人"(132·5),"百石吏二百,斗食吏二百,佐史百"(76·29),"察长史□百石吏十二人,斗食吏二人,佐史八十八人,钱万二〔千〕……"(59·42,220·12)"等吏秩皆百石,移簿书事以侯就为常官"(285·20),"卒史秩各百石,员二人。"(沙·391,敦煌 T14a),"给史秩百石二人,元凤三年四月尽九月,积十四月俸"(509·9),据简文,元凤三年(公元前 78 年)百石吏月俸 720,始元六年某百石吏月俸 720,啬夫王光月俸 720。查(甲·1125)关啬夫王光于甘露元年十一月以小官印兼行侯事。小官印即半通。秩在二百石以下,《汉旧仪》"二百石以上皆为通官印"可以证明。所以月俸720的关啬夫应为百石,与卒史同。《汉书·倪宽传》注引《汉注》曰"卒史秩百石",与简文符合。武帝后元元年简(95·10)有月俸720者,也应该是百石吏,至于有的卒吏月俸高达1000的记载,那应该是在益俸十五以后,关于益俸问题,下面还将讲到。

斗食吏:"右斗食斗(衍)吏二人"(52·61),"斗食吏三人"(4·11)。据《汉书百·官公卿表》:"百石以下有斗史、佐史之秩。"《汉书·惠帝纪》注曰:"如淳曰:律有斗食佐史。韦昭曰:若今曹史书佐也。"《通鉴·汉纪五》胡注引《汉官》云"斗食佐史即斗食令史"。《汉书·外戚传序》师古注云:"斗食谓佐史也。"可知斗食、佐史是一级。然而汉简中,斗食吏与佐史则相分开,虽然其月俸都是九百,但仍略有上下之分。简"居延甲渠侯斗食令史"(42·16),"显美传舍斗食啬夫"(10·17),此"令史"与"啬夫"都是斗食吏。《汉官》洛阳令"斗食令史、啬夫、假五十人";《汉旧仪》丞相少史下有"书令史、斗食",御史四科下有"令史皆斗食,迁补御史令史"等,与简文所记相符合。

佐史:"右佐史七十人,其四人病,六十六人所上"(265·27)。所谓佐史在内郡是指书佐、狱史及亭长。《汉书·薛宣朱博传》曰"薛宣、朱博皆起佐史",而薛、朱本传说,"薛宣……少为廷尉书佐、都船狱史","朱博……少时给事县为亭长"。敦煌汉简(沙·565)建武廿九年燧长月俸八斛,据建武廿六年制,应是佐史之秩俸。简中亭长、燧长秩相近,与侯史均列入佐史。(甲·1953)上计佐史,(甲·1935)戍曹佐史,(甲·1893)监渠佐史,都是肩水都尉府所属诸曹的佐史。

2.从纵的演变序列考察

①武帝元朔以前,以秩定俸,著于律令。汉律中有关秩俸,可见如淳所引,大概有以下各条。

"律,真二千石奉月二万,二千石月万六千。" (《史记·汲黯

传》集解）

"律，真二千石奉月二万。"（《史记·外戚世家》索隐）

"律，丞相、大司马、大将军奉钱月六万，御史大夫奉月四万也。"（《汉书·成帝纪》绥和元年"益大司马、大司空奉如丞相"注）

"律，百石奉月六百。"（《汉书·宣帝纪》神爵三年注）

"律，有斗食佐史。"（《汉书·惠帝纪》元年注）

西汉初期的秩俸，虽只见于律令的如上述各条，但是可推想而知，当时的基本秩级已粗具规模。从律令可以看出是以钱为俸。这种制度一直持续到新莽天凤中。居摄元年简（甲·726）仍以钱为奉。《汉书·王莽传》：始建国四年二月"授诸侯茅土，……且令受奉都内，月钱数千"，简231·38"俸钱三百"是天凤五年以后事，可能到王莽最后六年才实行以谷为俸的规定。

②神爵三年（公元前59年）曾对低级官吏益奉，这是西汉两次益俸之一。据《汉书·宣帝纪》神爵三年八月诏曰："吏不廉平则治道衰，今小吏皆勤事而俸禄薄，欲其毋侵鱼百姓难矣！其益吏百石以下奉什五"，注引韦昭曰："若食一斛，则益五斗"，是增原俸的十分之五。《通典》卷三五应劭注《汉书》曰："张敞、萧让之言曰，夫仓廪实而知礼节，衣食足而知荣辱，今小吏俸率不足，常有忧父母之心，虽欲洁身为廉，其势不能，请人什率增天下吏俸什二。"宣帝之诏系根据此议，改什二为什五。西汉第二次益俸，即所谓长吏之益俸。《汉书·哀帝纪》：绥和二年（公元前7年）六月诏曰"益吏三百石以下奉"，亦当为什五之益。

③绥和元年（公元前八年）以后，吏制多有更改，据《汉书·成帝纪》："益大司马，大司马空，奉如丞相。"按汉律御史大夫月俸是四4万，更御史大夫为大司空，禄比丞相。那么也应该是6万了。同年，省诸侯王内府，更名刺史为牧等。据《汉官仪》，是年省大郡万骑（万骑太守月奉2万），月俸由2万改为2000石秩，即降为月俸万6000，所以《汉书·百官公卿表》所列郡守为2000石。宣元时期，太

守秩有八百石者,这也可能是小郡之故吧!又据《汉书·百官公卿表》《汉书·百官志》,都尉秩比二千石,而《汉书·元帝纪》:"建昭三年(公元前 36 年)夏令三辅都尉及大郡都尉秩皆二千石",这属特殊情况。至于《汉书·盖饶宽传》载,宣帝时司隶校尉"俸钱数千",而《汉书·百官公卿表》司隶校尉秩为 2000 石,2000 石俸应该是 12000,所以司隶校尉之升秩当在宣帝以后。

④始建国元年(公元 9 年),王莽改订吏禄之制,更名吏百石曰庶士,三百石曰下士,四百石曰中士,五百石曰命士,六百石曰元士。"右庶士士吏,侯长十三人"(210·27),"甲沟侯□□始建国天凤上戊二年年月吏□□至下士秩别名"(210·34)。可以证明王莽的改制已推行到边郡,这次改订恢复了五百石秩,减少了"比"。但俸仍用钱。王莽第二次改订吏禄之制,是在天凤三年(公元 16 年)五月,下吏禄制度曰:"……其以六月朔庚寅,始赋吏禄,皆如制度。四辅、公卿、大夫、士,下至舆、僚,凡十五等,僚禄一岁六十六斛,稍以差增,上至四辅而为万斛云。"改钱为谷,然而,在天凤五年(公元 18 年)后简中仍有以钱支俸的记载,新制之贯彻有阻?或因边郡之故,有待进一步研究。

⑤建武二十六年(公元 50 年)刘秀正式确立了"百官受俸例"。《后汉书·光武纪》建武廿六年正月"诏有司增百官俸,其千石以上减于西京旧制,六百石已下增于旧秩",李贤注引《续汉志》云:即俸例。刘昭补注本《汉书·百官志》所载"百官受俸例"与李注所引基本相同,只有比六百石、四百石、比四百石各少五斛。陈氏补注云:"《古今注》曰:建武二十六年四月戊戌增吏奉如此,志例以明之也。"据朔闰表,四月有戊戌,纪误作正月。这时之《百官受奉例》虽然明文"某秩俸,月若干斛",但于其末都特别注清楚"凡诸受奉皆半钱半谷"。

⑥延平元年(公元 106 年)俸例。(刘昭补注引荀绰《晋百官表注》)延平俸例实际上是建武俸例的具体化,俸禄仍是半钱半谷,大

略可分为两类。一类是六百石以下,将建武制各斛数平分为二,加以折合。半谷之数,以百钱合一斛,作为半钱之数。另外半谷之数,以一斛各折合为六斗米支俸。例如建武制:"六百石奉,月七十斛",折合钱共 7000,折合米 42 斛;各取其半,就成了 3500 钱与 21 斛谷。谷再合成米就是斛(12·6),600 石以下,支俸的办法也一样,这个办法一直到东汉末年,《后汉书·崔寔传》桓帝初除为郎,卒于建宁中(公元 147—169 年),其《政论》曰:"夫百里长吏……一月之禄得粟二十斛,钱二千"(见《群书治要》卷四五引)。另一类是千石以上,折钱折米都要低一点,一斛既达不到百钱,也不能合到 6 斗米,如真 2000 石半钱 6500 百,折合成各加一倍是 130 斛。《初学记》师古注作 150 斛,所以虽然秩为 150 斛,而实受只有 130 斛。

总述东汉奉俸例都是半钱半谷,延平以后只是将谷以六折合成米而已,并无太大的变化。这种制度的正式确立,并加以认真执行大概是明帝永平四年(公元 61 年)才开始的。如敦煌汉简:

> 入七月奉穈麦八斛,建武廿九年七月丁酉高望燧长代张满受万岁燧长赦。 (沙·565)
>
> 入七月奉穈麦四斛,永平四年七月乙亥。 (沙·566)

燧长月奉八斛乃佐史之秩,四斛当然是半谷之数了。讲到这里,还有一点需加注意。王莽元凤三年六月以后,经窦融治理河西时期,直到东汉建武廿六年五月以前这一历史阶段,支俸全部用谷,如敦煌简:

> 入正月奉穈麦三石,建武廿六年正月甲午安汉燧长孙忠代王育受音。 (沙·563)
>
> 入五月奉秔麦三斗,建武廿六年五月戊寅安汉燧长代孔充受卒□。 (沙·564)

入正月穧麦一斛,建武廿二年闰月廿六日癸巳平望朱爵
燧长宋力右受尉史仁。 （沙·484）

此外居延新简窦融所下之吏秩俸,全是谷,详见前述。

第二十二节　赋　钱

汉代的赋制是按丁口征赋的法定税收,它包括了口钱、算赋和
更赋,以往所认为的"户赋""军赋"和"献赋"似不应含于常规赋制
之内。

什么是"赋"?《说文》云:"赋,敛也"。《周礼·天官·大宰》注引郑
玄曰:"赋,口率出泉也。今之算泉,民或谓之赋。"征赋的基础是人
头,所谓"户赋",仍以人口为据,并非依"户"缴纳,所以它还是"口
赋",实非另外的赋目。"军赋"之疑,似由《汉书·惠帝纪》"家唯给军
赋"引起,除此未见其他记载。事实上"军赋"应是"算赋"之别称,据
汉制,算赋主要用途是"为治库兵车马"供武备之用,正是所谓"军
赋"的性质与内容。至于"献赋"情况较为复杂,"献",自下呈上之意
也,这是指诸侯王、郡国向中央上交的财政款项,是地方所征赋钱
应向国家交纳的部分,也就是每年"朝献"之钱,高帝十一年令,规
定每人每年上交中央 63 钱,这约为算赋 120 钱的一半,可见当时
中央与地方分配算赋的比例约为 1:1。

这里,我们不是对汉代的赋制作全面探讨,而只是拟就居延汉
简中所涉及的有关"赋钱"记载,作一点肤浅的论述。

的确,赋钱在汉代总的财政收入中占有举足轻重的地位,它与
"租"构成汉政权两大经济支柱之一,属国家财政的主要来源,这充
分说明"赋钱"在国民总收入中的极端重要性。

正如前面所说的,这里既不是对汉代赋制作全面讨论,更不是
对前辈专家、学者的论著提出不同看法,仅仅是想根据居延汉简中

的有关记载,结合历史文献,在下列几个具体问题上提出一些补充意见。

一、赋钱的征收机构。

我们认为赋钱的具体征收机构应是乡。理由如下。

首先,如《汉书·百官公卿表》所云:"乡有三老,有秩、啬夫、游徼。三老掌教化。啬夫职听讼,收赋税。游徼徼循禁贼盗。"乡级各吏员职有专责,收赋税之事由乡啬夫具体办理,直接向各丁、口收赋,由于他们司职基层,情况最为了解,各家各户经济状况如何,最知底细,因有收赋税之便,利于征赋任务的完成。

其次,据简文记载:当时是"户籍藏乡"(81·10)。由于户籍由乡里管理,这是征收赋钱的依据,每家几口,成丁几人,当出口钱者几人,均有详明记载,因此,按丁、口征收的赋钱之事,理所当然地由乡啬夫负责完成,这是责无旁贷的。

再次,据汉简中的"关传"简记述:凡因事需外出的"民",均需由乡啬夫出具"无欠赋税""无官狱征事"的证明,所谓"征事",即指各种租、赋、税收之事,当然也包括劳役在内。只有当这些应"征"之事全部完成,才能出具证明,出行者然后持此证明去县里换出正式的"传"或"过所",这是通行证,是证明持证者身份、出外办理各种事情的证明,亦备"通关梁"时检查。由上列三点理由来看,无疑,征收赋钱的具体办理机构应是各地县下的乡政权。

二、赋钱的征收

汉代所征收的"赋",应包括算赋、口赋和更赋。这方面黄今言先生《秦汉赋役制度研究》(江西教育出版社,1988 年)一书中有详尽的论述,我们同意黄先生的观点。然而,在具体的赋征过程中,"赋钱"中似不包括"更赋"在内,事实上,所谓"赋钱"仅指算赋与口钱,而"更赋"将另册收缴,另立账目,与赋钱不相混同。不仅征收时入账有别,而且开支的用途、方式也各异。

第一,在居延汉简的记载中,"赋钱"与"更赋",不论在收入或

支出上均分别记述,例如:

受二月赋钱八万七百廿　 (74·E·P·T52:144)

永始二年正月尽三月赋钱出入簿　 (74·E·P·T4:79)

居摄二年二月甲寅朔辛酉,甲渠鄣候放敢言之,谨移正月尽三月吏奉赋名籍一编敢言之　 (74·E·P·T8:1A)

▨秩护佐敢言之▨□况更赋给乡里▨　 (212·55)

入元年五月六日逋更赋钱千二百,五凤三年□▨
(74·E·P·T56:98)

▨出十一月更钱五百,甘露二年□▨
(74·E·P·S4·T2:93)

很清楚,赋钱入账或出支均不包括"更赋钱"在内,且用途不同。所谓"逋更赋钱","逋",欠也。《汉书·昭帝纪》云:"三年以前逋更赋未入者,皆勿收。"如淳注曰:"更有三品,有卒更、有践更、有过更。古者正卒无常人,皆当迭为之,一月一更,是谓卒更也。贫者欲得雇更钱者,次直者出钱雇之,月二千,是谓践更也。天下人皆直戍边三日,亦名为更,律所谓徭戍也。虽丞相子亦在戍边之调。不可人人自行三日戍,又行者当自戍三日,不可往便还,因便住一岁一更。诸不行者,出钱三百入官,官以给戍者,是谓过更也。律说,卒践更者,居也,居更县中五月乃更也。后从尉律,卒践更一月,休十一月也。"《食货志》云:"月为更卒,已复为正,一岁屯戍,一岁力役,三十倍于古。此汉初因秦法而行之也。后遂改易,有赀乃戍边一岁耳。逋,未出更钱者也。"如淳的说法主要是解释"践更"和"过更",值得注意的是"诸不行者,出钱三百入官,官以给戍者",关于这一点,后文还将叙述,这里从略。

第二,丁赋和口钱是国家的正式财政收入,由各乡具体办理收缴事宜,然后由县、郡上计于都内;而"更赋"按规定并不上交中央国库,如如淳注言:"诸不行者,出钱三百入官,官以给戍者。"它不是国家收入,亦不能由国家作为其他项目开支,其唯一用途,是"以给戍者",这就是作为代役钱付给"戍边者",至于其中的贪污、挪用以及受贿等,毕竟非明文规定。

更赋的征收机构仍然是乡,各乡的更赋钱集中"入官",这里的"官",似应指县。但更钱的支付单位绝不是县,而应是"戍边者"服役地的"官",如果由县官支付,那么作为服役驻地的文书不可能记载"出十一月更钱五百",亦不可能记有"逋更赋钱千二百",显然,"以给戍者"是由边塞官吏来支付的。正因为服役驻地支付更钱是常规,所以才有"况更赋给乡里"的特别记载,表明"况"的更钱是直接交给乡里的,至于为什么要直接交给乡里,简未明载,看来是有特殊理由的,也可能是归还"乡里"之债务。这里的问题是,县里所收之更赋钱,是直接运送至边,还是交郡以后集中由郡运边,简未见明确记述,然而有"荥阳回秋赋钱五千"(45·1A)是由父老夏圣教数,点清款项后由"西乡守有秩"志臣和佐顺临,将钱"得亲自□"交给边郡司职人员。很清楚,钱是由县里派人运送至边,这里虽讲的是"秋赋",由都内调拨,但由县送边是事实,若可以此类推,那么,更钱很可能是由各有关县廷派专人送去的。荥阳,简文为"荥阳","荥""荥"相通,属河南郡,距西北边郡地区,不能说不远,既可派人送钱,那么,其他有关县廷也不会因路途遥远而不送。

三、赋钱的支付与用途

"更钱"与"赋钱"的用途不同,支付对象、方式、项目各异,"更钱"属专款专用,仅开支代役钱,不作他用,而"赋钱"则不同,是作为军费开支的,用途要广得多。

1.赋钱的主要开支之一是支付吏俸,如:

> 出赋钱六百,给东望燧长晏万闰月奉,闰月,守令史霸付侯长度 (15·3)

☐元始五年九月吏奉赋钱不到,讠二年☐未得五年十一月廿六日以来奉,已使☐ （53·19）

出钱六百,赋乐哉燧长夏安四月奉,五月丁酉☐ （196·8）

出赋钱千二百,以给安农燧长李贻之四月、五月奉☐
（585·7）

甲渠次吞燧长徐当时,未得七月尽九月积三月奉用钱千八百。神爵二年正月庚午除。已得赋钱千八百 （57·8）

九月奉赋五百☐ （72·28）

居延甲渠侯官永始三年正月尽三月,吏卒赋名籍
（73·16）

未得四月尽六月积三月奉用钱千八百,已得赋钱千八百
（82·33）

出赋钱二千七百,给令史三人七月积三月奉 （104·35）

出赋钱八万一百,给佐史八十九人十月奉 （161·5）

通过上列各例简文,可以看出,"赋钱"为俸,主要支付给那些"百石"以下的小吏,如燧长、令史、佐史、尉史等,至于侯长以上之吏员,似有定例,由国家官俸支付,不在赋钱作为俸吏开支之列。这里也可以看出另一个问题,即赋钱作为吏俸支出,虽然数量不小,但带有一种非正规性,正如简文中所透露的"未得四月尽六月积三月俸用钱千八百,已得赋钱千八百",似乎是用"赋钱"暂行垫付吏俸。但不论怎样,可以说吏俸开支是赋钱的大宗。

2.赋钱的另一种开支是"赋就人",如:

出钱四千七百一十四,赋就人表是万岁里吴成三两半
（505·15）

元延四年八月以来,将转守尉黄良所赋就人钱名
（506·26）

出钱千三百卌七,赋就人会水宜禄里兰子房一两

（506·27）

"就"同"僦",《说文新附》:"赁也。"《北齐书·卢文伟传》曰:"虚僦千余车。"《史记·平准书》云:"不偿其僦费。""僦费,谓雇赁之费也。"这里的"就人",即指受雇于人者。"两"同"辆",是指车辆。"三两半",是说三辆车雇用了一日,另一辆仅用半日,"半"是半日之意,按半辆车计算雇直,因曰"三两半"。这主要是因事急需,由军事单位雇用民间车辆,用于运输,而向受雇佣者所付的雇值。这项开支也在赋钱内予以开销。

3.用于对吏卒的奖惩,秋射奖励支出数目较大,因在《秋射与署》一节中已经详为论述,这里从略。再就是用于"日迹奖惩"的开支,如:

▢弦▢▢负四箅▢辟一箭道不端,敚,负五箅　（265·1）

万岁侯长充,受官钱它课四千,负四箅,毋自言堂煌者第一,得七箅。相除定得三箅。第一　（206·4）

教遣卒未言,对渡道谨即时往办之,教欲为酒,劳夫子所▢,立上箅,叩头幸甚。·即欲取蓬,蓬在第九燧长徐卿所,欲▢

（231·13A）

武帝之前,"算"无定额,武帝以后,看来"一算"就是"一百二十钱",这不仅简有明载,也为史书所佐证。查居延汉简从昭帝始元二年(公元85年)开始,直至建武九年(公元33年),所有以算为单位计算之奖惩项目,只记算数,不计钱数,若"算"无定额,如何计算?看来,自武帝以后,"算"的数额应是相对稳定的。

4.上级调用。如简文所载：

☑辄赋予如府书☑　（233·17）

金曹调库赋钱万四千三☑　（139·28）

5."奉质直"。如简文所载：

出赋泉八百,付郡库奉质直　（74·E·P·T59:166）

所谓"质直",是朴实、正直之意也。《史记·周昌传》云："其人有坚忍质直。"《汉书·公孙弘传》赞曰："质直则汲黯、卜式。"这里的"奉"字,当作"奉公守法"解,即奉行公事,不以私废行公事之义。《汉书·张汤传》云："赵禹志在奉公孤立。"这属于奖金性质。因郡库主管财物,近水楼台,极易不廉,立此"奉质直"奖励,赖以养廉,这也是一项从实际情况出发而制定的必要措施。

6.作为抚恤金的补充。

☑出赋钱四百八十,受佐史物故奉还☑☑☑前☑☑廿四日

（74·E·P·T4:64）

这是因"佐史"物故,而给予"奉还"之外的抚恤金。所谓"物故",《汉书·苏武传》云："前以降及物故,凡随武还者九人。"注曰："物故,谓死也,言其同于鬼物而故也。"王先谦《补注》引宋祁曰："物,当从南本作殁,音没。"王先念曰："《释名》云:汉以来谓死为物故,言其诸物皆就朽故也。"再如《史记·张丞相传》集解："物,无也（此是读物为勿）,故,事也,言无所能于事。"案宋说近之,物与殁同。《说文》曰："殁,终也。"或作殁、殁、物,声近而字通。"今吴人言物字声如没,语有轻重耳,物故犹言死亡。"

上述是见于居延汉简所记载的赋钱六种用途或开支项目,是否还有其他用途,未见记述,但综观汉简中有关赋钱的记载,赋钱的开支似不限于上列六种,还会有其他支出项目,现仅就目前的资料略如上述。

四、赋钱的管理

如上面所讲,赋钱由乡征收,例如:"广秋乡赋,五千□四,王德少三"(21·1A)。乡里将赋钱交县,然后由县而郡,总交纳于都内,这是各郡、县上计的主要内容,自不可忽视。无论赋钱或更赋均由乡啬夫负责收缴。每年征赋的时间均在秋季,因而称为"秋赋",如简文曰"荥阳秋赋钱"(45·1),"七月秋赋钱五千"(49·2A)。这可能与当时"十月为岁首",以"九月上计"有关。全国赋钱集中于中央国库,即"都内",所谓"都内赋钱"(111·7)再按需要、规定、计划下拨给郡、国,边郡由郡库统一保存。赋钱最低的支付单位是部,简文云:"视事办部赋"(225·19),部以上各机构都有负责赋钱的收入与支出的专门人员。

> □□将军令,令史范弘记,到赋。周卿、孔卿、燧□□以印为信。十非迎奉,遣回。
> 它毋赋𡉴 (74·E·P·T52:544)

凡郡库下拨之赋钱,均事先讲清该项赋钱的用途,如上例简文所载是"迎奉",指赋钱仅开支吏俸。"它毋赋",不能作其他开销。当郡决定依"将军令"(或指郡守,边郡郡守往往加将军衔)下拨赋钱时,接受单位要派出专人"迎赋",实质是武装押运、护送,以保证安全抵达。

郡向下级分配的赋钱,直送到都尉府,由都尉留下所需外,然后再按定额分配各候官,并由"都尉赋书"详载而记录在案。"□五凤元年及二年□□三□都尉赋书及清塞下诏书"(42·9),这是"楬"

"赋书"。与"诏书"合档,也可看出"赋"的重要性。这就是简文中所说的"辄赋予如府"(233·17),"如府",按都尉府分配的数额下达,要求"辄赋予",将赋钱迅速下分。

各侯官"迎赋"之后,由专人管理其账目,即侯支用,也要记账,"甲渠侯赋钱二千"(49·1A),每笔支出要记载得清清楚楚,如:

居摄二年三月甲寅朔辛酉,甲渠鄣侯放敢言之,谨移正月尽三月吏奉赋名籍一编,敢言之　(74·E·P·T8:1A)

甘露二年四月庚申朔辛巳,甲渠鄣侯汉强敢言之,谨移四月行塞临赋吏三月奉、秩别用钱簿一编敢言之书即日餔时起侯官　(74·E·P·T56:6A)

唯官赋以付强钱,□前十月皆已出三☑

(74·E·P·T52:521A)

三百,唯官毋赋寿奉,敢言之☑　(74·E·P·T52:321)

由侯官所支付的赋钱内开支,不仅要求上报及时,几乎都是当月上报,而且当"官赋""毋赋"时,也要说明原因,不允许含混其词。对"赋钱出入簿"(35·8),要按时"上移",如有需要上级随时派人"清赋节",清查账目,"□□长☑写□□匹皆完,完清见赋节七十"(40·28A),"节"与"余",也要以"赋余钱"(110·26)形式记载明白,"赋见"库存多少(113·18,261·13)明细清楚,事关钱财大事,规定得有章有程。

一旦发现有"未赋"(135·4)、"赋见"(280·15)不付、"余赋钱"(219·20)不如数等情况,将由"都吏督赋"(213·43)所负职权予以调查处理。或"坐簿书负直,为擅赋,臧二百五十以上□"(74·E·P·T43:55),最终犯法被判罪,其制度十分严格。

第二十三节　赀算与养老

一、赀算

赀算,是汉代的重要税收之一,因而《史记》《汉书》中,关于"赀"的记载不少,居延汉简中更有实例。"赀"同"訾",通"资",这是指资产。当时户等差别、选用官吏、身份高低、迁徙居地等都与"赀"有着十分密切的关系。"算赋"或"赀算",或如徐天麟《西汉会要》中所称的"算赀",都是汉政权对民户所征收的一种财产税,这种税目对后世有着深远的影响。这里仅就居延汉简中有关"赀算"实例之记载,作一些简略的说明,以便对赀算有一个初步的了解,而不是对两汉赀算税目的全面讨论。

《汉书·高帝纪》四年"八月,初为算赋"。如淳注曰:"《汉仪注》民年十五以上至五十六出赋钱,人百二十为一算,为治库兵车马。"《惠帝纪》:"女子年十五以上至三十不嫁,五算。"应劭注曰:"汉律人出一算,算百二十钱,唯贾人与奴婢倍算。"西汉算赋,时有修改,文、武、宣、元、成帝时都略有变化,但大同小异。《汉书·景帝纪》:后二年五月诏"今赀算十以上乃得官",应劭曰"十算,十万也"。一算万钱。在汉代十万是中产人家。现在以居延汉简为例,看看当时赀算,财产登记的内容和形式。

> 侯长得广昌里　小奴二人直三万　用马五匹直二万　宅一区万
> 公乘礼忠年卅　大婢一人二万　牛车二两直四千　田五顷五万
> 轺车一乘直万　服牛二六千
> 凡訾直十五万　(37·35)

这就是有名的礼忠简，不少研究西汉社会性质的文章中曾引用过此简。《汉书·文帝纪》："百金中人十家之产"，十万是个标准线，十万为中人之户，在汉代一些文书中多以它为标准，《哀帝纪》：绥和二年"水所伤县邑及他郡国灾害什四以上，民赀不满十万，皆无出今年租赋"。《平帝纪》元始二年"天下民赀不满二万，及被灾之郡不满十万，勿租税"。汉制为官吏得有资产保证，其标准就是十万，所以《史记·淮阴侯列传》说："家贫无行，不得推择为吏，又不能治生为商贾，"这就是不具备为官的经济条件的要求。十万只是个起码条件，随着官级不同，赀直要求也就不同。《汉书·张释之传》"以赀为骑郎"，如淳注曰"《汉注》赀五百万得为常侍郎"。可见有不同的标准。虽然董仲舒认为"选郎吏又以富赀未必贤也"(见《汉书·董仲舒传》)，指出了其间的弊病，但它仍然是选吏不可缺少的条件之一。细审礼忠简所列赀算，可分为动产和不动产两部分，不动产包括田宅，动产指奴婢、牛马、车辆等。其他衣物用具则不在赀算之中。赀算以后，便要依赀值向政府纳算钱，算钱数据《景帝纪》后二年服虔注"赀万钱算百二十七钱"，那么礼忠当为十五算，每算百二十钱，礼忠年出算赋一千八百钱。

上计，是汉代各级官署每年将其资产上报的一种制度。例如简文：

> 卅井燧言，谨核校十月以来计最，会日谒言解。　　(430·4)
> 阳朔三年九月癸亥朔壬午，甲渠鄣守侯塞尉顺敢言之，府书移赋出入簿与计偕，谨移应书一编，敢言之。尉史昌。
> 　　　　　　　　　　　　　　　　　　　　　　(35·8)

我们可以看出，汉代资产上报制度不仅限于一般官府，就算边郡亭燧也不例外，要求是严格的。

按理每年上计应在岁末，大约也就是次年岁首。《汉书·武帝纪》："太初元年,夏五月,正历,以正月为岁首色尚黄,数用五。"这就是我国历史上的太初历。在此以前系沿用秦代的《颛顼历》,以十月为岁首。《淮南子·人间》："解扁为东封(解扁是魏国臣子,治东封),上计入而三倍,有司请赏之,文侯曰:吾土地非益广也,人民非益众也,入何以三倍。"这可以说明早在战国初期,三晋已有上计这种制度,到汉代规定"郡守岁尽遣上计、掾史各一人,条上郡内众事,谓之计簿"(据《通典》)。所以上计的时间应在年终,但简文为"十月",这是沿用了传统的时间(秦以十月为首)。所谓"计最",《汉书·严助传》"上书……愿奉三年计最,诏许,因留侍中"。如淳注曰:"旧法当使丞奉岁计,今助自欲入奉也",晋灼说:"最,凡要也"。《卫青传》："最大将军青,凡七出击匈奴。"颜师古注曰:"最亦凡也。""最"就是凡、共、总的意思。"计最"也就是"凡计""共计""总计"之意。"最"与"凡"可以互训。至于《后汉书·西南夷传》载:三年计最。这和严助"拜为会稽太守,数年不闻问"因遭诘责的情况近似,可以说属于特殊情况。按汉代规定是一年一上计,据《汉书》可知,郡国上计于丞相府,有时直上于天子。可参阅《汉书·武帝纪》元封五年、太初元年、天汉三年、太始四年,《汉书·宣帝纪》黄龙元年以及京房、张苍、匡衡各列传。

二、养老

《汉书·百官公卿表》云:"武帝取从军死士之子孙养羽林,官教以五兵,号曰羽林孤儿。"《汉书·龚胜传》："元始二年遣龚胜,邴汉策曰,其上子若孙若同产、同产子一人……所上子男皆除为郎。"这些规定,如果用今天的话来讲,大概就是抚恤政策吧!

> 各持下吏为羌人所杀者,赐钱三万,其印被吏五万,又上子一人,召尚书卒长☐。奴婢三千,赐伤者各半云。皆以官见钱给,长吏临致,以安百姓。☐早取以☐钱☐。　(267·19)

宣帝神爵元年"西羌反","遣后将军赵充国、强弩将军许延寿击西羌",次年"夏五月,羌虏降服,斩其首恶大豪杨玉、酋非首。置金城属国以处降羌"(见《汉书·宣帝纪》)。自此以后,直至西汉末再没有发生羌人之变。所以大体可以推定此诏书应属这一时期之物。

所谓"印绂吏者",就是有印绶的官吏。《续汉书·舆服志》:"相国绿绶……公侯将军紫绶……九卿中二千石二千石青绶……千石六百石黑绶……四百石三百石黄绶。"百石吏仅假半通青纶,不得为绶。所以印绂吏是指 200 石以上的官员,下吏指百石以下的小吏。上子就是按抚恤规定可以上报一子为郎。《后汉书·南蛮西南夷传》:"九真太守儿式战死,诏赐钱六十万,拜子二人为郎。"这"二子为郎"可能是出于特别照顾之意。所谓长吏,泛指 2000 石的部属,也就是太守、都尉的属官,凡千石至三百石者都可称为长吏。长吏的狭义解释,是专指县之令或长。如《汉书·文帝纪》:"赐物及当禀鬻米者,长吏阅视,丞若尉致",颜师古注曰:"长吏,县之令长也。"然而据《续汉书·百官志》,"县万户以上为令,秩千石至六百石。减万户为长,秩五百石至三百石。皆有丞尉,秩四百石至二百石,是为长吏。百石以下有斗食佐史之职,是为少吏。"这就是,说长吏还应包括丞尉在内。这种变化也可能是因时而略有差异吧!总之,抚恤之制在两汉都是存在的,其方式包括两项主要内容:即钱财的抚恤金和安排其子或近亲一人为郎,进入仕途。

养老令或叫养老制度是贯穿两汉始终的,虽然不时有修改和补充,但其基本精神未变。这个精神是基于财产是从长辈继承下来的,故必须敬老。天子是最大的地主,尽管就是小娃娃,他也是普天下人的"父亲"。所谓敬老者实际就是尊王,这就是古人所说的"以孝道治天下",也就是教人要"资于事父以事君"。敬老、养老是招牌,本质上是要维护和巩固其统治阶级的地位。早在高帝三年春正月,就规定"举民年五十以上,有修行,能帅众为善,置以为三老,乡一人。择乡三老一人为县三老,与县令丞尉以事相教,复勿繇戍。以十月赐酒肉"。这是存问乡县三老。到文帝元年三月诏曰："老者非帛不暖，非肉不饱，今岁首，不时使人存问长老，又无布帛酒肉之赐，将何以佐天下子孙孝养其亲，今闻吏廪当受鬻者，或以陈粟，岂称养老之意哉！县为令。有司请令县道，年八十已上，又赐米人月一石，肉二十斤，酒五斗，其九十已上，又赐帛人二匹，絮三斤。赐物及当吏廪鬻米者，长吏阅视，丞若尉致，不满九十、啬夫、令史致。"（见《汉书·文帝纪》）这种养老存问还可参阅《汉书·武帝纪》元狩元年、元狩五年、元封元年等诏书。武威出土的王杖十简系东汉明帝永平十五年（公元 72 年）之物，可知养老制度到东汉仍在执行。如简"酒一石，丞致，朕且使人问存"（5·13）。这正是丞致问存之事。再如简"☐月存视其家赐肉卅斤，酒二石，甚尊宠，郡太守、诸侯相、内史所明智也。不奉诏，出以不敬论，不智☐"（126·41，332·42）。我们先要明白什么是"内史"，所谓"内史"是指王国内主政事者。《汉书·百官公卿表》："诸侯王，高帝初置……有太傅辅王，内史治国民。""景帝中五年改丞相曰相……成帝绥和元年省内史，更令相治民如郡太守。"这枚简仍称内史，当然是成帝以前的文书。"不敬"属汉律罪名，列于正式律条，与"大逆不道"或"不道"同类比。这句话的意思是，如果不按照诏书的规定要求行事，那么，就要坐以"不敬罪"论处。这里所说的"不敬"，不能按一般的不尊敬来理解，它是有严格的特定内容的。

第二十四节　酒与酒价

现代，人们将酒的酿造、种类、酒具及饮酒的风俗与习惯等，统称之为酒文化。既是文化，当有其传统。现有资料表明，我国酿酒之举，起源很早，具有悠久的历史，在齐家文化的陶器中，就有不少属于酒器的用具，如陶盉、陶斝、陶小杯等。当时的酒，属于水酒，仅酿造而未经蒸馏，不是烧酒。两汉时期随着粮食品种的增多，产量有所提高的前提下,酿酒技术也得到革新,出现了"大酉造法"等制酒经验的总结,提出了酿造的技术要求。居延汉简中也发现了一些有关酒与酒价的记述,摘录如下:

　　　☑所得酒饮之,拓取对曰,从厩徒周昌取酒一石,昌私沽酒一石,拓取　　(198·13)
　　　☑佐博受☑,贳酒二石　　(237·9)
　　　☑☑掌酒者,秫稻必齐,蘖蘗必时,湛饎必洁,水泉必香,陶器必良,火齐必得,兼六物,大酉　　(74·E·P·T59:343)

一、简文考略

1."酒"

汉代的酒不同于今日的烧酒,即蒸馏酒。当时的酒,习惯上称为水酒,仅经发酵酿造而成,未经过蒸馏、提纯工艺处理过程。《释名疏证·释饮食》云:"酒,酉也。酿之米麹酉泽,而味美也。亦言踧也,能否皆强相踧持饮之也。又入口咽之,皆踧其面也。"《说文》曰:"酒,就也。从水、从酉。酉,亦训就。"《礼记·郊特牲》曰:酉泽,或为酉绎,"绎酒也,从酉,水半见于上"。"犹明清与钱酒于旧泽之酒也,是泽亦绎义也。"当时,水酒的酿造方法,是先将原料,如稷、秫、稻或粟,浸水之后,以陶缸、陶瓮或大型陶罐装好,外裹以麻、帛或丝绢,使其升温、生"蘖",然后加水施火,要掌握火候。这样酿出的水酒,自然很不纯净,含杂质太多,故而色呈红、黄色,即所谓"缇齐"。《周礼·酒正》云:"缇齐。"郑司农注曰:"缇者,成而红赤,如今下酒矣!"毕沅说:"《说文》:"缇帛,丹黄色,案丹黄色近赤矣!"此即刘熙《释名》中所说的"瀺瀺然浊色也",且"浮蚁在上,汛汛然也"。这种初酿之酒,必然要经过罗、绢过滤,然后才可饮用。

《汉书·平当传》曰:"上尊酒十石,君其勉致医药以自持。"如淳注曰:"律:稻米一斗得酒一斗为上尊,稷米一斗得酒一斗为中尊,粟米一斗得酒一斗为下尊。"师古认为:"作酒自有浇醇之异,为上中下耳,非必系之米。"无论因用料不同,还是由于"浇醇之异",当时酒分为上、中、下之等级看来是可信的。酒除作为饮用之外,还可入药或作为药引,所以,酒在汉代来说已相当普及,广为社会各阶层所利用。

"拓取对曰"。"拓",人名。"厩徒周昌"。"厩",本指马棚,后来泛指牲口棚。《诗·小雅·鸳鸯》:"乘马在厩,摧之秣之。""徒",指服劳役的人。春秋时的《叔夷钟铭》云:"造铁徒四千,为汝敌寮。"《周礼·天官·冢宰》:"胥十有二人,徒百有二十人。"所谓"厩徒",就是指在马棚服劳役的犯人。"周昌",厩徒的姓名。"昌私沽酒一石","昌"即周昌。"私沽酒","沽",灵酒也。《诗·小雅·伐木》:"有酒沽我,无酒沽我。"《笺》曰:"沽,买也。"再如《史记·高祖纪》:"高祖每沽留饮,酒雠数倍。"如淳注曰:"雠,亦售也。""私",意即私自、私下,与酒榷无涉。所谓"私沽酒",即私下去买酒。

2.　"佐博受"

"佐",指"属佐",或"掾佐"小吏,居延汉简中还有"书佐"。"佐"是辅助、佐助之意。这里是指低级佐助小吏。值得注意的是,"佐"要与"佐史"相区别,"佐史"亦是当时地方官的属吏。《汉书·百官公卿表》:"百石以下有斗食佐史之秩。"师古注引《汉官名秩簿》云:"斗食月俸十一斛,佐史月俸八斛也。"另一种说法是:"斗食者,岁俸不满百石,计日而食,一斗二升。"如以此计算,佐史之秩更低。这是"佐史"俸秩与"佐"是不同的。"博",人名,即"佐"之名。"赉酒二石","赉",赐予之意。《尚书·汤誓》曰:"尔上辅予一人,致天之罚,予其大赉汝。""二石"之"石",量词,一是指容量单位,十斗为石。《汉书·食货志》载:"治田百亩,岁收亩一石半。"二是指重量单位,一百二十斤为石。《尚书·五子之歌》云:"关石和钧,王府则有。"《汉书·律历志》曰:"三十斤为钧,四钧为石。"十斗为石,《汉书·律历志》又说:"十升为斗。""斗",也是古代酒器之一,或曰"羹斗",《诗·

大雅·行苇》:"酌以大斗,以祈黄耇",说的就是以斗为酒具。

3."掌酒者"

这枚简是居延汉简中迄今所发现的唯一的一枚记载当时酿酒之法的简,有其珍贵的价值。虽然记述较为简单,但却提出了酿制水酒的"六物"要诀,对研究我国酒类酿造史的研究有重要的参考价值。这枚简的考述详见本书第三十一节。

二、酒用于"存问""赏赐"与滥饮之风

☐酒一石,丞致,朕且时使人问存　　(5·13)

　　月存视其家,赐肉卅斤,酒二石,甚尊宠,郡太守、诸侯相、内史所明智也。不奉诏当以不敬论,不智　　(126·41,332·23)

汉代酒多以"石"为计量单位,同时也用"斛"。《庄子·胠箧》:"为之斗斛以量之,则并与斗斛而窃之。"《注》曰:"十斗为一斛。"南宋末年改为五斗一斛,两斛为一石。据《仪礼·聘礼》《汉书·律历志上》记载,汉代一斛也就是一石。

1."存问"用酒之制

存问之制是汉代养老令具体执行的方式之一,所谓"存问长老"即"养老之意"。颜师古《汉书·文帝纪》注云:"存,省视也。"当时规定:"年八十以上,赐米人月一石,肉二十斤,酒五斗……"赐民肉酒,并不仅限于老者,当时或为新王登基,或为"举功行赏",亦赐酒肉。《汉书·文帝纪》:"朕初即位,其赦天下,赐民爵一级,女子百户牛酒,酺五日。""举功行赏,诸民里赐牛酒。"《汉书·公孙弘传》:"因赐告牛酒杂帛,居数月,有瘳,视事。"何谓"牛酒"?颜师古说:"赐爵者,谓一家之长得之也。女子谓赐爵者之妻也。率百户共得牛若干头,酒若干石,是谓牛酒,无定数也。"苏林认为:"男赐爵,女子赐牛酒。"

凡上所赐之牛酒或羊酒,《汉书·龚胜传》:"诏曰:朕闵劳劳以官职之事,其务修孝弟以教乡里。行道舍传舍,县次具酒肉,食从者

及马。长吏以时存问,常以岁八月赐羊一头,酒二斛。"这些都属于"酺"。所谓"酺",师古注曰:"言布也,王德布于天下而合聚饮食为酺。"为什么"合聚"饮酒,还需要"言布"呢?这是因为按汉律规定,不得无故群饮。文颖于《汉书·文帝纪》注云:"汉律:三人以上无故群饮酒,罚金四两。"所以民间"无故群饮",亦称为"私饮",也就是上述简文中所说的"私沽酒"。

2.大量的"赏赐"用酒

凡大小文臣,武将因功受赐,或皇亲、贵戚、佞幸无功受禄,均可用酒作为赏赐,《汉书·樊哙传》:"项羽曰:壮士,赐之卮酒彘肩,哙既饮酒,拔剑切肉食之。"《汉书·东方朔传》:"复赐酒一石,肉百斤,归遗细君。"《后汉书·冯异传》:"诏异归家上冢,使太中大夫赍牛酒,令二百里内太守、都尉已下及宗族会马。"《后汉书·马武传》:"每劳飨赐诸将,武辄起斟酌于前。"《后汉书·阴皇后传》:"永平三年冬,帝从太后幸章陵,置酒旧宅,会阴邓故人,诸家子孙,并受赏赐。"均以酒为赏赐之物,其耗量之大,也从另一个侧面反映了两汉时期酿酒业之发达。

3.滥饮成风

饮酒在当时是一种时代风尚,唯贫富贵贱之间所饮用的酒档次不同而已,虽然景帝元年后,曾因旱灾禁酒,然而不久又复开禁。武帝天汉三年(公元前98年),初榷酒酤,酒类专卖官营。《汉书·武帝纪》应劭注曰:"(榷酒),县官自酤榷卖酒,小民不复得酤也。"韦昭认为:"以木渡水曰榷。谓禁民酤酿,独官开置,如道路设木为榷,独取利也。"师古基本上同意韦说:"榷者,步渡桥,《尔雅》谓之石杠,今之略约是也。禁闭其事,总利入官,而下无由以得,有若渡水之榷,因立名马。"但事实上民间酿酒之事难以禁绝,何况河西地区边陲特殊,民间"私酿"仍不时流向各地。

正因为官酒、私酿并举,社会上滥饮成风。《汉书·爰盎传》:"会天寒,士卒饥渴,饮醉西南陬卒,卒皆卧。"这是士卒滥饮而醉,竟不顾天寒地冻,皆躺卧地上。更有甚者,《汉书·赵充国传》:"五府复举汤,汤数酒醉酗羌人,羌人反叛。"师古注曰:"(酗),即酗字也酗。醉怒曰酗。"竟因酗酒,致使羌人反叛,其后果是十分严重的。至于因酒醉出丑闹事,更是比比皆是。《汉书·丙吉传》:"吉驭吏耆酒,数逋荡,赏从吉出,醉欧丞相车上。"一个小小的驾车小吏,竟忘职放荡,数次呕吐在丞相的车上,真可谓滥饮奇闻。《汉书·陈遵传》:"遵独极舆马衣服之好,门外车骑交错,又日出醉归,曹事数废。"身为吏员,竟天天外出饮醉,竟致无法正常办公,其情节之甚,复有何言。《后汉书·马武传》:"武为人嗜酒,阔达敢言,时醉在御前,面折同列",有失体统。《后汉书·刘宽传》:"尝坐客遣苍头市酒,迂酒大醉而还,客不堪之,骂曰畜产。"慢客醉酒而被骂,也是咎由自取。《后汉书·周举传》:"三月上巳日,(梁)商大会宾客,燕(宴)于洛水,举时称疾不往,商与亲暱饮极欢",这应是群饮了。

当时不仅滥饮之风弥盛,且酒量也多惊人,《后汉书·卢植传》:"能饮酒一石"。此量虽属个别,但饮酒大量恐亦非少数。汉代一斗,刘半农先生据新莽量测定,约为 2000 立方厘米,若以 1 立方厘米之水重 1 克计,则 2000 立方厘米之水重 2 千克,合市制为 4 斤。一石之酒,即重 40 斤,再大之海量,一次饮完,恐非易事。

三、酿酒之令

《汉书·食货志》云:王莽时当时羲和(大司农)鲁匡曾奏言:"帝王所以颐养天下,享祀祈福,扶衰养疾,百礼之会,非酒不行。故《诗》曰:无酒酤我;而《论语》曰:酤酒不食,二者非相反也。"非议滥饮,绝不是主张禁酒,唯应适度而已。鲁匡所言是符合当时的实际情况的,酒已成为社会生活的必需消费品,欲禁事实上也是不可能的。

1.酿酒令

《论语》曰:"孔子当周衰乱,酒酤在民,薄恶不诚,是以疑而弗食。"这是春秋时期的酿制写照。原因是"酒酤在民",结果是"薄恶不诚",造成的影响是"疑而弗食"。因之有关人民生活的酿酒业不可放任自流,使民间随意酿造,而应当管起来。

王莽建立新朝,"名山大泽,盐铁钱布帛,五均赊货,斡在县官,唯酒酤独未斡"(见《汉书·食货志》)。酒的酿造、销售均在民间,其后果是"费财伤民"。为此,鲁匡请求:"请法古,令官作酒。"这就是西汉时之酒榷之制。

酿造令规定:"以二千五百石为一均,率开一卢以卖,譬五十酿为准。一酿用粝米二斛,麴一斛,得成酒六斛六斗。各以其市月朔米麴三斛,并计其贾而参分之,以其一为酒一斛之平。除米麴本贾,计其利而什分之,以其七入官,其三及醯酨灰炭给工器薪樵之费。"师古曰:"斡,谓主领也。""酤,买也。言王与族人恩厚,要在燕饮,无酒则买而饮之。"如淳注曰:"酒家开肆待客,设酒饮,故以饮名肆。"臣瓒认为:"卢,酒瓮也。言开一瓮酒也。"颜师古指出:"二说皆非也。卢者,卖酒之区也,以其一边高,形如锻家卢,故取名耳,非即谓火卢及酒瓮也。此言罅五十酿为准,岂一瓮乎?"(上引文均见《汉书·食货志》及注)。"罅",亦书写为"雠",言谓"相当""合"之意。《墨子·经下》:"贾宜则雠。""粝米",指粗米,不精之米。《左传·哀公十三年》:"吴申叔仪乞粮于公孙有山氏,对曰:粱则无矣!粝则有之。""譬",同麴。酿酒之发酵物,《列子·杨朱》:"聚酒千钟,积譬成封。望门百步,糟浆之气逆于人鼻。""参分之",即"三分之"。"酨",师古曰:"酢浆也。"

2.酒的计量

酒的计量,见于汉简、汉史者有升、斗、斛、石等,这实际上包括两种情况:一种是容器计量,即"量";另一种是重量计量,即"衡",各不相同,不可相混。

容器计量的起点是"以子谷秬黍中者千有二百实其龠,以井水准其槩"。这就是能装 1200 颗黍粒的容量即一龠,龠即合,十合为升,十升为斗,十斗为斛。均以容积计。

以重量计量的起点也是"一龠容千二百黍",重量为十二铢,二十四铢为两,十六两为斤,三十斤为钧,四钧为石。所以酒以"石"计量,是指其重量,以"斛""斗"计量是其容量的容值。当然,这两种计量方法,不能断然分开,而有其相辅相成的密切关系,可参见《汉书·律历志》。

汉代的酒分为三品,或称为三尊,"尊",本指酒器,也作为祭祀时用的礼器。《礼记·明堂位》:"尊用牺、象、山、罍。"注曰:"尊,酒器也。"在《汉书·平当传》所说的"上尊酒十石",这是上品,稻米酿造,中品用稷米,下品为粟米。上品为达官贵人所专用,而一般庶民、戍卒只能饮用下品甚至变质的酒,如《汉书·文帝纪》所说:"今闻吏禀当受鬻者,或以陈粟,岂称养老天意哉!"当禀者可用陈粟,一般庶民仅能饮用下品甚至变质酒不是不可能的事。据沈钦韩《疏证》所引《齐民要术》有造酒之法,以稻、梁、稬、黍、粟五种原粮为原料,制造出其法各异,其品有差的各种酒,醇度不同,亦分为上、中、下三品。

四、酒价

1.汉代的酒价

我们十分清楚,酿酒的原料是五谷,价值高低自然是随粮价的贵贱而浮动,两汉时期,因时间、地域不同,而粮价甚为悬殊,除去因灾情、兵祸等特殊情况外,粮价也时有差异,正因如此,要确定当时的酒价,不仅资料极少,就是对比研究,也颇感困难。这里只能举一些例子,略见一斑了。

据劳榦先生《居延汉简·考证之部》论述:敦煌简有"十钱二斗之酒价",即一斗五钱,一石为五十钱。《汉书·昭帝纪》:始元六年"罢榷酤官,令民得以律占租,卖酒升四钱"。一石酒价即四百钱,与敦煌汉简记载相去甚远,我们同意劳先生的看法,即简文中的"斗"字为"升"字误,若如此,与始元酒价相比较,升酒相差为一钱,较为相近。如依《汉书·平当传》如淳注所说,一石原粮酿酒一石,那么原粮的价格就成了酒价的基数,再加上配料、燃料、人工等成本费用,就应是酒的价格,若再加上转输流通费用,酒价应高于原料价若干,虽说如此,但原料价格毕竟是酒价的基数,可作为参考、比照。

2.原料价与其他物价

　　　　黍米二石,直钱三十　（36·7）
　　　　粟一石,直百一十　（163·7）
　　　　☑曹史之卿钱四百,籴粱若白粟十石　（495·7）
　　　　出钱二百卅,籴粱粟二石,出钱二百一十籴黍粟二石,出
　　钱百一十,籴大麦一石　（214·4）
　　　　出钱四千三百卅五,籴得粟五十一石　（303·3）
　　　　董次入谷三十六石,直钱二千三百一十
　　　　牛千秋入谷六十石六斗六升大,直二千一百廿三　（19·26）

　　上录各简记述,最低价为每石 15 钱,最高价每石 110 钱,此虽
有粮的品种之异,但贵贱相差六七倍之数。唯居延新简《建武三年
候粟君所责寇恩事册》记载的粮价,"恩籴大麦二石付业,直六千",
"为业买肉十斤,直谷一石,石三千",其价之高昂,实所罕见。原粮
价差异竟如此之大,酒价高下之大,也是意料中事。

　　据《寇恩册》记载一头牛折谷 60 石,如按石谷 3000 钱计,一头
牛价值为 18 万钱。这应说是特殊价格了。再如:

　　　　用牛二,直五千　（24·1B）
　　　　服牛二,六千　（37·35）

　　每头牛的价格不过 2500~3000 钱。至于鱼价:"卅头直三百一
十八,不三百八十头,直三百卅八。交钱百,不二百";"并负掾鱼卅
头,直谷三斗"(74·E·P·T51:82A,74·E·P·T65:33)。前者每头约
10.6 钱,后者每头折价 40 钱,此系按籴得"市决谷石四千"折算。至
于肉价:"肉五百卅一斤,直二千一百六十四"(286·19A),"肉十斤,

直卅"(173·8A),每斤肉不到 5 钱,而《寇恩册》所记载的肉价,"为业买肉十斤,直谷一石,石三千",每斤为 300 钱,价格竟有这么大的差异。当时肉与粮食的兑换比大约为:"肉廿斤,直谷三石"(74·E·P·T65:99),"肉五十斤,直七石五斗"(74·E·P·F22:457A),"凡肉百一十斤,直二十三斛"(74·E·P·T40:76A),每 10 斤肉与粮食的比价大约为一石五斗至二斛(石)之间。这里我们只是将一些与酒、粮有关的物价略为介绍,以资比较。证之史册,当时低价时,"粟斛三十"(见《后汉书·明帝纪》),"谷石五钱""石谷数十钱"(见《太平御览》卷三五)。而价高时,"凡米石五千"(见《汉书·食货志》)、"谷一斛五十万,豆麦一斛二十万"(见《后汉书·光武纪》),这当然和当时总的社会经济状况有关。

3.汉代以后酒价之趋势

总的来说,汉代以后酒价呈上涨之势,虽说这以后有量、衡不一的原因,也有货币价值的差异,但酒价上涨则是可以肯定的。

唐代的酒价,略如杜甫诗云:"速宣相就沽一斗,恰有三百青铜钱"(见《全唐诗》)。据《宋史·食货志》:小酒每升自五钱至三十钱,有二十六等;大酒自八钱至四十八钱,有二十三等之别。自政和以后,屡增酒钱。《文献通考》曰:"绍兴三年添酒钱每升作一百五十文。""孝宗乾道八年,知常州府刘邦瀚言,江北之民困于酒坊,至贫之家不捐万钱则不能举一吉凶之礼。"又据叶适《平阳县代纳坊场酒钱记》所载:"嘉定二年浙东提举司言,温州平阳县乡村坊店二十五,停闭二十有一。盖官自榷酒课日增,抑员不足征额,其弊自宋而极矣!"

唐宋之际酒的涨价,并不是这时酒的制法有什么重大革新,其根本原因是制约于商品经济的发展。

我国酿酒工艺的重大改革,莫过于烧酒,即蒸馏酒的出现。过去学界多数人认为,我国烧酒的出现约在元朝,这一观点的形成,是受了李时珍《本草纲目》卷二五《烧酒》条所说"烧酒非古法也,自元时始创其法"的影响,实际上早在晋代嵇含《南方草木状》叙述的椰浆可为酒,已略显端倪,这一类记载还可见于《梁书·扶南传》《北堂书钞》《白帖》《广记》等史册。

我国的烧酒唐代已有,刘恂《岭表录异》所载可以证实,文后夹注曰:"亦有不烧者,为清酒也。""清酒"之名还可见于《酉阳杂俎》一书,该书为唐人段成式所撰,当为实录,烧酒是清酒的再加工,或谓"重酿",这种酒应该说是烧酒了,也许当时的烧酒含乙醇比例较低,但它毕竟已不是汉代的水酒了。

注释:

①拙作《汉代边郡军事组织述略》。

②文中凡引此种符号,均见中国社会科学院考古研究所编《居延汉简甲乙编》。

③文中凡引此种符号,均为居延新出土汉简的编号。

④郡吏任免权,《汉旧仪》:"郡国百石,二千石调。"《朱情传》:"乃召见诸曹吏,书及县大吏,选视其可用者承教置之,皆斥罢诸病吏。"举贤权,《高帝纪》:"御史中执法下郡守,其有意称明德者,必身劝,为之驾。"《武帝纪》:"其与中二千石、礼官、博士议不举者罪。"自设地方法规权,见《汉书·薛宣传》《循吏传》。同法、监督权,见《韩延寿传》《后汉书·羊续传》。专杀大权,见《薛宣传》《汉书·酷吏传》。兵权,见《汉旧仪》《汉书·冯唐传》。财政大权,见《史记·平准书》《汉书·第五访传》等。

⑤宋治民《居延汉简中所见西汉屯田二三事》(《四川大学学报》1981年第二期)。

⑥《后汉书·百官志》本注所引《汉旧注》。

⑦《汉书·西域传》。

⑧陈直《西汉屯戍研究》。

⑨李古寅《汉代河西军屯管理机构探讨》(《西北史地》1983年第四期);杨剑虹《从居延汉简看西汉在西北的屯田》(《西北史地》);宋治民《居延汉简中所见西汉屯田二三事》(《四川大学学报》1981年第二期,《西北师院学报》1986年第四期等)。

⑩朱绍候《汉代乡、亭制度浅论》(《河南师大学报(社科版)》1982 年第一期)。

⑪文中凡用此种符号，均见中国社会科学考古研究所编《居延汉简甲乙编》照文。

⑫付筑夫、王毓湖《中国经济史资料》第 235~248 页，奴隶之种类：甲、官奴，乙、私奴；丙、奴客。

⑬《履园丛话·乡贤》。

⑭《汉书·武五子传》。

⑮《汉书·胡建传》。

⑯《汉书·魏相传》。

⑰《后汉书·廉范传》。

⑱《三国志·吴书·孙休传》注。

⑲《汉书·谷永传》。

⑳《三国志·吴书·吕范传》。

㉑劳榦《居延汉简·释文之部》(303·9)。

㉒《汉书·李广利传》。

㉓《汉书·赵充国传》。

㉔文中凡用此种编号，均为新获之居延汉简原始号。

㉕《马克思恩格斯全集》第 25 卷，第 890 页。

㉖《毛泽东选集》第 587 页。

㉗《列宁全集》第 29 卷，第 437 页。

㉘陈直《两汉经济史料论丛》，陕西人民出版社，1958 年，第 29 页。

㉙《流沙坠简·戍役》。

第七章　军事与防御

第二十五节　守御器

守御器和兵器不同,所谓"守御器"实际包括了驻防战士的军用器具,这一点我们从汉简所载的《守御器簿》记录的器物类别和名称中不难了解。在简文中,守御器也可称为"斗具"或"战斗具",如"定烽火辈送,便兵,战斗具"(218·7)。若将"战斗具"加以细分,大约可分为防守用具、炊事用具和生活用具几个方面。

下面我们录述几个《守御器簿》,然后再加以说明,可略窥其大要:

莫当燧守御器簿:

　　　　橐他莫当燧始建国二年五月守御器簿布纬三　糒九斗
转射十一　小积薪三
惊米一石　深目六　大积薪三
惊糒三石　草烽一　汲器二
马矢橐一　布表一　储水罂二
芳橐一　布烽三　坞户上下级各一
[出火燧]二具　烽干二　接楪四

茹十斤　鼓一　木椎二
长斧四　沙二石　瓦帚二

长椎四　马矢二石　程茛六

长楛四　木薪二石　小苣二百

连梃四　芮薪二石一　狗二

长料二　枪四十　狗笼二

弩长臂二　羊头石五百　坞户关二

木面衣二　破釜一　铁戊二

烽火幕板一　烟造一　篝一

皮宵、草革各一　瓦料二

承累四　瓦箕二

　　·橐他莫当燧始建国二年五月守御器簿

$$\text{(E·j·T37；1537–1558)}$$

　　始建国二年五月丙寅朔丙寅,橐他守侯义敢言之,谨移莫当燧守御器簿一编,敢言之

　　　　　　　　　　　　　令史恭(1537)

大湾守御器簿：

　　长斧四皆破却　芀、马矢橐各一册

　　长椎四　芮薪、木薪各二石

　　茹十斤　瓦箕、料各二,斗少一

　　长楛四　出火遂二具

　　沙、马矢各二石

　　长料二　皮宵、草革各一册冠,羊头石五百

　　木面衣二　承累三　枪四十

　　弩长臂三　破釜一　小苣三百

程苣九　狗笼二　橐户墼三百

转射九　狗二　户上下合各一

深目四　户关二　储水罂二

布烽三,一不具　接楪四　汲落二

布表一　木椎二　大积薪三

　　　　户戊二　药咸一、橐四

鼓一　篇一　（501·1）

破城子守御器残簿：

　　枪　五十　五十☐　　（227·2）

　　累举烽鹿卢　二　二　二　☐　（227·31）

　　汲水洞若甄　二　二　二　☐　（282·19）

　　布烽　六　☐　（227·18）

　　橐弩椎☐枊角各一各一各一各一☐　（257·14）

　　☐窀　一　一　☐　（68·40）

广地南部永元兵物簿：

　　·广地南部言,永元五年七月,见官兵釜硙月言簿

　　承六月余官弩二张,箭八十八枚,釜一口,硙二合

·具弩一张,力四石,木关

　　陷坚羊头铜鍭箭卅八枚

　　破釜一口,鍉有锢口,呼长五寸

　　硙一合,上盖缺二所,各大如踈

　　·右破胡燧兵物

　　·具弩一张,力四石五,木破,故系往往绝

　　　蚕矢铜镞箭五十枚

　　　碗一合,尽敝,不任用

　　　·右涧上燧兵物

　　　·凡弩二张,箭八十八枚,釜一口,碗二合,毋出入

　　永元五年七月壬戌朔二日癸亥,广地南部侯长叩头死罪
敢言之, 谨移七月见官兵碗釜月言簿一编叩头死罪敢言之
　　　　　　　　　　　　　　　　　　　　　　　　(128·1)

　　"布纬",编织物。《庄子·列御篇》:"河上有家贫,恃纬萧而食
者。"《文选》南朝(宋)颜延之《陶征士诔并序》"织绚纬萧,以充粮粒
之费。"所谓"布纬",当是布织的袋子。

　　"糒",炒熟的粮食,以备行军或情况紧急不能为炊时食用。《史
记·李将军(广)传》:"大将军(卫青)使长史持糒醪遗广。"《汉书·李
陵传》:"令军士人持二升糒,一半冰,期至遮虏鄣者相待。""糒,干
饭也。"

　　"转射",是木制的框架,中间有一转动的圆轴,中间刻孔,圆轴
装于框中,左右可以转动,可通过圆孔瞭望,也可以射箭。将这种框
架安装在坞墙上,坞外不易伤害瞭望者。

　　"积薪",用草堆积而成,是施放烽号信火的燃料。《国语·周语》
"虞人入材,甸人积薪。"《史记·汲黯传》:"陛下用群臣如积薪耳,后
来者居上。"

　　"惊米",即警米。戒备时之食用米,属守防战士之常用米。因士
兵戍守瞭望,要求"警候望,明烽火",时刻处于警戒之中。

　　"深目",似指"转射"的中间可转动的轴。中刻长孔,形似竖立
的人眼,又用以瞭望,起到"目"的作用。

　　"草烽",即以草编的烽,为示警信号之一种。《墨子·号令篇》
"昼则举烽,夜则举火。"

　　"汲器",提水、吊水或储水的用具。

"马矢橐"，或曰"马牛屎橐"。《墨子·备城门》："灰、康、秕、坯、马矢,皆谨收藏之。""因风于城上掷之,以眯敌目。"

"布表",表为边郡示警信号之一种。《墨子·旗帜》"帜,竿长二丈五,帛长丈五,广半幅。"《备城门》："城上千步一表,长丈"悬于竿上。

"芳橐",《说文》"芳","苇华也。"橐,盛苇华的袋子,其用途也应是防守时掷出,以眯敌目。

"坞户上下级各一",级,即今所说的踏步。拟以木为之,便于移动。

"出火遂",即取火用具。《韩非子·五蠹》："钻燧取火。""遂"同"燧"。

"茹",引火之柔软干草。《离骚》王逸注："茹,柔懦也。"

"木椎",可能是一种短柄的敲击工具,也可能立木于地,以便悬物。

"瓦帚",册史不见记述,如望文生义,略推测似为陶质扫帚,也许用于除灰烬,因陶不燃,故称瓦帚。

"长椎"。带柄的较长工具,亦可作为武器。《墨子·备城门》："城上二步置连梃、长斧、长椎各一物。""长椎,柄长六尺,头长尺",形如棒头。《说文》："椎,击也。"《汉书·张良传》："得力士为铁椎重百二十斤。"

"桯苣",《说文》："苣,束苇烧也。"所谓"桯苣"是在苣中加以木杠的燃苣。《周礼·考工记·轮人》："轮人为盖,达常围三寸,桯围倍之,六寸。"郑司农注曰："桯,盖杠也。"居延曾发现夹有三桯的苣。

"长棓",一种长杆武器,或曰棍棒。《六韬·军用》："方首铁棓,肦重十二斤,柄长五尺……一名天棓。"《淮南子·诠言》："王子庆忌死于剑,羿死于桃棓。"《战国策·秦三》："成霸功,勾践终棓而杀之。"

"木薪",薪为然火原料,木薪,当指以木柴为燃火的原料。

"连梃","梃"指木棒,《孟子·梁惠王上》:"杀人以梃与刃,有以异乎?"所谓"连梃"似指相连在一起的木棒。

"芮薪",芮,絮也。《吕氏春秋·必己》:"不食谷实,不衣芮温。"这里应指以芦苇絮为薪,当作薪的燃料。

"长枓",枓,即勺子,舀水用具。《礼记·丧大记》:"浴水用盆,沃水用枓。"《史记·张仪传》:"乃令工人作为金斗",《索隐》曰:"凡方者为斗,若安长柄,则名为枓,音主。"

"枪",长柄有尖头之刺击兵器。《墨子·备城门》:"枪二十枝。"《旧五代史·王彦章传》:"常持铁枪,衔坚陷阵。"

"弩长臂",弩,用机栝发箭的弓。《六韬·豹韬·林战》:"弓弩为表,戟楯为里。"《史记·孙子吴起传》:"齐军万弩俱发。"机栝装于木槽之上,以控制箭射出之角度,所谓长臂,就是指木槽长短。

"羊头石",三棱形的石头,掷之以伤敌。《淮南子·修务训》:"苗山之铤,羊头之销。"《方言》曰:"三镰者谓之羊头。"

"破釜",釜,烹饪器,即无脚的锅。《诗经·召南·采苹》:"于以湘之,维锜及釜。"《传》:"有足曰锜,无足为釜。"

"铁戉",戉,应为戉,即大斧,或曰钺。《释文》:"钺音越。本作戉。"

"籥",木作龠,古管乐器。分吹籥、午籥二种,吹籥,似笛而短小,三孔;午籥长而六孔。《诗·邶风·简兮》:"左手执籥,右手秉翟。"《传》"籥,六孔。"《释文》:"以竹为之,长三尺,执之以午。"

"承累","累,绳索也。"同纍,通缧,是系物之绳。

第二十六节　西域与邮驿

一、关于西域

自汉武帝开通西域,时有隔断,但西域各国毕竟始终心向祖国,开通应是这一时期的主流。居延汉简中有一些有关西域情况的记载,试略举几例,以窥一斑。

诏夷虏侯章发卒曰:持楼兰王头诣敦煌,留卒廿人,女译二人,留守证▢ (303·18)

元康四年二月己未朔乙亥,使护鄯善以西校尉吉,副卫司马富昌、丞庆、都尉▢重,即▢通,元康二年五月癸未,以使都护檄书,遣卫丞敕将弛刑士五千人,送致将军▢ (118·17)

皇帝陛下、车骑将军,下诏书曰:乌孙小昆弥乌

(562·27,387·19)

就屠与匈奴呼韩邪单于谋(《甲》误释谋)。 (562·4)

郅支为名,未知其变。 (387·24,387·25)

夷狄贪而不仁,怀挟二心,请为 (387·7)

塞外诸节谷呼韩单于。 (387·17,407·14)

第一简所记述的事情是在昭帝元凤四年(公元前77年),这件事《汉书·西域传》和《汉书·傅介子传》都有记载,《傅介子传》载:"介子谓大将军霍光曰:楼兰、龟兹数反覆而不诛,无所惩艾。介子过龟兹时,其王近就人,易得也,愿往刺之,以威示诸国。大将军曰:龟兹道远,且验之于楼兰。于是白遣之。介子与士卒俱赍金币,扬言以赐外国为名。至楼兰,楼兰王意不亲介子,介子阳引去,至其西界,使译谓曰:汉使者持黄金锦绣行赐诸国,王不来受,我去之西国矣。即出金币以示译。译还报王,王贪汉物,来见使者。介子与坐饮,陈物示之。饮酒皆醉,介子谓王曰:天子使我私报王。王起随介子入帐中,屏语,壮士二人从后刺之,刃交胸,立死。其贵人左右皆散走。介子告谕以王负汉罪,天子遣我来诛王,当更立前太子质在汉者,汉兵方至,毋敢动,动,灭国矣!遂持王首还诣阙,公卿将军议者咸嘉其功。"这就是这段历史的经过。自李广利克大宛之后,与为城下之盟,事实上西域各国仍徘徊于汉、匈之间,虽然自敦煌西至盐泽

设亭鄣燧线,轮台、渠犁皆有田卒数百人,置校尉领护,但仍时有叛异。夷房侯应是居延都尉下甲渠塞属下的部侯长,简(317·2)有夷房燧,当为夷房侯驻所,诏夷房侯章发卒,此似应在介子刺楼兰王之后,敦煌戍卒不足遣而西调居延戍卒,大概是由候长章率领戍卒去楼兰,持护王头到敦煌。然后王头送去长安,而章等亦迫回居延防区,所以诏书也留在居延档案中。

第二简,"校尉吉",当指郑吉。《汉书·郑吉传》:"自张骞通西域,李广利征伐之后,初置校尉,屯田渠黎。至宣帝时,吉以侍郎田渠黎,积谷,因发诸国兵攻破车师,迁卫司马,使护鄯善以西南道。神爵中,匈奴乖乱,日逐王先贤掸欲降汉,使人与吉相闻。吉发渠黎、龟兹诸国五万人迎日逐王。口万二千人,小王将十二人随吉至河曲,颇有亡者,吉追斩之,遂将诣京师。汉封日逐王为归德侯。吉既破车师,降日逐,威震西域,遂并护车师以西北道,故号都护。都护之置自吉始焉。"自此罢僮仆都尉,"匈奴益弱不得近西域"(参见《西域传》)。这条简是元康四年(公元294年)之物,早于"初置都护"三年,所以简书郑吉为"使鄯善以西校尉",这一官职不见于《郑吉传》和《西域传》,当然要以简文校补其佚缺。简文中所云"都尉",应该是指伊循都尉。《汉书·西域·鄯善传》:"立尉屠耆为王,更名其国为鄯善,为刻印章,赐以宫女为夫人,备车骑辎重,丞相、将军率百官送至横门外,祖而遣之。(师古曰:"祖为设祖道之礼也。")王自请天子曰:身在汉久,今归,单弱,而前王有子在,恐为所杀。国中有伊循城,其地肥美,愿汉遣(一)将屯田积谷,令臣得依其威重。于是汉遣司马一人、吏士四十人,田伊循以填抚之(填音)。其后更置都尉。伊循官置始此矣!"这件事在元凤四年,简为元康四年,其间已历十五年之久,故应指伊循都尉,大致不错。"弛刑士"即免刑罪人,可参见陈直《西汉屯戍研究》。据《汉书·西域传》:"地节二年,汉遣侍郎郑吉、校尉司马憙将免刑罪人田渠犁,积谷,欲以攻车师。至秋收谷,吉、憙发城郭诸国兵万余人,自与所将田士千五百人共击车师,攻交河城,破之。车师王降汉。匈奴闻知车师降汉发兵攻车师,吉、憙引兵迎击,匈奴不敢前。"吉令吏卒三百人田于车师,匈奴又派兵围攻,诏遣长罗侯将张掖、酒泉骑兵赴车师,吉才从城中出来。

由于车师距屯田中心渠犁太远,元康四年放弃了车师故地。这条简正是元康四年二月,或在故地未弃前,二月正值春日,宜农事,令屯田。元康二年所遣将车弛刑士五十人(千,为十字误)以给资用于塞上,这时正有军事,当然不能遣归。所谓"将车",即御车。《朱买臣传》师古注曰:"买臣身自充卒,而与计吏将重车也。载衣食具曰重车。"

后列五简一同出土于大湾,我们知道,大湾是肩水都尉的治所,因而将它们复缀为一册,以重现其原来册式。这个册子是车骑将军下皇帝的诏书,按汉制应由御史大夫下丞相,丞相下车骑将军,而该册是天子诏书自车骑将军下。似车骑将军、将军、中二千石、二千石而到张掖太守府,再下肩水都尉而存于治所。

"皇帝陛下"指元帝刘奭,"车骑将军"似指许嘉。"乌孙小昆弥乌就屠","昆弥"原音误为"猎骄靡",乃乌孙王号。乌就屠是肥王翁归靡的匈奴族妻子所生子。乘汉使卫司马魏和意、副侯任昌与楚主解忧公主袭杀狂王泥靡之际,与诸翎侯出走,居于北山中,聚集人马,在狂王负伤后逃亡中杀之,自立为昆弥。汉遣破羌将军辛武贤欲讨之,经楚主侍者冯嫽请命于宣帝,同意乌就屠降汉,诏其诣长罗侯赤各城,立元贵弥为大昆弥、乌就屠为小昆弥,皆赐以印缓。

"与匈奴呼韩邪单于谋"。元帝初年,呼韩邪单于和汉车骑都尉韩昌、光禄大夫张猛订盟后即返回北庭。这时郅支单于已消灭了伊利目单于,拥兵约五万余人。虽如此,想要统一匈奴,自度力不从心,便遣使联结乌孙,小昆弥乌就屠杀来使,伪发八千兵迎郅支,郅支知其有诈,逢击乌孙兵,乌孙兵败。郅支北击乌揭,西破坚昆,北伐丁令,三国降。又多次攻击乌孙。这时适逢康居王怨恨乌孙,因而,迎接郅支到康居。康居王引狼入室,郅支到康居后,自以为是大国,骄横异常,乘怒杀了康居王女及贵人,双方矛盾尖锐化。建昭三年(公元前 36 年),小昆弥乌就屠在郅支的攻击和欺凌下,便派人与呼韩邪单于商议进兵巢击郅支单于,同时派使者密报西域都护骑都尉甘延寿和副校尉陈汤,请兵援助,于是甘、陈在没有得到中央政府批准的情况下联合乌孙兵、呼韩邪单于兵以及康居兵,一举歼灭了郅支单于。

"郅支为名,未知其变。"郅支与呼韩邪为争单于位,即为了"正名",斗争自然十分激烈。又怨恨汉王朝与呼韩邪订盟,并且还"诏云中、五原郡转谷五万斛"给呼韩邪。于是郅支一怒之下,上书求侍子,汉王朝遣谷吉送还侍子,郅支又杀吉,走上与汉政府彻底决裂的道路。由于郅支奴隶主贵族政权的残暴,与乌孙、康居等国矛盾日深,这就为呼韩邪、乌孙、汉王朝创造了联合抗击郅支的条件,这一新的军事联合,当时郅支并不知道,当他仍在康居作威作福之际,遭到了联军歼灭性的打击,于是郅支单于土崩瓦解。联军"别为六校","三校从南道入葱岭经大宛,另三校自温宿国走北道,踰赤谷,过乌孙,经康居界至滇池西"。陈汤部在赤谷城东与康居副王抱阗寇略大昆弥的人马相遇,激战后抱阗败走,汤尽还其所掠民众。两日后,两军战于郅支城都赖水上,康居兵内应,郅支单于战死。

"夷狄贪而不仁,怀挟(《甲》误为侠)二心,请为","塞外诸节谷呼韩单于"。所谓贪而不仁,自然是指统治阶级。诏书仍要"塞外诸节"以谷物资助呼韩邪单于。自此以后,结束了汉匈之间 150 年来的战争状态,并为后来南匈奴与汉王朝长期友好融合的关系奠定了基础。

二、邮驿及有关的几个问题

驿,有驿马,也称传马,来源于传舍,这些马都是官马。边郡驿传,在郡、县、都尉,侯官、部、亭等处一般都有设置。驿站与内地大同小异,驿站里有马厩,备有"鞍勒",并同时供应食宿,公差官吏、邮递往返,皆可使用。士卒因公、因私,家属探亲往返,出资后也可利用传舍为落脚之处,当然,更重要的是接待过路官员。马的饲料,以麦菱(干草)为主,每匹马每天大约给麦一斗二升,刈草,纳菱为戍卒日课。马有马籍,将年齿、皮色、牝壮等记录在案,如有损伤、遗亡将受到追查,塞上户马,每匹平均为五千钱。

简文有 "轺车一乘""马二匹""方相车一乘"。轺车有伞盖,乘人,小而轻;方相车属一般车辆,可乘人亦载物。羽檄飞驰,文书往返,用骑不用乘。封检上常书"以邮行""以亭行""以次行"等,"以邮行"是按驿站顺序传递的普通文书,"以亭行"是通告各亭之文书,"以次行"是上级对下级以所居传递之文书,"吏马驰行"是由小官传递、疾驰之重要紧急文书。燧卒传递之文书,其书到时日与吏卒姓名均记于简上,凡出行之人,按其身份持有不同之证明,计有符、传以及过所等。

1.饲料问题

饲料,是邮驿能否畅通的关键,额济纳河两岸均可屯田,引河水灌溉,同时播种饲料,军屯戍卒由将屯率领,农具由官方供给,收获交公库。日常廪给由仓支付,仓设仓长及掾属,简中所见仓名很多,有居延仓、代田仓、肩水仓、北部仓、庰胡仓、吞远仓、觚子仓、城仓、都仓以及第廿三燧仓等,既供应戍士口粮,也供应驿马饲料,均设在侯、燧和适于农耕的地方。简中有代田仓,这是否可以说昭宣时期居延地区试行过代田法。牛有牛籍,各牛特点均记录在案,牛籍较集中的出土于大湾,这主要是用于田耕和播种饲草。铁农具多系内部制造,简文中有南阳郡运送铁农具的记载,其形制与内地所出同时代的铁农具完全一样。

2.戍卒问题

戍卒的成员比较复杂,日常除了守望之外并从事治圃、种菜、伐菱、伐木、制绳、造墼、修亭、养马、养狗等劳役。而"伐菱",种草,以解决驿马饲料供应,也是他们的主要劳役之一。边塞戍卒守望和工作情况要记入各种簿记,其记事簿有"日迹簿""侯望簿"等。戍卒的生活是很艰苦的,生病不能得到很好的治疗,"无医治故不起病"(84·3),死了草草埋葬,"甲渠候官五凤四年戍卒病不幸死用藥积"(267·4),其悲惨情景可见一斑。

3.士兵的装备问题

边塞防御战争中弓弩是主要武器,其应用范围很广,最常用的弩称为"具弩",计算弩的射程及强度的单位叫"石",汉简中所记载的有一、三、四、五、六、七、八、十石等八种,以六石弩最为常见,射程约为260米,弩的损坏、折坏情况很严重,经常需要用绳及麻、胶来修理,盛弩的袋子叫"幡",盛矢的袋子称"服"或"兰"。矢则有藥矢(短矢)、畜矢(长矢)之分;镞皆为三棱形,短关,是当时边塞上常用的箭头。其他兵器如刀、剑,多是中原制造的。士兵所穿的衣服是官发的,有袭、袍、单衣、袴、练(袜)履等,此外还有襦和襜褕。被服的原料大都为麻,也有绢及皮毛等,这些衣服戍卒可以买卖,而买衣物的大都是侯长、燧长之流,衣服的买卖也要立字据,并有证人,对证人要酬以沽酒二斗。发领衣物时都有账簿进行登记,上面记着士卒的种类,本人的郡国、里、爵、姓名和被服的种类、数量,最后记载自取或别人代领。

4.士兵的待遇

士兵的待遇,大致可分为衣服、粮谷、金钱三项。士兵的口粮有大麦、小麦、粱、穄、穤、黍、糜、粟等。都是西北地区农产品,其中以穤、穤、粟、麦、糜为主。发放口粮均登记在簿,自取或别人代领一一写清。五谷之总称为谷。西汉末年,塞上谷价每石约值百余钱,简文有"黍米二斗直钱卅"(36·7)、"出钱二百廿籴粱粟二石,石百一十"(214·4),装粮用橐(袋),简中有用车运粮的记载。廪给分米、谷二种,米指已舂,粟指未舂。计算米的单位为大石,计算粟的单位为小石,大小石并非在实际上有什么不同。普通燧釉卒,每天可得米"六升太半升",大月30天得米3石,"为粟三石三斗三升少"小月则减去一天的。"少"指少半,大约是三分之一,大半则为三分之二。弛刑校士等短期在边的士卒,每天得米 6 升,约少大半升。作重体力劳动的(卒剧作者)约增十分之一。

家属廪给也分两种,大男和士卒同,余则递减。大女与使男同,较大男为少,未使男与使女同,又少,未使女最少。按汉代的丁中制度,6 岁以下为未使男、未使女,7~14 岁为使男、使女,15 岁以上为大男、大女,其使男、使女、未使男、未使女可统称为小男小女。此种称谓,为当时官方文书中之通用语,来源于户籍登记,所以在汉简中是普遍使用的常用词。廪给谷粮的数量,官兵大致相同。俸钱则根据地位高下有所不同。塞尉为 2000 钱,侯长为 1300 钱,燧长最低为 600 钱。简文中凡将钱写成泉的,那都是新莽时期的简。

第二十七节　符与传棨缯

符信,在我国作为人们身份的物质凭证,有其悠久的历史。随着社会的发展,在各个历史时期有着不同的形式和名称,但就其性质而言, 它是阶级社会中维护政权巩固、社会安定的一项有力措施,也是与当时的政治、军事、经济等密切相关的重要制度。研究汉代的符信制度, 不仅是了解符信的起源、演变和其以后发展的关键,而且将有助于探索当时与之有关的政治、军事、政治以及舆服、边郡社会组织等方面的某些问题。

本节以居延汉简材料为主,拟对汉代的符信分类加以考述。

一、符

新旧居延汉简中,都发现一定数量的符,是当时隶军籍者出入关道河津的通行证。均木质,长短、大小、形状,因就地取材,无严格定制。它与汉以前的兵符有一定的渊源关系,或者可以说它是以往兵符的变异和发展,有其独特的演变和形成过程。溯其源,它虽是兵符的变体,然而, 鉴于它的作用、使用人员和范围,不可能代替以往的兵符。所以,如果我们把它称为是兵符发展中的一个支脉,也许更恰当些。

说起兵符,我们会很自然地想到战国时期窃符救赵这一段脍炙人口的历史故事。《说文》曰:"符,信也。"最初,是一种具"信用"价值的凭证,其用于军事方面就是兵符,可以说是周代牙璋的发展。《周礼·春官·典瑞》云:"牙璋以起军旅,以治兵守。"郑司农注曰:"牙璋瑑以为牙。牙齿,兵象。故以牙璋发兵,若今时以铜虎符发兵。""牙璋"与"圭璋"略有不同,其区别并非"仅限于一骨一石而已"。"圭璋"亦称"珍圭","珍圭以征守"。杜子春注曰:"珍当为镇,书亦或为镇,以征守者,以征召守国诸侯,若今时征郡守以竹使符也。镇者,国之镇,诸侯亦一国之镇,故以镇圭征之也。凶灾,则民有远志,不安其土,故以镇圭镇安之。玄谓珍圭,王使之瑞节,制大小,当与琬琰相依,王使人征诸侯,忧凶荒之国,则援之,执以往,致王命焉,如今时使者持节矣!"①很清楚,牙璋的主要用途是发兵,而圭璋(珍圭)兼有征调诸侯、镇压反抗、恤抚灾荒、开库放粮等多种职能,各有专用,绝不仅仅是形状、质地的不同。

以往发现的兵符中,最早的是秦虎符,铜质。有新郪、阳陵杜符等,均为错金书四行,左右各 12 字,共计 24 字,文曰"甲兵之符,右才(在)王,左才(在)新郪",阳陵符文曰"右在皇帝,左仕阳陵"。这种兵符,左右各半,右上左下,右内左外合符后令乃得行。秦制:"数以六为纪,符、法冠皆六寸,而舆六尺。六尺为步,乘六马。"②所以,秦符字数为六或六的倍数,与秦刻石有韵之文同例。

《汉书·百官公卿表》高帝五年"军正阳咸延为少府",少府属官有符节令丞,尚符节事。应该说这时已沿用秦制,仍以铜虎符发兵,所以,齐王欲发兵诛诸吕。魏勃曰:"王欲发兵,非有汉虎符验也。"③可见文帝以前,虎符作为调动军队的物质凭证,事实上在起着作用。当时,以齐王之尊,内有朱虚侯、东牟侯为内应,外有驷钧、祝午、魏勃等人相助,但因无铜虎符发兵,也不得不慎重从事。文帝二年"九月初与郡因守相为铜虎符、竹使符"。这是西汉王朝正式重申采用铜虎符、竹使符制度，虽说从高祖时已承秦制沿用虎符发兵，但还未形成正式制度，这时有必要予以明确，使符节制度进一步完备、法律化。这里有一点需加以说明，就是不能认为汉用虎符发兵始于文帝二年，那是一个历史误会，也是不符合当时的实际情况的。

铜虎符主起军旅、治兵守，长六寸；竹使符主召诸侯、征郡守，长五寸，与秦制略异。应劭曰："铜虎符第一至第五，国家当发兵。遣使者至郡合符，符合乃听受之。竹使符以竹箭五枚，长五寸，镌刻篆书，第一至第五。"师古曰："与郡守为符者，谓各分其半，右留京师，左以与之。"④汉铜虎符的编数直接体现着持符者的身份、权限、任务和时限。当然，编数也绝不止五，这已为出土汉符所证实。"第一至第五，国家当发兵"，就是这个意思。国家发兵是重大军事行动，因之，编数规定为高数，这是不言而喻的。《居延汉简》："从第一始，太守从第五始，使者符合乃受"⑤，也进一步证明了编数的重要作用。汉铜虎符，皆银错书之，有"汉与"或"与"字者，是给诸侯王符的格式，与给郡守的符略有不同，给郡守者皆不称"汉与"，如"与张掖太守为虎符张掖左一"⑥，而给阜陵王虎符、泗水王虎符都有"汉与"字样，这是有区别的。再如"与南郡守为虎符南郡左二"⑦，也可得到证明。

东汉建武初年，用玺书、诏令发兵，无虎符之信，后因军旅尚兴，防"奸人诈伪"，才决定"调兵郡国，宜立虎符"⑧。关于东汉初废玺书、诏令，而用旧制虎符发兵的缘由，杜诗曾详陈其利弊："旧制发兵皆以虎符，其余征调，竹使而已，符策合会，取为大信，所以明著国命，敛持威重也。间者发兵但用玺书，或以诏令，如有奸人诈伪，无由知觉，愚以为军旅尚兴，贼虏未殄，征兵郡国，宜有重慎，可立虎符，以绝奸端。昔魏公子，威倾邻国，犹假兵符，以解赵围，若无如姬之仇，则其功不显。事有烦不可省，费而不得已，盖谓此也。"我们所以摘录了这上面的一段文献记载，是想强调说明兵符在当时国家事务中的重大作用,尤其是当国家动乱之际,就更显示出它的重要性。据《隋书·炀帝纪》载:炀帝幸辽东,命卫玄为京师留守,樊子盖为东都留守,俱赐玉麟符以代铜虎符,这是以示恩宠,并非隋用玉麟符。1974年,在甘肃庄浪县阳川公社葫芦河南岸的曹家塬,曾发现一批隋代铜虎符,正面为阴刻小篆"府"名,背面为阴刻楷书"卫"名及编数,这正是隋代府兵制下的常用铜虎符[⑨]。

到唐代,兵符的质地和形状都有了明显的变化,据史载为避李虎之名讳,因有此改易。"后魏有传符,历北齐、周、隋皆用之。武德初为银菟符,后改为铜鱼符,以起军旅,易守长。其传符以给邮驿,通制命。太子监国曰双龙之符,左右各十。京师留守曰麟符,左二十,右十九。东方青龙符,制方骊虞符,南方朱雀符,北方玄武符,左四右三。随身鱼符以明贵贱,应征召。左二右一。太子以玉,亲王以金,庶官以铜,皆题某位某姓名。其官只有一员者,不复著姓名,并以袋盛。其袋三品以上饰以金,五品以上饰以银。"[⑩]兵符的形制不仅有了变化,就其种类、用途、性质等方面,也有了明显的发展和多样化,这是社会发展的趋势,无疑是一种进步。后唐长兴元年(公元930年),给事中崔行奏:"内库每州皆有铜鱼八只,一只大,七只小,两只右,五只左。其右铜鱼一只,长留在内。一只在本州库,逐季申报平安,左鱼五只皆镌次第字号,每新除刺史到任后,即差到省领左鱼,当日复奏内库,次第出给左鱼一只,当省责领,到州集官吏取州库右鱼契合,却差人送左鱼纳省,如别除刺史,州司又请次第左鱼,周而复始"[⑪]。程序是既繁杂又严格。然而,此乃国家定制,不能有丝毫差错,更不允许稍有怠忽,否则将以不敬论处。

除此之外,还有一些特殊规定,以适应异常情况,以示区别。"木契所以重镇守,慎出纳,军驾临幸,皇太子监国,有兵马受处分者为木契。若王宫以下,两宫留守,及诸州有兵马受处分,并行军所及,领军五百人以上,马五百匹以上征讨,亦各给木契。其在州及行用法式,并准鱼符,王畿之内,左右各三,王畿之外,左右各五,庶官镇则左右各十。"⑫所以木契可算是对鱼符的补充,不属常例。

到宋代,兵符略有变化,一改过去复杂纷乱的情况,反给人以耳目一新之感,兵符的种类和使用方法更重点突出,简便易行,有利于军事行动,责任明确,也便于监督和检查。宋仁宗赵祯"康定元年颁木契,上下题某处契,中剖之,上三枚好鱼形题一二三,下一枚中刻空鱼令可勘合,左旁题云左鱼,右旁题云右鱼,合上三枚留总管钤辖官高者掌之,下一枚付诸州城城誓主掌。总管钤辖官发兵马,百人以上先发上契第一枚,贮以韦襄,缄印之遣指挥赍牒用弦,所在验契即发兵"⑬。

上面我们对兵符的发展与演变做了些简单、概括的回顾,这有助于我们对汉代符信制度的进一步探讨。

西汉中期以后,特别是武帝的 50 年战争,客观上对兵符的使用范围、对象、作用等不断提出新的要求,以满足日益复杂的新形势的需要,于是其派生物应运而生,这正是本节将重点探索的问题之一。

居延出土的木符《汉书》中略有记述,但遗憾的是,长期以来,注释家意见分歧,莫衷一是,甚而自相矛盾,使原来记载就不十分清楚的符,更加上了后期人为的混乱,时至今日,仍然没有得出一个令人信服的结论。《汉书·汲黯传》晋人臣瓒注曰:"无符传出入为阑也。"这里符传并提。颜师古说:"古者或用棨,或用缯帛。棨者,刻木为合符也。"将棨与缯、棨与符等混为一物。《汉书·终军传》张晏注曰:"繻,符也。书帛裂而分之,若券契矣!"也误认为繻、符是一回事。苏林又解释说:"繻,帛边也。旧送出入皆以传,传烦,因裂繻头合以为符信也。"认为"繻"是"传"的代用物。"传烦"乃以"繻"代"传"之论不确,似难以成立。终军,武帝时人,而居延发现的符有:

始元七年闰月甲辰,居延与金关为出入六寸符券齿百,从第一至千□。 (65·10)⑭

始元七年闰月甲辰,居延与金关为出入六寸符券齿百,从第一至千,左居官,右移金关,符合以从事。第八。　　(65·7)

始元七年闰月甲辰,居延与金关为出入六寸符券齿百,从第一至千,左居□□□□□□合以从事。第十八。　　(65·9)

再如"永光四年正月己酉,橐佗吞胡燧长张彭祖符"

(29·2)

永光四年正月己酉,橐佗延寿长孙时符　　(29·1)

以及晚至元始二年(公元 2 年)的金关符等,这就不难看出,"传烦",以缯代之的解释,是与当时的实际情况不符的。由于《汉书》注释家对符及其相关的缯、棨、传等解释上的混乱状态,直接影响到后来对这些问题的澄清[15]。

近年来有人认为,"传与符之区别,符写人名,传或写或不写人名,符写到达地点,或有不写到达地址者与传相同。符有齿,传无齿,符计数,传不计数。其形式符与普通木简相似,传则长方形,宽度比符加一倍"[16]。我们认为,居延出土的具有通行证性质的符,是以往兵符的发展,演变和扩大其使用范围的产物。所以它仍保留着兵符的某些特色,正是这些特色向我们揭示了它们之间的继承、发展关系。

首先在形制方面,仍然保留了"符"这同一名称。《说文》曰:"符,信也。汉制以竹长六寸分而相合,从竹付声。"六寸之符,这是依秦符、法冠皆六寸之规定。居延木符亦承秦兵符六寸之制,亦定制六寸,与"金关为出入六寸符"[17]正相合。其次,秦汉兵符都有编数,居延木质符亦有编数,唯编数有了惊人的发展、扩大,有多达一千者。如:

□里贾胜,年卅,长七尺三寸,□□出粟二石,符第六百八一。[18]

☑出入六寸符券,自百六至☐。⑲

居延与金关为出入六寸符券齿百,从第一至千,左居☐☐
☐☐☐合以从事。第十八。　(65·9)

居延与金关为出入六寸符券齿百,从第一至千,左居官,
右移金关,符合以从事。第八。　(65·7)

以上所列皆是,那么,居延木质符有没有无编数的呢?有。这种
无编数的符仅限于发给和军事不甚相干的人,如"隶军籍"者家属
出入关符等。既然与军事不甚相干,为什么不用"传"而仍用"符"
呢?这是因为"隶军籍"的关系。再者,按规定,仍依兵符例,木质符
亦为两半,合符乃得从事,如:

使者符合,乃☑　(332·12)
金关为出入六寸符,☑符合乃得从事。　(11·8)
左居官,右移金关。　(65·7)
☑寸符券齿百,从第一至千,左居官,右移☑。　(221·17)

上列符合以从事,仍属"左上右下""左内右外"之制。这些要求
"合符"之简,多属哀帝以前遗物,看来哀帝以后,一方面用符事项
更为繁多,边吏可能有简化手续之势;另一方面,西汉中期以后,规
章制度已略显废弛,"合符"规定已不甚严格,开始时也可能由于某
种特殊情况偶尔为之,天长日久,已逐渐习以为常,形成了变通的
习惯性办法,这也许就是为什么居摄以后很少见"合符"的原因吧!

符与传的实质性区别还在于:符的使用对象和范围只限于与
军事有关的人和事;而传则用于无军籍的吏和民。这一点也正是兵
符演变到木质符所保留下来的主要痕迹之一。现将符和传举例如
下,试加以比较和区别。

符：

初元二年正月骍北亭戍卒符。　　(73·Ej⟨1⟩,T27:48)

永光四年正月己酉,橐佗吞胡燧长彭祖符。　　(29·2)

橐佗勇出燧长井临,建平元年家属符。(73·Ej⟨1⟩,T642)

永光四年正月己酉,橐佗延寿燧长孙时符。　　(29·1)

临之燧长威为部市药诣官封符,八月戊戌平旦入。

(286·11)

令史严白发符,更始二年四月己丑,燧长崇□令史严奏发

檄符。　　(95·2)

橐佗野马燧吏妻子与金关闭门出入符。

(73·Ej⟨1⟩,T21:136)

传：

元康二年正月辛未癸酉,都乡啬夫□当以令取传。

(313·44)

永始五年闰月己巳朔丙子,北乡啬夫忠敢言之,义成里崔

自当自言,为家私市居延。谨案自当毋官狱征事,当得取传。谒

移肩水金关居延索关敢言之。闰月丙子,觻得丞彭移肩金关、

居延县索关,书到如律令。掾晏令史建　　(15·19)

□□充光谨案曰:籍在官者弟年五十九,毋官狱征事,愿以

令取传。　　(218·2)

□道鸣沙里陵广地,为家私市张掖酒泉,众且行侯巳□□

所亭鄣河津关,毋苛留,录复便敢言之□如律令。掾不害令史

应。四月甲戌入。　　(36·3)

元康二年正月辛未朔癸酉,都乡啬夫□当以令取传。谒移

过所县道□□正月癸酉居延令胜之,丞延年□。　　(213·28)

建平三年二月壬子朔丙辰,都乡啬夫长敢言之☐同物户籍
藏乡名籍如牒,毋官狱征事,当得以令取传。 （81·10）

☐年七月丁巳朔庚申,阳翟长狱守丞就,兼行丞事,移函里
男子李立第,临自言,取传之居延,过所县邑侯国,勿苛留,如
律令。侯自发。阳翟狱丞。 （140·1）

☐谨移☐☐仓长☐☐当为传,敢言之,八月戊子匽师丞熹
移县☐☐章曰匽师丞印。 （334·4）

清晨夜,姚去复传,致出关。书到☐令史有田褒字少倩郡
☐月丁未入。十二月丁酉出。 （50·31）

元始三年十二月,吏民出入关传副卷。 （73·Ej〈1〉,T35:2）

凡军事系统人员外出,不论因公因私,都要领取作为身份凭证
的"符",然后才能成行。领取符信,这在当时的正式文书中称为"发
符"或"封符",如"令史严白发符""奏发檄符""诣官封府"皆是。此
外,还要规定往返的时间,将何时起程、何时返回记载于册,出入关
时间记于符文之后,以检查是否超过时限以及备案待查。发符的种
类、对象、因公、因私、持符者的身份等,也因人而异。凡一般军事人
员(包括其亲属)出入关、道、河、津用符,这是一般的常用符。如因
公受遣或身份较高的军官,则另有特殊的"符",如"闭门出入符"
"葆宫出入符"(97·9)等。持这种符者不仅较持传者受到较高的待
遇,而且较持一般符者也不相同。如"永始三年三月辛亥,居延城司
马☐以秩次行都尉事,☐当舍传舍,从者如律令"(140·2)。这显然是
一种特殊礼遇。所以,凡持有特殊符信的军事人员,都将受到优厚
的招待,这种优待不仅表现在食宿方面,而且在自用物的携带以及
乘骑等方面都会受到照顾。符作为军事系统的通行证,在颁发程序
上、部门权限上还有其详尽的规定。

二、传

传,《说文》曰:"传,递也。从人专声。""传递"者,乘传奔走之信

使也。《周礼·秋官·行夫》云："行夫掌邦国传递之小事,嫔恶而无礼者。"行夫作为信使,必有足以证明自己身份的凭证。例如:"鸥夷子皮负传而从"㉑,这个传,应是物质凭证。行夫虽位卑职微,但毕竟是信使,故行止有规,行则驿车(骑),止则传舍,所以传亦可称作驿,或传舍连称。

史载:"晋侯以传召伯宗"㉒,"令鼻之入秦之传舍"㉓等,说明了传或传舍的多方面作用。传作为身份凭证,理应有其发展和演变的过程。初,如上述,仅与信使。秦汉之际,就扩大到一般吏民行止的身份证明了,这个"扩大",既满足了社会发展客观上的需要,也反映了统一国家内人们交往频繁,出行日多的社会必然的内在联系,这是割据状态下所难以想象的。《汉书》文帝十二年"除关无用传",同时,免除田租、缓征关税,在一定程度上反映出社会的安定与繁荣。所以,《汉书·景帝纪》元年诏曰:"孝文皇帝临天下,通关梁不异远方。"张晏进一步指出:"孝文十二年,除关不用传,令远近若一,四年复置诸关用传出入。"㉔为什么"四年复置诸关用传出入"?应劭解释说:"文帝十二年出关无用传,至此复用传,以七国新反,备非常。"㉕"以七国新反,备非常"而复用传,这正体现了"传"的实质作用,它首先是作为维护社会治安、巩固国家政权、整顿社会秩序的重要措施而施行的,也是执行符传制度的根本目的所在。正因为这一点,而被历代统治阶级所沿用不弃,并随着社会的发展,使其不断地完善和扩大,可以说,它贯穿在整个阶级社会中,尽管有各式各样的不同形式,但其性质是不变的,是为统治阶级的国家政权服务的。《汉书·宣帝纪》本始四年诏云:"丞相以下至都官令丞上书入谷,输长安仓,助贷贫民。民以车船载谷入关者,得毋用传。"吏民用传出入关津的制度,重又普及到各郡国。这时传的形式,崔豹作了形象而详细的描述:"凡传皆以木为之,长五寸,书符信于上,又以一板封之,皆封以御史印章,所以为信也。"㉖这个记载是可信的,它可能是当时传的规定形式,要求"皆封以御史印章"。然而,居延所出土之木传,未见有"御史印章",况大小形制略无定制。但有的正面写上一个大大的"传"字,醒目易辨,这可能就是"封板",也正如崔豹所说的"又以一板封之"。《居延汉简甲乙编》中的简 257·13、77·58、45·5 等皆属此类。其内容绝大部分属普通吏民行止的凭证。

《汉书·文帝纪》十二年,如淳注曰:"两行书缯帛,分持其一,出入关合之,乃得过,谓之传也。"李奇辨曰:"传,棨也。"颜师古又说:"古者或用棨,或用缯帛,棨者刻木为合符也"。真可谓意见纷纭,各有见地,以何为准,给后世学者造成很大困难,这实际上还是将不同的、各有专用的几种符信混淆了,令人无所适从。

居延地区从普查到试掘,连续数年,考察者的足迹遍及额济纳河流域,至今尚未发现缯帛之传,我们认为,这很可能是由于"凡传皆以木为之"之故。如果说缯帛易腐烂、难以保存至今,故未发现,此论似难成立。居延出土的"张掖都尉棨信"红色织物,不仅完好无损,而且色泽鲜艳,它如出土之麻纸、渔网等,足可证明"缯帛易损,故未发现"之说,难成为没有发现缯帛之"传"的理由。至于"缛",并非"传",也不是"传烦"的代用品。"棨"和"传"则更是两回事,各有其自身的作用。我们认为,传由官方信使的物质凭证(当时传本身记有官文书内容,故需御史印封),到一般吏民的行止通行证,同样是一个不断发展、演变和扩大其使用范围的过程。

传的颁发,庶民如需出行,一般先申请于乡啬夫。乡啬夫者,"职听讼,收赋税"[22]。证明申请人无讼狱、欠税事,然后再上报县令(长),待批准后,由掾、令史具传各关津放行。按规定,一个完备的传,一般都包括三部分内容,现试举例说明。

> 永始五年闰月己巳朔丙子,北乡啬夫忠敢言之,义成里崔自当言,为家私市居延。谨案自当毋官狱征事,当得取传。谒移肩水金关,居延县索关敢言之。得丞彭移肩水金关、居延县索关。书到,如律令。掾晏、令史建。 (15·19)

"崔自当言,为家私市居延"句之前这一段,为爰书,也就是抄录乡啬夫的原申请文书。"谨案自当毋官狱征事,当得取传"为批准书。"谒移"以下为下移文书。所谓下移文书,是指该文件下达的范围、地点。最后是承办者签署。掾者,即掾吏,掾属也。这里是指县令、丞的书办属吏。令史者,汉简叙次,尉史位在令史之下;汉律叙次,尉史在士史之下。《汉旧仪》曰:"更令吏曰令史,丞吏曰丞史,尉吏曰尉史,捕盗贼得捕格。"《史记·项羽本纪》集解引"晋灼曰:《汉旧仪》曰令吏曰令史,丞吏曰丞史"。

据此格式,我们对某些残简断牍,均可明确加以判断是否应属关传简,试举例如下:

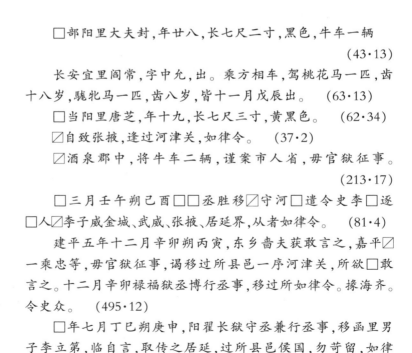

□部阳里大夫封,年廿八,长七尺二寸,黑色,牛车一辆
(43·13)

长安宜里阎常,字中允,出。乘方相车,驾桃花马一匹,齿十八岁,騠牝马一匹,齿八岁,皆十一月戊辰出。　(63·13)

□当阳里唐芝,年十九,长七尺三寸,黄黑色。　(62·34)

☑自致张掖,逢过河津关,如律令。　(37·2)

☑酒泉郡中,将牛车二辆,谨案市人省,毋官狱征事。
(213·17)

□三月壬午朔己酉□□丞胜移☑守河□遣令史李□逐□人☑李子威金城、武威、张掖、居延界,从者如律令。　(81·4)

建平五年十二月辛卯朔丙寅,东乡啬夫获敢言之,嘉平☑一乘忠等,毋官狱征事,谒移过所县邑一序河津关,所欲□敢言之。十二月辛卯禄福狱丞博行丞事,移过所如律令。掾海齐。令史众。　(495·12)

□年七月丁巳朔庚申,阳翟长狱守丞兼行丞事,移函里男子李立第,临自言,取传之居延,过所县邑侯国,勿苛留,如律

418

令。侯自发。阳翟狱丞。 （140·1）

上列各简,格式比较规范,也较易判明其关传简属性。还有部分散简,损残严重,或仅留片言只字,但依据前述格式,亦可判明其是否关传简。下面我们不妨再略举数例,加以判断：

　　▨张宗□家私市鞣得,唯府告□。 （270·20）
　　□同里张利中自言,为家私市张掖、酒泉。 （37·29）
　　□阳里□谒移肩水金关□▨。 （37·46）
　　▨当为传,敢言之。 （334·40）
　　甘露四年六月丁丑朔甲辰,西乡有秩▨王武,案毋官狱事,当为传□▨。 （334·20）
　　▨奉葆姑藏西比夜里▨□河津、金关毋苛留,□▨。(97·9)
　　▨居城破胡移过所。 （11·10）
　　▨□通移过所,如律令。令史宗咸。(15·8)
　　▨仁自言,为家私市。 （29·6）
　　□外万乡里节白故▨远关当再▨。 （29·15）
　　十一月壬子长安令守左丞起,移过▨。 （218·34）
　　▨广移过所,肩水金▨。 （218·36）
　　▨事,谒移过所县邑侯国▨。 （218·58）
　　▨延▨奉□移过□▨。 （218·78）
　　居延四年,合案毋官征事▨。 （241·12）
　　□弘敢言之□□男子张忠臣与同里▨年卅四岁,谭正□大夫年十八岁,皆毋官狱▨勿苛留止,如律令。令史始□▨
（340·6）
　　▨小□年□□毋官狱征事,当得以▨。 （340·14）
　　▨完邑▨移过所。 （241·45）
　　▨私市居延▨言之▨。 （243·20）

愿以令取传,谨☐。 (243·37)

私市居延,愿以令取致谨☐。 (243·34)

我们所以判明上列各简属性,目的在于便于参考。在上列各简中,疑 241·12、243·34 两简释文有误,经查对照片,因影印不清,一时难以肯定,暂存疑。

这里还有必要对上引各简文中的一些具体问题,略加说明。"阳里大夫封辣"中的"大夫",爵名。据《汉书·百官公卿表》:"皆秦制,以赏功劳。"其爵共分二十级:曰公士,上造,簪袅、不更、大夫、官大夫、公大夫、公乘、五大夫、左庶长、右庶长、左更、中更、右更、少上造、大上造、驷车庶长、大庶长、关内侯、彻侯。这里的"大夫封辣"是五级爵。

"方相车"中的"方相",原是古代驱疫避邪之神像,方相车用其驱疫避邪之意以为前导,所以又可称为前导车。《周礼·夏官·方相氏》云:"方相氏掌蒙熊皮,黄金四目,玄衣朱裳,执戈扬盾,帅百隶而时难,以索室驱疫。大丧,先匶,及墓,入圹,以戈击四隅,殴方良。"后来用纸扎成模型用以送丧,这也称为方相。民间出殡时用木或纸作成开路,这当然是右方相的遗制。

"駹牝马"中的"駹",从马龙声。龙者,杂色也。《说文》曰:"龙,犬之多毛者,从犬从彡。"《左传·闵二年》:"衣之尨服,远其躬也。"注云:"尨,杂色。"以"龙"命马,曰"駹",即杂色马之谓也。《周礼·秋官·犬人》曰:"用駹可也。"贾公彦疏云:"駹,谓杂色性。"如具体地讲马,亦可作青色马解。如《汉书·匈奴传上》云:"东方尽駹。"颜师古注曰:"駹,青马也。""牝",有云"牝鸡无晨"[②],是指雌性禽兽。这里的"駹牝马",就是杂色或青色母马。

"自致",《说文》曰:"致,送诣也。"所以,"自致"可作亲自送去解。

"市人省"中的"市人",可泛指城镇居民。《史记·淮阴侯列传》

曰："且信非得素拊循士大夫也,此所谓:驱市人而战之。其势非置之死地,使人人自为战。"还有一个例子:"世有言曰:驱市人而战之,可以胜人之厚禄教卒……此不通乎兵者之论。"㉙"省"乃人名,"市人省"就是名叫省的市民,"市人"是"省"的身份。

"禄福"。此系酒泉郡治所禄福县。《后汉书·郡国志》酒泉郡下有福禄县。吴卓信认为:"晋隋唐并作福禄,考邻阳县令曹全碑云:拜酒泉禄福长,《三国志·庞淯传》有禄福长尹嘉。"㉚在汉魏之时乃称为禄福,直到晋时才改禄福为福禄。据《晋书·张重华传》"封中坚将军为福禄伯"。这是明证,因此,《后汉书·郡国志》关于福禄县的记载是有疑问的。

"阳翟长",是颍川郡下阳翟县的最高首长。汉律规定:万户以上的县为令,不足万户的曰长。可知阳翟县应当不足万户。查《汉书·地理志》颍川郡阳翟县下,有户四万一千六百五十。按律阳翟县当设令不应为长,或因时间之差异全县人口略有浮动,但其户数又相差很大,因此,疑原记有错,误令为长。此外,可能句读有误,如将句读改为,"阳翟,长狱守丞,兼行丞事"也许更符合简文本意,果尔,那么何谓"长狱守丞",可否依狱长例解?至于"守"丞,按汉律:初除为守,岁满为真,也可称为见习官吏吧!

传的签发也有不经县令、丞者,由各系统主管部门自行办理。边郡都有一农都尉,简文曰:

> 守大司农光禄大夫臣调昧死言,口受薄丞庆,前以请,诏使将军屯食,守部丞武☒以东至西河郡十一农都尉官二调物钱谷漕转粜☐民困泛,原调有余给不☐☒。　(214·33)

这是汉元帝二年或三年的诏书。《汉书·百官公卿表》载:"(元帝)永光二年,光禄大夫非调为大司农。汉律,初除之吏为守,可知这道诏书是非调任大司农不久的事。"考汉史,元帝永元二年之际,正值饥荒凶年。《汉书·元帝纪》云："永光二年春诏曰：盖闻唐虞象刑而民不犯，殷周法行而奸轨服。今朕护承高祖之洪业，托位公侯之上，夙夜战栗，永惟百姓之急，未尝有忘焉，然而阴阳未调，三光晻昧，元元大困，流散道路，盗贼并兴，有司又长残贼，失牧民之术，是皆朕之不明，政有所亏，咎至于此，朕甚自耻，为民父母，若是之薄，谓百姓何。"又于是年夏六月诏曰："间者连年不收，四方咸困。元元之民，劳于耕耘，又亡成功，困于饥馑，亡以相救。"这就是当时的实际情况。此简所载调十一农都尉余粮，转给困乏之民，调有余给不足，是可信的。至于农都尉之制，司马彪认为，"农都尉武帝置，于边郡主屯田殖田谷"[31]。与郡都尉、关都尉、属国都尉并列，然而，《汉书·地理志》没有记载各郡的农都尉，据"（敦煌）以东至西河十一农都尉官"的记述，似指敦煌、酒泉、张掖、武威、金城、陇西、天水、安定、北地、上郡、西河等十一郡，若每郡置一农都尉，合十一农都尉之数。各郡农都尉受命于大司农，作为地方官，同时受命于郡太守。居延简文有"居延农都尉"和"张掖农都尉"，似一郡也可有二农都尉，再如敦煌郡广至下自注云"宜禾都尉治昆仑鄣"。既称"宜禾"，当与农业有直接关系，是否也算农都尉，而敦煌的效谷县，因"勤效得谷，因立为县名"，也不能说与农都尉之设置无关，因之，农都尉之设置应仅限于边郡地区，当因地制宜。中央有太仓，"郡国诸仓属焉"。边郡诸仓同时也受制于郡太守，各县令、丞无权过问。这就在各边郡郡县中形成了一个相对独立的系统，所以，凡属本系统的官吏，以及普通成员，因公、私之事外出，都由本系统主管官吏掾属签发具传，这种传，是仅就其性质而言，其名称并不一定都叫"传"，而是按具体情况，分别处理命名。

十二月癸丑，大煎都侯丞罢军别治富昌燧，谓郡士吏，写移书到，实籍吏出入关，人畜、车马、器物如官书。会正月三日，须集移官各三通，毋怠，如律令 （见王国维《流沙坠简·屯戍

丛残考释》簿书类第七简）

　　出入关，人畜、车马、器物，如关书，移官，今正月三日，毋
怠，如律令　（同上书第八简）

　　这是适用于"实籍吏"的"官书"和"关书"。持其书者可以携带
牲畜、车马、器物等，要求对他们"毋怠"放行，这显然是一种特殊照
顾。所谓"实籍吏"，就是在册的现任官员，他们的出行条件一律从
优。

　　建平三年闰月辛亥朔丙寅，禄福仓丞敢移肩水金关，居延
坞长王玖所乘马各如牒，书到出，如律令。　（15·18）

　　此乃牒书，就持牒者身份来说，应属符的范畴，然而按其形式
而言，具关传性质。这种牒书的内容和格式，都较一般吏民所用的
关传简单得多。似应属公事出差所用，如这个推论不错，那么，居延
坞长王玖则应是去福禄县仓公干，公事结了，由仓丞出具的官牒，
以便旅途查验。此外，如确因公受遣，临时出入关道河津，则多使用
官文书，这是较高一级的公文凭证，它不仅作为通行证使用，同时
是到办事单位、部门的凭证，因而更有"公事"效力。

　　元延二年十月乙酉，居延令尚丞忠移过所县道河关津，遣
亭长王丰，以诏书贾骑马酒泉、敦煌、张掖郡中，当舍传舍从
者，如律令。守令史诩、左褒，十月丁亥出。　（170·3）
　　☐汤兼丞事，谓过所县官，遣亭卒史奉出☐☐。　（37·21）
　　☐水肩守县尉赏移肩水金关、居延县索关☐啬夫党。佐
忠。　（140·5）
　　☐戌朔癸巳，甲渠鄣侯谨遣令史薛谊☐。　（270·20）
　　永始三年三月辛亥，居延城司马☐，以秩次行都尉事☐，当

舍传舍,从者如律令。 （140·2）

　　☑壬子酒泉库令安国,以近次兼行太守事,丞步迁谓过所县。 （102·6）

　　居延候官定居燧长王奊食告曰:"载肩水吏逐亡卒,它毋、所过邸、并河☐以☐。 （41·35）

　　这些官文书当具关传性质,因非一般关传,所以要求"传舍从者""当舍传舍",以解决持官文书者的食、宿、行等方面的问题。更引起我们注意的是,这些官文书的发文单位各异,似乎如有需要都可发文,且发文单位的级别也颇悬殊,有上自"太守""县令、丞",下至"县尉""鄣侯",都有权具官文书派遣,并无统一、级别之规定。另外,对一些较高官阶的官吏代办私事,或因公、私之事诣官,也可办理官文书:

　　永光元年五月戊子,鬷得守左尉奉移过所县亭☐取☐侯往, 为侯之鬷得取麦三百石, 还家, 家取☐官官丞徐邦等,同☐戌赴肩水侯官,移到,毋留止,如律令。 （562·3）

　　当曲燧长关武将邮书诣官。 （46·6）

　　第卅六燧长成父不幸死,当以月廿二日葬诣官取急,四月乙卯蛋食入。 （52·57）

　　当曲燧长武,持府所辟火报诣官。九月丁未日出入。 （59·36）

　　这些文书既载之于关津出入名籍,当与原官文书记述无异,有些虽然是临时性的出入凭证,但也要按规定办事,不能马虎,从中看出,虽是边郡地区,但对法令、制度的执行仍然是十分严格的,不允许有差错,否则也是要受制裁的。

　　由上所述,传用于一般吏民之行止,此外,还有特殊的牒书、官文书等,与传并行,而且还会得到传舍的更多照顾和方便。

凡持传出入关道河津之吏民,都要按其身份、事由、出入关时间分别予以登记。登记之册见于汉简者有《吏妻子及葆出入关名籍》,一般吏民的《出入关传籍》以及《远食过关出入簿》等,按规定一式两份,上报的一份曰"致籍",留关备查的一份曰"副卷"。如"元始三年十二月,吏民出入关传副卷"正是。这里顺便说一下,凡持符出入关者,一般只要求合符(验符),并不登记,但也有特殊情况,不能一概而论。"吏妻子及葆",这是指有一定身份的人,"葆"即葆宫。而流民、乞食者入另册曰"远食过关出入簿"。这是对所有过关之吏民有区别的分别登记。

新旧居延汉简、敦煌汉简中³²,都曾发现"致籍"简,说明它是汉代边郡关塞的一种常用文书。其性质、用途如何,历来说法分歧,王国维认为"致籍未详"³³无明其渊源,难以考证清楚。近读陈邦怀先生《居延汉简考略》³⁴一文,获益良深,颇受教益。然而《致籍》一节似仍有可补充、商榷之处,兹不昧肤浅,略陈管见。

《居延汉简考略》一文指出:"致籍不仅为出入关所用,吏、卒对于上级亦用致籍。"并以劳氏释文为例,论证"出入关之致籍,其形式大略如是"³⁵。而结论甚为含糊。"致籍"既然为出入关所用,如何对上级亦用致籍,那么,"致籍"的用途、作用究竟如何?"出入关"与"吏卒对于上级"之间有无关系,如有,其关系又如何呢? 这些实质性的问题, 可惜文中均未涉及, 这就难免使人对其结论有不解之感,两者之间很难联系起来。详查居延、敦煌先后所获之简牍,与陈文中所引用的"致籍"简相参照,不论其形式还是内容都与"致籍"简迥异,细察之,乃是关传简,并非致籍简。关于关传简的内容、格式前面已有详述,可试加对比,自不难验证。

"致籍",居延汉简有"凡出入关写致籍"(50·20)。简言之,"致籍"就是各关塞河津上报太守府的出入关者之名籍。名籍按规定要按时逐级汇总上报,使太守府能随时了解各关津人员出入情况,故曰"致籍"。致,《说文》曰"送诣也",即"致达"之意。系下级对上级的尊敬用辞。古有"岁终,则令百官府,各正其治,受其会,听其政事"的规定。又云:"岁终则令群吏致事。"㊱"致籍"之"致"与"致事"之"致",其意一也。《流沙坠简·屯戍丛残》简文曰:"□适士吏张博,闰月丁未,持致籍诣尹府。"新莽改太守府为大尹府,"闰月丁未",查《廿史朔闰表》为始建国五年九月二十七日。十月为岁首,九月正当岁终,值"致事"上报之时。当然,也有可能一年中上报不止一次,或逐月上报,不得而知。"致籍"既属上报名籍,理应有题"签"和出入关吏民名单,这个名单自然也应与留关之"副卷"相同。

1979年在敦煌马圈湾新出土的汉简中有"居摄三年吏私牛出入关致籍"(79·D·M·T6:55),"元始三年七月玉门大煎都万世侯长马阳所赍操妻子从者奴婢出关致籍"(79·D·M·T9:27),这是玉门侯、万世部侯长玉门都尉府上报"致籍"的题"签"简,以便各都尉岁终汇总上报太守府。我们所以认为上引之简是题签简,理由如次:

第一,它们发现于敦煌马圈湾遗址,据原发掘报告的作者认为,马圈湾实应是玉门侯官治所,如这个论据无误,那么,发现于玉门侯官遗址的文书,当是向玉门都尉府上报致籍的底稿。

第二,大煎都在玉门关之西,如上报文书一定要经过马圈湾,这就是万世部侯长的上报致籍为什么会在马圈湾发现的原因,如属关传简,发现于玉门侯官遗址就成为不可理解的事了。

第三,万世侯长马阳所上报的"赍操妻子、从者、奴婢"致籍,是出入关者之中的有身份者,故应专册上报。而"吏私牛"大概也不是普遍情况,故亦需专册上报。

第四,由于是"致籍"题签,故不必详列姓名,至于出入关者的细节记载,当为题签简右的名籍简。这种上报的名籍,也就是"致籍"的主要内容,兹录述数例如下:

> 出吏觻得高平里,公乘范吉年卅七,迎司御钱居延。八月

戌戌入。 （170·7）

昭武万岁里,男子吕未央年卅四,五月丙申入。用牛二。
（15·20）

前阳里唐芝,年十九,长七尺三寸,黄黑色。八月辛酉
出。 （62·34）

肩水见新徒,大男王武,闰月壬辰出 （37·1）

侯丈□非子,长七尺,黑色。十月辛亥出。 （37·3）

☑月丁未入,十二月丁酉出。 （51·4）

二月丁巳平旦入。 （51·13）

十月甲午入。 （37·4）

☑范牛车一辆,弓一矢廿四剑一。三月己丑出 （37·6）

本始二年五月戊子,日入时入关。 （36·12）

□□省卒□府。二月庚寅入。 （51·16）

淮阳郡长平本固里相口鸿。十二月己巳出。 （19·41）

这些简属留关副卷,它是由上述各简的出土地点证明的。值得
注意的是,只记出入月日,而无纪年,这一点是否也可作为每年汇
总上报一次或几次的又一佐证。

这里还有一条简文需略加分析。在中国社会科学院考古研究
所编《居延汉简甲乙编》之 243·34 号简文有"私市居延,愿以令取
致谨☑"。这里的疑问是"愿以令取致"下是否应为"籍"字,但下文不
见"籍"字,而下面一字原释文为"谨"字,"谨"与"籍"字,两字形状
相去很远,难以混淆。查简文照片,"致"字模糊不清,"谨"字漫漶残
半,难以辨认。仅以半字来看,如认为误将"籍"字释为"谨"字,这也
是令人难以置信的。如"谨"字释文不误,"致谨"二字似难为一读,
若"愿以令取致"为一句,不仅意思不完整,而且也难以理解,似嫌
语句欠通。退一步讲,如果"致"字无误,仅仅这样一个"致"字,也不
能肯定说是"致籍"。我们暂时认为释文无误,试按原简文翻译成现

代汉语,那这句话的意思也只能是"愿依照法令的规定,取向上级的报告(文书)"。这样勉强解释,显然与全简文例相左,意思难合,内容也十分奇特。所以我们认为,"致"字可能有问题,也许是原简文之误,也可能是释文有错,不过,这仅是一例,可算孤证,也只好暂时存疑。但目前还不宜以该简为例,证明"关传"也可以叫作"致籍"。

为了进一步证明"致籍"确系上报文书,我们再举敦煌所出一简:"玉门都尉除属吏"(正面)、"致籍"(背面)(见王国维《流沙坠简·屯戍丛残考释》杂事类第四十三号简)。这是玉门都尉除属吏而上报太守府的致籍,既是"除属吏",当有附件,即新任属吏的名籍。所以上引之简仍应是题"签"简。这里似应对王国维先生所核定之简的正、背面略加更正,即王氏所定之正面应为背面,实际上背面应是正面,这道理很简单,题"签"应在最左面,也就是文书的后页。

总之,关传与致籍不仅形式、内容不同,其作用也各异,现在我们再回过头来,试看陈先生所引之简文:"□□充光谨案曰:籍在官者,弟年五十九。毋官狱征事,愿以令取传,乘所占有马。八月癸酉,居延丞奉光移通(原释文有误,"通"应为"过"字)所津关,毋苛留,如律令。令史始□。"此简非"致籍",确系关传简,它恰好由爰书、批准书、下移文书三部分组成,可算是一份较为完整、比较典型的"传",与上述"致籍"不同。

三、过所

刘熙《释名》云:"过所至关津以示之也。传,转也,移转所在,识以为信也。"这里,刘熙将"过所"与"传"分别加以注释,显然,它们之间是有区别的,这一点,也得到了崔豹的支持,认为"传"与"过所"有别。崔豹在其《古今注》一书中说:"凡传皆以木为之,长五寸,书符信于上,又以一板封之,皆封以御史印章,所以为信也,如今之过所也。"似乎"传"与"过所"之区别,只是时间与名称上的不同而已。《周礼·地官·司关》注:"贾疏云:过所文书,当载人年几及物多少,至关至门,皆别写一通,入关家门家,乃案勘而过,其自内出者,义亦然。"《汉书·文帝纪》十二年,颜师古注曰:"传,若今过所也。"按上列所引记述,就"过所"的形式、内容和用途等,似与"传"无大的区别。再看"过所"出现的时间,也可以说是比较早的,如居延汉简中就有大大的隶书"过所"(39·2)二字以及"□□居延都尉,行塞蓬燧移过所"(45·28),"永光元年五月戊子齺得守左尉奉移过所县亭"(562·3),"壬子酒泉库令安国以近次兼行大守事,丞步迁谓过所县"(102·6)等。这就产生了一个问题,作为军事系统人员,外出的身份凭证已经有"符",而一般吏民行止也已有"传",还有无必要再出现一个"过所"呢?有什么意义?我们认为,对于这个疑问,需要具体地分析,历史地看问题,它的出现是社会不断前进、发展的产物,有其产生的具体条件和客观需要。

"过所"的出现晚于"关传",这一点是为大量的文献、实物资料所证明了的,但它的产生确与"传"有着十分密切的关系,尽管两者之间的关系密切,或者可以说有因袭关系,但是,"传"是"传","过所"是"过所",两者不可混为一物。

汉简里所见"过所"一词,多属关传简本身之用语,也就是"传"上的常用套词,非名词。它既是"传",当然,就不能同时又叫"过所",这一点是显而易见的。如:"当以令取传,谒移过所县道□""当得取传,谒移过所县道河津关""愿以令取传,……移过所津关,毋苟留"等。"谒",《说文》曰"白也,从言曷声"。"谒移"即告诉(指示)以下的(各县道河津)之意。这里的"过所"一词,显然是"所过之意",就是所经过的县、道、河、津等处。《汉书·匈奴传下》云:"汉遣车骑都尉韩昌迎,发过所七郡郡二千骑,为陈道上。"后来司马光在记述这一段历史时,并未照原文抄录,而是在不伤害原意的原则下改"过所"二字为"所过"[30]。这也正是"传"中"过所"之本意。我们再将"谒移过所"四字连起来读,含意就清楚了。"谒移"是下移词汇,也是古代上级对下级的专门用语,在汉代可以说是习惯用语。由此看来,这里的"过所"不当作名词解是合理的。

正因为"传"上常有"过所"一词,加之后来"传"文逐渐简化,往往再不写"当以令取传""愿以令取传"之繁琐套语,"传"字在"传"上趋于消失,仅留有"奉移过所""侯官移到""写移"等,就是说"传"上原来的三部分,简化了第二部分"批准书"的用语,"传"上既不书"传",人们俗称其为"过所",也是可以理解的。更重要的是,自七国之乱以后,重新规定凭"传"出入关津。初,因公、私之事出入关津者毕竟有限,后历经景帝、武帝初年之治,使社会经济在文景之治的基础上得到更进一步的发展,这时商贾长途贸易,返往日益频繁。然而,每次出行,都得先申请于乡啬夫,由乡啬夫再具文申请于县令、丞,然后等待批准,直至批准后才能成行,手续之复杂,时日之延误,已不能适应社会经济发展之需要,因之,形势所迫不得不使"传"简化其申办手续,便利出行。

对于当时社会经济蓬勃发展与关卡之间的矛盾,文献中也有所反映。"门关、司门司关也。货贿者主通货贿之官,谓司市也。道路者,主治五涂之官,谓乡遂大夫也。凡民远出,至于邦国,邦国之民,若来入由门者,司门为之节,由关者,司关为之节,其商则司市为之节。其以征令及家徙,则乡遂大夫为之节。唯时事而行,不出关不用节也。变司市言货贿者,玺节主以通货贿,货贿非必由市,或资以民家焉,变乡遂言道路者,客公邑,及小都大都之吏,皆主治五涂,亦有民也。符节者,如今官中诏官诸符也。玺节者,今之印章也。"③可知,商贾货贿也需办理符节,以出入关津,这正是"过所"应运而生的客观需要。

《释名》作者刘熙,东汉时人,《古今注》作者崔豹晋代人,距西汉之世不算太远,各于其著述中均论及"过所"的使用,这就为我们大体划出了"过所"使用的下限。再则,居延简牍中亦发现木质"过所"题"签"简,我们知道居延汉简一般最迟的不超过建武八年(公元 32 年),这就为我们划出了一条上限。据此,我们似乎可以得出这样一个结论,"过所"的出现与使用最早不会早于昭帝以前,而最迟不会晚于建武八年以后。但有一点是可以肯定的,这就是"过所"的使用较"传"为迟,至于具体迟多长时间,目前还难以说清楚。从颜师古"若今之过所也"可知,"过所"的使用时间颇长,直到唐代仍在使用,唯其书写的内容乃至形式因时代的前进略有变化而已。

四、棨

《汉书·文帝纪》十二年三月条下引李奇注曰:"传,棨也。"颜师古说:"古者或用棨,或用缯帛。棨者,刻木为合符也。"虽然,如前文所述,李、颜之说不确。但是"棨"确实作为通行证而存在过,这是无疑的。许慎《说文》云:"棨传信也。"小徐本作"传书也",其意相同。"棨",从木启声,可能其质为木,但在西北地区所发现的数万枚木质简牍中,至今还未发现过木棨。因此,其真实形制不明,是否如师古所说"刻木为合符",还没有足够的根据来予以证明,其内容是否如符,"书所敕命于上,付使传行之也",或者"执以赴君命也"[39],或仅作为行止证明,这些都是需要认真探讨的问题。

我们认为,"棨"虽具通行证性质,但不同于军事系统所用的"符",也不同于一般吏民所用的"传",可以说它是一种特别通行证,它的特别表现在并不用于一般关、道、河、津的出入证明,而是有其独特的使用范围和用途。"棨"不发给一般的吏民,而是颁赐给那些具有特殊身份或享有恩宠的高级皇亲国戚及高级文武官吏。这一推论是根据以下几点理由:

首先,查凡使用"棨"作为出入凭证的,多为出入宫门、"禁门"。窦武与宦官之争,灵帝"拔剑踊跃,使乳母赵娆等,拥卫左右,取棨信,闭诸禁门"[40]。李贤注云:"《汉官仪》曰:凡居宫中,皆施籍于掖门,案姓名当入者,本官为封棨信,审印信,然后受之。"刘昭补志载:"凡居宫中者,皆有口籍于门之所属,宫名两字为铁印文符,案符乃内之,若外人以事当入,本宫长史为封棨传,其有官位出入,令御者言其官。"[41]可知这种作为身份凭证出入门禁者,其全称应是

"棨传",这种"棨传"大体上分为两种。一种是常用棨传,要求使用常备棨传者,先要有口籍于"门之所属",并铁印文符及其所服务的宫名,出入门时经核对无误才得进出。这种常备"棨传"仍应发给宫廷中服役的人员,非其他人所能有。另一种"棨传"是发给"外人以事当入者",也就是非宫廷内部的服役人员,即有事情需要进入宫禁的人。这种"棨传"应是临时性的,用完即刻收回,它的发予权掌握在"本宫"的"长史"手中,如遇有官阶的人进出宫门办事,这就按规定,要这位官吏的车夫先通报其官职、事由,然后具"棨传"才能进出,因之,凡用"棨传"出入门禁者,都要一丝不苟地按规定办完手续才能出入门宫。

其次,"棨"可以是王命的象征,也就是说,凡持"棨"者可以传达皇帝的命令、诏书,含有"符"的某些意义,但较"符"从规格上来说更有权威。这里已经谈到诏书,不妨就诏书多谈几句,前文谈及东汉初年曾用玺书调兵遣将。所谓玺书就是诏书,或曰制书。《独断》云:"制书,其文曰制诏三公·刺史·太守相",又云:"凡制书,有印使符下远近皆玺封,尚书令印重封",这就是制书亦称玺书缘由,简文多云"制诏"。《汉书·武五子传》元康二年,遣使者赐山阳太守玺书曰:"制诏山阳太守";《汉书·陈遵传》载宣帝赐陈遵玺书曰:"制诏太原太守";《汉书·赵充国传》宣帝赐书曰:"制诏后将军",这是玺书之文例,首云皆"制诏",故亦同诏书。所以,这里所谓"诏书"名异实一。汉灵帝时,宦官曹节食等贪权,窦武欲诛灭之,事泄,朱瑀奏曰:"陈蕃、窦武奏白太后废帝,为大逆。乃夜召素所亲壮健者,长乐从官史共普张亮等十七人,唾血共盟诛武等。曹节闻之惊起,白帝曰:外间切切,请出御德阳前殿,令帝拔剑踊跃,使乳母赵娆等,拥卫左右,取棨信闭诸禁门,召尚书官属,胁以白刃,使作诏板,拜王甫为黄门令。"

通过这段历史记述,关于"棨信"的特殊功能给了我们一个较为深刻的印象,它绝非具有"传"的作用,就这一点讲,它早已超出了个人身份凭证的范围,而是与诏令、玺书等有同等的价值,正因为如此,它不可能为一般吏民所拥有,而仅用于统治集团中的高层圈子内。

再次,正因为它的发放范围有限,所以它也是一种荣耀的、特殊的、显贵的标志,因而也可以作为一种光宗耀祖的东西加以宣扬,以示身份之尊贵,这一点较为重要,可以认为它的这一特点与仪仗性质的"棨戟"是有其内在联系的,这也是当时舆服制中的一项重要内容。

"棨"的另外形式,就是"棨信"和"棨戟"。它是与上述"棨传"完全不同的幡仪,不仅在形式、内容上各异,就是在使用上也是没有一点共同之处的。然而,它们毕竟都属于"棨"的系列,从其广义来看,它们之间还有某些亲缘关系,也可以找到一些共性。也许正是因为这几点共性,致使后人长期以来对"棨"的认识分辨不清,造成了一定程度的混乱。

"棨信",帛质,织丝,启音。所以可以写为"綮"。《说文》:"綮,……一曰微(即徽)帜信也。""棨""綮"通假,故"棨"亦可写为"綮"。1973年,甘肃居延考古队曾在额济纳河流域肩水金关遗址上发现一件基本完整的"棨信",这自然是一件难得的实物例证,是十分珍贵的佳品。这件文物,丝质帛织品,呈红色,长21厘米、宽16厘米,上面有蓝色丝织品的"系",可以悬挂起来。正面墨书篆字"张掖都尉棨信"六字,原件字迹清晰,保存完好,它可能是西汉晚期的遗物。

"棨信",从严格的意义上讲,它更多的属于仪仗性质,虽有"信"的含意,但更多的是用于礼仪,也就是作为一种徽帜使用。綮,"致缯也,一曰徽,帜信也,有齿"[42]。这是其本意。在一些古文献,史书中称为"徽号"或者"幡信""信幡",其意一也。《周礼·春官·司常》载注,是"旌旗之细也"。这种徽帜,也就是"幡"(旛)。魏张揖《广雅》将"徽""帜"都解释为幡。崔豹说:"信幡古之徽号也,所以题表官号,以为符信,故谓为信幡也"⑬。因此,可以认为,榮信就是信幡,或者称为幡信,是古之徽号,也是一种旌旗,在这种旌旗上面题以官号。它的原意是符信,但作为仪仗来使用。这也正是"张掖都尉榮信"的作用和意义所在。

《说文》云:"旛,幅胡也。"徐铉等注释曰:"胡,幅之下垂者。"清人段玉裁在其《说文解字注》一书中指出徽帜应以绛帛制成。并引用《周礼》云:"凡九旗之帛皆用绛。"再看居延考古队所发现的"榮信",也正好是深红色帛织品,其上部也有"系",悬在杆上用以下垂,与文献中之描绘完全吻合。

我们说,"榮信"有"信"的含意,但实用于仪仗,这在史书中亦可找到例证。宋孝武帝刘骏有一次出行,"夜还,敕开门,庄居守,以榮信或虚执,不奉旨,须墨诏乃开。上后因酒宴从容曰:卿欲郊郅君章也。对曰:陛下今蒙犯尘露,晨往宵归,容恐不逞之徒妄生矫诈,臣是以伏须神笔乃敢开门耳"⑭。对于这段描述,或有人认为,谢庄已经见到榮信,本应开门,但他怕有意外,为了慎重,直等到孝武帝写了亲笔敕书后,才开门迎接,这是例外情况,实际上,这并非例外。因为"榮信"作为凭证的价值似已减弱,而更多的是它的礼仪作用和象征意义,故谢庄不开门是完全可以理解的。至于"怕有意外"的说法,乃谢庄的遁词,为了尊上,不便道其实情罢了。这类史实,还可见于元嘉四年(公元 427 年),车驾出北堂,尝使三更竟开广莫门,南台云:应须白虎幡银字榮。不肯开门,尚书左丞羊玄保奏免御史中丞傅隆以下。昙首继启曰:"既无墨敕,又阙幡榮,虽称上旨,不异单刺……上特无所问,更立科条。"虽说:"既无墨敕,又阙幡榮",似乎"墨敕"与"幡榮"并重,但"墨敕"在前,实际上是要求"墨敕",也就是需要有皇上的亲笔敕书。至于"幡榮",只不过是按传统规定,例行公事而已。

这里,我们谈谈"银字榮"的问题。《宋书·礼志》载:"皇太子夜开诸门,墨令,银字榮传令信。"这是司马晋以来的制度。《麟角》云:

"信幡，古之麾号也，所以题表官号，以为符信，故谓之信幡。乘舆则画为白虎，取其意而有威信之德也。"曹魏时有青龙、白虎、朱雀、玄武、黄龙五幡，时间上略早，关于五幡之信，《古今注》记述较详，兹不赘录。徐锴《说文解字系传》一书中则认为，五幡仍属晋制，与"银字棨"并行，其说略有不同，可见"晋朝唯用白虎"之说，并非定论。

总之，"棨信"原有启闭宫门、城门，作为物质凭证即符信方面的作用，但就其实例来看，主要用于典仪方面，这一点，越到后来越显著，而作为符信的作用则相对减弱。

"棨戟"，是"棨"的系列中别有用途的一种典仪用品。它是有缯衣或油漆的木戟，用于官吏出行时前导的仪仗。现在我们试举两例，看看"棨戟"的实际作用。

《汉书·韩延寿传》曰："延寿衣黄纨方领，驾四马，傅总，建幢棨，植羽葆，鼓车歌车。功曹引车，驾皆四马，载棨戟。"颜师古注云："棨，有衣之戟也，其衣以赤、黑缯为之。"

唐代诗人王勃《滕王阁序》曰："都督阎公之雅望，棨戟遥临。"⑯按唐制，官吏三品以上，可以于门庭列棨戟，以示恩荣、显贵，纯属仪仗性质。

汉代规定，"公以下至二千石，骑吏四人，千石以下至三百石，县长二人，皆带剑，持棨戟为前列"⑰。

关于用棨戟作为前导仪仗，在一些汉唐壁画中也有反映，如和林格尔汉壁画墓中的《使持节护乌桓校尉车马出行图》中，就绘有棨戟的形象。崔豹在其所著《古今注》中，曾对棨戟的由来和演变作了叙述："棨戟，殳之遗像也。诗所谓伯也执殳，为王前驱。殳，前驱之器也，以木为之，后世滋伪，无复典型，以赤油韬之，亦谓之油戟，亦谓之棨戟，公王以下通用之以前驱。"又据《后汉书·郭躬传》："永平中，奉车都尉窦固，出击匈奴，骑都尉秦彭为副，彭在别屯，而辄以法斩人，固奏彭专擅请诛之。显宗乃引公卿朝臣，平其罪科，躬以明法律召入议，议者皆然固奏，躬独曰：于法彭得斩之。帝曰：军征，校尉一统于督,彭既无斧钺,可得专杀人乎?躬对曰:一统于督者,谓在部曲也,今彭专家别将,有异于此,兵事呼吸,不容先关督帅,且汉制戟即为斧钺,于法不合罪。"这里,之所以引用这一段记载,是因为透过这一段史实,可以看到"棨戟"并非完全属仪仗性质,也就是说,在某种特定情况下,它具有先斩后奏的特权,同样可以起到"斧钺"的作用。

"棨戟"还可用以表彰、奖励,以示恩宠。建武二十六年(公元50年),刘秀为了联络南匈奴,以巩固北方边境的安定,曾赐"匈奴棨戟"⑱表示亲善。又据史载:东汉建武元年"将军肖广,放纵士兵,暴横民间,百姓惶扰(杜)诗敕晓不改,遂格杀广,还以状闻,世祖召见,赐以棨戟"⑲。这是因功得赏,可知"棨戟"亦用于赏功。现在我们再回顾一下书写于"棨信"上的字体,《说文叙》云:秦书八体,"四曰虫书",新莽六书,"六曰鸟虫书,所以书幡信也"。居延所出"棨信",墨书,略有弯曲,似有鸟形,这也许就是所谓鸟虫书体吧!是专门用以书写幡信的。

五、繻

"繻",据记载为丝织的帛,是否为两半,如符一样需要"合符"?还是一块帛,书符信于其上作为凭证?说法各异,而至今未有实物出土,因之,其具体形状如何,还难以证实。现仅就文献记述,试加探索。《汉书·终军传》载:"军从济南当诣博士,步入关,关吏予军繻。军问:以此何为?吏曰:为复传,还当以合符。军曰:大丈夫西游,终不复传还。弃繻而去。军为谒者,使行郡国,建节东出关,关吏识之,曰:此使者乃前弃繻生也。军行郡国,所见便宜以闻,还奏事。上甚悦。"对其中之繻,张晏和苏林各有解释,张说:"繻,音须。繻,符也。书帛裂而分之,若券契也。"苏说:"繻,帛边也。旧关出入皆以传,传须,因裂繻头合以为符信。"颜师古同意苏林之说。《汉书·文帝纪》十二年,如淳注曰:"两行书缯帛,分持其一,出入关合之,乃得过,谓之传也。"

从上述记载,我们可以得出以下几点:一是"繻"为帛质,可一裂为二,或认为是"繻头",或认为是"帛边";二是"两行书缯帛",可能记有姓名、年龄、事由等项,类似传,作为身份凭证来使用;三是出入关时需要"合之"。这一点又似乎与"符"的使用相同。至于因"传须"而用"繻"的说法,值得怀疑。不论它是形近"符"或似"传",但有一点是可以肯定的,这就是作为个人出行的物质凭证使用。这是西汉时期的情况,至于东汉时是否还有"繻"呢?我们不妨再看一段史实。

《后汉书·郭丹传》:"后从师长安,买符入函谷关。"⑤李贤注曰:"符即繻也。"《前书音义》曰:"旧出入关皆用传,传烦,因裂繻帛分持,后复出,合之以为符信。买符,非真符也。"《东观记》曰:"丹从宛人陈洮买入关符,既入关,封符乞人也。"

这段材料中出现了一个"买符"问题,而这个符又是"非真符"也,既有"买符",当然也有买符之人,既非"真符",似指为仿制品,仅从有人专门造仿制品来看,一方面说明出入关者人数之多,办真符并非易事,另一方面也可看出东汉之际法令不严,竟然有人以制造假符图利,而不为关吏发觉,也实属奇闻罕事。再则,也可证实东汉时期仍需以"繻"出入关津,以为符信,两汉之制略同。

六、节

汉代,在中央设有符节令丞,尚符节事,为少府属官⑤,《汉书·高后纪》载:"襄平侯纪通尚符节。"这与秦代的符玺令相同,到后汉时改为有令无丞。凡由中央符节令丞所发之符节,都是"尊皇命(王命)给使臣执以示信之物",持符节者代表皇上(国王)执行使命。所以,"节"本身也是一种信物凭证。

汉制节以竹为之,柄长八尺。节上所缀牦牛尾饰物,称为节旄。史载苏武"杖汉节牧羊,卧起操持,节旄尽落"⑤。唐懿宗曾有敕书曰:"别择良吏,付以节旄。"⑤司马光《送裴中舍赴太原幕府》诗云:"元戎台鼎旧,大府节旄新。"⑤

对于符节使用的范围对象，《周礼·地官·掌节》作了说明："掌守邦节而辨其用，以辅王命。守邦国者用玉节，守都鄙者用角节。凡邦国之使节，山国用虎节，土国用人节，泽国用龙节，……门关用符节，货贿用玺节，道路用旌节，皆有期以反节。"符节繁多，各有专用。然而，符节更多的，或者说经常应用的是中央或诸侯用以派遣使者，就这一点看，它似乎较其他符信具有更高级、更重要的一种意义，也可以说是一种高级凭证。据《汉书·刘屈氂传》载："武帝征和二年，更节加黄旄。初，汉节纯赤，以戾太子持赤节，故更为黄旄加上以相别。"我们先暂不理会节的颜色变化，仅太子持节这一点看，也多少道出了节的身价。所以"得志行乎中国，若合符节，先圣后圣，其揆一也"[㊳]。用之比喻国家的统一，确实不同于一般的符信。

虽说"节"是一种较为高级的符信凭证，但在实际使用过程中，事实上它不易与其他符信凭证严格地区别开来，尤其和"符"的使用上存在着某些共同之处，较难在两者之间划一条清晰的界线，而在史书中也往往"符""节"并提，当然，有时所谓"符节"是指"节"，"符"字仅是修饰"节"，有时又是"符信"的泛指。就是明指"符"与"节"者，也不易分辨，如乐毅在《报燕惠王书》中就有这样的话："臣乃口授令，具符节，南使臣于赵。"[㊴]这里的"符节"，是指"节"还是并具符、节，难以肯定。

由于"符节"是由中央或诸侯王直接颁赐，所以在很多地方可以代表朝廷传达命令或指示，甚至对其下属有节制之权。所谓"节制"，是否为"节"的引申，因证据不足，不敢妄议，但从一些例子中，也多少可以看出一点意思。"道子将以邈为吏部郎，邈以波竟成俗，非己所能节制，苦辞乃止。"[㊵]这里的"节制"含意清楚，即"管辖""统辖"之意。再如高适《李云征南蛮诗序》中云："天宝十一载有诏伐西南夷，右相杨公兼节制之寄。"[㊶]"(钱镠)据有吴越，昭宗授以杭越两藩节制。"[㊷]这些是否为原"节"之意的引申呢？也许是可能的。"持节而制"还有其他方面的含意，如监视、防范等，总之，"节"的使用和内容都在原来的意义上渐渐地扩大。《汉书·朱博传》云："又敕，官属多襃衣大诏，不中节度，自今掾史衣皆令去地三寸。"《后汉书·皇甫规传》载："得承节度，幸无咎誉。"《魏书》云："自作兵书十余万言，诸将征伐，皆以新书从事，临事又手为节度。"⑩后来，甚至以节度命官；三国时，吴王孙权就曾置有节度官以典掌军粮。唐景云二年（公元 711 年），以贺拔嗣为凉州都督，充河西节度使，自此以后，以节度使名命官甚多，主领兵，节制一方，一直沿用到宋代以后。如果上述史实渊源于"节"，那么，当然已和原来的意义相去较远了。

我国历史上使用符信，包括各种各样的凭证形式，有其悠久的历史，作为一项制度，它是与当时的社会发展、政治结构是一致的，是统治阶级的一项重要措施，因此，能沿袭数千年，为历代统治者所利用，并发展。另一方面，它也在一定程度上保障了社会安定，有利于生产、商品流通和社会经济的发展以及文化交流等，这是其积极的一面，也是主要的一面，是首先应予以肯定的。

这种符信制度，唐、宋以降又有发展，所谓"信旗""信牒""信牌"等都是新形式，究其渊源，莫不追溯于以往的符信。为了解后期符信制度发展、演变之大要，兹概述如下，以窥其一斑：

唐代会昌四年（公元 844 年）记述，当时"每军各有宦者为监使，……每战，监使自有信旗"⑪。注云："信旗者，别为一旗，军中视之以为进退。"它可以代替军令，指挥军队，这可以与汉代奉节之"信使"的特权相比。《喻巴蜀檄》曾有"故遣信使，晓喻百姓以发卒之事"⑫，这"发卒"当然是指发兵、调兵，其权之大可想而知。唐代除官，发给告身以为符信，在未发告身之前，先授予官方文书以为凭证，这种文书称为"信牒"，至于唐代"信牒"发放之滥，实属罕见，空头告身比比皆是。史载："是时府库无蓄积，朝廷专以官爵赏功，诸将出征，皆给以空名告身，……其后又听以信牒授人官爵，有至异姓王者。"⑬

到宋代有所谓"信牌"，开始使用于军旅之中，以传达文书、号令,这种"信牌"用木质并施以朱漆制成,长六寸,宽三寸,腹及背面均刻有某路传信牌字样,中间分开,遇有战斗,事先分持之,系于军吏颈上,将所传达的命令写在上面,命令传到对方,先验看牌子是否吻合,如无误,然后按牌子执行命令,再将需要报告或请示之事写在牌子上,由军吏返回。这种"信牌",在《宋史·舆服志六》中有详尽记述。到元代时,这种牌子的使用范围已扩大到民事上,即所谓"凡诸管官以公事摄所部,并用信牌"。明、清之际,除以金牌调兵、遣将外,还有民事用的纸质"信牌",称为"排单"[64]。

七、传舍

这是一个较为复杂的问题,本文不拟详述。仅想透过一些史料,看看传舍的实际用途和作用,也想证明传舍实有多种用途。

有人认为,"传舍即邮亭,司止宿"。传舍是否邮亭,它与"都亭""驿站""行道馆"等有区别,还是仅仅因为时间、地区不同而取以不同的名称呢?

《汉书·灌夫传》载:"夫愈怒,不肯顺,蚡乃戏骑缚夫,置传舍。"这段记载说明了两点史实:一点是京师之内置有传舍;二是传舍可作为临时人犯拘留处。

《汉书·霍光传》载:"会为票骑将军击匈奴,道出河东,河东太守郊迎,负弩矢先驱,至平阳传舍,遣吏迎霍仲孺。"这里的传舍似可以作为将军的临时行辕。

《汉书·翟义传》载:"义行太守事,行县至宛,丞相史在传舍。"这是利用传舍作为官吏的临时住所。

《汉书·酷吏传》载:"故城父令公孙勇与客胡倩等谋反,倩诈称光禄大夫,从车骑数十,言使督盗贼,止陈留传舍,太守谒之,欲收取之。广明觉知,发兵皆捕斩焉。"可知传舍也可作为捕盗贼的临时指挥所。能一次容纳车骑数十,传舍之大及设备较多可想而知。

《汉书·魏相传》载:"魏相为茂陵令,顷之,御史大夫桑弘羊客诈称御史止传,丞不以时谒,客怒缚丞。"师古注曰:"传谓县之传舍。"大概每县都有传舍,用以招待过往官吏。

《后汉书·光武纪》云:"至饶阳,官属皆乏食。光武乃自称邯郸使者入传舍,传吏方进食,从者饥,争夺之。使吏疑其伪,乃椎鼓数十通。"李贤注曰:"传舍,客馆也。"东汉初年仍称传舍,并未改名,其主要任务还是接待出行之官吏。

以上数例均云传舍多为官吏止宿之所,那么,一般使者、差邮及其他外出人员,是否可住传舍,能得到方便呢?

居延汉简中,有"传马""驿马"之别,并无混淆,似乎"传舍"与"驿站"也有所区别。如下列之例简,明确记载着"驿马",引以为证:

> 橐他骏南驿,建平元年八月,驿马阅具簿。　　(502·7)
> 出麦大石三石四斗八升,闰月乙丑食驿马二匹尽丁酉
> □。　　(495·11)

下列例简则明确记载为"传马":

> ▨十月尽九月传马四▨　　(249·2)
> 二月庚戌食传马六匹,尽戊午积九日,廪二升。
> 　　　　　　　　　　　　　　　　　　　　(505·19)
> 入传马食卅石八斗。　　(303·22)

还有一简较为明确,它将传马、驿马并列,"以食驿马、传马、驿马"(497·2)。至此,我们可以认为,至少在边郡地区驿、传是有区别的,在没有找到更多的证据之前,暂时先持此论,并不为过。

此外,我们再分析几条材料,看看其他方面的差异,也许更能加深我们已有的见解。

《汉书·严延年传》载:"初,延年母从东海来,欲从延年腊,到雒阳,适见报囚。母大惊,便止都亭,不肯入府。延年出至都亭谒母,母

闭阁不见。"延年为郡太守,母因子贵,止于都亭。可知都亭也是接待客官的地方,就这一点,看不出与传舍有何不同。然而,我们是否可以从下面一段记述,窥见都亭与传舍之间的不同呢?《汉书·司马相如传》载:"相如归,而家贫无以自业,素与临邛令王吉相善,吉曰:长卿久宦游不遂,而来过我。于是,相如往,舍都亭。"师古注曰:都亭者,"临邛所治都之亭"。从这段记载看,相如因贫寒无处栖身,才投奔王吉,王吉把他安排在都亭居住。由此看来,"都亭"即可让寒士常住,大概其规格要低于传舍,但这点还难以肯定,如因相如是县令好友,加之当世名士而予以特殊照顾,这不是没有可能,仅这个例子还难以说明问题,然而,有一点可以肯定,那就是都可接待出行客官。

至于传舍是否即都亭,名异而实一,目前还难下结论。《汉书·黄霸传》载:"太守霸为选择良吏,分部宣布诏令,令民咸知上意。使邮亭乡官皆畜鸡豚,以赡鳏寡贫穷者。……吏出,不敢舍邮亭,食于道旁,乌攫其肉。"师古注曰:"邮行书舍,谓传送文书所止处,亦如今之驿馆矣!""邮亭"和"都亭""传舍"之间,也许有点差别。《汉书·薛宣传》云:"始惠为彭城令,宣从临淮迁至陈留,过其县,桥梁、都亭不修。"注曰:"邮,行书之所,亦如今之驿及行道馆舍也。"由此可知,上述之邮亭主要为"行书"服务,与"传舍""都亭"不甚相同,在一般情况下,似并不接待出行之官吏、官亲等。"邮亭""都亭"有丞吏负责"亭"事,既然每县都有,那自然该归县令、丞及其指派的掾吏管辖,在边郡地区是否也如内地,特别是烽燧线上,可能还是有区别的。

当本节完稿之际,得知1981年3月敦煌文化馆曾在敦煌党河乡酥油土发现"警候符"一枚。符文云"平望青堆燧警候符左卷齿百"(D38:39),符系木质,长14.5厘符,宽1.2厘米。简上端右侧有一刻齿,刻齿中有半个墨书"百"字。详察刻齿与墨书"百"字,显系先刻齿而后墨书"百"字的,然后从中一剖为二,作为"合符"的吻合

处。符下端有一小孔,穿有一条黄绢绳,残长 7.5 厘米,显系挂符与
佩带之用。符文"惊"通"警",即报警所用之符证。另外,在敦煌还发
现过"巡迹符"(见《流沙坠简·烽燧类》第四十三简),这是戍卒巡
"天田迹"之身份和执行任务的证明。

<h2 style="text-align:center">第二十八节　簿　籍</h2>

在居延汉简中,各种簿籍占有一定的数量,"簿"与"籍"在实际
使用中有鲜明区别,"簿"一般用于记载事物,而"籍"则用于记录人
以及马、牛等生物。为了进一步了解当时簿籍的种类、名称、不同用
途和使用范围等,现按"簿""籍"两大类再分科目列述如下:

一、簿类

⊠建昭元年十月尽二年九月,大司农部丞簿录簿算及诸簿
十月旦目　(82·18B)

北司农部掾簿□　(123·6)

·吞远部建平元年正月官茭出入簿　(4·10)

·不侵部建昭五年正月余茭出入簿　(142·8)

省卒伐茭簿　(55·14)

·甲渠侯官甘霸五年二月谷出入簿　(82·6)

·第廿六∨廿五五仓五凤五年正月谷出入簿☑　(101·1)

☑□谷出入簿　(303·38)

谨移谷出入簿一　(11·27)

·甲渠侯官建昭三年十月当食案及谷出入簿　　(33·9)

⊠九月谷出入簿(113·16)

·收虏仓河平元年七月谷出入簿　　(135·7)

·吞远□□□三年十月谷出入簿　　(136·16)

·吞远仓建昭三年二月当食案□谷出入簿　　(136·48)

·第廿三燧仓建平五年十一月吏卒当食者案及谷簿

（286·7）

▨甘露二年十月尽三年九月吞远仓过关出入簿

（甲附·9B）

始元五年六月所受城官谷簿　（204·3）

☑钱出入簿☑　（214·40）

阳朔元年十一月甲辰朔戊午第廿三侯长赦之敢言之,谨移钱出入簿一编敢言之　（28·4）

甲渠侯官阳朔二月正月尽三月钱出入簿　（28·11）

☑谨移檄买☑茭钱直钱簿一编☑☑燧长外人取☑☑☑令钱欲所取☑☑☑愿,河平四年正月☑☑☑☑乙亥☑☑侯武敢言之

（401·7B）

河平三年正月庚寅朔丁巳,☑☑尉义敢言之,谨移见钱出入簿一编敢言之　（269·3）

肩水侯官元康四年十二月四时杂簿　（5·1）

偿及当还钱簿☑九石,直钱廿三万三千☑百册　（67·6）

☑官取☑☑卒七月尽九月物故衣出入簿　（56·40A）

居延尉元凤六年四月尽六月财抽出入簿　（37·16）

☑肬部治所录曰:移财物出入簿,谨移应书如牒,敢言之

（169·18）

十月财物出入簿　（479·16）

·元寿六月受库钱财物出入簿　（286·28）

卒居署赘卖官物簿

卅井付粟直三千一百九十七,其六百册三石☑☑☑☑未得　（271·15A）

肩水侯前间置燧卒作簿　（36·4）

元康三年十月尽四年九月戍卒簿　（5·14）

☑侯官,第六迹侯簿　（36·16）

肩水都尉府迹候簿　（280·25）

▨□移官，移迹簿一编敢言之　（206·18）

五凤五年二月丁酉朔乙丑，甲渠候长福敢言之，谨移日迹簿一编敢言之　（267·15A）

▨五凤二年八月尽五年四月□候□名及兵马伤死簿　（174·34）

永元七年六月辛亥朔二日壬子，广地南部候长叩头死罪敢言之，谨移四月尽六月见官兵釜码四时簿一编，叩头死罪敢言之　（128·1）

·卅井降虏燧始建二年四月什器簿　（81·3）

燧长更生坠亭簿　（54·23）

第二丞官七月兵簿　（120·31）

▨茹出入簿　（49·35）

·甲渠万岁候长就部五凤四年七月戍卒被簿　（82·39）

五凤三年六月临木部卒被兵簿　（198·19）

·第十一部建始二年五月负卒日作簿　（113·3）

·肩水候官元康四年十月守御器簿　（116·11）

不侵部黄龙元年六月吏卒日迹簿　（139·5）

　　吏卒日迹簿　（142·14B）

□□候长□敢言之，谨移吏卒日迹簿一编▨　（157·6A）

▨建昭四年三月辛亥朔丁▨日迹簿一编敢言之　（642·6）

始元三年三月丙中朔▨士奉出入簿一编敢言之　（284·3）

第五丞别田令史信元凤五年四月钱（应为"铁"）器出入集簿　（310·19）

橐他驳南驿建平元年八月驿马阅具簿　（502·7）

始元二年六月己卯朔▨移钱（应为"铁"）器簿一编▨　（520·1）

第四长官七月兵簿　（521·11）

四时簿出付入受不相应或出输非法,各如牒,书到

(394·4)

▨建昭二年正月尽六月四时簿 (217·2A)

▨建昭四年正月尽三月四时簿算 (214·22)

◻牛车如牒簿出入,敢言◻ (218·5)

◻元延元年远备甲渠令史伐阅簿 (258·11)

◻责券簿 (274·32)

·吞远部五凤四年戍卒被兵簿 (311·35)

◻廪直簿 (59·11)

肩水侯官亭名籍谷簿,岁留◻ (5·16)

通泽第二亭五月食簿 (148·4)

通泽第二亭十月食簿 (273·20)

右第二亭六月食簿 (273·23)

右第二亭三月食簿 (273·26)

右第二亭二月食簿 (275·4)

通泽第二亭正月食簿 (275·17)

◻泽第二亭七月食簿 (308·9)

廪亭◻名籍出入簿 (67·41)

　　上列自书"簿"的各类计簿,大体上概括了当时边郡驻兵的衣、食、住、行等生活与生产必需品的记录。这些"簿"所记载的事物也从一个侧面反映了西汉后期到东汉初年社会的生产力水平和人们的生活状况,同时记述了屯戍吏卒的日常生活领域及活动准则。

　　据《汉书·百官公卿表》,当时各郡国有"诸仓农监、都水六十五官长丞"分设各地;据《后汉书·百官志》,各郡国另设部丞,主簿录、簿算等事,加强了中央对地方的集权。"十月旦目",解释起来,似嫌勉强,依"十月旦见"为是。所谓"北司农部掾",这是"部丞"在"北边"设立的办事机构,如"北边挈令"所指的地理概念范围。

"茭",《说文》:"干刍也。"《尚书·费誓》:"峙乃刍茭。"就是干草,为马、牛、羊的主要饲料。"省卒":省者,减也。是指那些从正式戍卒名籍上减下来的"卒",由他们日常所从事的劳作,可以看出,他们基本上不再担负"戍边"的军事任务或行动,而主要从事各种杂役、临时差遣、田间管理等劳役,区别于正卒。"当食案"或"当食者案",是指那些按规定列于当廪者档案的士卒。"见钱",见同现,见钱即现钱。"四时杂簿""四时簿",是指钱、财、物的一年的进出流水账。"赋",是赋钱,这里的赋钱只包括丁赋与口赋。"贳卖",《说文》:"贳,贷也。"犹言赊也。段注曰:"泉府以凡赊者与凡民之贷者并言,然则赊与贷有别。赊,贳也,若今人云赊是也;贷,借也,若今人云借是也。"所谓"贳卖",就是赊卖。"迹",求其本意:循实而考之,功业可见者曰迹。《汉书·功臣表》:"迹汉功臣,亦皆割符世爵。"但这里的迹,是指工作,"日迹"者,就是一天之内所完成的工作或劳役数量。

"见官兵釜硙"。"见"同"现",即现有的。兵,这里指各种兵器;釜,是无足之锅,炊事用具;硙,《说文》按《六书故》云:"合两石,琢其中为齿,相切以磨物为硙",就是我们现在所说的石磨。"什器",常用之器也,因其数量非一,故曰什器(参见《史记·五帝纪》索隐)。"更生垒亭"的"更生",即重生,这里指重新修葺。《汉书·魏相传》曰:"元鼎二年,平原、勃海、太山、东郡溥被灾害,……赖明诏振救,乃得蒙更生。""茹",草蕊也,是一种烽火燃料。"戍卒被簿"。"被",《说文》:"寝衣,长一身有半。"《说文通训定声》:"卧衣曰被,大被曰衾。"《楚辞·招魂》:"翡翠珠被。"注曰:"衾也。""被兵",指有套子的兵器。"负卒",相当于现在所说的运输兵。"负"者,担也,以背任物曰负。《易·系辞》曰:"负也者,小人之事也。""奉",即"俸",指薪水或工资。"驿马阅具"的"阅","简军实也"。《左传·桓公六年》:"大阅,简车马也。""伐阅簿",就是日常积功簿。"伐阅"也可写成"阀阅"。《汉书·车千秋传》:"无他材能学术,又无伐阅功劳。"注:"伐,积功也;阅,经历也。"《左传·襄公十九年》:"夫铭,天子令德,诸侯言时计功,大夫称伐。"

第五丞"与"别田令史在屯田一节中已经讲过,这里不再赘述。"信"乃人名,"五年四月钱器出入集簿","钱"当为铁字。第五丞别田令史是屯田系统的官吏,"铁器"则是屯田中的主要生产工具,应有专人、专簿管理。

这里还有两个很有趣的问题:

一是记载通泽第二亭"食簿"的简计有 8 枚,也只有第二亭用"食簿"二字,这不能不引起注意。这有可能是第二亭的传统簿记名称,因第二亭的地理位置接近居延泽,属"北边挈令"范围,距府、官较远,有其独特称谓;也许是一种特殊照顾,如"挈令"规定的精神,总之,这种簿记名称,不同于其他亭燧。

二是"元康三年十月尽四年九月戍卒簿"(5·14),这是整整一年的"戍卒簿",而记戍卒用"簿"者,这是居延汉简中唯一的一条,其余全部用"籍",即通常所说的"名籍"。凡记人或牲口用"籍"是汉代人的惯例,而这里记戍卒用"簿",也许是误笔。经查原简照片,"簿"字清晰,不存在误释问题。

二、籍类

下面,我们再依次将名籍简分类列述于后,以资比较、考察:

　　□忠□□史覆偃等名籍如牒书　　(75·28)

　　永始三年十二月乙亥朔名籍一编敢言之　　(213·22A)

　　▭□名籍　(217·31)

　　▭辰朔己巳,东部侯史　名籍一编,敢言之　(322·4)

　　元凤元年十一月己巳朔乙未,驿侯书令宜王、丞安世敢言之,谨速移卒名籍一编敢言之　　(19·34)

　　建始二年十一月癸巳,居延千人令史长则,校系甲渠第廿三名籍一编,敢言之　(28·21A)

建始二年十一月甲申朔乙酉,甲渠鄣候敢言之,谨移名籍一编敢言之 (46·5)

不侵部建始二年六月卒名籍 (262·14)

谨移卒名籍一编敢言之 (509·29A)

元康元年九月吏卒名籍 (126·3)

五凤三年四月丁未朔辛未,候长贤敢言之,谨移省卒名籍一编,敢言之 (159·21)

·第廿三燧仓,河平四年七月吏卒廪名籍,第廿二候长
(176·38)

·建平五年十二月官吏卒廪名籍 (203·6)

·建□□年十二月吏卒廪名籍 (203·25)

甲渠官居摄三年三月吏卒廪名籍 (287·9)

北部永光三年六月卒廪名籍 (177·14)

·万岁部建平五年五月吏卒廪名籍 (55·24)

肩水候官廪名籍谷簿岁留□ (5·16)

肩水候官地节三年十月以来,尽四年九月吏卒廪食名
(13·1)

元延三年四月丙戌朔甲寅,南部□五月食名籍一编,敢言之 (75·9)

永光三年六月乙卯朔 名籍一编,敢言之 (177·4)

中部地节五年四月廪食籍 (255·34)

□元寿二年十一月卒家属廪名籍 (276·4A)

□戍卒家属在署廪名籍□月小 (191·10)

·右卒家属掾署名籍□□ (194·3)

□卒家属在署名籍 (185·13)

□省卒家属名籍 (58·16)

·右省卒家属名籍 用谷卅石 (133·8)

元康四年六月丁巳朔庚申,左前候长禹敢言之,谨移戍卒

贳卖衣财物爰书名籍一编,敢言之　(10·34)

　　日病伤汗未视事,官檄曰:移卒贳卖名籍会☑　(44·23)

　　·居延甲渠侯官,永始三年正月尽三月,吏奉赋名籍

(73·16)

　　右秋以令秋射,二千石赐劳名籍及令　(49·14)

　　五凤三年十月甲辰朔甲辰,居延都尉德、丞延寿敢言之,甲渠侯汉强书言:侯长贤日迹积三百廿一日,以令赐贤劳百六十日半日,谨移赐名籍一编,敢言之　(159·14)

　　☑□名籍　(239·88)

　　右以令秋射,二千石赐劳名籍及令　(267·11)

　　▨阳朔元年六月吏民出入籍　(29·3A)

　　建始二年八月丙辰朔北部侯长光敢言之☑廪盐名籍一编,敢言之　(141·2)

　　☑官,初元五年八月病卒名籍□　(227·26)

　　·鉼庭第廿三部五凤四年三月病卒名籍　(45·15)

　　病年月日署所病偷不偷,报名籍侯官,如律令　(58·26)

　　第四部居摄元年十二月尽二年正月,吏受奉名籍

(154·34)

　　■车父名籍　(157·4)

　　·竟宁元年戍卒病死衣物名籍　(49·17)

　　·右城北部卒家属名籍　凡用谷九十七石八斗　(203·15)

　　☑传马名籍　(203·39)

　　河平四年十月庚辰朔丁酉,肩水侯月敢言之,谨移传驿马名籍,□□敢言之　(284·2A)

　　遣尉史丞禄使。七月吏卒病九人,饮药有瘳名籍,诣府会八月旦,一事一封,七月庚子尉史丞禄封☑　(311·6)

　　初元三年十月壬子朔辛巳,甲渠士吏强敢言之,谨移所自占书劳动墨将名籍一编,敢言之　(282·7)

墨将名籍一编,敢☑ （430·5）

元康元年尽二年告劾副名籍 （255·21）

右秋射二千石,以令夺劳名籍及令 （206·21）

·建昭六年正月辛未戍卒名籍 （乙附·15）

☑十月甲☑☑元行侯事敢言之,都尉☑☑劳,谨移射爰书,名籍一编☑ （485·40）

☑奉名籍 （491·9）

元凤五年尽本始元年九月以来,奈☑☑属国胡骑兵马名籍
（513·35）

元康二年三月,胡燧长张常奉亭卒取赍买名籍 （56·25）

☑月吏,奉赋名籍 （265·28）

☑卒赋名籍 （231·69）

建昭二年回吏奉赋名籍 （236·1A）

本始三年八月戊寅朔癸巳,张掖肩水都尉 受奉赋名籍一编,敢言之 （511·40）

☑年闰月,吏受奉名籍 （254·4）

元始二年正月,受吏奉名籍 （458·3）

☑坐移正月尽三月四时吏名籍,误十事,适☑里 （185·32）

所谓"名籍"或"署名籍"指书(署)名于册也。初,仅职官署籍,曰名籍。《史记·郑当时传》云:"诏尽拜名籍者为大夫",这是官吏任免、遣升的依据。战国以后渐为泛用,遂推及军、政基层单位。

"史覆偃等名籍如牒书"。"史覆偃",人名。"牒书",在前节已有较详的考述,这种书式多用于与人事有关的人和事,"名牒"也时有连用,意为以牒署名,同于名籍。《后汉书·百官志》曰:"郡国岁因计,上宗室名籍。"名籍若书于牒,亦称"名牒"。

"东部侯史"的"东部",是边郡戍守的一级军事机构,其首长曰侯长,为侯官辖下,是燧长的上级。在边郡烽燧系统四级建制中,部

(侯长)是第三级。"侯史",在居延汉简中所见"侯史"名称,略有"居延甲渠侯史"(507·4,71·33)、"甲渠侯史"(3·19,45·16,135·26,267·15,111·7)、"甲沟侯史"(210·13)、"吞远部侯史"(112·29)、"甲沟吞远侯史"(203·28)、"吞远侯史"(133·13,143·31,258·7,206·2)、"鉼庭侯史"(312·18,甲附22)、"万岁侯史"(286·30)、"毋伤侯史"(278·7)、"临木侯史"(286·24,72·40,137·17,490·4)、"诚北侯史"(265·11)、"不侵侯史"(193·15)、"第四侯史"(46·19,104·38,214·10,136·12,286·5)、"第七部侯史"(159·17+283·46)、"第十侯史"(123·24,133·15,285·10,120·37,180·38)、"第十七部侯史"(123·33)、"第廿三侯史"(168·+224·13,174+174,6·10,267·27)、"中部侯史"(甲附41)、"左前侯史"(10·34)、"右前侯史"(117·27,339·14)、"东部侯史"(20·12,564·19)、"仓石侯史"(192·16)等。

"侯史"的秩级略同于燧长,可以互为调补:"第廿二燧长褒,调守临木侯史"(286·24),"居延击胡燧长乐喜,补甲渠侯史,代张敖"(3·D),与城仓令史也应为同一秩级,"侯史徐辅迁补城仓令史,即日遣之官,移城仓"(142·34),"万世燧长至,其六月甲子调守令史"(15·2)。燧长的月奉约为"六百钱",那么,一般来说,侯史、令史月俸也应为600钱,显然低于士吏、尉史1200百钱的月俸,侯长月俸同于士吏。

因之,侯史在部,实为侯长的副二,是助手。简中记叙有"甲渠侯史""甲沟侯史",侯史驻部也可能是受侯官的派遣协助侯长工作,也就是说是上级指派到下级单位的临时性工作人员。然而,大量简载,部设侯史,所以,侯史多为侯长属吏是无疑的。所不同的仅仅是侯史一职并不只限于部设而已。

"驿侯书令宜王"。这里"驿侯书"三字费解,查原简照片,宜从《合校》释文为是,即"驿马农令宜王、丞安世敢言之"。

"居延千人令史长则,校系甲渠第廿三名籍一编。""千人"这一官职在居延汉简中多次出现，如：73,17,28·21,454·24,215·5,560·13,564·6,495·9,75·23,503·12 等简。《汉书·灌夫传》云："请孟为校尉，夫以千人与父俱。"孟康注曰："官主千人如侯司马也。"《汉书·王莽传》中有车骑将军千人扈云。据《流沙坠简》载："大始三年闰月辛酉朔己卯，玉门都尉护众谓千人尚、尉丞署就"，可知，在武帝大始三年(公元前94年)时已有"千人"官职。事实上，"千人"之官职起源更早，它是西周时"千夫长"之简化，《尚书·牧誓》已有"千夫长"的记载，《疏》据孔氏《传》云：以千夫长帅二千五百人，取整数，所以称千夫长。而蔡沈《书集传》云："千夫长，统千人之帅。"此说可从。"千人"分为"千人"与"骑千人"两种，其属吏有丞、令史，所谓"骑千人"当指骑兵千人。千人的下一级为五百，《汉印文字征》中有"募五百将"与"骑五百将"。居延简记载："昭武骑士益寿里王强，属千人霸、五百偃、士吏寿"(560·13)，很清楚，王强是千人霸、五百偃和士吏寿的部下骑士。"长则"是千人属下令史的名字。"校系"的"校"，核对、考订也。《国语·鲁语》："昔正考父校商之名颂十二篇，于周太师。""校系"略同于"校缀"。"系"者，连接也。《晋书·束皙传》："得竹书数十车……文既残缺，不复诠次，武帝以其书付秘书校缀次第，寻考指归。"这里所说的"校系"，主要指核对名籍册，无误，再编次系之。

"第廿三燧仓"的"仓"，是戍边驻军的生命线，所以自郡以下都有仓，以保障部队的口粮。郡有仓有库。都尉居城，也设有专用仓、库，"(居延)城仓长禹兼行(居延都尉)丞事"(278·7)，"居延城仓佐王禹"(62·55)以及"居延都尉德、库丞登行丞事，下库、城仓"(139·13)等，主都尉库、仓事，以廪府用及其下属的供应。都府的下一级是侯官，或略称为官，如"以檄侯史残曰：食常得官廪，非得廪城仓"(284·4)；部亦有仓，"收虏仓河平元年七月谷出入簿"(135·7)，"吞远仓建昭三年二月谷出入簿"(136·48)，"收虏""吞远"均为部，是部仓无疑，与"甲渠侯官仓"(33·9)显然不同。部仓之下为燧仓，如

"第廿三燧仓"即是。

"卒家属廪名籍"。汉代戍边之吏卒,其家属可以赴边探视,"居署"期间的口粮按大男、大女、未使男、未使女等年龄差别供应,如遇节日还可领取"腊肉""腊钱"等。家属来边探视亲属,都要登记手册,此谓"在署名籍"(185·13),取粮、盐日常用物另有"家属在署廪名籍"(191·10),不相混同,当返家时取符过关梁,以为身份证明。

"贳卖衣财物爰书名籍"。"贳",《说文》"从贝、世声。按古音在五部,《声类》《字林》、邹诞生皆音势。刘昌宗《周礼》:音乃,读时夜反。""贳"有二读音。段玉裁曰:"泉府以凡赊者与凡民之贷者并言,然则赊与贷有别。赊,贳也,若今人云赊是也。贷,借也,若今人云借是也。其事相类,故许浑言之曰:贳,贷。《汉书·高帝纪》:"常从武负王媪贳酒。"韦昭曰:"贳,赊也。"按贳、赊皆纡缓之词。所谓"贳卖",一则边郡用钱不足,时有"奉钱不到""赋钱未到""奉钱未付"的记载;二则戍卒,甚至下级吏员生活困苦,家无常钱。所以,虽急需购买之生活必需品,也只好赊欠,否则生计都难以维持;至于"贳卖"名籍,多为买卖官发衣物,往往由此而发生债务纠纷,因有"爰书",可以说是经济纠纷案件,因事关多人,故列"爰书名籍"。

"吏卒赋名籍"。即吏卒领取赋钱的名籍,以赋钱充奉,已是当时边郡鄣塞财政开支惯例,也是赋钱的主要用途之一。这些赋钱都来自都内,所以是丁赋、口赋收入,它有别于郡、县转输的更赋。

"日迹积三百廿一日,以令赐贤劳百六十日半日。"日迹赐劳是边郡烽燧的一项奖励制度。日迹一日,赐劳半日,故321天,赐劳160日又半日。这项制度即《北边挈令》所规定的2日当3日计。本为鼓励戍守北部寒冷地区的优待政策,受惠顾者当为珍北塞多数烽燧部塞,今贤乃甲渠塞候长,也享受这种优惠待遇,而且是"以令"而行,应视为对候长贤的奖励性"赐劳"。

"吏民出入籍"。这是吏民出入关道河津的登记名籍,它的依据是根据过往人员所持"传""棨""书"等身份凭证所载的内容,再"别写一通"，成为"吏民出入名籍"。此名籍按规定要定期上报,所上报之名籍称为"致籍"。

"廪盐名籍"。盐是人们赖以生存的生活必需品。《汉书·地理志》载:"千乘郡……有铁官、盐官、均输官。"郡治千乘县亦设盐官,主盐、铁专营事。凡一些产盐的郡县,都有盐官。盐对人如此重要,因而,边塞有专门的廪盐名籍,以控制定量按口供应。

"病卒"。凡边塞吏卒有病之后,都要分别记述在案,以备核查。如"守城尉广国病书"(512·3)、"其一人伍百,二人养,一人病。右解燧四人"(132·40)。并要求每月上报病卒名籍,以使上级及时掌握兵员情况,如"☑凤五年三月病卒名籍"(74·E·P·T56:210)、"病不任作卒廿三人□□□"(74·E·P·T40:198)。对一些病情较重的戍卒,还要写出专门报告,上报侯官,例如:"侯长敞言:□□燧卒陈崇,乃□病,伤寒头痛,抚□□,即日加□腹"(74·E·P·T4:101),这是侯长向侯官的专题报告,言明燧卒陈崇病情加剧,一旦死亡,报告就成了可证爰书。然而,对一些病情较轻的士卒,要求及时治疗,"第三燧长窦永病, 张嘉为封符"(74·E·P·T40:15),"☑昌病有瘳,诣官谒"(74E·P·T31:4)。封符去治病,既是通关的身份凭证,也是同意赴外地就诊的证明。对于吏卒的病况也是随时记录在案,犹如现在的病历,如"病泄注不愈,乙酉加伤寒,头通(应为"痛"),潘(应为"腹")满,四节不举,有书"(74·E·P·F22:280)。一旦病情有变,或者死亡,也是"病卒死亡爰书"之一,是重要的依据。如果病卒或病吏因医治无效,而最后死亡,那就要求写出正式的"戍卒病=死告爰书"(74·E·P·C:50),附其他有关爰书,作为档案。予以保存,以备核查。至此,才算了结了一桩公事。

"车父名籍"。处于边郡地区防御线上的烽燧、亭塞、郭城之间其大量的粮盐、军备、材料以及日常必需品,大多依靠车辆运输。从居延汉简中可知,当时军事系统的各级机构中,没有专用的运输车辆,凡需运输之事,多由"就人"来完成。所谓"就人",就是雇工,也就是运输专业户。当然,当时的"就人"主要是农民,他们受雇于人,有很强的季节性,农忙时不仅车辆难雇,而且"就直"很高,因为,他们仍然是"被束缚在土地上的农民",运输虽为"专业",但更重要的是他们毕竟是离不开土地的农民。

据史册记载,汉代官用、军用运输车辆多征调于民间,西北边郡地区当不例外;但雇用就人,以雇直付"傸人",则是经常的,在居延简中也屡见不鲜。"雇直"或"就直"基本上是从"赋钱"中开支,也可以说在赋钱的全部支出中,"付就人"占有很大的比例。所有就人,要列名于籍,这里有两种情况,一种是就人名籍,或曰"车父名籍",以便随时雇用;另一种情况是已被雇用的就人,著名于籍,记载所运"两"数,以便最后结账。

"传驿马名籍"。"传",《汉书·文帝纪》:"乃令宋昌骖乘,张武等六人乘六乘传诣长安。"张宴注曰:"传车六乘也。"这里的"传"指传车,即传车列于名籍。驿马,驿站传递文书之马,传车所用之马,均称为驿马。《晋书·孙惠传》:"每造书檄,越或驿马催之,应命立成,皆有文采。"管理传车驿马、传舍、厩以及饮食等事的是驿站,汉时多称为"置",如"吞远置"(74·E·P·T·59:175·T48:60·T52:173)、"居延置"(74·EP·T59:582)、"得置"(74·E·P·T59:582)等。邮驿是以人传递,置则包括了驿马传递。所谓"置",《孟子·公孙丑上》:"德之流行,速于置邮而传命。"而《韩非子·难势》对"置"作了具体而形象的描述:"夫良马固车,五十里而一置,使中手御之,追速致远,可以及也,而千里可日致也。"在一些史册文献中,"置"或曰"传置",如《史记·文帝纪》曰:"太仆见马遗财足,余皆以给传置。""置"之车,曰"传车"。《汉书·高帝纪》:"横惧,乘传诣雒阳。"注曰:"传者若今之驿,古者以车,谓之传车。"一置之内的传车、驿马数量、现在状况、保养程度,不仅要列名于籍,而且要求有较概括的记录,以备查阅。

"自占书功劳墨将名籍"。"自占"就是自报之意。《史记·平准书》云:"各以其物自占。"《索隐》曰:"占,自隐度也,谓各自隐度其财物多少，为文簿送之官也。"《汉书·宣帝纪》："流民自占八万余口。"师古注曰："占者，谓自隐度其户口而著名籍也。"这是指"黑人、黑户"自行登记于"名籍"，始计于国家人口总数之内，同时也开始承担各项税赋劳役，担当起编户齐民的各种义务。正因为如此，当时不少的贫困民户，自愿为"黑人、黑户"，不愿自占于名籍，于是统治阶级不得不采取一些鼓励措施，令民自占。《后汉书·明帝纪》载："流人无名数，欲自占者人一级。""墨将"，即犯有贪污、受贿罪行的将士。《左传·昭公十四年》：贪以败官为墨。"杜预注曰："墨，不洁之称。""墨"通"冒"，冒有贪污之意：《新书·道术》曰："厚人自簿谓之让，反让为冒。"冒者，贪也。《左传·文公十八年》："冒于货贿。"注曰："冒亦贪也。"《说文通训定声》"墨"字注曰："又借为冒，(墨、冒双声)，《左传·昭公十四年》："贪以败官为墨，按犯而取也。""墨将"虽属犯官之列，但毕竟有"将"的履历，有别于其他刑徒，故另有"墨将名籍"。他们可以自占功劳，据以减、免罪宥。

"告劾副名籍"。凡被告劾者均有劾状为据，如"居摄三年十月甲戌朔庚子，累虏燧长彭敢言之，谨移劾状一编，敢言之"(25·4)，然后以状告劾，"☐十五日令史宫，移牛籍太守府，求乐不得乐，吏毋告劾亡，满三日五日以上"(36·2)；劾辞要求翔实，无欲加人罪等情，如原劾辞中确有不实之处，可以在三日之内请求予以更正，这是允许的，如已满五日"不言请"更正，即作为正式定案材料，如以后发现有不实，将以"反罪之律"论处。所谓"告劾副名籍"，即告劾者的副本，留于原部、燧，作为留底档案，以备上级复查、询问，这也就是原劾状与劾辞的抄件。凡这类文书，按年编缀成册，楬以告劾名籍，便于查阅。

"属国胡骑兵马名籍。""属国"，《史记·卫将军骠骑列传》云："居顷之，乃分徙降者边五郡故塞外，而皆在河南，因其故俗，为属国。"正义曰："以降来之民徙置五郡，各依本国之俗而属于汉，故言属国也。"《汉书·卫霍列传》师古注曰："不改其本国之俗而属于汉，故号属国。"当然所处降之民多非汉族,有些也未建国,更多的是属部落、部族之民;秦时已设有典属国之官职,主管各属国事务。《汉书·地理志》安定郡三水县下注明"属国都尉治";上郡龟兹县下亦注明"属国都尉治"。新莽末年,窦融在河西即称"张掖属国都尉领河西五郡大将军"之职,东汉时除张掖属国之外,在郡内还有居延属国。

"胡",是一个概念不清、对部分少数民族的笼统称呼。两汉时期西北边郡的民族成分比较复杂,据居延、敦煌汉简记载,除匈奴、羌、氐有明确实指外,其余均统称之曰胡,如秦胡、卢水胡、胡虏等,实际上包含着当时的多种民族或部落。

"奉赋""卒赋"。关于赋钱充俸,已略如前述,居延汉简中的吏俸记载,清楚地说明了在短短一百余年间俸制变化之大,从西汉时的以钱为主,到新莽时的以谷、帛为主,直到东汉初期的半钱半谷,这不仅仅是吏俸支付形式的变化,实质上也反映了当时社会经济发展更为深刻的原因。西汉后期战乱频繁,各地经济受到了直接打击,铸钱铜料不足已成为经济领域的突出矛盾,所以新莽期间不得不以谷、帛充俸,当然这不是说,东汉以前的一二十年间已无以钱充俸的事实,这里,我们只是想强调新莽时期多以谷、帛充俸,对当时社会经济带来严重的影响。当时,即使是偏安一隅的河西走廊地区,由于缺钱,从而严重地影响到商品经济的发展。如《寇恩册》中所反映的具体事实,鱼虽贱卖,还是赔了大钱,甚至返家的路费都成了问题。值得注意的是,所有欠款不是以钱还债,而是以实物折钱抵债,可见当时钱之缺乏。

所谓"卒赋",是指卒本人应向乡、县辖区内所交纳的丁赋,非指如吏俸"而向戍卒发放的例钱",戍卒有无"例钱",还需进一步探讨和证实。至于戍卒钱的来源,大体有七:一是本人受雇于人而得的更钱;二是受雇于当地人的临时性"雇直";三是出卖衣物;四是因"功劳""劳迹"所得赐钱;五是立功疆场,依《购偿科别》所得偿钱;六是秋射超六,而获得的"赐钱";七是中央高级官吏"劳边"之赐。但以上各种既非人人可得,更非事属经常,因之,广大戍卒常年挣扎在贫困线上。

第二十九节 烽火制度

"烽"是"蓬"字的后起正体写法,烽字的别体很多。由于当时简文书写者,尤其是关于烽火记载的文录,多数出自戍卒之手,文化水平有限,因人而异,甚至错别字不少,这也是一字多种写法的重要原因之一。

"蠭""蓬""燧"均为烽字的别体与早晚变异。《说文》曰:"燧侯表也,边有警则举火,从火逢声。""燧"本"爇",篆书省为"爇"。《说文》曰:"塞上亭守烽火者。""烽燧",是一个词,有时也可以分开使用,"烽"是"烽","燧"是"燧",简言之,"烽"指信号,为燧之表;"燧"是施放信号和观察、瞭望的建筑,即烽台。

一、烽火品约

我国的烽燧之制究竟起于何时,还有待进一步探讨,但早在西周时已有烽燧设置,这一点是没有问题的。《史记·周本纪》"幽王为烽燧,大鼓,有寇至则举烽火,诸侯悉至,至而无寇,褒姒乃大笑,幽王说之,为数举烽火。"烽燧之制大约与我国封建时代相始终,迟至明代,虽然形式、内容已有很大变化,但基本上还沿用着烽燧之制。

1974 年在居延破城子 T44F16 房里获《塞上烽火品约》册共 17简,简长 38.5 厘米,宽 1.5 厘米,其中除两简(74·E·P·F16:15、16)下半段有火烧痕迹外,余皆完整。出土时系顺序排列置于房屋地面上。因无纪年,就房中共存物、地层关系综合分析,似应为新莽时或东汉初遗物,就其简册的内容来看,是当时烽燧执行之条例。将释文标点如下:

匈人奴(误笔)昼入殄北塞,举二烽,□□烽一,燔一积薪。夜入,燔一积薪,举堠上离合苣火,毋绝至明。甲渠、三十井塞上和如品 (F16:1)

匈人奴昼(脱一入字)甲渠河北塞,举二烽,燔一积薪。夜入,燔一积薪,举堠上二苣火,毋绝至明。殄北、三十井塞和如品 (F16:2)

匈奴人昼入甲渠河南道上塞,举二烽,坞上大表一,燔一积薪。夜入,燔一积薪,举堠上二苣火,毋绝至明。殄北、三十井塞上和如品 (F16:3)

匈奴人昼入三十井降虏燧以东,举一烽,燔一积薪。夜入,燔一积薪,举堠上一苣火,毋绝至明。甲渠、殄北塞上和如品

(F16:4)

匈奴人昼入三十井侯远燧以东,举一烽,燔一积薪,堠上烟一。夜入,燔一积薪,举堠上一苣火,毋绝至明。甲渠、殄北塞上和如品 (F16:5)

匈奴人渡三十井县索关门外道上燧,天田失亡,举一烽,坞上大表一,燔二积薪,不失亡,毋燔薪,它如约 (F16:6)

匈奴人入三十井诚　北燧县索关以内,举烽燔薪如故。三十井县索关、诚　燧以南,举烽如故,毋燔薪 (F16:7)

匈奴人入殄北塞,举三烽,后复入甲渠部,累举旁□烽,后复入三十井以内部,累举堠上直上烽 (F16:8)

匈奴人入塞,守亭鄣不得下燔薪者,旁亭可举烽、燔薪,以次和如品 (F16:9)

塞上亭燧见匈奴人在塞外,各举烽如品毋燔薪,其误,亟下烽灭火,候尉吏以檄驰言府 (F16:10)

夜即闻匈奴人及马声,若日旦入时,见匈奴人在塞外,各举部烽,次亭晦不和。夜入,举一苣火毋绝,昼□、夜灭火

(F16:11)

匈奴人入塞,候尉吏亟以檄言匈奴人入,烽火传都尉府、毋绝如品 （F16：12）

匈奴人入塞,承塞中亭燧,举烽、燔薪□□□□烽火品约,官□□□举□□烽,毋燔薪。 （F16：13）

匈奴人即入塞,千骑以上,举烽,燔二积薪,其攻亭鄣坞壁田舍,举烽,燔三积薪,积如品 （F16：14）

县田官吏：令长丞尉见烽火起,亟令吏民□□□诫 北燧部界中,民田畜牧者□□……为令 （F16：15）

匈奴人入塞,天大风,风及降雨,不具烽火者,亟传檄告,人走马驰以急疾☑ （F16：16）

右塞上烽火品约 （F16：17）

以上见《考古》1979 年第四期所载甘肃居延简册整理小组释文。后对一些漫漶不清的字经红外线摄影有所纠正,因而原释文中个别错释的字,在下面论述中将予以改正。

《塞上烽火品约》共 17 简,明确规定了各种具体情况下应使用的不同联防示警信号,按其规定和要求可分为三类：

1.昼入、夜入居延防御线前沿

①殄北塞

昼入：举二烽,坞上表一,燔一积薪

夜入：燔一积薪,举堠上离合苣火

要求：毋绝至明,甲渠、三十井塞上和如品

②甲渠河北道

昼入：举二烽,燔一积薪

夜入：燔一积薪,举堠上二苣火

要求：毋绝至明,殄北、三十井塞和如品

③甲渠河南道

昼入：举二烽,坞上大表一,燔一积薪

夜入：燔一积薪

要求：毋绝至明，珍北、三十井塞上和如品

④三十井降虏燧以东

昼入：举一烽，燔一积薪

夜入燔一积薪，举坞上一苣火

要求：毋绝至明，甲渠、珍北塞上和如品

⑤三十井侯远燧以东

昼入：举一烽，燔一积薪，坞上烟一

夜入：燔一积薪，举坞上一苣火

要求：毋绝至明，甲渠、珍北塞上和如品

2.异常和特殊情况

匈奴人入三十井诚　北燧，县索关以内

匈奴人入珍北塞，举三烽，后复入甲渠部累，举亭上烽，后复入三十井以内部累

匈奴人即入塞，千骑以上，举烽燔二积薪，其攻亭鄣坞壁田□□□举烽燔三积薪，和如品

匈奴人渡三十井，县索关门外道上燧，天田失亡，举二烽，坞上大表一，燔二积薪

夜即闻匈奴人及马声，若日旦入时见，匈奴人在塞外，各举部烽。

匈奴人入塞，天大风，风及降雨不具烽火者，亟传檄告，人走马驰

塞上亭燧见匈奴人在塞外，各举部烽如品，毋燔薪，其误，亟下烽灭火，侯尉吏以檄驰言府

3.协防要求和补充措施

匈奴人入塞,侯尉吏亟以檄言

匈奴人入塞,丞(主)塞中亭燧,举烽燔薪

县田官□入塞,丞尉见烽火起,夜入,吏☑部界中,民□□畜□

劳榦引申王国维《流沙坠简·释二》"不举之烽而云举表者,意汉时塞上告警,烽燧之外,尚有不然之烽"的说法,将烽燧示警信号概为四类:"一曰表,二曰烟,三曰苣,四曰积薪。表,或作烽,以缯布为之,色赤与白。"简言之,即认为烽、表实是一物。这种对烽表的解释,也为不少学者所接受。《两汉经济史料论丛》《居延汉简概述》等文也认为"汉代烽燧制度,略见于《汉书》贾谊、晁错等传。用四等方法:一曰表或作烽,以缯布为之,色赤与白;二曰烟,在烽火台中建高竿,竿头系小笼(原名兜零),用薪焚烧;三曰苣,形式略同于后代的火把;四曰积薪,燃烧草料。

"烽"与"表"虽然都是示警信号,但并非一物,烽言举,如"举烽燔二积薪""举烽燔薪如故""举一烽""举二烽"皆是。但苣也多言举,可知烽和苣都是悬在竿头的。因而,烽、苣可能同竿,临昼悬烽,夜悬苣,这一点在《塞上烽火品约》中是十分清楚的。表以缯布为之,赤、白二色相间,白天观之醒目示远,与今日交通信号中的红白二色相间是一个道理。表不能燃,有警悬挂起来,所谓"居高便所树表,表三人守之,北至城者三表,与城上烽燧相望"(见《墨子·号令》)。"烽""表"相望,显然也不是一回事。《塞上烽火品约》云:"举二烽,坞上大表一""举二烽坞上大表",显然,表是表,烽是烽,既非一物,也不可相混同。

"烽"既非"表",究属何物?居延汉简有"昼举亭上烽一烟"(甲·

117)一例,说明烽烟是一回事,用于白天示警。劳榦认为:"以理按之,薪草若散置笼中,则笼必焚,故必以草绳缠之成束,直立笼中,有警则燃薪草之束,俾远处可以见其光,此即苣火矣!"(见《居延汉简考释·考证二》第 30 页,南溪本)这是将烽、苣二者相混淆了。我们认为,只有烽才用笼,置薪草于其中,不用绳束,散于笼中,有警点火悬竿生烟以明警,这就是烽。烽的关键是燃料,居延试掘中,在破城子南偏东 50 米处烽台东侧,发现有大量散置于地上的薪草,这应该是烽的燃料。《汉书音义》曰:"烽如复米 ,悬着桔槔头,如有寇则举之。"《太平御览》三三五行《甘氏天文占》云:"权举烽远近沉浮,权四星在辕尾西,边地警,备烽候相望,虏至则举烽火,十丈如今之井桔槔,大锤其头,若警息燃火放之,权重本低则末仰,人见烽火。"《汉书·贾谊传》注文颖曰:"边防备胡作高橹,橹上作桔槔,桔槔头兜零,以薪草置其中,常低之,有寇则火燃举以相告,曰烽。""兜零笼也",黄文弼先生在《罗布淖尔考古记》一书中说:"按垂为附竿之横木,每有一竿必有一垂,此处木竿五,即所谓五垂也。"自1930 年贝格曼等在居延地区进行考察到此次居延试掘,都没有发现可作依据的烽竿遗迹,黄先生的发现以及对遗物的描述,使我们对烽竿的认识有了一个初步概念。这次居延发掘中,在金关东南曾发现似曾为埋置烽竿的坑穴遗迹,但其布局和黄先生所述略异,坑穴遗迹分布成椭圆形,而不似黄先生记述的一字排列,这个问题还有待进一步的调查和发掘。旧居延简中有"烽索长三丈一完"(〈123〉393·9),"□下烽灭火,烽干长三丈□"(沙畹《斯坦因所获中国简牍考释》第 694 简),"胡笼一,破"(311·11),对我们进一步了解烽的结构与使用是有帮助的。

"表",《塞上烽火品约》所见多云"大表""坞上大表一""大表一,爟一积薪"。表树于坞墙顶上,似不用桔槔,赤、白缯相间联结,直垂至坞墙地面上,故曰"地表弊,地表染矣"(86·109),《塞上烽火品约》规定,表用于白天,这是不言而喻的。

"苣"，或"苣火"。炬为苣之别体。居延发现的苣全为芨芨草
（Achnathenom Splendeno）束成，以 74·E·P·S4∶48 号标本为例，全长
80 厘米，底部直径 7 厘米左右，在中间横插三根木棒，棒长 22~37
厘米，各棒之间相距为 20 厘米。其余各苣，形制完全一样，唯棒长、
棒距以及苣长大同小异。苣间的木棒，究属何用，意见纷纷，我们认
为，无非是平衡、定向、继火等作用。苣把不大，火力有限，多悬着于
坞上烽竿，悬挂时为保持一定的重心，不致随风飘摆，使之相对平
衡，所以加以木棒；为使苣燃后保持一定的方向，可于三根木棒处
加系三条草绳，联结于槔头索上，确保相邻烽燧能一目了然；第三
个用途那就是继火作用，芨芨草晒干后，极易燃烧，如遇劲风，也会
突然熄灭，木棒燃后，既可继火，也可使芨芨草不致燃之太快，在某
种程度上讲，起了苣火的调节作用。多年来，关于苣的使用问题，始
终莫衷一是，这次居延试掘发现完整的苣，为我们解决如何使用问
题，提供了一些线索。

"薪""积薪"：堆积的各种杂色柴草。居延汉简中有很多关于燧
卒刈草的记载，兹不赘录。可知伐薪是燧卒的日常工作之一，平日
积存，以备随时使用。居延试掘发现，在破城子、金关、第四燧等处，
都有已燃的灰烬和未燃之积薪，如金关坞的南面有积薪，坞周有灰
烬厚 40~60 厘米。第一燧坞南面的烽台，位于坞南偏东 50 米处，发
掘时是一圆形竖式覆盖砾石和砂，形成硬戈壁状，其正北的方形烽
台，长宽为 4.80 米，用夯土筑成，东南两侧自戈壁层下，均遗留有当
时使用的积薪。从戈壁层下，四周都是积薪燃后的黑灰和未燃尽的
灰质。西部堆积较厚，南部次之，东、北两侧较少。《塞上烽火品约》
规定，唯积薪昼夜均可使用，"燔一积薪""燔二积薪""燔三积薪"。
积薪以堆为单位使用，"一炷"即一堆，因是成堆燔燃，必然是下火
上烟，故可昼夜兼用。

劳榦说"今从汉代烽台之制察之，凡现存诸烽台，其上常有灶
口，灶即在台顶，上施烟突，其较完整，灶突尚黔，以草燔其中尚可

以弧烟直上也。"(见《居延汉简考释·考证二》第28页,南溪本)有的同志认为"烟在白天使用,可以示远,烽表和烟常常同时并举,所以也称为烽烟"(见《考古》1960年第一期第49页)。此次居延普查到试掘,自1972年到1976年秋,历时四年,三赴居延,烽燧相连,视野不断,至今还未发现一处烽台上有灶口。劳氏所述,未指明具体地点,一时尚难核实。居延发掘简报说:在第四燧烽台"西南角有一灶膛,上方发现烟囱,可能是发布信号升烟的装置"(见《文物》1978年第一期第3页)。此说似有令人质疑处,灶的位置不在烽台之上,而在坞内墙角下与烽台相连拐角处,即在烽台的西南角下。烟既为示警信号,理应置高示远,为什么置于坞墙角下,属两面有障碍的拐角处,令人费解。灶上仅一烟囱,不适应示警信号中应具有的不同级别信号的装置要求,这也是难以理解的。此外,在金关遗址坞墙内的西北角处,也发现一灶口,此灶无疑为炊事用灶,绝非施烟之灶口,众无异议,这对我们重新认识第四燧灶口的用途是有帮助的。居延普查中,在博罗松治以北地区烽台很多,不少是以石块为材料建筑的,所以保存较好,但也未见一处上有烟突的。在两汉时期就使用烟筒施烟的说法,至今还得不到令人信服的证据。

《塞上烽火品约》是汉代候望烽燧系统中具有代表性的条令,它规定具体要求,协同性高,是在总结以往经验基础上,从实践的要求出发而制定的。《塞上烽火品约》反映了鲜明的地域性特点,其规定的内容可因时、因地,根据不同的军事态势而有所不同。《汉晋西陲木简汇编》载:"望见虏一人以上入塞,燔一积薪,举二烽,夜二苣火。见十人以上在塞北,燔举如一人,须扬。望见虏五百人以上,若攻亭鄣,燔一炷薪,举三烽,夜三苣火。不满廿以上,燔举如五百人同品。虏守亭鄣,燔举,昼举亭上烽,夜举离合苣火,次亭燧和,燔举如品。"此简较《塞上烽火品约》稍早,虽看不出明确的地域联防性,但也多少说明了不同地区的不同规定,当然也不能否认时间上的差异。

《塞上烽火品约》是甲渠、殄北和三十井塞的示警联防条令。三塞均隶属居延都尉府，地处肩水都尉防区之北。殄北塞处于额济纳河下游，在索果淖尔之南，古居延泽西，北纬40°以北，烽燧相连成一弧形曲线。甲渠塞以登达河与阿波因河交汇处到布都布鲁克西南，约长40千米。三十井塞从伊肯河东岸的布肯托尼到古居延泽南端下的博罗松治，约长60千米。居延城可能正处在额济纳河东岸的殄北塞燧线与甲渠塞燧线之间。

《塞上烽火品约》规定，一塞被犯，其余两塞"和如品"。殄北塞地处三塞之北，无论匈奴人"昼入"或"夜入"都要按品约。规定的示警信号"举烽""燔薪"，"以次"传到三十井塞上，而三十井、甲渠塞要"燔举如故"，直达居延都尉府。匈奴人犯三十井或甲渠塞，按《塞上烽火品约》规定，同样传递到其他两塞，这就组成了一个机动的三塞联防单位，便于统一指挥，相互驰援。丞、尉、吏甚至县田官都有"示警""言府"之责，俾能及时将敌情报告都尉府。《塞上烽火品约》的执行是严格的，稍有违犯，将要受到惩罚。居延新获《建武五年甲渠劾侯长王褒》册，记述了侯长王褒"不以时燔举"和"燔举不当"而遭受弹劾。"不以时燔举"指"燔举"失时，贻误戎机，"燔举不当"指燔举信号与敌情不符，示警违例，这按律是要受到严格惩办的。

据《塞上烽火品约》前五简规定，匈奴人在白天或晚上来时，根据不同的进入地点，应发出不同信号，可使其他各燧明确地判断出匈奴人的进入位置。第二简规定在"天田失亡"时应燔举的信号。"天田"是木栅外的工事，用砂子敷在地面上，以判断敌人的足迹。"天田失亡"即"天田"遭到扰敌破坏。第七简指出匈奴人进入索关内外，应发出的不同信号。"索关""县索关"或"三十井县索关"，都是指居延县索关。第八简规定在匈奴人"复入"时，应该发出的信号。匈奴人进入殄北塞后继续南下寇入甲渠部鄣，再西折进入三十井塞,根据"复入"的不同位置应表示不同的信号。第九简至十六简,规定了在某种特殊情况下,应当发出什么样的信号。如"守亭鄣不得下燔薪者""夜即闻匈奴人及马声""入塞千骑以上""天大风、风及降雨,不具烽火者"等,要求依据不同的敌情,发出各种不同的示警信号。第十二、十三、十五简,明确要求在异常情况下除燔举以外,还应采取的其他措施,这就使联防更为完善,并具有切实可行的实际价值,较前期的烽燧示警制度是一个较大的发展和进步。

二、与烽火品约有关的几个问题

1.《塞上烽火品约》是由都尉府制定并发布的

上例《塞上烽火品约》是由居延都尉府发布的,只约束其下属的三塞。而从地湾、金关发现的《塞上烽火品约》零简是由肩水都尉府发布的,"匈奴人入塞及金关以北塞外亭燧,见匈奴人举烽燔薪,五百人以上□举二烽"(甲·117),正是肩水都尉府所辖的肩水塞、橐他塞、广地塞范围,同样,敦煌所发现的《烽火品约》简是分别由中部都尉府和玉门都尉府发布的。

2.司烽火有专责,并列入士吏档案

"谨候望,通烽火"是汉代塞上亭燧的主要任务,要求警戒瞭望,观察敌情,发放信号,急传言府。因而,要求职责明确,事有专人负责。如"状辞居延肩水里上造年四十二岁,姓匽氏,除为卅井士吏,主亭燧候望,通烽火、备盗贼为职"。(456·4)戍卒中也有这类"状辞",责成其"以候望为职"。如"戍卒三人以候望为职,戍卒济阴郡定陶羊于里魏贤,己卯夜直候夜半时绝不□使戍卒除□"(甲1035)。为使戍卒胜任工作,平时要训练他们准确的观察临近各烽燧的燔举情况,加以考核。简(52·17,82·15,甲·363)有戍卒负一算、负二算的记载,这正是考核的结果。如戍卒还不熟悉品约的条令,也要予以声明,如" 竟卒三人一人病,二人见,卒符泽月廿三日病伤汗,卒范前不知蓬火品□"(46·9A)。不熟悉的要抓紧背诵、训练,如"扁书亭燧显处,令尽讽诵知之,精候望,即有蓬火,亭燧回度举毋忽"(敦煌简 C432)。

3."督蓬"

边塞上一般设有监督烽火执行情况的"督蓬"或"督蓬掾",循行于所辖烽燧。"必须加慎毋忽,督蓬掾从殄北始度以□□到县索关。加慎毋忽方循行,如律令。"(428·8)督蓬由都尉任命,有时都尉自兼其职。在酒泉简中有督蓬印封的檄书"南合檄一诣清塞掾治所掾檄一诣府, 闰月廿日封高少督蓬印, 廿一日受施"(M135A,T11i4b:2)。督蓬掾有责任将循行中发现的问题, 及时向都尉府汇报,如新获居延简就有"更始三年十一月戊寅守督蓬掾"的这种报告。严重的有无故不发信号,如" 表至第十二燧燧长长不举"(203·46)。督蓬掾有权对违反条令的人员提出处理建议,如"复汉元年十一月戊辰,居延都尉领甲渠督蓬掾敢言之,城北燧长侯京、侯长樊隆皆私去署燧报刺史毋状,罪当死,叩头死罪死罪,敢言之"(74·E·P·F2:424)。可能被判死刑。

4.警戒命令与记录

都尉府汇集各亭燧的军事情报后,如认为敌情严重,便立即向各有关烽燧发出警戒命令,这就是檄书简。

　　　十二月辛未,甲渠侯长安、侯史佃人敢言之,蚤食时临木燧卒□举蓬燔一积薪,房即西北去,毋有亡失,敢言之。/十二月辛未,将兵屯田官居延都尉谓城仓长禹兼行〔丞事〕
　　广田以次传行至望远上　　　回
　　写移疑房有大众不去,欲并入为寇,檄到循行部界中,严教吏卒,惊烽火,明天田,谨迹,候侯望,禁止往来行者,定烽火,辈送便兵战斗具,毋为房所萃椠已先闻知,失亡重事,毋忽,如律令。/十二月壬申,殄北甲渠□
　　侯长缑√未央侯史包、燧长畸等,疑房有大众,欲并入为寇,檄到缑等各循行部界中,严教吏卒,定烽火,辈送便兵战斗具，毋为虏所萃槀已先闻知，失亡重事，毋忽，如律令。

（278·7）

这件循行檄书，是由将兵屯田官、居延都尉渭和兼行丞事的城仓长禹签署的，要求从殄北塞的广田燧传阅到望远燧，檄书中先列举了十二月辛未甲渠侯长侯史和十二月壬申殄北侯长侯史以及甲渠燧长的敌情报告，接着发布命令，并在这个地区内实行戒严，士吏进入战斗准备。这种檄书多写在觚上，便于循行携带，同类檄书简发现不少，这里不再赘录。

塞上亭燧对于每天所发出或传递的警戒信号，都必须有完整的记录。居延遗址中曾发现过这样一些记录：

临莫燧长留人戊申日西中时，受止虏燧坞上表再通，坞上苣火三通☐（甲·719）

乐昌燧长己戊申日西中时，受并山燧坞上表再通，夜人定时，苣火三通，己酉日☐（甲·1705）

☐午日下铺时，受居延蓬一通，夜食时坞上苣火一通，居延苣火☐（甲·1695）

坞上旁蓬一通，同时付并山，丙辰日入时☐（甲·1770）

☐旁蓬一通，夜时　（甲·1777）

☐檄，坞上旁蓬一通　（甲·1782）

☐火一通，人定时，受坞上苣火一　（甲·1781）

到北界，举坞上旁蓬一通，夜坞上☐　（甲·116）

上列散简系地湾出土，可知是肩水侯官对各燧上报的敌情汇编，这种记录，同样在甲渠侯官的档案中也有（破城子出土）。

出，坞上蓬火一通，元延二年七月辛未，☐　（39·20）

积薪,日入三分,餅庭燧长周安,付殄北　（甲·963）

十二月己巳,夜食,辛意受卅井辛赦　（甲·1068）

再如三十井候官的记录:

九月乙酉,日出,五北一表一通,又蚤食,尽北连表一通,
受辛同○☒　（170·4）

这类军情记录汇编,在瓦因托尼、敦煌、酒泉等地所出的简中
也有发现。

5.建立对烽火设备的检查制度

亭燧通讯烽火既然如此重要, 那么, 对其设备的重视自不待
言,所以对其设备诸如蓬、苣、积薪以及蓬竿、绳索等都有严格的检
查制度,并要求定期汇报。必要时上级还会派人来检查,对其破损
不合格者要督促修复,违命令者甚至要受到惩处。

第七燧长尊……尊火尊一不事用……大小积薪薄燧……
烽苣少卅七……表二不事用　（甲·475）

第八燧长徐宗……小积薪一上☒项　（214·108）

第十八燧长单咸……宋何表二不鲜明……烽久用□□,
唉……小积薪一上□项　（214·47）

第廿四燧长淳于……蓬一不任事,小积薪二□项……
（甲·2431）

第廿九燧长王禹……小积薪一上口项……大积薪二上
□项……　（甲·1619）

第卅六燧长宋登……蓬一不事用……　（214·5）

第卅八燧长高遗……蓬久用□墅呼　（385·16）

望虏燧长充光,积薪八,毋持楪不涂墅,大积薪二,未更

积，小积薪二未更……坞上大表一古墢……毋角火苣五十
（264·32）

察微燧……积薪八，皆毋涂□　（甲·797）

……蓬皆白，地蓬干顷　（214·82）

地表弊，地表染埃　（68·109）

……蓬一弊一销不利　（68·95）

蓬火□□上盖墢不鲜明……　（104·24）

经检查，对失职官吏要进行处罚，如破城子新发现的对侯史广德"坐不循引部"檄，可以为证（参见《居延出土的"侯史广德坐不循行部"檄》，《考古》1979 年第二期）。

6."烟""鼓""烽""表"问题

这些示警信号目前还有争议，前面已略加介绍，这里有必要再加以重申。

有人认为"烟"是独立信号，我们仍有怀疑，除《塞上烽火品约》中无此信号外，烟似乎应是"烽"的表象。至于用"灶"暂时得不到证实。莫当燧守御器簿中有"烟造一"，这当然也可以作为"烽"的效果来解释。《塞上烽火品约》中也无"鼓"的规定，但酒泉郡发现的简中有"□晨时鼓一通/日食时表一通/日中时表一通□"（M47，T32，F：06），无疑"鼓"也是示警信号之一，莫当燧器物簿和大湾出土的守御器簿（甲·1991）上皆记有"鼓一"，破城子新获建武四年（公元 28年）三月第一燧长奈恭的爰书中也提到"燧有鼓一……常悬坞户内"（74·E·P·F22:329、331）。用鼓作信号，是靠声音传播，日夜可用，但当有噪音或逆风时，它的效果则显然要大大降低。因而，由于鼓自身的弱点，它必然逃脱不了被淘汰的命运。"鼓"作为示警信号之一，起源较早，《墨子·杂守篇》："望见寇举一烽一鼓，入境举二烽二鼓，射妻举三烽三鼓，郭会举四烽四鼓，城会举五烽五鼓"，这是战国时烽燧之制，西汉时仍用鼓，到东汉时可能就渐被淘汰了。

莫当燧守御器簿和大湾出土的守御器簿中均有"布蓬三"与"布表一"。前面已讲过表用"赤、白缯"为之。蓬，用布或草，及缯作的，但以草蓬为主，布、缯可能是少量的。莫当燧守御器物簿中有"草蓬一""□百，八月甲子买赤白缯蓬一完"（28·24），此外还有"直木蓬""具木蓬"，这也许是以木为原料所做的蓬。

三、亭鄣烽燧建筑

1.亭燧：燧，或作隧、隧。

《说文》曰："隧，塞上亭守燧火者也。"所以燧略同于亭，亭的名称系沿用内地"十里一亭"之故。《说文》又说："燧，侯表也，边有警则举火"。因而，我们可以认为，亭燧亦指基层组织之居址建筑，而烽当然是指所担负的任务侯表而言。较燧大的塞与城，加筑侯望以通烽火，兰就是一般所说的亭鄣。《史记·秦始皇本纪》三十二年"筑亭这以逐戎人，徙谪实之"。《汉书·张骞传》："击破姑师，虏楼兰王，列亭鄣至玉门矣！"《汉书·匈奴传》："建塞鄣，起亭燧"，"又前以罢外城，省亭燧，今裁足以侯望通烽火而已"，《汉书·贾捐之传》"女子乘亭鄣"。《后汉书·王霸传》："诏霸将施刑徒六千余人，与杜茂治飞狐道，堆石布土，筑起亭鄣，自代至平城三百余里。"《后汉书·西羌传》"于是鄣塞亭燧出长城外数千里"，这都是亭鄣或亭燧连称。《流沙坠简·戍役类》："一人马矢塗亭户前地二百七十尺"，"二人削亭东面，广丈四尺，高五丈二尺"。王国维考释认为，"亭即烽燧台"。《太白阴经》及《通典·烽燧篇》云："台高五丈，下阔二丈，上阔一丈，右简言亭面广丈四尺，高五丈二尺，高低略同，盖李（筌）杜（佑）所述，犹古制也。"经居延实地考察，烽台一般平均高度约为 15 米，宽 7.7 米，长 8 米。李杜所述与宋曾公亮《武经总要》引唐《兵部烽式》略同，汉代尺与唐尺有别，唐代官尺以小尺为标准，唐一小尺约合汉尺七寸六分（见孙次舟《河南出土唐尺考证》）。这样唐尺折合汉尺，烽台高约三丈八尺，宽一丈零六寸左右。

亭，本亭燧。上面已讲过是乡亭的引申。《汉书·百官公卿表》：

"大率十里一亭,亭有长。十亭一乡,乡有三老,有秩、啬夫、游檄。"《后汉书·百官志五》注引《汉官仪》曰:"设十里一亭,亭长、亭侯;五里一邮,邮间相去二里半,司奸盗。亭长持二尺板以劾贼,索绳以收执贼。"《风俗通》说:"汉家因秦,大率十里一亭。亭,留也,盖行旅宿会之所馆。"所谓十里一亭,五里一邮,这是从距离上来讲。《后汉书·百官志》云:"里有里魁,民有什伍,善恶以告。"注:"里魁掌一里百家。什主十家,伍主五家,以相检查。"《汉书·尹翁归传》:"治如在东海故迹,奸邪罪名亦县县有名籍,盗贼发其比伍中。"师古注:"比谓左右相次者也,五家为伍,若今五保也。"似也有以户数来计乡、亭的意思。又如《汉旧仪》云:"长安城方六十里,经纬各十五里,十二城门,积九百七十三顷,有二十亭。"这好像又是以面积来计亭。我们认为这几种说法都是"近似值",面积一方里以一里计,大约居住百家。

2.郭、坞、堡

郭指烽燧或郭、堡的外墙,也可以叫围墙。简曰:

□长七丈七尺坞
一坞高丈四尺,按高六尺,衔□高二尺五寸,任高二丈三尺 (175·19)

今以甲渠侯官遗址为例:郭墙较厚,一般基础厚4米以上,坞墙厚约7米。另一种没有郭的建筑,只有坞和烽台,应是侯长的治所,或燧长治所,在坞墙以内,一般靠墙盖有房子,住人或贮藏物品之用。肩水金关遗址有堡屋,堡室紧靠烽台,与坞墙相连,显然是瞭望司烽火者的住处。

守望亭北,平第九十三町,广三步,长七步,积廿一步
(303·17)

如果我们按六尺为一步计算，广就是一丈八尺，长四丈二尺。所谓"町"，《说文》曰："田践处曰町。"《左传》"町原防"，杜注曰："原防不得方正如井田，别为小顷，町。"《毛传》："除地町町者，町町平意。"《释名·州国》："郑町也，其国多平，町町然也。"所谓"町"，就是小段土地，经过平整可以耕种，当然也可以供守望。

在烽台四周布有虎落。什么是虎落？《汉书·晁错传》："通川之道，调立城邑，毋下千家，为中周虎落。"郑氏注曰："虎落者，外蕃也，若今时竹虎也。"苏林则注："作虎落于要塞下，以沙布其表，只视其迹，以知匈奴来入，一名天田。"而颜师古又注说："苏说非也。虎落者，以竹篾相连遮落之也。"实际上，经在居延地区考查，所谓虎落，就是削尖了的竹、木尖桩，有规则地埋于塞墙之外，尤其烽台四周更是遍布虎落。这种竹、木尖桩的作用是显而易见的。

坞，或作隖。《说文》曰："小鄣也，一曰庳城也。"《字林》曰："坞小鄣也，一曰小城。"《后汉书·马援传》："缮城郭，起坞候。"这里的"候"，当指侯望，也就是说坞上的侯望设置。《后汉书·樊准传》："五年，转河内太守，时羌复屡入郡界，准辄将兵讨逐，修理坞壁，威名大行。"《后汉书·皇甫规传》："后先零诸种陆梁，覆没营坞。"《后汉书·西羌传》："使北军中侯朱宠将五营土屯孟津，诏魏郡、赵国、常山、中山缮作坞候六百一十六所。""元初元年春，遣兵屯河内，通谷冲要三十三所，皆作坞壁，设鸣鼓。""秋，筑冯翊北界候坞五百所。"《流沙坠简·戍役类》："坞垅败坏不作治，户与戍不调利，天田不耕画，不鉏治。"王国维《考释》云："坞垅者，服虔《通俗文》曰：'营居为坞，'盖即谓亭也。陛者，《说文》云：'升高阶也'，亭高五丈余，必有升降之处，故时须作治也。"服虔认为"营居为坞"，是正确的，坞内修房以事营居。但王国维认为坞即亭燧，这可是有问题的，虽说坞、燧有直接关系，然而毕竟不容混淆。《居延汉简·释文》："坞上矢目二，不事用"（〈192〉68·95），坞上转射二所，深目中不辟除"（〈242〉

89·21）；"临木燧长王横，外坞户下▢，内坞户毋一▢"（〈196〉68·63）。从上列各简可以看出，坞上不但有矢目、转射，而且有深目和表等，还有外坞与内坞之分，很明显坞与烽燧是两回事，况且坞多以小城、小郭来解释，《后汉书》也坞壁、坞堆连用，说明它与烽燧是有重大区别的。

后汉之际，一些官僚地主、地方豪绅也营坞造堡保护自己的家院，武威雷台汉墓中出土的一座碉楼，即有坞壁、栈道、碉楼等建筑，这是当时现实生活的写照，《后汉书·酷吏·李章传》："时赵、魏豪右往往屯聚，清河大姓赵纲遂于县界起坞壁，缮甲兵，为在所害。"这可能是边塞坞堠的发展。这种地方豪绅的坞壁，到魏晋时更有扩大之势，可参见《三国志·魏书·许褚传》《常林传》《晋书·苏峻传》《祖狄传》等。

3.邸阁

所谓邸阁，是边塞地区贮藏军粮以及其他辎重物资的仓库。居延汉简：

> 八月丁丑鄣卒十人，其一人守客，一人守邸、一人取狗湛，一人治计，二人马下，一人吏养，一人使，一人守园，一人助
>
> （267·17）

邸即邸阁。在边塞遗址调查中，邸阁建筑与其他住房已无法区分，甲渠侯官遗址，坞内房屋很多，或亦有邸阁，但今天已难以找到依据加以区别。从简牍来看，邸阁建筑在两汉时期已经有了，但见于文献者稍晚。《三国志·蜀·邓芝传》："先主定益州，芝为郫邸阁督。"《三国志·蜀书·后主禅传》："建兴十一年冬，亮使诸军运米，集于斜谷口，治斜谷邸阁。"《三国志·蜀书·魏延传》注引《魏略》"横门邸阁与散民之谷足周食也"。这里的横门，指长安的西北门。《三国志·魏书·张既传》也说："遂上疏请与儒治左城，筑鄣塞，置烽侯邸阁以备

胡。"邸阁与烽火自然有着十分密切的关系。再如《三国志·魏书·王基传》:"分兵取雄父邸阁,收米三十余万斛。""南顿有大邸阁,计足军人四十日粮。"《三国志·吴书·孙策传》注引《江表传》曰:"策渡江,攻蘏牛渚营,尽得邸阁粮谷、战具。"十分清楚邸阁确是贮备军粮和战具的地方,或曰军需品库仓。

注释:

①《周礼·春官·典瑞》,中华书局据永怀堂本校刊《周礼》卷二十○。

②《史记·秦始皇本纪》卷七,中华书局标点本,第 237 页。

③《汉书·高五王传》卷七,中华书局标点本,第 1993 页。

④《汉书·文帝本纪》卷一。

⑤劳榦《居延汉简考释》(〈二五〉三三二·一二)(中国社会科学考古研究所编《居延汉简甲乙编》下册,第 222 页)。

⑥《长安获古编》卷二,第 31 页。

⑦《积古斋钟鼎款识》卷一○,第 7 页。

⑧《后汉书·杜诗传》卷六一,世纪书局影印本,1953 年,第 1536 页。

⑨拙作《甘肃庄浪铜虎符》(《考古与文物》1980 年第二期,第 70 页)。

⑩《唐六典》。

⑪《册府元龟》卷四○。

⑫《册府元龟》卷七五。

⑬《宋史·兵志》。

⑭下文中凡见引用此种符号,均见中国社会科学院考古研究所编《居延汉简甲乙编》下册。

⑮参见陈直《史记新证》第 118 页;《汉书新证》第 349 页等。

⑯陈直《汉书新证》第 21 页。

⑰中国社会科学院考古研究所编《居延汉简甲乙编》第 110 页。

⑱中国社会科学院考古研究所编《居延汉简甲乙编》第 6 页。

⑲中国社会科学院考古研究所编《居延汉简甲乙编》第 7 页。

⑳文中凡见引用此种编号,均为 1973—1975 年发掘的居延新简原始号。

㉑《韩非子·说林上》。

㉒《左传·成公五年》。

㉓《战国策·魏四》。

㉔《汉书·景帝本纪》卷一注。

㉕《汉书·景帝本纪》卷一注。

㉖崔豹《古今注·问答释义》。

㉗《汉书·百官表》。

㉘《新唐书·长孙皇后传》:"与帝言或及天下事,牝鸡司晨,辞曰:家之穷也,可乎。"

㉙《吕氏春秋·简选》。

㉚吴卓信《汉书地理志补注》。

㉛司马彪《续汉书·百官志》。

㉜居延旧简指 1930—1931 年间前西北科学考察团所获简 10000 余枚,这批简现在台湾。居延新简是指 1972—1976 年甘肃居延考古队所获简 19000 余枚。敦煌旧简指 1906 年和 1913 年斯坦因先后两次获简 789 枚以及 1944 年夏鼐、阎文儒诸先生获简 39 枚。敦煌新简是指 1979 年由甘肃省博物馆发掘获简计 1217 枚。

㉝《流沙坠简·考释》第二卷,第 11 页。

㉞《中华文史论丛》1980 年第 2 辑。

㉟劳榦《居延汉简考释》卷一,第 20 页(四川南溪石印本)。《居延汉简甲乙编》(18·2)。

㊱《周礼·天官·大宰》又参见《小宰》。

㊲《资治通鉴》。

㊳《周礼·地官·掌节》注。

㊴刘熙《释名·释书契》。

㊵《后汉书·窦武传》。

㊶《续汉书·百官志》。

㊷许慎《说文》。

㊸崔豹《古今注》。

㊹《宋书·谢庄传》。

㊺《太平御览》卷三四一引《麟角》。

㊻《王子安集》卷五。

㊼《后汉书·舆服志上》。

㊽《后汉书·匈奴传》。

㊾《后汉书·杜诗传》。

㊿《后汉书·郭丹传》。

51《汉书·百官表》:"少府,秦官……属官有尚书、符节、太医、太官、汤官、导官、乐府、若卢……东园匠十六官令丞。"

52《汉书·苏武传》。

53《旧唐书·懿宗纪》咸通三年五月敕。

54司马光《温国文正公集》卷一〇。

55《孟子·离娄下》。

56《战国策·燕二》。

57《晋书·徐邈传》。

58高适《高常侍集》卷四。

59《宋史·吴越钱氏传》。

60《三国志·魏书·武帝纪》建安二十三年注。

61《资治通鉴》唐会昌四年。

62《史记·司马相如列传》。

63《资治通鉴》唐至德二载四月。

64参见薛允《唐明律会编》卷一〇《信牌》;顾炎武《日知录》三二《信》。

第八章 科技文化

第三十节 年历与计时

凡出土的纪年简,一般都记有年、月、日,这对复原、研究两汉朔闰之排列无疑是第一手资料。司马光《资治通鉴》目录所载,宋刘羲叟《长历》不仅断自汉高帝元年,而且其中有错,清人汪曰桢《历代长术辑要》和张其翱《两汉朔闰表》对刘历有所更正。近人陈垣《二十史朔闰表》吸收了汪氏《历代长术辑要》列序,对汪氏一些错误予以纠正。尽管如此,但汪、张、陈三表较为接近,而刘表可算独树一帜,这两类表经两汉文献,尤其是《汉书》中的纪、志、表、传的年月日和出土汉简、金石铭刻等的互校,各有短长。它们之间也有一个共同的地方,都是以历术推导出来的,既是推算,那自然要经过实践的检验。

汉简记日办法,大体有五种:一是"大始元年十二月辛丑朔戊午",即十二月十八日;二是"太始二年二月庚寅",是年二月庚午朔,庚寅为廿一日;三是"征和四年二月十五日",这年二月是乙未朔,十五日应为己酉;四是"元康五年五月二日壬子,"为辛亥朔;五是"永元五年七月壬戌朔二日癸亥"。上列五种记日法,以前两种较为常见。《汉书》中除《五行志》于日食记朔晦外,其他均不记朔旦。《后汉书》大体上也是这种记法。而汉简则在月名与日序之间注明朔旦,不仅日序自明,而且可以核定百年之内的日序,同时也可以确定何月为闰月。这种注明朔旦的记载形式,是当时官文书的法定格式。《史记·三王世家》记封三王的诏书"六年四月戊寅朔癸卯""四月二十八日乙巳",这是武帝元狩六年(公元前117年)事。东汉碑刻《孔庙置守庙百石孔龢碑》:"元嘉三年三月丙子朔二十七日壬寅""永典元年六月甲辰朔十八日辛酉",《鲁相史晨奏祀孔子庙碑》:"建宁二年三月癸卯朔七日己酉",《龟兹左将军刘平国作关城颂》:"永寿四年八月甲戌朔十二日乙酉"等,除注明朔旦外,还记载日期。

朔闰表是史学研究工作中不可缺少的工具书,如所据表有误,显然会给研究带来困难。今以汉简为依据订正各表的得失,是不无意义的。试以闰月、朔日两项,摘其要者,订正如下:

一、闰月与朔旦

太始元年(公元前96年)陈氏各表置闰月于头年十二月丁丑朔。汉简记"大始元年十二月辛丑朔",则是年闰十二月辛未朔。闰月在岁末,仍沿用汉初古四分历(殷历或称颛顼历)。

始元七年(公元前80年)陈氏各表闰月皆为三月壬申朔,而汉简有3枚"始元七年闰月甲辰",壬申朔不会有甲辰。所以这年应该是闰二月癸卯朔或四月壬寅朔。

神爵元年(公元前61年)陈氏诸表闰四月壬午朔,汉简有"神爵元年四月壬午朔",所以知道这年不闰四月,而是闰三月壬子朔。另据甲·91、92、1721、96、89、34、88、90等8简应是相连的一册,记元康五年(即神爵元年)二月至五月诏书之下达,其闰月丁巳、庚申皆属于闰三月壬子朔,因而可以完全确定,这年是闰三月壬子朔无疑。

鸿嘉三年(公元前18年)陈氏诸表都是闰九月庚子朔,汉简有"鸿嘉三年闰月庚午朔",庚午朔应是闰八月而不应闰九月。

元寿元年(公元前2年)陈氏诸表闰十一月丙寅朔,十二月乙未朔,只有刘氏表闰十二月乙未朔。汉简有"建平五年(即元寿元年)十二月丙寅朔",所以知道这年应闰十二月乙未朔,刘氏表正确。

始建国二年(公元10年)汪氏表闰丑正十月癸亥朔,陈、张表闰寅正九月癸亥朔,刘氏表闰丑正十一月壬辰朔。汉简有"始建国二年十一月丙子下",可知十一月不是闰月,应如刘表闰十一月壬辰朔。

元兴元年(公元105年)陈氏诸表闰九月辛巳朔,刘氏表闰十月庚戌朔。据《续汉书·天文志》"闰月辛亥",辛亥应是十月,同于刘表,据汉简历推也应是"辛亥朔",所以刘表正确。

以上七例是关于闰月订正,另朔旦陈氏诸表也有不合汉简者。

始元元年(公元前86年)陈氏诸表正月戊寅朔,而汉简作"己卯朔"。

元兴元年(公元105年)陈氏各表为七月壬子朔,九月辛亥朔,十月庚戌朔。而汉简作七月癸丑朔,九月壬子朔,十月(闰月)辛亥朔。

上列朔旦二例虽只相差一天,但仍然算是不小的差误。

二、改元

我们阅读史书、文献,凡改元之年,一般只书写新改之年号,这当然与当时实际不符,而汉简因是当时实用文书,所以改月之年,新旧年号并存,这样就使我们知道是何月改元,俾使考证之史实更为准确。

汉简有元康五年二月与神爵元年四月,史书记载三月改元,简史相合。简有建照六年正月与竟宁元年二月,史载正月改元,简史相合。简有元和四年八月五日,史载七月二十七日诏改元章和,史简所记吻合。由上简推知,改元诏书到达边郡得1个月左右时间。汉简有河平五年五月与阳朔元年五月,而史载河平四年六月改元阳朔,显然史书记载有错,河平改元阳朔应在河平五年四月。以上述为例,我们可以试推改元之年的月份:

地节五年四月与元康元年五月(改元应在四月)。

神爵五年正月与五凤元年三月(改元应在正、二月)。

五凤五年四月与甘露元年(闰)五月(改元应在五月)。

阳朔五年四月与鸿嘉元年六月(改元应在四、五月)。

鸿嘉五年三月与永始元年三月(改元应在二月)。

元延五年四月与绥和元年六月(改元应在四、五月)。

建平元年正月(改元应在上年末)。

建平五年十二月(改元元寿当在十二月或闰十二月)。

始建国六年二月与始建国天凤元年三月(湿仓斛铭)(改元应在正、二月)。

然而在核定改元之月时,也发现了一些令人费解的现象,如本始五年改元地节,何月改元,于史无证。但是汉简不仅有本始五年十二月,而且还有本始六年正月,敦煌简更有本始六年三月,乃迟至六月才见地节年号,这是什么原因,还不清楚。既然本始五年改元,为什么改元之诏迟迟不到边郡,令人不解。

这里我们还要说明一个问题,瓦因托尼所出汉简中有"二年""三年"的纪年法,前面未冠年号,查其月朔,是征和四年以后的两年,"二年"即公元前87年,"三年"即公元前86年(即始元元年)。这是因为武帝最后两年改元后未立年号,一般史书、文献中称为"后元",这并非当时实际使用之年号,而是后来史家所追记的。如《汉书·地理志》(敦煌郡下)、《诸侯年表》(济北王刘宽下)、《霍光传》等,均称"后元年"。《汉书·昭帝纪》始元四年"赦天下,辞讼在后二年前皆勿听治",孟康注曰"武帝后二年",是当时诏书称"后二年"而不以"后元"为年号。这种情况犹如文、景之际未立年号,史家以"前元""后元"前几年、后几年相称谓是一个道理。

三、历谱问题

居延汉简中发现了若干历谱,大多残缺不全,就其形制而言,大体上分为编册横读式、编册纵读式、横列直书式、单板纵读式和数板纵读式等五种形式。所谓编册横读式:系一年之历谱用30支简组成,每一简是一日。每简自上而下分为13个横格,第一格写日数,即自一日至三十日,均纵书。第二格至十三格为正月至十二月的干支,均横书,字小于日数,自右至左。干支下记八节诸事,纵书,字大于干支。闰月写于简背上端,也有写于正面的。

编册纵读式:一年历谱用 12 支简组成,每简为一月,闰月就多出一简,共 13 支。每简上端为月名,下列二十九或三十天干支。

横列直书式:一年历谱用 12 简组成,(有闰月为 13 支)每支简为一月,从右到左,横列直书。左边留有空白处可以穿孔。

单板纵读式:一年历谱书写在一个长方形板内,正面为正月至八月,反面为九月至十二月,仅记朔日、月大小、八节,伏腊等。

数板纵读式:正面记七月、十二月建除神杀,背面记闰月建除神杀。这应是由六板组成之一年历谱。

所谓八节是指一年二十四节气中的二至、二分、四立,其名见于《汉书·律历志》统术篇中。汉代人重视伏、腊二节,所以在历谱中特别注明其干支。《史记·秦本纪》德公"二年初伏",集解引孟康曰"六月伏日初也,周时无,至此乃有之"。正义曰:"六日三伏之节,起秦德公为之,故云初伏。伏者隐匿避盛暑也。《历忌释》云:伏者何,以金气伏藏之日也。四时代谢,皆以相生,立春木伐水,水生木;立夏火伐木,木生火;立冬水伐金,金生水;立秋以金代火,故至庚日必伏,庚者金,故曰伏也"(《太平御览》)。《汉书·郊祀志》:"秦德公立……作伏祠。"师古注曰:"伏者,谓阴气将起,迫于残阳而未得升,故为臧伏,因名伏日也。立秋之后,以金代火,金畏于火,故至庚日必伏,庚,金也。"《后汉书·和帝纪》永元六年"六月己酉,令初伏闭尽",注引《汉官旧仪》曰"伏日万鬼行,故尽日闭不干它事"。所谓三伏,《阴阳书》曰"从夏至后第三庚为初伏,第四庚为中伏,立秋后初庚为后伏,谓之三伏。曹植谓之三旬也"。简文永光五年历谱:"十二月庚午朔大,十七日丙戌腊,廿七日立春,己亥晦。"《说文》曰:"腊,冬至后三戌腊祭百神"(《玉篇》解释相同),《汉书·武纪》太初二年师古注曰:"腊者,冬至后腊祭百神也。"《初学记》卷四曰:"魏台访议曰：王者各以其行，盛日为祖，衰日为腊。汉火德，火衰于戌，故以戌日为腊。"关于腊日的解释还可参见《汉旧仪》《白帖·四》《太平御览·三十一》《独断》《风俗通义》《汉书·元后传》《续汉书·礼仪志》《汉官名秩》《后汉书·何敞传》《汉官仪》《左传僖·公五年》等。

据《左传》，腊祭是周制，僖公五年曰："虞不腊矣！"杜注云："腊，岁终祭众神之名。"所以十二月又称为腊月。秦人因之，《史记·秦本纪》惠文君"十二月初腊"，《风俗通义》卷八"礼传》夏曰嘉平，殷曰清记，周曰蜡，汉改曰腊"。《广雅·释天》记曰："周曰大蜡，秦曰腊。"《史记·秦本纪》惠文君十二年，正义曰"秦惠文王始效中国为之，故云初腊"。这里的"初"字是指秦国开始行腊祭，事实上中原早在周代已有此礼。

本始四年、永康三年、永元六年简牍历谱中有"建除"。占卜七家中，建除是其一家。《淮南子·天文》"寅为建，卯为除"，《论衡·难岁》："正月建于寅，破于申"，《协纪辨方》引《历书》"历家以建、除……凡十二日，周而复始，观所值以定吉凶"，按十二辰依次循环。

在本始四年和永元六年历谱中又有"反支"，所谓"反支"曰，就是凶日，不吉不利。《后汉书·王符传》曰："公车以反支日不会章奏"，李贤注曰："凡反支日，用月朔为正，戌、亥朔一日反支，申、酉朔二日反支，午、未朔三日反支，辰、巳朔四日反支，寅、卯朔五日反支，子、丑朔六日反支。见《阴阳书》也。"所以，反支日是由月朔的地支来决定那一天为反支日，这是固定的，如以下排列：

戌、亥	申、酉	午、未	辰、巳	寅、卯	子、丑
一	二	三	四	五	六
七	八	九	十	十一	十二
十三	十四	十五	十六	十七	十八
十九	二十	廿一	廿二	廿三	廿四
廿五	廿六	廿七	廿八	廿九	卅

关于汉代忌反支的例子，可参见《汉书·游侠列传》《礼祀·王

制》《颜氏家训·杂艺》《潜夫论·爱日》等。此外，永元六年（公元94年）历谱还有"血忌""八魁"日的记载，"血忌"日不杀牲，"八魁"日"主退恶攘逆"详见王国维《流沙坠简考释》。

两汉的纪时是一个比较复杂的问题，下面我们只就汉简中有关计时的一些问题略加论述。

刻漏之制，周代已有，《周礼》有挈壶氏、司寤氏，都是主管时日的，《汉书·百官公卿表》"詹事，秦官……属官有率更"，师古曰："掌知漏刻。"汉代有两种漏制，一是官漏，一是夏历漏。一昼夜为百刻，两漏每天相差为 2.4 刻。

《左传·宣公十二年》记有鸡鸣、日中、日入；昭公五年卜楚丘曰："日之数十，故有十时，亦当十位，自王已下，其二为公，其三为卿。日上其中，食日为二，旦日为三。"晋代杜预所注，以为相应于十等人的十时是日中、食时、平旦、鸡鸣、夜半、人定、黄昏、日入、晡时、日昳，另外"隅中、日出不在第"。

《淮南子·天文》记述太阳行程，列举一日十五个"时称"为晨明、朏明、旦明、蚤食、晏食、隅中、正中、小迁（今本作"还"，误）、餔时、大迁、大春、下春、县车、黄昏、定昏。定昏以后、晨明以前如夜半、鸡鸣等属于夜间，不在叙述之例。但是它所列举的名称与汉代使用的"时称"及次节有一些是相同的。西汉的"时称"，在《史记》中记载如：

《项羽本纪》："日中，大破汉军。"

《吕后本纪》："日餔时，遂击产。"

《彭越传》："旦日日出，十余人后，后至者至日中。"

《景帝纪》，"后元年……五月丙戌地动，其蚤食时复动。"

《天官书》："暮食出，小弱，夜半出，中弱，鸡鸣出，大弱。"

《天官书》："旦至食为麦，食至日昳为稷，昳至铺为黍，铺至下餔为菽，下餔至日入为麻。"（昳，同"跌"）

复原其时序：夜半—鸡鸣—乘明—旦—日出—蚕食时—食

时—日中—日昳—日晡时一下舖—日入—昏—暮食(这不够完全)

《汉书》中也有时分的记载,同样不完全,兹不赘录。

汉简中,所见时分如下(每种时分仅举二简,俾能说明问题即可)。

夜半:203·2,130·8。

夜过半时:523·24,506·5。

夜大半:317·27,104·44。

鸡鸣:503·1,305·15。

晨时:25·13,罗布18。

平旦:84·12,143·12。

日出:28·1,502·1。

蚤食:56·41,278·7。

食时:56·37,84·12。

东中:506·6,甲·1992。

日中:143·12,484·8。

西中:132·27,56·41。

舖时:427·2,288·30。

下舖:56·37,203·2。

日入:505·6,495·19。

昏时:157·16,495·19。

夜食:346·1,332·13。

人定:505·19,332·5。

夜少半:270·2,188·32。

上列计18项,包括白天和夜晚,白天自平旦至日入,夜晚自昏时至晨时。"夜半"和"日中"是平分日、夜之中。日、夜各为9时分,以漏刻来计,则各为50漏刻。这种一昼夜18时分制,贯穿于整个西汉王朝。新莽、东汉初民间已简化为12时。王充《论衡·諿时篇》已列12时,并指明:平旦为寅,日出为卯。王充之分12时应略同于

晋代杜预注《左传》所记 12 时,不致如次:

子夜半　　丑鸡鸣　　寅平旦　　卯日出　　辰食时

巳禺中　　午正中　　未日昳　　申调时　　酉日入

戌昏时　　亥人定

值得注意的是,这里讲的 12 时之分,是当时民间方法。迟至章、和时期官方文书仍多用 18 时之制。至于官方使用 12 时分制,可能在东汉后期。另外,简文中有"定行八时三分"(157·14),"定行三时五分"(163·19)。这是一时 2 分为 10 分,一昼夜共 180 分。

第三十一节　社

原始氏族的"宗教活动",是以集体的祭奠活动为主要内容,它的存在积极地影响着、维系着氏族本身已经十分微弱的联系纽带,在此纽带之内的成员们的祭祀活动,我国史书典籍中多称为"社"祭。"社"既由以农业为其主要经济部门的氏族脱胎而来,所以,春秋战国往往用"社稷"一词代表国家。最初,似应指氏族实体,与原始公社不无关系。由于新兴的奴隶制[①]"新的需要和利益,这些新的需要和利益不仅同旧的氏族制度格格不入, 而且在各方面都是同它对立的",这种对立性也就决定了"社"——氏族制宗教活动的残余形式与国家政权间的矛盾的绝对性与发展过程中统一的相对性、暂时性的复杂关系。这种关系波浪式地、渐进地始终贯穿在各阶级社会形态之中[②]。

一、"社"的起源

"社"最早见于文字记载者,可上溯至甲骨。王国维《殷虚书契考释》云:"卜辞所纪祭祀,大都内祭也。其可确知为外祭者,有祭社二事。其一曰:贞燎于土,三小宰,卯一牛,沈十牛。其二曰:贞,勿莫年于拜土。"按:甲骨文"土"即"社"字。受祭者最初应是原氏族的图腾,或云"本社之保护神"。史载:夏祀句龙,商祀相土,周祀后稷,似应是原始氏族部落的图腾徽号,后期加以人格化。

由于互为里表的宗法制度与等级制度的不断强化,"社"的构成不断受到时代精神的冲击而处于潜移默化之中。这时,如《礼记·祭法》所载:"王为群姓立社曰大社,王自立社曰王社,诸侯为百姓立社曰国社,诸侯自立社曰侯社,大夫以下成群立社曰置社",等级制渗透到各社之中,从而各社按其人员构成不同,产生了第一次大分化,这种分化由所有制所制约,并以不同形式表现在许多方面。如《曲礼》所说:"天子祭天地,祭四方,祭五祀,岁徧;诸侯方祀,祭山川,祭五祀,岁徧;大夫祭五祀,岁徧;士祭其先",这不仅有简单的祭祀对象和范围的差异,而且包含着丰富的宗法制内容。

班固在其《汉书·郊祀志》中,结合战国、秦汉以来的情况,对此又做了进一步的阐述:"天子祭天下名山大川,怀柔百神,咸秩无文;五岳视三公,三渎视诸侯,而诸侯祭其疆内名山大川,大夫祭门户井灶中雷五祀,士庶人祖考已。"祭祀之礼须按严格的礼制进行,不得僭越。一般庶民除内祭外可于家门之外随"社"祭祀,这是依"大夫不得特立社,与民族居百家以上,则共立一社"之规定。除祭祖考之外,仍可参加"社"中的正常祭祀活动。由于上层统治者之"社",或称官"社",与民社在人员构成、祭祀对象和范围,以及祭祀地点、时间等方面的不同,因此,各社迅速向两极分化,奴隶主贵族之社,逐渐融合于国家政权之内,成为"礼制"的重要组成部分,"社"的组织后来也就是固定在县一级的等级上;而民社在阶级对抗与等级观念的压迫之下,使原来的固有矛盾日益加强,这是由形式到内容,由量变到质变的发展过程。然而,由于所有制的制约,这种过程既不可能持久,也不可能保持下去。

社会中的各阶级,都有自己不同的思想信仰,这种不同的甚至是对抗的思想意识必然要集中地表现于"社"中。如《诗·大雅·文王》"文王陟降,在帝左右",《诗·大雅·下武》"三后在天",以及《周颂·清庙》"秉文之德,对越在天"等,奴隶主贵族认为"天"与"帝"是相通的,赋"天"以人格化,"帝"是天子,"受命于天",如大乙与傅说,咸为列星,上赛于天。《大盂鼎铭》:"丕显文王受天有大命,在武王嗣文作邦,辟厥匿,匍有四方,畯正厥民。……粤我其适省先王,受民受疆土。"使统治者天神化,天神思想及于黎庶,从而,将"上帝""帝"奉为至高无上之神,形成统治阶级一整套完整的礼乐制度。朝廷中最高的官吏是六卿,六卿中之大史、大祝、大卜所谓"三左"之职,都是管理祭祀、卜筮事务的,甚至"国之大事,在祀与戎",祀卜祭祀之重要可见一斑。与此相反,"下民胥怨,财力单竭,手足靡措,弗堪戴上,不其乱而"③的艰难生活,甚至逼迫发生了"有进退,粤邦人、正人、师氏人有罪有辜,乃骊㑞即汝,乃繇宕,俾复虐逐厥君厥师,乃作余一人咨"④的事件,在这些事件过程中,虽然还未能见到民"社"所起作用的资料或记述,但阶级对立、悬殊的经济状况等,使民"社"由原来的单纯祭祀活动而走向某种程度的反抗团体,尽管这种反抗是时起时伏的,但它毕竟是在发展,是在前进的。

二、"社"的活动及其发展

《史记·封禅书》载:"高祖初起祷丰枌榆社",此即里社。注曰:"高祖十年春,有司请令春二月祀社稷以羊豕民里社,各自财以祠。"初,祠蚩尤,继祠五帝,立黑帝北祠祭焉,又召故秦祝官,复置大祝、大宰、祠祭如仪。同时,下诏曰:"吾甚重祠而敬祭,今上帝之祭及山川诸神当祠者,各以其时礼祠之如故",令县为公社。天下初定,立蚩尤之祠于长安。高祖十年(公元前197年),令诸侯王皆立大上皇庙,至惠帝,尊高祖庙为太祖庙;十二年,令郡、诸侯王立高庙。景帝元年(公元前156年),尊文帝为大宗,除继祠文帝作谓阳五帝庙之外,行所尝幸郡国,各立大祖、太宗庙。《汉书·郊祀志下》:"王莽奏言:孝文十六年用新垣平,初起渭阳五帝庙,祭泰一、地祇,以太祖高皇帝配。日冬至祠泰一,夏至祠地庙,皆并祠五帝。"武帝信方士,方士所建之祠自主之,不属祠官。当时,祠官所主凡六祠。昭帝不出巡,未尝亲祭。宣帝继位,初仅祭宗庙之祀,自甘泉见泰畴,遂祠祭名山大川、宝物祥瑞甚繁,频频改元,以应"天意"。巡守所幸郡国立畤祀之,此即汉代的郡国庙,而各陵皆有园寝。《续汉书·祭祀志》:"承秦所为也,说者以为古宗庙,前制庙,后制寝,以象人之居,前有朝,后有寝也。……庙以藏主,以四时祭;寝有衣冠几杖象生之具,以荐新物。秦始出寝,起于墓侧,汉因而弗改,故陵上称寝殿,起居衣服,象生人之具,古寝之意也。"又据《汉书·韦玄成传》所载:"凡祖宗庙在郡国六十八,合百六十七所,而京师自高祖下至宣帝,与太上皇、悼皇考,各自居陵旁立庙,共计百七十六。又于园中各有寝、便殿,日祭寝,月祭庙,时祭于便殿。寝,月四上食;庙,岁二十五祠,便殿,岁四祠,又有一游衣冠。"再加上王、后寝园,共三十所,一岁祠上食二万四千四百五十五,用卫士四万五千一百二十九人,祝宰、乐人万二千一百四十七人,这还不包括豢养牺牲的吏卒在内,其奢侈之度,浪费之巨,真可谓十分惊人了。

与此同时,民间的"社"也在潜在地默默发展着。汉代民间,"伍"是最小的基层组织,汉简中多见"右五家",即指此。二"伍"为"什",是较大于"伍"的基层单位。"什"上为"里",积"里"有"亭",数"亭"布"乡","乡"之上就是县了。县是国家正式的一级政权组织,县令(长)、丞得由中央指派。因而,据《续汉书·祭祀志》所载,县一级的"社"为国家所立,无疑,它是属于国家"郊祀"礼仪的一个组成部分;而民间的"社"多以里为单位组成。当然,由于有的里中人员构成复杂,因此,这也不是绝对的。《礼记·祭法》郑司农注云:"今时里社",即指民间以"里"为单位的"社"。《礼记·郊特性》:"惟为社事单出里",也可作为"里社"确实存在之佐证。《史记·封禅书》所言之"枌榆社",司马贞认为就是"高祖里社";再如蔡邕《独断》云:"大夫以下,成群立社,曰置社。大夫不得特立社,与民族居百姓以上,则共立一社,今之里社是也";《汉书·陈平传》也说"里中社,分由甚均"。看来,汉代的"社"多建于里中是无疑的。西北边塞地区同内郡一样,除民间的里社组织外,在烽燧亭障的防御线上,也有社的存

在。居延汉简中言"社"事者,如:

> 买芯册束,束四钱给社 （32·16)⑤
> ☐诣官封符,为社内买马☐ （63·34)
> 入秋社钱千二百,元凤三年九月乙卯☐ （280·25)⑥
> 对祠具,鸡一,酒二斗,黍米一斗,稷米一斗,盐少半升
>
> （10·39)

这种"社"称为"军社",基本上是属部队军事首长控制的,其"社"中的人员构成自应是以戍卒及下级军官为主。我们所以认为边塞防御线上确有"军社"存在,是基于以下三点理由。

首先,边塞地区进行屯戍之各类士卒,不仅有当地土生土长之庶民,而且也有内郡的老百姓,他们虽说来自不同郡县,但共同的思想信仰、阶级感情,以及共同的命运和遭遇,将他们联系在一起是十分自然的事,况且"社"与祭祀、崇拜乃是当时人们的大事,"汉人信社祀",大家组织起来进行"社"祭,是可以理解的正常活动。

其次,"在军,不用命戳于社"⑧之规定,清楚地说明军中有"社","社"之活动为官方所许可,也可以说得到官方支持,这是"社"能在边塞存在而活动于亭燧线上的一个重要条件。

再次,简文记载"☐诣官封符,为社内买马",这里有几点需加以说明。

其一,"官"在居延汉简中是有其特定含义的,不泛指官府,也不指官吏,而实指"侯官",这是边塞防御体系中的一级组织,如"居延殄北侯官"(420·2)、"居延侯官"(41·35)、"甲渠侯官"(135·27)、"卅井侯官"(458·1)、"广地侯官"(58·11)、"肩水侯官"(263·14)、"仓石侯官"(263·14)等皆是。"官"低于都尉府,而高于部,其首长为"侯",秩次仅低于都尉,略与县令、长相当,是边塞防御线上较高的军官。所谓"诣官",意即去官、赴官。谁去?当然是下级官吏或戍卒。

"封符",是说由"侯官"签发符信,作为给"社"里买马的身份凭证。

其二,"诣官"者必定是军人,因按规定,一般吏民出行之凭证并不由"官"颁发,吏则由府、庭,民则由乡、县,具"传"而行。自然"诣官"当是军人无疑。

其三,按汉代规定,符只发给军事人员及其家属,可知"封符"者必"隶军籍",虽然是为"社"买马,也得"封符"而行。

通过以上数点对简文的分析,边塞吏卒中有"社"的存在当不成问题⑨,否则,不应用"符",更不能由"官"签发。从而,也进一步证实,"军社"不仅是公开的、合法的,而且也得到了官方的支持。

边塞防御系统中,初多用亭燧命名。五凤以后,燧、亭各异,亭燧实为二体而异名。部略同于乡,侯官当是县级,都尉府虽属太守管辖,但高于县。因此,边塞防御线上军队中的"社"当建立在"侯官"以下,很可能在部一级。所以,需要"官封符"。

《汉书·五行志》载:"建昭五年,兖州刺史浩尝禁民私所自立社""山阳橐茅社有大槐树,吏或断之,其夜树变立其故处",师古注引张晏曰:"民间三月九日立社,号为私社",臣瓒曰:"旧制二十五家为一社,而民或十家或五家为田社,是为私社。"这是"里社"之外,又有更小的"田社",这种"田社"当是农业生产中的互助组织,因小于"里",是谓"私社",即非正式的公开"社"。

三月、九月为社之会期,此乃春秋二祭,是一年中两次大的活动。简文云:"入秋社钱千二百",这是九月之祭,或称"秋祀""秋社"。要进行祭祀活动,需要有一定的经费,以购买必要的"祠具",如鸡、米、酒、盐,以及芯束等,除用于祭祠品消耗外,还得供社员会期中之食用。这笔经费由各社之成员平均捐助,不由官方支付,这也正是所谓"民社"的特点。"钱千二百",这是依内郡"民社"之例,在边塞当来自入社的吏卒,每年捐助两次,以开支春秋二祭之费用。这种自筹资金的办法,也正如《史记·封禅书》注所说的"各自财以祠",这一点也为《汉书·食货志》"社间尝新春秋之祠三百"所证实。按户三百，"千二百"只得四家，边塞吏卒只得四人，所以"三百"之数，似乎较高于实际情况，这也可能是因时因地而出现的差异。但总的来看，实际上每人所出之数当低于三百，否则，将超过一般庶民的负担能力，这是不现实的。简文曰"买芯卌束，束四钱给社"，实际支出为一百六十钱，虽是以芯代钱，但也得价值相当。从而可知，每人（或户）出社钱应在一百六十钱左右。以此推算，社的人数并不多，每社约为九人（户）上下，如按九人计，那么，与一燧（亭）之人数相近，是否边塞之"社"建于"燧"而不在"部"，果然如此，则与民间之"田社"相同。

总之，这一类的"社"，就其活动的形式和内容而言，是以祭祠的方式祠祷祖考及户、灶，如崔实《四民月令》与《玉烛宝典》所记述，它有利于统治阶级的思想控制与意识形态的传播，因而，当时统治阶级是支持的，并将它作为宣扬君权神授、君臣父子礼教的重要渠道，所以，如《春秋繁露·止雨》所说"令县乡里皆归社下"。统治阶级明令提倡，于是"社"普及到郡国乡里，从遗留的《陈留东昏库上里社碑》《汉梧台里社刻石》以及《当利里社刻石》等，可以看出"社"之发展与普遍。

另一方面，民"社"既是庶民之间联系的纽带，又是集体活动的中心，具有聚会的合法性，正因如此，它也为抗暴斗争、农民起义提供了必要的条件。如《汉书·陈胜传》载："又令（吴）广之次所旁丛祠中，夜篝火，狐鸣呼曰：大楚兴，陈胜王"，利用"祠社"不仅大造起义的舆论，同时以"社"的形式组织起义，这种办法，在历代一些农民起义中虽采取的形式各异，但也不乏其例。这里所谓"丛祠"，沈钦韩《疏证》云："古者，二十五家为闾，闾各立社，即择木之茂者为位，故名树为社，又为丛也。"这里以树木为主而祀祭，实际上，当时各社都有"祀主"，或以土，或以石，或以木，各有渊源。这种不同的"社主"，实质上来源于原始氏族社会图腾与自然崇拜。中华人民共和国成立前，在我国西南一些少数民族地区仍保留着这种遗迹。《国语·鲁语》云:"加之以社稷山川之神,皆有功烈于民者也,及前哲令德之人,所以为明质也,及天之三辰,民所以瞻仰也,及地之五行,所以生殖也,及九州名山川泽,所以出财用也。非是,不在祀典。"其明确地指出,被祀者均有利于生民,人们对大自然的崇拜,实质是对大自然的依赖,这种依赖是人们屈服于大自然的思想反映,正如马克思和恩格斯所说:"自然界起初是作为一种完全异己的、有无限威力的和不可制服的力量与人们对立的,人们同它的关系完全像动物同它的关系一样,人们就像牲畜一样服从它的权力,因而,这是对自然界的一种纯粹动物式的意识(自然宗教)。"⑩

汉代人以"木"为社主,是人类曾依靠采集野生植物充饥求生存并曾巢居的原因,恩格斯引述费尔巴哈的话时指出:"一个部落或民族生活于其中的特定自然条件和自然产物,都被搬进了它的宗教里"⑪,由于当时生产力低下,采集野果或挖掘树的根块,并不是都能如愿,为祈求成功,而依赖于生产对象,"对于自然的依赖感,再加上那种把自然看成一个任意作为的、有人格的实体的想法,就是献祭这一自然宗教的基本行为的基础"⑫。

人类经历了共同规律支配下的社会发展,也产生了共同的思想信念。希腊人相信当一棵树被砍倒时,树神是悲痛的,要求司命之神向暴徒进行报复;罗马人要不拿一口小猪祭树神,就不敢在自己的土地上砍倒一棵树;中华人民共和国成立前,景颇族祭谷,即运谷时要举行"叫谷魂"的仪式;西盟佤族认为森林中住有一位司树魂的"腔秃",砍树时先以石祭祀"腔秃"作为代价;大马散的佤族砍树时先要鸣枪等,这些都是对树木的崇拜,反映了一定历史阶段的共同思想信仰。《论语·八佾》:"哀公问社于宰我,宰我对曰:夏后氏以松,殷人以柏,周人以栗";《周礼·地官·大司徒》也说:"设其社稷之壝,而树之田主,各以其野之所宜木,遂以名其社与其野",郑注:"田主、田神,后土、田正之所依也,诗人谓之田祖,所宜木,谓松柏栗也。"

　　同类记载还可见于《淮南子·齐俗》："有虞氏社用土,夏后氏社用松,殷人社用石,周人社用栗",记述虽略有差异,但都曲折地反映了人们的自然崇拜观念与宗教行为。《国语·鲁语上》云:"共工氏之伯九有也,其子曰后土,能平九土,故祀以为社",是"祀土"。《山海经·海内经》载:"伯夷父生西岳,西岳生先龙,先龙是生氐羌",是"祀山"。

　　人们"祀土"与农业生产有直接关系,土地是生产、生活的重要条件,春播秋实离不开土地。人们为了生存,求得土地的保佑,从而产生了崇拜。《周礼·大宗伯》:"以血祭社稷,五祀五岳",金鹗《求古录·燔柴瘗埋考》解释说:"血祭,盖以血滴于地,如郁凶之灌地也。气为阳,血为阴,故以烟气上升而祀天,以牲血下降而祭地。"祭地用牲血,也用人血。《左传·僖公十九年》:"夏六月……己酉,邾人执鄫子,用之",怎样用,《公羊传》解释说:"邾娄人执鄫子,用之。恶乎用之?用之社也。其用之社奈何?盖叩其鼻,以血社也。"《管子·揆度》也说:"轻重之法曰……自言能治田土,不能治田土者杀其身以衅其社。"这是以农民祭祀,十分残酷。《尔雅·释天》有"祭地"之仪,《周礼》有"歌应钟,午咸池,以祭地示"之礼。《礼记·郊特牲》云:"社,所以神地之道也。载万物,天垂象,取材于地,取法于天,是以尊天而亲地也。"

　　恩格斯在阐述罗马的氏族和国家时,曾将当时的社会制度分九点加以概括,"占有共同的墓地"和"共同的宗教节日"(民族祭典)予以分别论述,可知这些活动在氏族制度中的重要。当时,每一个胞族——库里亚,"都有自己的宗教意识,圣物和祭司",各个库里亚都有自己的祭祀特点,并不尽相同。但是他们之间也有其共性,这就是如拉丁部落一样,部落的首长同时也是军事首长和最高祭司,集军、政、神权于一身,从而可以清楚地看出,祭司在氏族部落中的重要性。由于几次社会大分工,在新的条件下形成的经济结构,是人们赖以生存的保障。农业、畜牧业、各种手工业以及随之而

497

来的原始商业，使人们在生产斗争中逐渐认识到它们的价值与维持生存的极端重要性。低下的生产力和各种自然灾害,使氏族成员们经常挣扎在死亡线上,面对大自然的各种威胁而显得无能为力,从而产生对他们来说是至关重要的生产资料与生活资料的崇拜,这是十分自然的。

阶级社会中,人们崇拜自然并使其人格化,除反映着人类社会生活与自然界之间的矛盾之外,还反映着社会阶级之间的矛盾,而人类与自然之间的矛盾是在阶级与阶级斗争的基础上反映的。当人们在社会实践中逐渐认识到自然界的一切并不能拯救自己脱离苦难时,把希望寄托于英雄,这是由物社主转变为人社主的根本原因。所谓人社主,即史籍中所说的"社公"。《汉书·栾布传》:布薨,"燕齐之间皆为立社,号曰栾公社"。这是为人立社,社主换成了人。《五经异义》曰:"今人谓社神为社公。""社公"是人们心目中的英雄,作为神,也就是崇拜的社主而予以祭祀。《后汉书·祭祀志》所言社祭则以"社公"为主。《后汉书·费长房传》:"遂能医疗众病,鞭笞百鬼,及驱使社公。""社公"之祭当有定时,《续汉书·祭祀志》云:"建武二年,立大社稷于雒阳,在宗庙之右,方坛,无屋,有墙门而已。二月、八月及腊,一岁三祠,皆太牢具,使有司祠。"这是大社之祭期,而一般庶民则略有不同,仍为一年之中春秋二祭。《汉书·韩延寿传》:"春秋乡社,陈钟鼓管弦,盛升降揖。"《汉书·食货志》也说"社间尝新春秋之祠,用钱三百",又《汉书·五行志》张晏注云:"民间三月九月又社"。这种祭期直到魏晋时期,仍无变化。如《三国志·魏书·董卓传》载:"时适二月社,民各在其社下。"

三、"社"的质变

东汉以后,"社公"之祭对象日繁,初,还仅限于已死的"英雄"和人们共同敬仰的人物,后来发现被配祀的日益渐多,祀祠之主甚滥。《后汉书·孔融传》载:"郡人甄子然、临孝存知名早卒,融恨不及之,乃命配食县社",《后汉书·宋登传》说:宋登"为汝阴令,政为明

498

令能,号称神父。……病免,卒于家,汝阴人配社祠之"。到西晋时更有发展,将"社公"画成影像,悬于社中,受人祠祭。《晋书·陆云传》说:"出补浚仪令,……劾去官。百姓追思之,图画其形象,配食县社。"自此开生祠之端。宋、明之际,生祠之风更盛。

继晋惠帝时八王之乱以后的永嘉之乱,使社会生产、人民生活遭到了极大的破坏。"社"的组织也发生了较大的变化,正如《宋书·志序》所说:"自戎狄内侮,有晋东迁,中土遗氓,播徙江外,幽并冀雝兖豫青徐之境,幽沦寇逆,……百郡千城,流寓比室,人仁鸿雁之歌,士仁怀本之念,莫不各树邦邑思复旧井,既而民单户约,不可独建,故魏邦有韩邑,齐县而有赵民,且省置交加日回月徙,寄寓迁流,建无定论,邦名邑号,难或详书。"在这种情况下,民间原来的里社多已瓦解,在较为安定的地区建立新社,自难以里为单位。所以,以区域成立的新社,或原来的社又有较多的徙民,这样,社的组织势必要发生变化,这一变化在洛阳当利里社碑中得到了反映,改里正主社事而为"社老""社正""社史""社缘"等,这种变化并没有改变以地方为社的原则。

北魏时期,崇佛之风大盛,佛教不断浸渗"社"中。这时出现了"法社"与"邑义",主要为兴佛而结社,其活动集中在开窟造像、摩石镌碑上。王壮弘《增补校碑随笔》一文中,就收录一些造像碑,再如甘肃泾川出土的彩色造像碑,其两侧仍留有这一时期之造像。具有"社"性质的"邑义",由"邑主""邑师"主其事,人数有十几人至几十人不等。

隋代初年,各民间之社开始出现了一种新的倾向,它的活动方式已不限于祭祀、拜佛,而是通过经济手段,即设置义仓通过赈济的办法团结"社众",并使义仓合法化,取得了朝廷的批准,以此为纽带结为朋党。这不能不引起封建统治阶级的注意,于是下令义仓纳州,由国家管理。《隋书·食货志》载:"(开皇)十五年二月诏曰:本置义仓,止防水旱,百姓不徙,不思久计,轻尔费损,于后乏绝,又北境诸州，异于诸处。云、夏、长、灵、盐、兰、丰、鄯、凉、甘、瓜等州所有义仓杂种，并纳本州。”十六年二月，“又诏社仓，准上、中、下三等税，上户不过一石，中户不过七斗，下户不过四斗”，采取了釜底抽薪的办法。

唐代，结社、结朋党又有了新的发展，虽如《从中宗景龙元年诏》：“敕如闻诸州百姓，结构朋党，作排山社，宜加禁断。”然而，民间之社不但依然存在，其“结构”朋党的活动亦未停止。

宋元以后，民间之社又各具新的特点，这些特点都反映了当时具体历史现实，如宋代北方地区的“弓箭社”“巡社”等，是以保家抗金为宗旨的，虽说都是民间自发结合的，但在抗金斗争中也发挥了一定的作用。

元、明时期的社，又有其不同特征，不少文人、学者以结社形式“干预朝政”，评议时政，使社由经济活动转化为政治斗争，由宗教祭祀团体逐渐成为进行政治斗争的群众组织。

第三十二节　医药与医疗制度

两汉时期，我国的中医学、中药学都有了长足的发展，不论是望、闻、问、切的诊病方法，或是丸、散、丹、剂的治疗药物以及人们与疾病的斗争，都达到了一个新的高度，显示了空前的医治水平。

居延汉简中记载的病历、医方和当时边塞上执行的一套医疗制度，都真实地体现了汉代人们对疾病、医药的认识水平与医药卫生工作的管理能力。为了叙述方便，我们拟从三个方面予以介绍。

一、病历记载

〼癸亥，病头癒寒炅，未能〼　(74·E·P·T51:535)

第廿四燧卒高自当，以四月七日病头恿，四节不举。

第二燧卒江谭，以四月六日病苦心，腹丈满。

第卅一燧卒王章以四月一日,病苦伤寒　(4·4A)

第卅七燧卒苏赏,三月旦病两肱痏急,少偷;第卅三燧卒公孙谭,三月廿日病两肱痏急,未偷;第卅一燧卒尚武,四月八日病头瘨寒炅,饮药五齐,未偷　(4·4B)

元康二年二月,庚子朔乙丑,左前万世燧长破胡敢言之侯官,即日疾心腹,四节不举　(5·18,255·22)

☑瑟卒赵外人等四人,□暴病死,丞相史☑　(103·14)

☑董充——延三月癸巳,病挛右胫雍种☑

(74·E·P·T53:14)

☑辰朔壬午,士吏偷叩头死罪,敢☑伤寒,即日加偠头恿、烦懑未　(74·E·P·T51:201)

四月戊寅,病肠辟,庚辰治☑　(504·9)

☑二月甲申,病肘痛种,丙巳死☑　(311·8)

记述内容、格式近似于上列各简的在新旧居延简中还有一些,兹不赘录。这些简都属于按时上报侯官的病吏卒名籍简,当然其中也有一些是及时上报之病吏卒名籍。按规定:"病年、月、日,署所病,偷不偷,报名籍侯官,如律令"(58·26)。所以,上列各简是执行这一法规的具体体现,大体适用于下级吏属和戍卒,也可以说仅包括燧长、士吏、令史等秩约六百钱以下之吏员以及戍卒;侯长以上就要写出"病书",记载能否"视事"等较详的内容。

上录虽为伤病吏卒名籍,但却记述了每一个患病者的症状及医疗过程,最后是痊愈、继续治疗或病死,所以从另一个侧面看,它们应是病历,是我国医疗史上最古老的病历记录。

"病头瘨寒炅"。"寒炅",《素问·举痛论》:"炅则气泄。"唐代王冰注曰:"炅,热也。"《素问》又曰:"寒气客于经脉之中,与炅气相薄则脉满。"寒、炅相薄,斯成病因,是医家所说的"寒热往来"的症候。

所谓"四节不举",《素问》屡言"四支不举","四节"应即"四支"。至于"病苦心,腹丈满",《素问·腹中论》云:"有病心腹满""有病胸胁支满者"这一类症候,也许实为胃病之症状。关于"病苦伤寒",与我们现代医学上所指的伤寒病,并不尽同,从治伤寒的汉代医方分析,它当时所指的症状要复杂得多,可参见《武威汉代医简》。"病苦",是当时人之习惯用语,"伤寒"也许就是春瘟性质时令病的泛称。

所说的"病两胠菌急",《说文》曰:"胠,亦下也",即腋下。《素问·至机真藏论》王冰注曰:"胠,谓腋下胁也。""菌急",如箭之射出,快而急也,意谓病的来势凶猛,发病很快。"未偷",居延汉简中"愈"多写为"偷","偷"通"愈"。

所谓"暴病死",是指突然死亡,正式文献、官文书中或多写成"暴卒",汉时焦延寿曾在《易林·蒙之明夷》中写道:"奄忽暴卒,痛伤我心",就是说突然死亡,也许是指我们今天所说的心肌梗死或脑遗血之类症候。

简文所载之"病挛右胫雍种","挛",《说文》曰:"系也。系者,絜束也。易小畜,有孚挛如。马曰:连也。虞曰:引也。挛者,系而引之。其义近攫。"译为现代汉语,即牵引之意。"右胫雍种","胫,脚胫也",指自膝至脚跟的部分。《尚书·泰誓下》曰:"斮朝涉之胫,剖贤人之心。"《论语·宪问》也说:"以杖叩其胫","胫"指膝盖以下部分。"雍"通"痈",即瘫。《战国策·秦二》"夫齐,罢国也。以天下击之,譬犹以千钧之弩溃痈也。""痈"即肿意。"种"同"肿",亦写为"种"。"雍种"者,肌肉浮胀之谓也。《周礼·天官·疡医》:"疡医掌肿疡。"注云:"肿而上生创者","癕种也。"再完整地理解这枚简文的意思是:因病牵引(连)到右下肢痈肿。也就是右脚膝盖以下部位发生痈肿。

"加徇头悤,烦满。""徇",《说文》曰:"疾也。"段注云:《史记·五帝本纪》曰:黄帝幼而徇齐。裴骃曰:徇,疾也,齐,速也。《素问·上古天真论》:"黄帝幼而徇齐,长而敦敏。"王注:"徇,疾也。""徇",后世多写为"徇",此讹字也。司马贞认为:"徇"者,"未见所出矣!"

《释言》："宣、徇，徧也。徇，本作侚。墨子，年踰五十，则聪明思虑，不徇通矣！""徇"原作"侚"，《史记》"侚齐"；《大戴礼记》"叡齐"，又作"慧齐"，"徇"均本为"侚"。关于痛字的写法，居延汉简中已见的有"憑""憲""庯"等几种，字形略异，有各习惯写法。"伤寒""病头痛"，为居延汉简中的常见病，试将新旧病历简排比观察，可以看出这种病在一百余年间，有几次发病高潮，尤以春夏时期为甚，如元凤三年、永光元年、阳朔二年以及永始元年等，这可能是一种时令性的瘟疫。从其治疗"伤寒遂风方"中的附子、蜀椒、凡五物，"皆冶合，酒饮，日三饮"来看，这是治疗一般风寒、骨节烦痛的方法。隋巢元方《诸病源候论·伤寒候》曰："夫伤寒病者，起自风寒，入于腠理。"这是一种外感病，自然与西北边塞的自然环境是分不开的，春夏之交，不仅温差较大，而且冰冻初解，狂风漫卷，时冷时热，极易外感风寒，引发时令性病痛。

所谓"病肠辟"，《医宗金鉴》云："古痢名。"属消化系统传染病。"病肘"，肘指上下臂相接，可以弯曲的部位，《左传·成公二年》云："张候（解候）曰：自始合，而矢贯余手及肘。"

居延屯戍的吏卒病历记录，大体上分为两个层次，如前述，侯长以上要有病书，燧长以下，列报病卒名籍，这两个层次，也只是相对而言，并非毫无例外。两个层次的划分，仅就其一般情况下而规定的做法，如："五凤五年三月病卒名籍"（74·E·P·T56：210）、"建昭六年正月辛未病卒名籍"（乙附：15）等；吏员则有"阳朔二年正月尽十二月吏病及视事书卷"（8·1A）、"建昭六年正月尽十二月吏病及视事书卷"（46·17）等，这是题楬，即吏员病历一年归总的标题签。

病卒名籍在一般情况下是逐级上报，即燧长上报侯长，侯长综合各辖下燧的病卒名籍，然后再上报侯官。如："鉼庭第廿三部五凤四年三月病卒名籍"（45·15），据陈梦家先生在《汉简所见居延边塞与防御制度》一文中的看法，鉼庭和第廿三部同为甲渠侯官属下的部侯长所在地，该簿册应是鉼庭与第廿三部合报的病卒名籍。

名籍上报之后,各燧之病卒要分别记载其"病爰书",例如:
"·右病诊爰书"(74·E·P·T59:80),"元康四年三月戊子朔甲辰,望泉燧长忠敢言之侯官,谨写移病卒爰书一编,敢言之"(255·40A),这些"病卒爰书",要求记述病卒的发病时间、症状和治疗过程,以作为证明文件备查。"却敌燧卒,魏郡阴安东脩里王富,六月壬午病头瘨,已☑"(74·E·P·T51:102),"☑六日,病伤臟,药十齐,☑"(74·E·P·T9:3),"第八燧卒宋☑,病伤寒,饮药十齐,癸未医行☑"(257·6A),这些"病卒爰书"起着病历的作用,一旦死亡,可作为证明文件提交县廷,说明其病情发展、采取的医疗措施、死亡原因等。如果病卒经医治无效而死亡,那么,还要上报"病卒死亡爰书",如"☑言之,谨移戍卒病死爰书☑"(198·9),"☑二月甲申,病肘痛种,丙巳死☑"(311·8),"始建国天凤二年二月戊辰朔戊寅,第十柰侯长良敢言之,谨移戍卒病死爰书、旁行衣物卷如牒,敢言之"(74·E·P·T48:136)等。这些"戍卒病死爰书"要存档保管,一旦需要查阅或作为凭证,即可出示。

二、医药治疗

据《汉书·艺文志·方技略》记载,汉代有关医药的著作有医经7家,经方11家,共490卷。居延汉简中所见的处方略如下述:

1.剂类

> ·治除热方:贝母一分,桔梗三分☑　　(74·E·P·T10:8)
> 桑螵蛸未有　　　远志四☑
> 石公龙六分半　　付子毋有☑
> 积谷六分多一分　　高夏苁☑☑
> 乾桑一分半　　熟地黄五分多二分　　(74·E·P·T40:191)
> ☑一分,栝楼蕱眜四分,麦丈句厚付各三分,皆合和,以方寸七取药一,置柸酒中,饮之,出矢鍭　　(74·E·P·T56:228)
> □□蜀椒四分,桔梗二分,薑二分,桂☑　　(136·25)

2.丸类：

　　当北燧卒冯毋护,三月乙酉病心腹,丸药卅五　　（231·104）

　　□☑始捂实,先餔食吞五丸　（265·2A）

　　复延骨各一九　（74·E·P·T43:90B）

3.散膏类

　　☑散□解吐散不肯相闻,甚□何瘳也,行矣！士□

　　　　　　　　　　　　　　　　　　　　（74·E·P·T48:53）

　　昌邑国与士里陈系,十二月癸巳病伤头,右手,膊膏药

　　　　　　　　　　　　　　　　　　　　　　　（甲·876）

　　居延汉简中的药物,略可分为植物、动物、矿物和其他等四大类,药物剂型有汤、丸、膏、散、滴等,以"分"为计量单位。"酒",既是当时人们的饮料,也作药引或味药入剂,对于如何酿酒,且得佳酿,简文记述了它的严格操作要求和制造程序：

　　　　☑□掌酒者,秫稻必齐,麹蘖必时,湛饎必絜,水泉甘香,陶
　　　器必良,火齐必得,兼六物大酋　（74·E·P·T59:343）

　　秫、稻乃酿酒的原料。"蘖",《说文》段注曰："凡木萌旁出皆曰蘖,如人之支子（庶子）也。"《广雅·释诂》王念孙《疏证》云："芽米谓之蘖。"麹蘖,即麹发菌,作为酒酵,即今酒曲。"湛饎"之"湛",《说文》曰："没也。"段注云："古书沉浮字多作湛。湛,沉古今字,亦为沈。沈,沉之俗写也。没,湛也。""饎",《诗·商颂》："大糦是承。""糦"通"饎"。《传》曰："糦,黍、稷也。"注曰："黍、稷曰饎。"《周礼·饎人》

云：“饎人，主饮、炊官也。”注曰：“炊黍稷曰饎。”所谓“大酉”，《玉篇》曰：“酉，就也。”《说文》曰：“酉，万物之老也，就也。”“八月黍成，可为酎酒。”《释名》云：“酉，秀也。秀者，物皆成也。”段玉裁说：“黍以大暑而种，至八月而成，犹禾之八月而熟也，不言禾者，为酒多用黍也。酎者，三重酒也。必言酒者，古酒可用酉为之。”这里所说的“大酉”，指质量好的酒。

吏卒病后，需及时治疗，“☐体软，诊视脉毕☐”(74·E·P·S4·C:19)，经切脉之后，开出处方，然后取药煎药，对如何煎药也有要求，“一名，单衣受寒，☐☐☐汤药置☐中，加沸，汤上☐汤，不可饮”(136·40)，必须按医嘱程序煎服。关于饮药的剂量、次数，一般来说较现在为大“三齐”“五齐”是通常之事，有多达“十五齐”(52·12)者，这当然可能是“积数日”的量，但一般多为“一日二饮”，这与今日的中药日服量大同小异。边塞地区多不产药，这些药都由中原地区运去，因之，“未有”记述屡见，就是说没有这种药了。

三、医疗制度

西北边郡防御系统，当时有一套行之有效的医疗制度，这种制度同样体现了封建专制集权统治的特点，这些特点集中地表现为等级差别、吏厚卒簿、缺医少药、卒死无葬等几个突出的问题上。另一个方面，也为我们展示了医疗机构、医吏配置、吏卒病文书以及吏卒因病死亡的具体情况，所以，居延汉简中的医药简有其十分重要的价值。

据《汉书·百官公卿表》：作为九卿之一的少府，有六丞。其属官有太医，是十六官令丞之一。简载：“永光四年闰月丙子朔乙酉，大医令遂、丞褒、下少府中常寺，承书从事，下当用者，如诏书。闰月戊子，少府余、狱丞从事，☐☐☐☐☐☐丞相府，承书从事，下当用者，如诏/掾未央、属顺、书佐临”(18·5)。居延边塞保留有太医令下之诏书，可以认为边塞防御系统中之医药诸事，也属太医令主管，属其职权范围内的事情。

1.边塞防御系统中的医疗中心在各侯官

如上所述,各部、燧的病卒名籍,病卒爰书,病卒死亡爰书以及吏病及视事书都要上报到侯官,由侯官统一保管,如破城子甲渠侯官就有专门档案室(F22),长期保存各类官文书,以备查阅。各侯官再依据辖下部、燧上报的有关医疗事务,定期汇总上报都尉府。这也是就其一般情况而言,至于直接报府的也有,但这毕竟属于特殊情况了。今试略举简文为例,可观察到侯官的医疗中心作用。

五凤三年四月丁未朔甲戌,侯史通敢言之官,病有廖,即日视事,敢言之　(74·E·P·T53:26)

第十七侯史赏,病有廖,诣官谒☑　(74·E·P·T59:119)

☑头痛寒热,饮药五齐不愈,戌掾言侯官请

(74·E·P·T59:269)

元康二年二月庚子朔乙丑,左前万世燧长破胡,敢言之侯官,即日疾心腹,四节不举　(5·18,255·22)

这些上报侯官的文书,都是依令而行,按规定报告的。律令要求"病年月日,署所病,偷不偷,报名籍侯官,如律令"。明确要求,报名籍侯官。因而,不论"侯史"也好,"戍卒"也罢,或报或谒,都要正式上报给侯官,以便汇总、统计。

医、药单位,设在侯官内:

临木侯长报官医张卿, 卿前许为问事, 至今未蒙教

(157·28)

☑为故第卅六燧长司马章所伤病,医宋昌治饮药,銅庭燧长罢军主　(103·47)

☑官皆财置员,医吏☑　(74·E·P·T52:578)

☑官遣医诊治☐☑　(74·E·P·T53:134)

⊿昌病有瘳,诣官谒,八月戊⊿　　(74·E·P·T31:4)

"官医",当指侯官之医,无疑。至于"医宋昌",也应是官医,如为部医,无须特别注明,一部各燧相距不远,近者500米,远者也不过数千米、几里之遥,更无需由鉼庭燧长主药。这里顺便说明,陈邦怀先生在《历史教学》(64年第二期)所刊《居延汉简考略》一文中认为:这条汉简的"故"字是去职之意,"罗宁(误,应为罢军)主",的"主"字,是"主方药"的省语,《史记·孝武本记》:"少君者,故深泽侯入主方。"《集解》云:徐广曰:"进纳于天子而主方。"裴骃案引如淳曰:"侯家入主方药者也。"正因为宋昌是官医,自不主方,而是由鉼庭燧长罢军主方,如为部医,宋昌与燧长秩级无大别,很难令罢军主方;至于也许为燧医之论,其难成立,燧小者不过三四人,大者十余人,再专设医吏,不仅无此必要,而且也没有这种可能。正因为医设于官,所以才有"官遣医诊治"的记述,这可能是出诊或至各部、燧巡回医疗。"昌病有瘳,诣官谒"是一方面报告病情、另一方面就官诊病,进行治疗。

在官设医疗机构中,由"医吏"主其事,各位"官医"在医吏的统一安排下或为门诊治疗,或下各部、燧巡诊,使边塞防御系统中的医疗工作得以正常进行。在官所设的医疗机构中,除"医吏""官医"之外,还有大量的制药、配药、护理、助诊等医疗事务工作,这些工作全由"医卒"来承担。由"⊿医卒夏同,予药二齐,少偷"(74·E·P·T52:228)可知,在官设医疗机构中还有"医卒"若干人,从事着大量的医疗事务、杂务工作。

2.吏员有病,要写报正式"病书"

甲渠侯官病书　　(26·22)

⊿病书⊿⊿　　(103·22)

⊿十一日,官(子)侯乃移病书,□使令史根等　　(123·53)

守城尉广国病书 （512·3）

总览吏员病书，它不仅限于官、部、燧之吏员，即使府属各吏，有病也要写报正式病书，而病书的上报部门，不同于"病卒名籍"，一般是要"言府"。这不仅是因为病书具有同"病卒名籍""病卒爰书""病卒死亡爰书"等一样的作用，而且它还是吏员升迁、任免的重要依据，同时也是"日迹"考核的凭证。侯官及其以下吏员，病书除上报"言府"外，还要存底留档于侯官，如"阳朔二年正月尽十二月吏病及视事书卷"（8·1），"建昭六年正月尽十二月吏病及视事书卷"（46·17）等都是，这是集全年的吏病档案而成册。

侯官以下吏员的病书、视事书，可逐级上报"言府"，也可直接"言府"；"三月丁亥朔辛卯，城北守侯长匡敢言之，谨移写燧长党病书如牒，敢言之，今言府，请令就医"（74·E·P·F22:82），这是由"守长匡"转呈"言府"。"丁亥朔辛卯"是三年三月五日，事过半月，"燧长党"又亲自呈病书"言府"："建武三年三月丁亥朔乙巳，城北燧长党敢言之，乃二月壬午（二月廿六日），病加两脾，雍种匈胁，丈满不耐食"（74·E·P·F22:80），我们之所以认为党又亲呈病书言府，不仅是因为迟于守侯长上报的时间晚了半月，而重要的是部、燧同在一处，都在"城北"，匡对党之起病应是了如指掌，无须文呈侯长；而匡在"言府"的同时，必先上报侯官，这是律令规定，不可自行越级上报，因而，燧长党的乙巳（三月十九日）病书，实应是上呈都尉府的。

吏员病书上报之后，还要将治疗情况及时报告："☒饮药言府，一事集封"（74·E·P·T52:60），这是专门报告。如果吏员之病超过三个月还未痊愈，不能视事，按律令当免："第十三燧长王安，病三月免缺、移府，一事一封，五月庚辰尉史☒"（74·E·P·T52:158）。正因为有这种规定，所以吏员病情稍有好转，就立即上书销假，声明已可视事："侯史通敢言之官，病有瘳，即日视事，敢言之"（74·E·P·T53:26），这样才不致因病被免职。

西北边郡地区生活毕竟艰苦，尤其部、燧以下，条件尤差，往往有吏员“诈病”休息，假病调养：“田舍诈移病书，君▨”（74·E·P·T52:281），这是已被发现，要求“君”予以查纠，“君”多是对“官侯”的尊称，显然是府下之官文书。

对久治无效，病情继续恶化的吏员，要附报爰书，这是为以后做准备：“▨药卅齐不偷，至八月已□▨府□爰书▨”（74·E·P·T43:251），“▨□毋□，病欬短气，加烦懑，命在旦夕，▨府▨”（74·E·P·T59:428），一旦死亡，爰书就成了重要的凭证。

3.行部视病与归养

综合观察居延简的医、病记述，其常年患病者不在少数，这不仅为戍守造成人力不足、经费开支增大、医疗事务繁杂等困难，更严重的是削弱了边防军备、守卫能力，所以吏卒患病，就成了各级主管官吏必须十分重视的问题。鉴于此，主管官吏行部视病不仅十分必要，而且势在必行，以便了解具体情况与存在的问题，或可使一些问题得到及时解决。“闰月十三日到，以十四日□□□□，以十五日还到□▨六日，行部视病者，正月旦到，十”（74·E·P·T8:13），这是一项制度，虽然时值天寒地冻的“正月”，也需“行部视病”，抚慰患者，解决一点实际问题。看来，当时疾病蔓延的情况是严重的：“□事，其六十二亭病一书，四亭毋病书”（185·35）。对一些久病不偷者，可使其“归养”，“□第十五▨归养病十日”（74·E·P·T65:117），暂时离职休养。对于因病“哊呼”者，也要妥善处理、安排：“三月己亥，除署第四部，病欬短气，主亭燧七所，哊呼”（68·5），并以保持一定的戍守力量为原则；对那些仍可坚持岗位的患者，千方百计令其继续带病工作，“勉致医药，起视事，谨侯望，方考行，如律令”（74·E·P·F22:79）。不到病不可起，还要坚守岗位，这一点，可说给予了我们多方面的启示。

4.病死戍卒的悲惨命运

谨移戍卒病死爰书,旁行衣物卷如牒,敢言之

(74·E·P·T48:136)

·甲沟侯官始建国天凤一年十二月,戍卒病死爰书,旁行

(74·E·P·T57:8)

谨移戍卒病死爰书 (198·9)

戍卒病═死告爰书 (74·E·P·C50)

·竟宁元年戍卒病死衣物名籍 (49·17,217·26)

戊辰朔丙子,甲渠塞尉元,移南阳新野埠东里瞿诸病死,

为椁(橐)一椟书到 (157·20)

虽说边塞防御系统中有一套医疗机构,事实上他们服务的重点是各级大小官吏,尤其是秩级较高的吏员,对一般戍卒来说,经常是"无医治,故不起病"(84·3),这就造成了戍卒因病无治而大量死亡。戍卒病死,只要爰书完整,有所交代就行了。

爰书大体分为两种:一种是"病卒爰书",具病历性质,记载起病、治疗、休养过程;另一种就是"戍卒病死爰书"略同于今日的死亡证明,记述死亡时间和过程。这两种爰书都属证明文件,具有法律认可的效力。

病卒死后,其衣物要点清造册上报,这就是所谓的"旁行衣物卷""病死衣物名籍",衣物登记后暂行封存,待后由家属认领或由同乡捎回原籍,至此,就算料理完死卒的后事,再由府致病死卒的郡县乡里,通知其家属,病卒某某死亡。

如其死卒家属对死亡持有异议,或上告县廷,这就产生了"戍卒病═死告爰书",由县廷受理,将"病死告爰书"转致死卒原管之都尉府,予以追查。由死卒原所在之侯官提供"病卒爰书"和"病卒死亡爰书",以资证明,再转致死卒原籍县廷,然后由县廷作出裁

决,如其家属对裁决不服,一直可上告到丞相府,由丞相史酌情处理:"☐瑟卒赵外人等四人,☐暴病死,丞相史☐"(103·14),作出最后判决。赵外人等四人因属"暴死",家属不服,理属当然,上告丞相府也就不奇怪了。

对于病死卒的收敛,一般说十分简单,"瞿诸病死"仅得到椟椑一具。"藁",即禾干。《史记·萧相国世家》:"愿令民得入田,毋收藁为禽兽食。""椑",指木匣,引申为小棺。《左传·昭公廿九年》:"堲而死,公将为之椑。"注曰:"为作棺也。"这就是仅得到了一具用禾干编成的小棺,其悲惨之状可想而知。

第三十三节　五夜与杂占

一、五夜

乙夜一火	丙夜一火	丁夜一火	
和木辟	和临道	和木辟	
卒光	卒章	卒通	(88.19)

这是燧卒记载的"和如品"记录,说明火和时间,示知平安无事,如后来的"平安火"。同时要写明负责火和的戍卒名字,以示负责,一旦发生问题,也便于核对情况或追查责任。

所谓"乙夜""丙夜""丁夜",这是当时一夜五分之俗,即将一夜分为甲、乙、丙、丁、戊五个阶段,或曰五更、五鼓。《颜氏家训·书证》曰:"或间一夜何故五更,更何所训?答曰:汉魏以来,谓为甲夜、乙夜、丙夜、丁夜、戊夜;又云鼓,一鼓、二鼓、三鼓、四鼓、五鼓;亦云一更、二更、三更、四更、五更,……更,历也,经也,故曰五更耳。"

夜、鼓、更实为一事多称,唯报时器具不同而已,因而,也就有了多种称谓。《文选·陆倕〈新刻漏铭〉》云:"六日无辨,五夜不分。"

李善注引卫宏《汉旧仪》曰："中黄门持五夜,甲夜、乙夜、丙夜、丁夜、戊夜也。"所谓"千庐宵驾合,五夜晓钟稀"⑬正是指此五更之时,再如"五更摧送筹,晓色映山头"⑭正是天晓五夜时。

西汉中期以后,民间已有以十二地支计时之法,如夜半子时为今之23时至次日1时。那么,丑则为1时至3时,寅为3时至5时,卯为5日至7时,正值日出之时,故有"日出卯时"之谓。加上亥为21时至23时,戌为19时至21时,从戌至亥,构成一个夜的时段划分,这样以地支分段的结果,就出现了一夜为六个时段。此虽为地支时段,但与"五夜"的时段划分存在着一定差距,正因为"五夜"时段是对"夜"的划分,它当然还不能包括19时至20时这一时段在内,因为这一时段还毕竟说不上是已经入夜了。因之,甲夜应指20时至22时,乙夜为22时至24时,丙夜为0时至2时,丁夜为2时至4时,戊夜为4时至6时,6时以后天渐拂晓,夜也至此结束。所以地支计时与五夜之分实际上有一个小时的时差,不可等同。

无论地支计时或五夜计时,其时距都是相等的。这是因为它们的依据都来自"晷""漏"。《北堂书钞·武功部》引《汉旧仪》曰："夜漏起,宫中宫城门击柝,击刁斗,周庐击木柝,传呼备火。"《唐令》云："宫殿门夜漏尽,击漏鼓讫,开。夜漏上水一刻,击漏鼓讫,闭。五更三筹,顺天门击鼓,诸卫即连击小鼓,使声彻皇城京城诸门。"白昼同时用晷,《西都赋》曰："卫以严更之署,必以五为节。言自夕至旦,经涉五时,虽冬夏之晷,长短参差,而盈不至六,缩不至四,进退五时之间,故曰五更也。"以"漏""晷"为标准,划五夜等距,以鼓报时。这不仅使"五夜"划分有距,而且也为书文黄昏、人定、夜半、鸡鸣、平旦五时之划分,划定了计时标准。

二、杂占

示通人□之,耳鸣得事,耳鸣望行事,目濡有来事　(269·9)
目重,左目润,右目润,　(433·6)

《汉书·艺文志》："杂占十八家,三百一十三卷。"其中有《嚏耳鸣杂占》十六卷,"杂占者,纪百事之象,侯善恶之征。《易》曰:占事知来。众占非一,而梦为大,故周有其官。"⑮杂占之术,由来已久,到汉时更为流行,朝野颇迷信灾异、卜占巫术。小屯乙编 5405 版就有耳鸣之占:

庚戌卜,虫　　　庚戌卜,
　于妣辛戌(及也)余自卟。
父丁。佳之虫

庚戌卜,朕　　　庚戌卜,古旧
耳鸣。出卟　　　卟,往。
于且庚,羊百虫(又)五十八。出母,用。

这两组卜辞,都是庚戌日卜,但均未记有占卜人名。卜辞曰:"御于妣辛及父丁。"所谓父丁,应指武丁子祖庚或祖甲对武丁的称谓。这里进行占卜者的殷王,自称"朕""余",自然他应是祖庚或者是祖甲了。经卜、耳鸣,便要宰杀羊 150 余只,用以祭祀,希望消灭灾祸于无形,这里我们可以看到"耳鸣"将预示着什么征兆,确是起源很早,影响颇深。

"耳鸣""目濡"杂占,历殷,经周,到两汉时,它已不仅是一种单纯的"术""占"手段,而是演义出一整套完全而系统的"理论",成书达 16 卷,这也算得上是一个从实行操作而提高到"理性"认识的过程。蔡邕《广连珠》云:"臣闻目 (润),耳鸣,近呼小戒也,狐鸣犬噪,家人小妖也。犹忌慎动作,封镇书符,以防其祸。是故天地示异,灾变横起,则人主恒恐惧而修政。"⑯《易林·乾之需》云:"目 (润)足动。"此为小戒,也就是小小的"天意示戒"。《西京杂记》第三曰:"樊将军呛问陆贾曰:自古人君,皆云受命于天,云有瑞应,岂有是乎?贾应之曰:有之。夫目 得酒食,灯火华得钱财,乾鹊噪而行人至,蜘蛛集而百事喜。小既有征,大亦宜然。故目瞤则咒之,火华则拜之,乾鹊噪则馂之,蜘蛛集则放之。况天下大宝,人君重任,非天命何以得之哉！"⑰

《隋书·经籍志》五行类杂占梦书下,梁有嚏书、耳鸣书、目鸣书各一卷,佚亡。未知其编撰之人。但是可以看到一种发展倾向,即到南北朝时期,此类杂占之术不仅未曾消失,而且演变到分门别类,越来越细,保守一点讲,至少在南朝仍很流行。唐时又略分为"占耳鸣""耳热""心动""卜警""面热""目润"⑱等几类,依十二时辰分耳、目左右不同,各有占辞。

汉简中的"目重",即指目润(瞤、眮)。"重"通"潼",本指乳汁。《汉书·匈奴传》载曰:"得汉食物皆去之,以视不如重酪之便美也。"所以,所谓"目重",实指"目润"。

第三十四节　《晏子春秋》《苍颉篇》

一、《晏子春秋》

> 也,外不在诸侯。不则贪也。晏子溯然而大息,其心甚忧,笑而应之曰:固也,夫齐与鲁,连竟同土,齐不有鲁,恐为之下,往世不□　(74·E·P·T51:390)

这枚简所记《晏子春秋》残文,见今本《内篇问上》,然文句、行字都有差异。相传,世传今本乃战国时人收集其言行编辑而成。晏子即晏婴,春秋时齐国大夫,名平仲,山东夷维(今高密)人。齐灵公二十六年(公元前 556 年)其父晏弱病死,由婴继位齐卿,历灵公、庄公、景公三世。《晏子春秋》记载与景公论政较多,庄公次之。

《汉书·艺文志》:"《晏子》八篇"列入儒家著作。后人以篇为卷,又杂合上下两篇为一,成书七卷。《史记》正义《七略》云:"晏子春秋七篇,在儒家。"历隋、唐仍以七卷面世,至宋时析为十四卷,《玉海》称为"十二卷",疑误。

"不则贪也"。"则",《说文》曰:"等画物也,从刀贝。贝,古之物货也。"段注:"等画物者,定其差等而各为介画也,今俗云科则是也。介画之,故从刀。引申之为法则,借假之为语词。""则"从贝,"说从贝之意,物货有贵贱之差,故从刀介画之"。古文"则"从贝,"重贝者,定其等差之意"。籀文"则"从鼎,以鼎为贝。这里的"则"字,当是"法则"之意的引申,是效法的意思。《诗·小雅·鹿鸣》:"君子是则是效。"《易经·系辞上》曰:"河出图,洛出书,圣人则之。"均为效法、仿照之意。《左传·昭公七年》:"诗曰:君子是则是效。孟僖予可则效已矣!再如《汉书·刘向传》:"黜远外戚,毋授以政,皆罢令就第,以则效先帝之所行也。"所谓"不则贪也",就是不要效法贪欲难填之辈,不要总想到征伐别国而贪利。

"晏子溉然而大息"。"溉"本当作"慨",从心而不从水,此当心为水,误。"慨",《玉篇》云:"忼慨也。"《说文》曰:"忼慨,壮士不得志于心也。从心亢声。""忼",俗写为"慷"。《战国策》:"羽声慷慨。"一本作"羽声忼慨。"这里的"慨然"意为感慨、慨叹、慨息之意。《礼记·檀弓下》:"既葬,慨焉若不及其反而息。"《文选》张平子(衡)《东京赋》云:"望先帝之旧墟,慨长思而怀古。"均系感慨之词。《晋书·祖逖传》:"中流击楫而誓曰:祖逖不能清中原而复济者,有如大江。辞色壮烈,众皆慨叹。""慨然"者,有愤激之情。《北史·李苗传论》:"临难慨然,奋斯大节。"潘岳《秋兴赋》亦云:"于是染翰操纸,慨然而赋。""大息","大"通"太""泰"。《骈雅训纂》五《释名称》曰:"古人太字多不加点,如大极、大初、大素、大室、大庙、大学之类。后人加点,以别小大之大,遂分而为二矣!所谓"大息",即"太息",是出声长叹之状。《楚辞·离骚》:"长太息以掩涕兮,哀民生之多艰。""大息"为大声叹气或深深地叹息。

"固也"。即说得很对之意,或略同于诚然、本来么等词意。《史记·五帝本纪》:"非好学深思,其知其意,固难为浅见寡闻道也"。《左传·僖公十五年》:"愎谏违卜,固败是求,又何逃焉。"《史记·留侯世家》:"张良曰:沛公自度能却项羽乎?沛公默然良久,曰:固不能也。"

"连竟同土"。"竟"通"境",省写为"竟",指疆界。《商君书·垦令》:"五民者不生于境内,则草必垦矣!""恐为之下","下",位置处于低处,兼有退让、屈己尊人之意。《三国志·吴书·孙和传》:"好学下士。"《吕氏春秋·功名》注曰:"下,犹陨也。"降为下等之意。

二、《苍颉篇》

苍颉☒　（97·8）

伐枪柱马柳六☒　（31·6,31·9）

子承诏谨慎

☒置苟务成史　（125·38A）

☒幼子承诏

☒勿尽夜勿　（125·38B）

☒嗣幼子承诏谨慎敬戒　（167·4）

☒堂库府　（282·1）

苍颉作书以教后诣　（185·20）

☒☒☒苟务

☒掖起虽劳　（260·18A）

□计嗣幼子　（260·18B）

第五戏表书插颠愿重该巨起臣俟发传约载赴邎觊望(舩)

（9·1A）

☒类菹壸离异戎翟给實但致贡　（9·1B）

升可驾服逋逃隐所往来前□汉兼天下海内并厕　（9·1C）

☒讲□□功☒玗☒(舩)　（9·2A）

☒□都立其传㖟☒麋犳表☒　（9·2B）

　　进□狃习辞爱☑　　（9·2C）

　　□嫠霜□孶妩竖奴绾勤旮蠡□□□都立其传辞

（307·3A）

　　□叠□虑袑编商□蓬□见□□萌☑　　（307·3B）

　　苍颉作书以□　　（85·21）

　　《汉书·艺文志》："苍颉一编。"秦丞相李斯作《苍颉》七章；车府令赵高作《爰历》六章；太史令胡毋敬作《博学》七章。汉时断60字为一章，凡55章，列小学十家中。上列简文均为《苍颉篇》原文。后经扬雄、班固、贾鲂、杜林、张揖、郭璞、张轨等人先后续文或训诂。王国维先生认为，秦汉间字书有二系，一为七字为句，一为四字为句。以七字为句者，《凡将》《急就》是也；以四字为句者，《苍颉》《训纂》是也。其论甚是。简文："幼子承诏""汉兼天下"，均四字为句，与许慎《说文》所引：颜之推《家训书证》引用的"汉兼天下，海内并厕，豨黥韩覆，叛讨残灭"，完全符合。

　　《苍颉篇》除见于郭璞注《尔雅》所引之"考妣延年"之外，敦煌汉简中也有一些，如："游敖周章，黜麕黯黮，翡黝黔_易，_金黈赫赧，儵赤白黄。"亦为四字为一读。此外还有"□走病狂，疵疕灾殃"，以及"狸猕貙_殻""寸薄厚广侠，好丑长短"等。

注释：

①恩格斯《家庭、私有制和国家的起源》，人民出版社，1972年，第166页。

②《马克思恩格斯选集》第四卷，人民出版社，1972年，第164页。

③《逸周书·芮良夫解》。

④《两周金文辞大系图录》第132~133页。

⑤凡此种编号之简文，均引自中国社会科学院考古研究所编《居延汉简甲乙编》。

⑥劳榦《居延汉简考释》之部第66页。

⑦《汉书·郊祀志》。

⑧《周礼·夏官·量人》疏。

⑨参见拙文《汉代符信考》(《西北史地》1983 年第三期)。

⑩《德意志意识形态》(《马克思恩格斯选集》第一卷,第 35 页)。

⑪《恩格斯致马克思》(《马克思恩格斯全集》卷二七,第 63 页)。

⑫费尔巴哈《宗教的本质》,见《费尔巴哈哲学著作选集》下卷,三联书店 1962 年,第 460 页。

⑬沈佺期《和中书侍郎杨再思春夜宿直》(《全唐诗》)。

⑭伏知道《从军五更转》。

⑮《汉书·艺文志》。

⑯《太平御览》。

⑰《四部丛刊》。

⑱敦煌卷,S.2621。

后　记

余 1934 年阴历十一月出生在山西省河津县汾河湾小小的阎村。祖父前清秀才,吸烟成疾,不惑之年弃世;家父幼承家学,虽习陶朱之业,偏爱诗文雅事,常诵四书五经,偶笔诗、词、格言,耳濡目染,少时亦喜文史。1940 年故乡沦陷,随母逃难西安,寻父于南郑,始定居长安。1953 年毕业于西安五中。1957 年毕业于兰州大学历史系,自此从事文物考古工作,未有间断,今已 30 余年矣!

1960 年著名考古学家、简牍学家陈梦家先生来兰州整理、编撰《武威汉简》,朝日相处,多承指教,此即余接触汉简之始。20 世纪 70 年代居延新简出土后,随之参加整理、编写工作,稍遐,一缕心得每每成文,自 1979 年开始陆续发表论文数十篇。

1985 年,应兰州大学历史系之邀,为三、四年级开设《居延汉简通论》选修课,既无教材,更无讲义,一切从零开始。初,资料零乱,内容庞杂,头绪繁多,涉及面广,使之系统化、层次化,适用于教学,颇感工程量大,费时少迹,一度陷于维谷。然而,既已允诺,势难反尔,经昼夜苦熬,成稿 20 余万字,始喘了一口气。不久,又受西北师范大学历史系之邀,讲授汉简时,在原稿基础上予以增删,补充一些新资料,成稿 30 万字,使《居延汉简通论》初显轮廓,受到师友们的热情鼓励,并催促我早日出版,以解选修课教材无书之燃眉。然而,余深知学识浅薄,疏漏尚多,亟须提高、深化。1986 年冬,再次修订,次年 4 月定稿,终因学业不精,水平有限,错误之处难免,权为引玉,期待博学巨著。

　　这本册子能出版,要深深感谢甘肃教育出版社的支持,特别是白玉岱同志的不辞辛劳,使我十分感动。他不仅为本书提出了许多宝贵的意见、建议,还亲自逐句校核原文,查对引简,改正错漏之处,其认真负责的态度值得学习,刻苦耸美的作风令人钦佩。设计、图描的同志们也为本书的出版做了大量工作,谨一并致谢。

薛英群

1990 年 6 月 17 日

于甘肃省文物考古研究所